アンデス文明
神殿から読み取る権力の世界

関 雄二 編

臨川書店

口絵1　パコパンパ遺跡遠景　© パコパンパ考古学調査団

口絵2　パコパンパ遺跡第三基壇の建造物　©Heinz Plenge

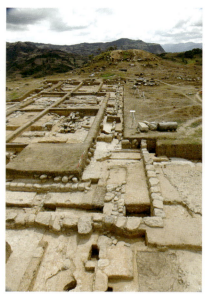

口絵4　ジャガー人間石彫　©パコパンパ考古学調査団

口絵3　発掘の様子　©パコパンパ考古学調査団

口絵5　円形構造物遠景　©パコパンパ考古学調査団

口絵6　サボテン象形鉢　©パコパンパ考古学調査団　撮影 Alvaro Uematsu

口絵7　ヘビ・ジャガー神官の墓より出土したヘビ・ジャガー象形鐙形壺　©パコパンパ考古学調査団　撮影 Alvaro Uematsu

口絵8　ヘビ・ジャガー神官の墓　©パコパンパ考古学調査団

口絵 9　ヘビ・ジャガー神宮の墓より出土した金製首飾り　©パコパンパ考古学調査団　撮影 Alvaro Uematsu

口絵 10　貴婦人の墓　©パコパンパ考古学調査団

口絵 11　貴婦人墓より出土した金製副葬品　©パコパンパ考古学調査団

目　　次

序章　アンデス文明における権力生成過程の探求……………関　雄二　1

第一部　遺構から読み解く権力生成

第1章　建築からみた権力形成
……関　雄二・フアン パブロ ビジャヌエバ・ディアナ アレマン・
マウロ オルドーニェス・ダニエル モラーレス　27
第2章　パコパンパ神殿における建築活動・景観・視線・権力
………………………………………………………坂井正人　53
第3章　自然環境における神殿の位置づけ…………………山本　睦　83

第二部　遺物から読み解く権力生成

第4章　土器分析からの視点……………………………………中川　渚　109
第5章　パコパンパ遺跡における生産、消費そして廃棄
　　　　──石器・骨角器・土製品・金属器の分析から…………荒田　恵　133
第6章　パコパンパ遺跡における冶金
　　　　──形成期の祭祀遺跡でおこった技術革新
………………………………荒田　恵・清水正明・清水マリナ　161
第7章　金属製作と権力……………………日髙真吾・橋本沙知　191
第8章　パコパンパ遺跡の動物利用………………………鵜澤和宏　223
第9章　埋葬人骨が語る社会………………長岡朋人・森田　航　247
第10章　パコパンパ遺跡の埋葬からみた権力生成…………関　雄二　267
第11章　食料へのアクセスと権力生成……………瀧上　舞・米田　穣　291

第三部　比較の視座

第 12 章　クントゥル・ワシ神殿の変容過程と権力の形成
　　　　　──形成期後期の神殿革新は社会に何をもたらしたのか
　　　　　………………………………………………………… 井口欣也　321

第 13 章　神殿がそこに建つ理由
　　　　　──ヘケテペケ川中流域における社会の変遷 ………… 鶴見英成　355

第 14 章　ペルー海岸部の神殿と権力生成 ……………………… 芝田幸一郎　385

第 15 章　ペルー南高地の神殿と権力形成：
　　　　　「周縁」から見た形成期社会 ……………………… 松本雄一　403

終章　アンデス文明における権力生成 ……………………… 関　雄二　433

おわりに ……………………………………………………………… 関　雄二　459

編者・執筆者紹介
地名・遺跡名・文化名・時期名索引／人名索引／事項索引

序章　アンデス文明における権力生成過程の探求

関　雄二

　従来の古代文明の形成過程の研究は、内外を問わず、考古学的手法を用いながらも、おもに文化人類学の枠内で推進されてきた。古典的進化主義を経て、20世紀の半ばからは、多系的な進化を認めながらも、部族から首長国、そして国家へという発展図式を根幹に据えた新進化主義的アプローチが隆盛をきわめる。その後、この見方は個々の文化の脈絡を重視する研究の前に衰退し、一時、文明研究は停滞する。しかし、現在では手法も精緻化され、地域的多様性を押さえた上で比較をおこなう文明研究が盛んになりつつあり、本書もそこに位置づけられる。

　本書で対象とするのは、日本の研究者が60年近く調査研究を続けてきた南米のアンデス文明であり、その文明形成過程における権力の生成を考察することを目的とする。本題に入る前に、まずは対象地域を概観しておきたい。

1 ｜ アンデス文明とは？

　アンデス文明とは、15世紀の前半、スペインの征服によって滅亡するまで、南米の太平洋岸、南北約4000kmもの範囲を影響下に収めたインカ帝国を含む古代文化の総体を指す。なかでも今日のペルーとボリビアの一部の地域は、中央アンデス地帯と呼ばれ、インカに先立つこと数千年にわたる古代文化の興亡の舞台として、人類学、考古学の重要な対象となってきた。まずは、そのアンデス文明が成立した場所の自然環境をまとめておこう。

(1) 中央アンデスの自然環境

　南米大陸を南北に貫くアンデス山脈は今日のペルーとボリビアで最大の幅となり、山頂に万年雪を戴く峰々に覆われる。中央アンデス地帯には、乾燥した砂漠地帯としての海岸（コスタ）、アンデスの峰々が連なる山岳地帯（シエラ）、アマゾン源流部の熱帯雨林地帯（モンターニャ）と呼ばれる三つの異なる環境が認められる（図序-1、Pulgar Vidal 1996）。

　まずコスタには赤道直下で地球上唯一の乾燥砂漠が広がる（図序-2）。その原因は、沖合を北上する寒流、ペルー海流にある。この海流は低水温を保つために水分が蒸発せず雨も降らない。このため乾燥した砂漠が形成されるのである。砂漠といえども、アンデス山脈西斜面に源を発する大小 50 もの河川が太平洋に対して垂直に流れ込み、その河川流域には緑地帯が広がる。このオアシスこそ過去においても、また現在でも人間の活動の舞台となってきた。

　また砂漠も起伏に富み、海抜 600～800m あたりでは湿潤季に発生する霧によって養われる緑地帯ロマスがよく発生する。ロマスは乾季には姿を消し、もとの砂漠に戻る。

　コスタの生活を支える資源としては、河川流域やロマスが育む動植物もさることながら、隣接する海の産物こそ重要であった。ペルー海岸では大陸棚が発達し、北上するペルー海流の湧昇作用により海底に沈泥する栄養分に富

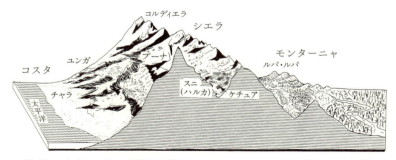

図序-1　中央アンデスの環境区分概念図（Burger 1992, Fig.11 を一部修正の上転載）

む有機沈殿物が恒常的に供給される。このため豊かな海洋生物環境が形成され、現在でも世界屈指の漁場となっている。

しかし、良好な海洋環境も、劇的な気候変動エル・ニーニョ現象で打撃を受けることがある。ペルー海流は、ペルー極北部の沖合で、コロンビアやエクアドル方面から南下する暖流（赤道反流）とぶつかる。しかし夏に貿易風が弱まり、ペルー海流に北上する力がなくなると、赤道反流が逆に力を増し南下する。この南下が極端な場合、エル・ニーニョ現象が起き、海水温は上昇し、蒸

図 序-2　コスタの風景　撮影 関雄二

図 序-3　ユンガの風景　撮影 関雄二

発した水分は雨となる。普段雨の降らない砂漠地帯でも水害が発生し、人間の生活ばかりでなく、海岸に生息する動植物にも大きな影響が出る。

一方、山岳地帯シエラは6000m以上の高度差の中で多様な生態環境を抱える。河川沿いに海岸から内陸に入っていくと、これがよくわかる。海抜500m付近で暑く乾燥した谷間が現れる。一般にユンガと呼ばれる（図 序-3）。谷の両側の急峻な斜面は乾燥している。利用はおもに谷底に限定される。年間降水量は250mm程度で、年平均気温は17℃～19℃と高い。パパイヤ（*Carica candicans*）、ルクマ（*Lucuma obovata*）、パカイ（*Inga* spp.）、グァバ

（*Psidium guajava* L.）、チェリモヤ（*Annona cherimola*）などの果樹やピーナッツ（*Arachis hypogaea*）、アボカド（*Persea americana*）、サツマイモ（*Ipomoea batatas*）、マニオク（*Manihot esculenta*）、カボチャ（*Cucurbita* spp.）、ヒョウタン（*Lagenaria siceraria*）、ワタ（*Gossypium* sp.）、トウガラシ（*Capsicum* spp.）、コカ（*Erythroxylum coca novagranatense*）などが栽培される。現在では旧大陸原産のサトウキビ（*Saccharum officinarum*）、マンゴ（*Mangifera indica*）、米（*Oryza sativa* L.）なども加わる。

海抜2300mを越えると、山間盆地の発達が見られ、気候もやや冷涼で、トウモロコシ（*Zea mays*）、マメ類（*Leguminosae*）などの栽培に最適な環境になる。ここはケチュア地帯と呼ばれ、旧大陸産の麦類も栽培される（図序-4）。降水量は250〜500mmでやや増えるが、平均気温は11℃〜16℃とやや低くなる。現在の山間部の中心都市はこのケチュア地帯に多い。

図序-4　ケチュアの風景　撮影 関雄二

図序-5　スニの風景　撮影 関雄二

海抜3500〜4000mの山の斜面や河川の源流域にあたるスニでも農耕が営まれる（図序-5）。ジャガイモ（*Solanum* spp.）、ツルムラサキ科のオユコ（*Ullucus tuberosus*）、カタバミ科のオカ（*Oxalis tuberosa*）などの高地性根

栽類、アカザ科の雑穀キヌア（*Chenopodium quinoa*）などの雑穀類が栽培される。降水量は 800mm とやや多くなり、平均気温は 7℃〜10℃の寒冷地である。

さらに海抜 4000〜4800m では、とくにペルー中部から南部高地にかけて、起伏の多い草原プーナが発達する（図序-6）。年平均気温は 0℃に近く、降水量は 500mm を越え、作物はあまり育たない。高地性環境に適した家畜であるラクダ科動物のリャマやアルパカのほか、旧大陸原産の羊も放牧される。それより高い冠雪地帯コルディエラでは、人間の居住は認められない。

これらシエラを越えて、アンデス山脈の東斜面を下りると、アマゾン川の源流部にあたる熱帯雨林地帯モンターニャが広がる（図序-7）。降水量も多く、一般に高温多湿の熱帯雨林的景観を呈する。今日では、木材、マニオク、コカが生産されている。

人類がこうした高度によって変わる多様な環境を移動し、利用してきたことは歴史的に検証されており（Murra 1972）、Vertical Control すなわち「垂直統御」といわれてきた。「垂直統御」については、現代の民族学的調査も盛んにおこなわれ、拠点を設けながら異なる環境を利用するタイプや、季節的移住をともな

図序-6　プーナの風景　撮影　関雄二

図序-7　モンターニャの風景　撮影　関雄二

うようなタイプなど多様性が報告されている（Brush 1977; Masuda et al. 1985; Webster 1971 など）。

（2）アンデスの古代文化

　さてこうした自然環境に人類はどのように適応していったのであろうか。ベーリンジア陸橋（今日のベーリング海は陸地だった）をわたり、南下した人類ホモ・サピエンスがアンデス地帯に足を踏み入れたのは、今から1万3000年ほど前の最終氷期の末であった[1]。植物を採集しながら、今では絶滅した大型動物を狩猟するという生活を送っていた。やがて、約1万年前に氷河が後退すると、気候環境は現在に近いものになり、植物採集と小型動物の狩猟をおもな生業とするかたわら、植物栽培や、動物飼育を試み始める。この時代を「石期」および「古期」と呼ぶ（表 序-1）。やがて紀元前（以下前と記す）3000年頃より次第に農業や牧畜への比重が高まり定住化が本格化する。ただし、海岸地帯では、漁労という別の生業が重要な役割を果たしたため、定住の出現が前5700年頃に遡る。いずれにせよ、こうした定住化が進行した前3000年頃から、中央アンデス各地では、大規模な建造物の造営が始まった。建物や土器、骨製品の表面には猛禽類、ネコ科動物、ヘビをモチーフとした超自然的な姿が描かれた。この時代をアンデス考古学では文明が形成され始めたという意味で形成期と称し、登場する大規模建造物をモニュメント、祭祀構造物、祭祀センター、公共建造物、神殿などと呼びながら研究の対象としてきた。

　西暦紀元前後頃になると、大きな社会変化が現れ、形成期社会は終焉を迎える。代わって地方毎に異なる土器や公共建造物を建てる社会が出現し、宗教面だけでなく、政治力を兼ね備えた権力が発生し戦闘なども顕著になる。「地方発展期」と呼ばれ、ペルー北海岸のモチェや地上絵で有名な南海岸のナスカがこの時代に属する。さらに紀元後（以下後と記す）600年頃より、中部高地に起源を持つワリの社会が、中央アンデスの広範囲に影響を与え、各地で都市空間が発生する。「ワリ期」である。同じ頃か、あるいはそれより

序章　アンデス文明における権力生成過程の探求

表 序-1　古代アンデス文明編年表

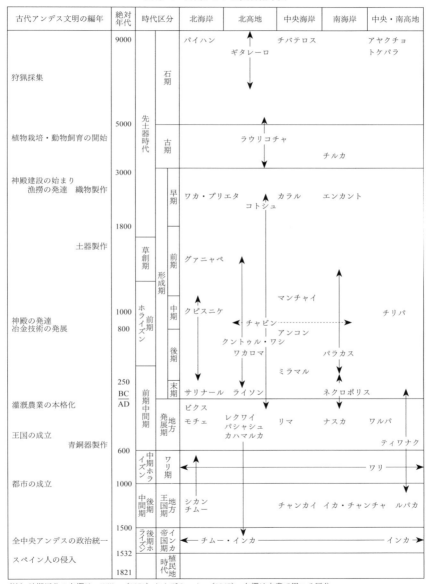

やや早く、南部のティティカカ湖南東に位置するティワナクを中心にペルー南部高地からボリビア、あるいはチリ北部に影響を及ぼした社会が成立していた。「ティワナク文化」、「ティワナク期」と呼ばれ、出土遺物、遺構やそこに表現される図像の点で、先の「ワリ期」と高い共通性が認められる。

後 1000 年頃になると、再び地域色の強い社会がいくつか現れる（地方王国期）。ペルー北海岸では、ユネスコの世界文化遺産に登録されたチャン・チャン遺跡を都とするチムー王国が成立するが、やがて南高地で生まれたインカが中央アンデス全域に覇権を広げ、こうした地方王国を征服し、広大な国家を樹立するのである（インカ帝国期）。

2 │ 日本のアンデス調査と神殿更新説

この悠久のアンデス文明の中で日本の調査団がおもに研究対象としてきたのは、形成期である。繰り返すが、すでに農耕定住は確立し、巨大な祭祀建造物が築かれた時代であり、日本調査団はその建造物の発掘調査に軸足を置きながら、文明形成初期の社会の様相を探ってきた。本書の位置づけを明確にするために、日本のアンデス文明研究の流れを少しだけ押さえておきたい。

アンデス文明の研究を日本人が本格的に開始したのは、1958 年のことであり、主体は東京大学文化人類学教室であった。日本調査団は、その後研究拠点こそ変えながらも今日まで継続している。詳細な報告書を出版し、相対的編年を地道に積み上げてきた調査団が、それらのデータをもとに大胆な仮説を提示したのは、調査開始から 40 年経った 1998 年のことである。その年、当時の調査団長であった大貫良夫東大教授の定年を祝して『文明の創造力』（加藤・関編 1998）を出版した。

そこでは、文明初期という余剰生産力の乏しい状況下でも、大規模な祭祀建造物が築かれた事例をもとに、従来の食糧基盤を重視する単純な唯物論的文明形成論を退け、祭祀面にエネルギーが投下されることで社会が発展した

というモデルを提示した。余剰生産物の蓄積や再分配の証拠がない、すなわち比較的平等な社会であっても祭祀建造物が築かれ、しかも何度も改築や更新が見られることに気づいたのである。むしろ、社会構成員の自主的な協同作業による祭祀建造物の建設や更新こそが余剰生産物の増加や階層の出現を喚起する原動力であったと位置づけ、これを「神殿更新」説と名づけた。この説には欧米の研究にはない斬新さがあり、近年、これを支持する研究者が出始めている。

　ここで「神殿」という言葉を使用したが、これは神の存在を認識し、その神を奉る建物を建てたという意味で使用したのではないことをことわっておきたい。文字の存在しなかったアンデス文明においてそうした神観念が存在したかどうか確認することは難しいが、日本調査団の場合、人々が集うような公共建造物を含めるなど、神殿という言葉の意味を拡大させて使用している。

　もう一点、日本調査団が提唱していることがある。それは形成期の始まりを遡らせるという提案である。「神殿更新」説を生み出す過程で、神殿の登場こそ社会変化の重要な要因であったことを認識した調査団は、「定住、農耕（牧畜）、神殿」という基準をもとに、形成期の開始を前1800年頃としてきた従来の編年を再考し、前3000年に置くべきだと主張している。定住も農耕もいずれも開始は前1800年を超えるような古い年代がでている以上、これらの基準の意味は薄れていることは間違いない。その意味で、神殿の登場時期に絞って形成期の開始を考えることには説得力があろう。

　その新しい編年の提唱とともに、形成期内部の細分にも変更が生じた。本書では、以下のように日本調査団が近年提唱しているものを使用することにする。

　　形成期早期（前3000年～前1800年）
　　形成期前期（前1800年～前1200年）
　　形成期中期（前1200年～前800年）
　　形成期後期（前800年～前250年）
　　形成期末期（前250年～前50年）

3 | 権力への視座

　いずれにしても「神殿更新」説は、これまでのアンデス考古学の常識を破る画期的な理論であった。しかしながら問題もあった。祭祀にまつわる協同労働を重視し、社会構成員の自主的参加を前提にした社会統合論に終始したため、権力者の出現など社会動態への視点を欠くことになり、後の国家レベルの複雑社会の成立を説明することができなかったのである。もちろん社会は一方向的に進化するとは考えてはいないし、形成期がいったん終焉し、新たな社会編成が起きたことも理解しているつもりである。しかし考古学的画期が終わったとしても、そこで生きていた人々が消滅したわけではない。またアンデス文明の長い歴史を見たとき、形成期の次にモチェのような国家レベルの複雑社会が誕生したことも事実である。形成期の社会変化が次の時代のレッスンになった可能性は捨てきれない。

　このため編者は、マイケル・マンの『ソーシャル・パワー』（Mann 1986）やそれを考古学に持ち込んだティモシー・アール（Earle 1997）から援用した権力という新たな視点をもとに、「神殿更新」説の修正をおこない、2002年までの調査をまとめる形で『権力の考古学』（関 2006）を上梓した。そこでは、むしろ差異が生じる要因や過程に目を向け、それぞれの社会において不平等が生み出され、リーダー達が権力を生み出す様相に焦点をあてた。

　マンらが注目する権力の源（権力資源）とは、政治、経済、軍事（戦争）、イデオロギーである。文字を持たない文明であるアンデスで、政治について語ることは困難であるため、編者の場合これを除外し、ほかの三つのカテゴリーに焦点を絞った。経済は食糧資源のような主産物財政と入手困難な産物を基礎に置く奢侈品財政に細分される。いずれにしても、3つの権力の源は、がっちりと組み合い相互関係を維持しているのが通常である。経済なくしての武具製作や軍事行動はありえず、一方で軍事的基盤があれば、食料生産や奢侈品獲得も可能になる。また経済はイデオロギーに属する儀礼や祭祀建造物の建設を可能にし、そのイデオロギーの発展は税徴収などの経済体系

序章　アンデス文明における権力生成過程の探求

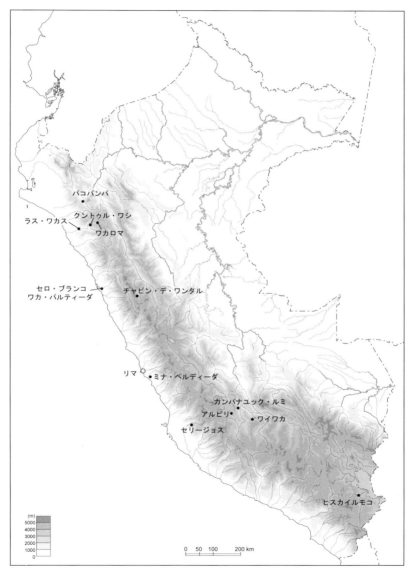

図序-8　本書に登場する形成期のおもな遺跡

11

を説明することにつながる。戦争は自らのイデオロギーを守り、拡大させることにつながり、イデオロギーの発展は戦争を実行するための根拠となる。

　重要なのはこうした三すくみの構造において、どの権力の源が強調されるのかが社会によって異なり、またそれぞれの権力の源と結びつく具体的な行為、その行為に付随する人工物や産物の生産、流通そして消費に多様性が認められる点である。したがって考古学的に権力の生成を追求するならば、それぞれの権力の源に関連する物質文化を一つ一つ丹念に検出し、相互の関係を微に入り細を穿つように観察していく作業が必要になる。

　『権力の考古学』では、こうした考察の結果として「神殿更新」のほかにも、奢侈品の長距離交易の操作により、権力が生まれるという別の社会発展の道筋を指摘することができた。その際に取り上げた遺跡は、1979年より10年ほど調査をおこなったワカロマ遺跡であり、1988年より15年近く調査したクントゥル・ワシ遺跡であった（図序-8）。「神殿更新」をひたすら追求したワカロマでは、社会的差異の発生は限定的であり、遠隔地からの奢侈品の獲得と利用にいそしんだクントゥル・ワシでは社会的差異の顕在化が認められたのである。いずれにせよ、こうした個々のリーダーの権力や権威に注目する研究方法は、アメリカ考古学や人類学でも近年注目されているが（Vaughn et al. 2005）、文明初期に焦点をあてた研究はごく僅かである。

4 | パコパンパ遺跡の調査

　『権力の考古学』が示した形成期の社会についての見取り図は魅力的なものであった。しかしながら、果たして当時の社会は、上述の「神殿更新」と奢侈品の交易だけで語り尽くせるのかといった課題が残った。比較資料の充実を迫られたのである。この点は、研究の過程で生じた事態であったが、比較を重視する先達の教えと共鳴した結果であるともいえる。編者が敬愛する人類学者川田順造が唱える「文化の三角測量」という手法がそれである（川

田 2008)。相対化する視座を確保するために地域、歴史、そして文化を異にする三つの社会を比較した川田の研究は、ただ一つの遺跡から得られたデータで当時の社会を語りがちな考古学者にとって大きな戒めとなる。

こうしてワカロマ、クントゥル・ワシに続いて編者が調査対象として選

図 序-9　パコパンパ遺跡遠景　© パコパンパ考古学調査団

んだのがパコパンパ遺跡である（図 序-9）。ペルー北部高地屈指の規模を誇る大祭祀遺跡であり、さまざまな考古学者が調査を試みてきたが、いずれも規模が小さく全体像をつかむことはできていなかった。ところがこの調査にはこれまで以上に難しい問題が横たわっていた。というのも、遺跡自体はペルー国立サン・マルコス大学の所有地であり、これまでの調査は同大学関係者にしか許されてこなかった経緯があったからだ。2004 年、編者は、遺跡の管理を委託されている同大学アンデス農村史セミナーという組織の設立者であり、著名な歴史研究者であるパブロ・マッセーラ博士に面会し、学長への取り次ぎを依頼した。

マッセーラ博士は 1982 年に日本調査団がペルー北部高地の一般調査を当時の文化庁（現文化省）に申請した折り、それを聞きつけ、調査対象からパコパンパの名前を削るように迫ってきた人物である。それだけに戦々恐々として面会したのだが、案に反して快く申し出を受けてくれた。こうして 2005 年 6 月 14 日、編者が所属する国立民族学博物館と国立サン・マルコス大学は学術協定を締結し、パコパンパ遺跡を対象とする共同研究を開始した。それまでの日本調査団においてもペルー人研究者を調査補助員として受入れてはきたが、パコパンパの場合は、そうではなく対等な関係を持ちなが

ら研究成果を共有していくというまったく新しい形をとった。

　パコパンパ・プロジェクトでは、それまでの小規模発掘によって提示されてきた編年を大規模で集中的な発掘によって再検証すること、遺構を明らかにし、時代的な変遷を正確につかむこと、といった日本調査団が得意としてきた基礎データの集積を当面の目標として掲げてスタートした。しかしそればかりでなく、ワカロマやクントゥル・ワシで得られた権力生成に関する知見が適用できるかどうか、適用できないならば、パコパンパ特有の権力生成過程とはどのようなものなのか、という大きなテーマに迫る事を最終目標とし、現在（2016年段階）でもこれを追究し続けている（関 2010 他）。

パコパンパ遺跡の概要

　パコパンパ遺跡は、ペルー北部高地、海抜2500m に位置する形成期中期から後期の神殿遺跡である（図 序-8）。チャビン・デ・ワンタル、クントゥル・ワシと並ぶアンデス形成期文明の代表的な遺跡であり、規模は、ペルー北高地随一といってもよい。

　生態環境区分帯でいえばケチュアに属し、周辺ではトウモロコシ、ジャガイモ、セリ科の根栽類ラカチャ（*Arracacia xanthorrhiza*）、旧大陸原産のエンドウマメ（*Pisum sativum* L.）などが栽培されている。

　遺跡自体は、クントゥル・ワシ同様に、自然の尾根を利用し、徐々に高くなっていく三段の巨大な基壇より構成される（図 序-10）。3つの基壇全体で約4ha を占める。最上段の基壇は、幅が100m、奥行きが200m と、3段の基壇の中でももっとも大きく、遺構も集中している。遺構については第1章で詳述する。パコパンパ遺跡の周囲にはいくつか遺跡が存在しており、全体でパコパンパ複合と呼ぶ場合もある（図 序-11）。

　パコパンパ遺跡で、これまでペルー人考古学者による小規模な発掘調査がおこなわれ、編年が提示されてきたが、建築との関係を論じるほど精密な内容ではなかった（Rosas and Shady 1970; Fung 1976; Morales 1980 など）。そのため、筆者らの調査団は大規模な発掘調査をおこない、遺物と建築を組み合わ

序章　アンデス文明における権力生成過程の探求

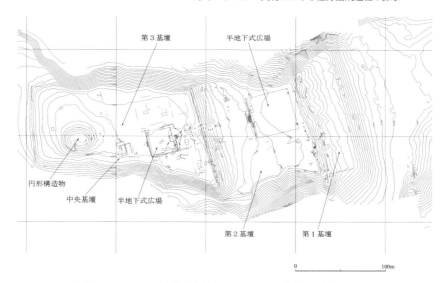

図 序-10　パコパンパ遺跡の地形図　© パコパンパ考古学調査団

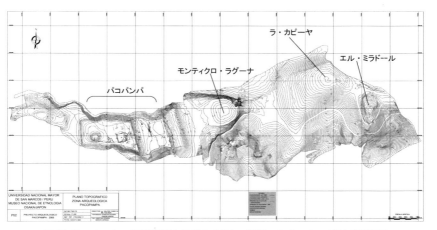

図 序-11　パコパンパ遺跡周辺に位置するほかの遺跡　© パコパンパ考古学調査団

表 序-2　パコパンパ遺跡と同時代のペルー北部遺跡の編年

Cal. B.C.	時期		パコパンパ	クントゥル・ワシ	ワカロマ
250		末期		ソテーラ	ライソン
500		後期		コパ	EL
800	形成期		パコパンパ II	クントゥルワシ	後期ワカロマ
1000		中期	パコパンパ I	イドロ	
1200			パンダンチェ		前期ワカロマ
1500		前期			
1800					

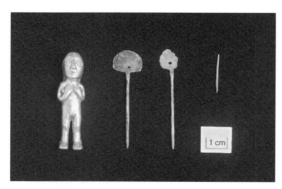

図 序-12　半地下式広場の奉納穴より出土したインカ期のミニチュアの金製人形と銀製針および留めピン ©パコパンパ考古学プロジェクト　撮影 Alvaro Uematsu

せる形で改めて編年を示すことにした。遺跡の利用時期は、I期（較正年代で前1200年〜前800年、形成期中期）とII期（較正年代で前800年〜前500年、形成期後期前葉）の2つに分けられる（表序-2）。さらに改築や改修の規模を考慮し、それぞれの時期はさらに二つに細分され、IAとIBそしてIIAとIIBと名づけられた。このうち、放射性炭素年代測定値によりIAは前1200年〜前1000年、IBは前1000年〜前800年と想定されるが、IIAとIIBの年代幅はまだ特定できない状況にある。

またこの2時期に加えて、最近の調査では北部高地で最初に製作された土器をともなう土層を見つけている。実際に居住していた痕跡は見当らないが、パンダンチェ期としておく。パンダンチェとは、この土器スタイルが最初に確認されたパコパンパ近くの遺跡の名前である。また形成期後期後葉にあたる時期の活動が部分的に検出されている。さらに形成期以降も地方文化である前期カハマルカ期の人々が利用したことも確認されている。おそらく遺跡全体を意図的に埋め、封印したのはこの前期カハマルカ期であると考えられる。前期カハマルカ期

序章　アンデス文明における権力生成過程の探求

の後には目立った利用はないが、近年インカ期に聖地として再び利用された証拠が検出されている。

これはパコパンパ遺跡のすぐそばをインカ道が通っていること、遺跡に対峙するように位置するラ・カピーヤ遺跡の試掘により、インカ期と並行したカハマルカ晩期の居住の痕跡が検出されたこと、そしてパコパンパ遺跡の半地下式広場で深さ4m近い奉納穴が見つかり、インカ特有の金製女性像、ミニチュアの銀製留めピンと針が出土したこと（図序-12）などからも裏づけられる（Caitlin 2016）。

いずれにしても、形成期の大神殿遺跡パコパンパは、その元来の機能が停止した後も、聖なる空間として利用され続けたことがわかる。ただし本書では、こうした後の時代の利用については扱わず、時代を形成期に絞って論を展開していきたい。

ここで本書にまとめられている研究のアプローチを整理しておこう。

5　権力生成研究の方法

パコパンパ・プロジェクトでは研究をミクロ、メソ、マクロの3つのレベルに分けて進めてきた（図序-13）。ミクロ・レベルでは北部ペルーに焦点をあて、(1) パコパンパ遺跡における権力生成過程の抽出、(2) ペルー

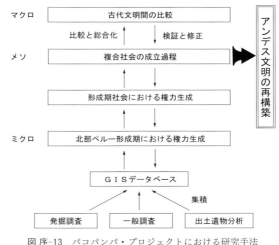

図序-13　パコパンパ・プロジェクトにおける研究手法

北部の形成期諸遺跡との比較による権力生成過程の研究、(3) ペルー北部形成期遺跡のデータベース作成、の3項目を実施し、発掘や一般調査および自然科学的手法を取り入れた遺物分析を通して追究してきた。またメソ・レベルでは、(4) アンデス複合社会の成立過程の研究と称して、アンデス全域、文明全体を焦点にあて、権力の生成と変容について考察し、アンデス史を再構築しようと努力してきた。さらにマクロ・レベルでは、(5) 人類史における文明形成論の展開をテーマに掲げ、アンデス以外の古代文明との比較をおこない、その成果をフィードバックさせ、アンデス文明の理解を目指した。このうちメソおよびマクロ・レベルの研究は、国際ワークショップやシンポジウムを通じて追究してきたのに対して、ミクロ・レベルの研究では、現地調査のデータを細かく分析することに精力を注いだ。

　本書のねらいは、まさにこのミクロ・レベルの分析を総括することにある。ミクロ・レベルをもう少し詳しく論じておきたい。そこでは先述したように経済、軍事、イデオロギーの3点を権力資源と同定し、この権力資源へのアクセスの限定・操作から権力が生じるという立場から、考古学手法や自然科学的分析法を駆使し、その実態の解明に努めた。経済面での権力行使の解析については、生態環境を基盤にする生存財（生業）や希少価値を持つ奢侈品・威信財について、原材料の入手、生産・製作技術、流通や消費における権力操作の実態を遺構や遺物分析を手がけてきた。

　たとえば農具、機織具など道具である石器・骨器の分析から生産活動を考察し、また奢侈品、威信財としての金属器生産について、鉱物資源の分布調査や蛍光X線装置による組成分析をおこなっている（第5章、第6章）。消費については、調理に関わる土器分析（第4章）や獣骨分析（第8章）、デンプン粒分析、および人骨や獣骨をサンプルに炭素、窒素、酸素、あるいはストロンチウムの同位体分析を通して、食物摂取における集団間の差異や家畜の導入を検討してきた（第11章）。

　一方で軍事面での権力行使の解析については、戦争を強制的な権力行使の手段としてとらえ、その実態を遺構、武具、殺傷痕、遺跡の立地から迫ろうと考えた。

そして最後になるがイデオロギー面の権力行使の解析についても綿密な研究を進めてきた。権力行使の理由などイデオロギー面の制度化のためには、儀礼、象徴財、公共建造物など可視的な手段を用いる可能性が高く、出土遺物や遺構の分析を通じて、その様態を抽出することができると考えた（第1章）。また儀礼や饗宴の痕跡から出土した土器、骨器、獣骨の分析を通じて実際とりおこなわれた儀礼の様相を探った（第4章、第5章、第8章）。さらにパコパンパ遺跡では2009年、2012年、2015年と金製品を含む豊かな副葬品をともなう墓が発見され、世界的にも注目された。被葬者の祭祀的性格の全貌を解明するためにも、墓と副葬品の総合的分析をおこなった（第9章、第10章）。

　こうした経済、軍事、イデオロギー分析は、パコパンパ遺跡から出土した遺物の分析ばかりでなく、一般調査においても追究してきた。パコパンパ遺跡が位置するチョターノ川流域の一般調査（セトルメント・パターン研究）を実施し、同時代の遺跡分布、生態環境の利用、生存財や奢侈品の入手方法など経済面を考察したのである（第3章）。また軍事面についても、一般調査のデータから、遺跡の立地、防御施設の有無に基づく軍事的緊張関係の有無などを論じることが可能になると考えた。さらにイデオロギー面についても周辺の遺跡の位置関係を把握しつつ景観考古学的調査を取り入れた（第2章）。

　なおこうしたミクロ・レベルの作業に際して、遺構のGISデータベースや完形・半完形土器の三次元画像データベースを作成し、一般に公開している[2]。

6 ｜ メソ・レベルの研究：多様な権力の様態

　ミクロの次のメソ・レベルでは、まず日本調査団が手がけてきた北部ペルーの形成期遺跡を取り上げ、権力生成の視点から既存のデータ解析をおこなうことを心がけた（第12章）。これらの遺跡の調査が実施された時点では、本研究で用いる自然科学的手法や権力操作の抽出方法は確立されておら

ず、比較の共通の土台を築くためには、出土遺物の科学分析を新たに実施する必要があった。

さらに、現在、ペルーでは、日本の若手研究者が個人研究ベースで形成期遺跡の調査を実施しつつあり、これらの研究を本研究の一部として取り込み、比較研究を充実させることも試みた。本書でもその一部が取り込まれている。具体的には、北部海岸地帯に近い河川中流域（第13章）、および中央海岸（第14章）、そして南部高地（第15章）というように、異なる生態基盤を持つ遺跡を選択し、権力生成の比較資料の拡大を図った。

複合社会の成立過程の研究

メソ・レベルの作業として本書には収めなかった研究がある。それはパコパンパ遺跡を含む北部ペルーの形成期遺跡における権力の様相を比較し、相関関係を抽出し、形成期全体を視野に入れた権力論を構築する点であった。具体的には、中部ペルー高地に位置する形成期の代表的な遺跡であるチャビン・デ・ワンタル遺跡を調査しているスタンフォード大学の考古学者との研究会を日本で2回ほど開催し、北部ペルーの形成期に絞った比較研究を実施した。この成果は英文の学術報告書として出版する予定である。

さらに中央海岸の大型祭祀遺跡を発掘したイェール大学リチャード・バーガー教授、ルーシー・サラサール研究員とともに、国際シンポジウムを海外で開催し、形成期の比較研究を進めた。これについても英文の報告書を準備している。

さらに形成期を超え、後代の国家段階社会との比較については、ワリ、ナスカ、ティワナクなどの古代文化を扱う海外の研究者を招聘し、ワークショップを実施した。一般にアンデス文明は、共通の基盤と伝統が数千年にわたって脈々と続いたというような印象を与えてきた。しかしポスト・コロニアルの歴史研究や人類学はそのからくりを暴き、不連続性を示し、連続性についても時代毎に異なる脈絡の中で生き延びていく様相を明らかにしてきた。その意味で、形成期社会の解釈モデルがほかの時代にどのようにつな

がっていくのかはきちんとした比較研究をおこなう必要がある。実際に、そうした視点からのアンデス伝統の見直しという作業は、海外の研究者の目にも新鮮に映ったようだ。この成果については、ワークショップを共催した山形大学からまとまった形で出版を予定している。

7 人類史における文明形成と権力

　最後になるが、マクロ・レベルの作業として、世界のほかの古代文明との比較をおこない、成果をアンデス文明研究にフィードバックさせ、研究視点の洗練化および文明の特徴の抽出に資するように努力した。これにより研究全体を相対化することができた。具体的には文明初期（農耕定住後）の権力生成にテーマを絞り、メソアメリカ、西アジア、エジプトなど日本人研究者による研究が蓄積された地域を対象に、事前の研究会を経た後、国内シンポジウムを開催した。その成果の一部はすでに出版されている（関 2015）。とくに、文明を唯物史観で眺めた発祥の地である西アジアにおいて、食糧生産以前、しかも狩猟採集の時代に公共建造物が建設されていたという発見が相次いでいることは、経済基盤だけに依存してきた従来の研究にくさびを打ち込む快挙ともいえる。アンデスだけが特殊な文明形成過程を経たのではないことが徐々に明らかになりつつあるのである。こうした人類史の観点から古代文明の生成を考えていくことは、今後とも必要な作業となってこよう。

　繰り返すが、編者の目指すアンデス研究は、ミクロ、メソ、マクロのすべてのレベルの成果が寄り集まって初めて完成するものである。しかしミクロ・レベルの研究は出発点であり、それなくしては机上の空論に陥ってしまう点で、もっとも重視すべきと考えている。本書においてこれを披露することは格別の喜びである。そしてもう一つ付け加えるとするならば、以下の各章は単なるデータの報告に終わっていない点である。プロジェクトに参加した各研究者がつねに共通のゴールを頭の片隅に置きながら専門性を発揮し、各人の権力論を展開している。理想的な研究ができたと自負している。

注
1） 南米の初期人類の登場については議論のあるところだが、南米チリのモンテ・ベルデ遺跡で 1 万 3000 年の年代測定値が得られている（Dillehay 1989）。しかし中央アンデスでは今のところ、これほど古い遺跡は発見されていない。
2） 以下の URL を参照。
http://www.r.minpaku.ac.jp/sekito/kaken/database.html

引用文献
Burger, R. L. 1992 *Chavín and the Origins of Andean Civilization*. Thames and Hudson: London.
Caitlin, M. 2016 Inca Gold at Pacopampa. *World Archaeological Magazine* 76: 7.
Dillehay, T., 1989 *Monte Verde: A Late Pleistocene Settlement in Chile Vol.1*. Washington, D.C.: Smithsonian Institution Press.
Earle, T. K. 1997 *How Chiefs Come to Power: The Political Economy in Prehistory*. Stanford: Stanford University Press.
Fung, R. P. 1976 Excavaciones en Pacopampa, Cajamarca. *Revista del Museo Nacional* XLI: 129–207.
Lanning, E.P. 1967 *Peru before the Incas*. New Jersey: Prentice-Hall, Inc.
Mann, M. 1986 *The Sources of Social Power, Vol. I: A History of Power from the Beginning to A.D. 1760*. Cambridge: Cambridge University Press（森本醇・君塚直隆訳『ソーシャルパワー：社会的な〈力〉の世界歴史 I　先史からヨーロッパ文明の形成へ』NTT 出版、2002）。
Morales, D. C. 1980 *El dios felino en Pacopampa*. Lima: Seminario de Historia Rural Andina, Universidad Nacional Mayor de San Marcos.
Pulgar Vidal, J. 1996 *Geografía del Perú: Las ocho regiones naturales, la regionalización transversal, la microregionalización* (*Décima edition*). Lima: PEISA.
Rosas La Noire, H. and R. Shady S. 1970 *Pacopampa: Un centro formativo en la sierra nor.-Peruana*. Lima: Seminario de Historia Rural Andina, Universidad Nacional Mayor de San Marcos.
Vaughn, K. J. 2005 *Foundations of Power in the Prehispanic Andes*（Archaeological papers of the American Anthropological Association 14). Arlington: American Anthropological Association.
Willey, G.R. 1971 *An Introduction to American Archaeology, Volume Two, South America*. New Jersey: Prentice-Hall, Inc.
加藤泰建・関雄二 1998　『文明の想像力　古代アンデスの神殿と社会』東京：角川書店。
川田順造 2008　『文化の三角測量』京都：人文書院。
関雄二 2006　『古代アンデス　権力の考古学』京都：京都大学学術出版会。

―――― 2010 「形成期社会における権力の生成」大貫良夫・加藤泰建・関雄二編『古代アンデス　神殿から始まる文明』pp.153-202、東京：朝日新聞出版。
関雄二（編）2015　『古代文明アンデスと西アジア　神殿と権力の生成』東京：朝日新聞出版。

第一部　遺構から読み解く権力生成

第 1 章　建築からみた権力形成

関　雄二・フアン パブロ ビジャヌエバ・ディアナ アレマン・
マウロ オルドーニェス・ダニエル モラーレス

1-1 ｜ パコパンパの建築群

　本章では、パコパンパ遺跡における建築の時期的な変化に焦点を絞り、同時代の別の遺跡との比較を視座におきながら、権力の生成過程をとらえていきたい。パコパンパ遺跡については、これまで概報的な小論を発表してきたが（Seki 2014; Seki et al. 2010; 関 2010）、建築という祭祀に関わる空間が、権力者とそれに従う集団との関係性のなかで、時期を超えて継承され、あるいは隠蔽されるものであることを、具体的データから明らかにしていく作業は初めてとなる。

　パコパンパ遺跡が利用された時期を I 期と II 期に細分することができる点については序論で述べた通りである（表 序-2）。まずは、各時期の建築の概要を押さえておきたい。I 期、II 期ともに、建築の特徴からさらに A、B の 2 時期に細分される。すなわち古い順に IA、IB、IIA、IIB という区分である。

（1）I 期の建築群

　最古の建築　　IA 期は、パコパンパ遺跡の基礎が築かれた時期である。自然の尾根を削平し、石造建造物を建てる土台が造られた。パコパンパ遺跡を形作る三つの大基壇がこの時期に存在していたかどうかはきわめて怪しいが、上 2 段の基壇で、IA 期の建築活動が検出されている。そのうち最上段の第 3 基壇からの情報がもっとも詳しい。

　第 3 基壇の西側部分に、断面が階段状の擁壁によって支えられた基壇が建

第1部　遺構から読み解く権力生成

図1-1　IA期の階段状基壇と階段　© パコパンパ考古学調査団

設された。その北端には長さ6m、奥行き3m、高さ60cmの階段が設けられていた（図1-1）。基壇の東前面には、小さな基壇や窪んだパティオらしき構造が築かれ、少なくとも5回にわたって改変が繰り返された。IA期の建築は、壁の芯に不揃いの石を詰め、外側を上塗りで化粧した壁で構成された。これらの建築は、次のIB期の建物とその分厚い土台によって埋められているため、全貌をつかむことが難しい。

　大規模な建築活動　　I期の後半、すなわちIB期では大規模な建築活動が展開された（図1-2）。IA期の階段状の擁壁は完全に埋められた。擁壁前に大量の土と石が詰められ、さらに大きな基壇が東側に向かって張り出すように建てられた。これを西基壇Iと呼んでいる。西基壇Iの上には、直径28mの円形構造物Iが築かれた（図1-3）。高さは2m弱だが、昇るための階段は見つかっていない。東側正面部分には、方形の低層基壇が隣接し、その上にはベンチ状構造物が3基並んで検出されている（図1-4）。ベンチ状構造物は黄褐色の上塗りが施された丁寧な作りを見せ、各ベンチの前には円形の炉が切られていた。炉の周辺の床面はひどく焼けており、その火の一部はベンチにまで達していた。そのことから、ベンチは座るためというよりも、供物などを置くために利用されたと考えた方がよい。なおベンチとベンチの間には仕切り壁が設けられていたが、正面部分には空間を閉じるための壁はなく、火

第 1 章　建築からみた権力形成

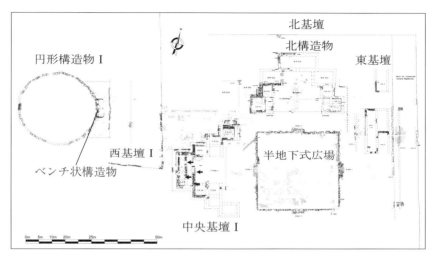

図 1-2　IB 期の第 3 基壇上の建築群。矢印はアクセスの方向。　© パコパンパ考古学調査団

を焚くような儀礼は、円形構造物の外から見ることが可能であったと考えられる。

　円形構造物の東には、一辺が約 31m の窪んだ半地下式広場が築かれた（図 1-2、1-5）。石灰岩の大型切石によって構成された立派な広場であり、

図 1-3　円形構造物（I および II）　© パコパンパ考古学調査団

深さはおよそ 1.2m である。広場の各辺の中央には幅約 5m の昇降用の階段が設けられた（図 1-6）。広場の床面は白い漆喰で覆われていた。これらの建物へのアクセスは基本的に東側からなので、改めて東側から説明しよう。第 3 基壇を上ると、まずこの半地下式広場の東端にぶつかる。

　そこに設けられた階段を降りて、正面、すなわち西側の階段を昇り進んで

29

図1-4　円形構造物Iの基部に設けられたベンチ状構造物
　©パコパンパ考古学調査団

図1-5　第3基壇上の半地下式広場　©パコパンパ考古学調査団

図1-6　半地下式広場を昇降するための階段（東階段）　©パコパンパ考古学調査団

いくと、中央基壇Iにたどり着く。この上には、入口を東側に持つ連続した小部屋が五つ築かれていた（図1-2、2-8）。入口を入ってすぐの部屋はもっともよく利用されたと考えられる。8.4m×10.5mの大きさで、上塗りを施した壁と床からなり、床は少なくとも3回張り替えられていた。全部で4枚を数える床には、円形の炉が切られ、その数は張り替えられた床によって異なるが、つねに入り口正面に位置していた。炉の周辺の床面には焼けた痕跡が認められ、火の強さを感じる（図1-7）。興味深いことに、もっとも古い床と次の床には、張り替え直前に多数の小穴が切られ、その穴を埋めた後に次の床が張られていた。一つの小穴からは、黒曜石の尖頭器が出土したが、これを除けば小穴から人工

第1章　建築からみた権力形成

遺物は検出されていない。こうした穴は、部屋の入り口にもあることから考えて柱穴とは判断できず、床の張り替えと関係した儀礼の痕跡であろう。なお炉の一つから、孔雀石製のビーズ玉が1点検出されている。

墓らしき大穴　興味深いのは、二つ目の床面に開けられた大きな穴で

図1-7　中央基壇上に設けられた部屋。右中央の穴はIB期の墓と「貴婦人の墓」とが切りあってできた穴　©パコパンパ考古学調査団

ある。直径は約1m、深さも1mほどあり、位置も正面にあった。この穴は、次のIIA期に切られた別の穴によって半分近く壊されていた（図1-7）。このIIA期の穴とは、後に述べる「パコパンパ貴婦人の墓」（以下、「貴婦人の墓」とよぶ）である。いずれにせよ、IB期の穴の埋土からは、無煙炭製の石鉢片が出土している。石鉢の出土は決して頻繁ではなく、ましては無煙炭製となるとこの事例が唯一なばかりか、形成期遺跡での出土報告を耳にしたことがない。こうした特殊な遺物、穴の位置、そしてその規模からすれば、この穴が元来墓であり、それが次の時代の墓によって破壊されたということが推測できる。

3回も床が張り替えられた部屋の奥には、さらに二つの部屋が控えているが、そちらの床面には張り替えや炉などの痕跡は認められない。使用はごく一部の人間に限られていた可能性がある。その証拠として、もっとも奥にある部屋の入口は正面には設けられず、中心軸より南北にずれた場所に二つ設けられていた（図1-2）。すなわち、最初の部屋に入っても、もっとも奥に位置する部屋の中は覗けず、壁が立ちはだかっていたことになる。しかもその壁には、壁画が描かれていた可能性がある。ごくわずかに残った壁の基部に、赤、緑の顔料が残っていたからである。

31

第1部　遺構から読み解く権力生成

さてこの中央基壇に付随して、南北両側には、やはり小部屋が築かれていたようだ。上から見ると、半地下式広場に向かって階段状に、口を広げているように見える（図1-2）。さらに半地下式広場の南北にも、それぞれ、別の基壇と建築が展開していた。いずれも中央基壇同様に、上から見て階段状に配置された小部屋群が連なっていた。

基壇の完成　　IB期には、パコパンパ遺跡のおもな建造物が完成したと考えている。尾根に広がる三つの基壇が完成したのもこの時期である。石灰岩の切石を積み上げた擁壁によって基壇は支えられ、基壇間には立派な階段が設けられた（図1-8）。これまで、第1基壇と第2基壇、また第2基壇と第3基壇を結ぶ階段を確認している。興味深いのは、こうした階段の位置、そして先に述べた中央基壇や半地下式広場が一列に並んでいる点である。階段の中央を走る線を想定してみると、その線は、第3期壇上の半地下式広場の東西の階段の中央を貫き、中央期壇上の小部屋群の入り口中央に達する。じつに計画的な建築プランを持っていたことになる。そして第2基壇上にある、一辺が50mの方形の半地下式広場についても、未調査ではあるものの、同じ建築軸が中央を貫くため、おそらくはIB期に築かれたことが推測できるのである。

さらに、この中心軸は、パコパンパ遺跡を越え、隣のモンティクロ・ラグーナという別の遺跡をも貫く。2007年の発掘

図1-8　第2基壇と第3基壇を結ぶ階段　©パコパンパ考古学調査団

第1章　建築からみた権力形成

により、この中心軸が走る場所からIB期にあたる階段が検出されているのである。そしてラグーナの先には、ラ・カピーヤ遺跡があり、ここからもIB期の遺構が検出されているため、この時期にパコパンパ遺跡のみならず、周辺の空間をも含む景観の大改造が展開されたと考えてよい（図序-11）。

（2）II 期の建築群

建物の再利用　IIA期に入っても、多くのIB期の建築は部分的に改修されながら再利用された（図1-9）。三つの大基壇を支える擁壁はIB期のものを再利用したが、擁壁上部には、やや小型で、質の異なる石灰岩の切石が付け足されていた。この意味については、後段で述べる。基壇間をつなぐ階段など全体構造はそのまま踏襲されている。興味深いのは、第1基壇と第2基壇を結ぶ階段付近で一対の石彫が発見された点である。石灰岩を利用した丸彫りの彫刻で、二体ともに人間的な姿をした立像であった（図1-10、口絵4）。保存状態のよい一体では、ネコ科動物の特徴である牙が口から生えてい

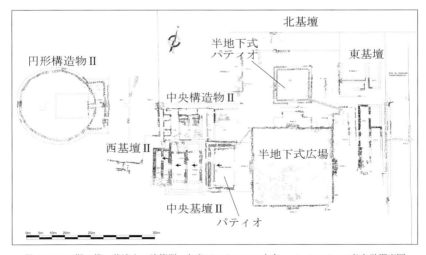

図 1-9　IIA 期の第 3 基壇上の建築群。矢印はアクセスの方向。　© パコパンパ考古学調査団

第1部　遺構から読み解く権力生成

図1-10　男（左）女一対と考えられる石彫　©パコパンパ考古学調査団

図1-11　IIA期の円形構造物II。頂上部に上る階段が築かれた。
©パコパンパ考古学調査団

た。手は胸の前で組まれ、褌を締めていた。おそらく男性像と思われる。保存状態のよくないもう一体は、顔面部分の破損がひどかったが、側頭部から後頭部にかけて長い毛髪を表現した痕跡が認められ、また褌も締めていないことから女性像であった可能性がある。これらの石彫は形状から考えて一対であったと判断できる。階段の両脇に据えられていたのであろう。

　第3基壇上の円形構造物にも再利用の痕跡が認められる。I期と区別するために円形構造物IIと名づけた（図1-9）。IB期に設けられた正面のベンチ状構造物はすべて埋められ、より高い方形の基壇が築かれ、その中央には昇降用の階段が据えられた（図1-11）。円形構造物II本体にも階段が築かれ、方形基壇を昇

第1章 建築からみた権力形成

り、基壇上で一息ついた後に、頂上まで昇ることができるようになった。円形構造物の頂上部には低層の基壇が確認されており、そこで儀礼が執りおこなわれたことが推測される。

方形半地下式広場は、IB 期と同じまま再利用された。雨水などにより破壊された部分を保守するためか、床面の一部には安山岩の板石が敷かれた。その西側、すなわち半地下式広場と中央基壇の間は、パティオとして儀礼空間が広がっていた。中央には一段の石壁で支えられた低い方形基壇が築かれ、パティオを囲む西、南、北側には蓋のない、開放的な水路が築かれた。この水路を挟んだ西側、かつて存在した中央基壇 I はすべて埋められてしまうが、その上に以前とまったく同じ中心軸を持った中央基壇 II が築かれ、その上に部屋状構造物群が展開していた。部屋数は八つに増え、奥にたどり着くことが以前以上に困難になっている（図1-9、2-9）。中心軸沿いの部屋群の入り口は、やはり東側に設けられていたが、もっとも西奥の部屋の入り口だけ、北側にずれていた。ここでもアクセスの統御が認められる。

「貴婦人の墓」の発見　ここで言及すべきは、この部屋状構造物の建設にともなって設けられた地下式墓についてである。第 10 章で詳しく述べるので、ここでは簡単に紹介するが、墓は、8 部屋のうちでもっとも入口に近い部屋の床下から検出された。建物の中心軸上

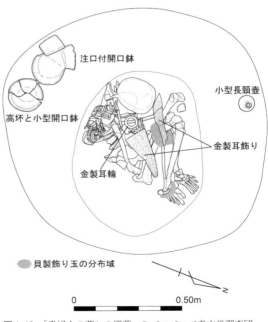

図 1-12　「貴婦人の墓」の埋葬　©パコパンパ考古学調査団

にあり、切り口は 1m × 90cm の楕円状を呈し、深さは 2m ほどである。深さ 1.5m ほどのレベルで、小型のボトル、二つの開口鉢、高坏といった土器 4 点が出土している。われわれはこの墓を「貴婦人の墓」と名づけた（Nagaoka et al. 2012）。屈葬姿勢で、人工頭蓋変形も認められ、頭部を中心に朱と青色の藍銅鉱の粉が撒かれていた（図 1-12、口絵 10）。

被葬者は 20〜39 歳の女性であり、金製の耳輪と耳飾りを身に着けていた。耳輪の口径は約 6cm で、耳たぶに開けた穴に差し込むことができるように円筒状の部分が接合されていた。重さは約 16g である。耳輪の東側、右前腕骨の上には、26cm × 11cm もある逆三角形状の金製の板がみえた。耳輪と連続していること、また上端に紐通し用の穴が開けられていることから、耳から垂れ下げた飾りであると推測するのが妥当であろう。耳飾りの表面には、打ち出し技法によって、鳥の羽根の文様が刻まれていた。重さは約 50g であった（図 1-13）。

このほか「パコパンパの貴婦人」の墓からは貝製装飾品も出土している。一つは、白色の貝製品で、一辺が約 1cm の隅丸方形の薄板を連ねた首飾りであった。また同様の飾りは、右足首でも発見され、足首にも貝製装飾品を巻いていた可能性が高い。さらに大量の極小の管玉やビーズ玉も出土している。両足の大腿骨を幾重にも

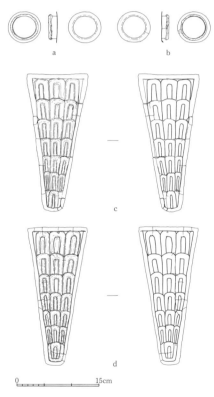

図 1-13 「貴婦人の墓」に副葬されていた金製耳輪（上）と金製耳飾り（下）© パコパンパ考古学調査団

第 1 章 建築からみた権力形成

巻くように発見された。これらはいずれも海産のウグイスガイ（真珠貝 Pteri-idae）製であり、山地にあるパコパンパと海岸地帯との交流が示唆される。

「ヘビ・ジャガー神官の墓」の発見　「貴婦人の墓」は、層位的にみて、中央基壇 II とその上の部屋が完成する以前に設けられているため、II 期における祭祀活動を積極的に語るものではない。その意味で、いったん建物が完成した後の祭祀空間の利用に注目すべきである。これを具体的に観察することができたのは、半地下式広場の北側に位置する北基壇である。ここには、一辺が 14m の半地下式パティオが築かれた（図 1-9）。IIA 期にあたる。パティオを取り巻く周壁は 2 段の階段状になっていた。パティオの周囲からは、これまでに金製のリング状飾りと土器を副葬した墓や、銀製の針を副葬した墓、そして 2015 年、「貴婦人の墓」とよく似た地下式墓「ヘビ・ジャガー神官の墓」が発見されている。

「ヘビ・ジャガー神官の墓」の深さは約 1m で、底部には 2 体の被葬者が確認された。東に頭を向けた若い男性の被葬者の首付近からは金製の首飾りが出土した（図 1-14、口絵 9）。31 個の球形の玉と 1 個のペンダントトップよりなり、玉は、ヘビの動きを表現するかのようなうねった板を鑞付けした中空の構造を見せていた。興味深いのは、その頭部付近に、朱（辰砂）、赤鉄鉱、孔雀石、藍銅鉱、磁鉄鉱、重晶石といった鉱物の粉が置かれていた点である。赤、赤茶、緑、青、銀、白の鮮やかな色が暗闇に映えていた。

もう一体の西に頭を向けた成人女性の被葬者の胸元には暗褐色の象形鐙形壺（口絵 6）が置かれていた。壺の胴部はヘビの胴体を象り、実際のボア（Boa constrictor）の胴体に見られる菱形文様が

図 1-14　「ヘビ・ジャガー神官の墓」に副葬されていた金製首飾りの出土状況　© パコパンパ考古学調査団

37

第1部　遺構から読み解く権力生成

刻線で表現されていた。その先には、ジャガー的な動物の顔が立体的に表現されていた。

　重要な点は、この墓が、パティオで発見された儀礼と関連している点である。パティオでは、2014年に大量の土器片、石器、骨角器、金属器、獣骨、人骨が集中する包含層が検出された。人為的な廃棄の痕跡と考えられ、少なくともこのイベントが3回にわたっていたことが判明している（図8-4）。出土遺物の分析は後段の章に譲るが、大規模な饗宴の痕と考えている。ただし、半地下式パティオは、この饗宴のために建設されたわけではない。一定の役割を終えた後、IIA期の末にこのイベントがおこなわれたと考えている。

　層位的には「ヘビ・ジャガー神官の墓」の建設が饗宴の前であるのか後であるのかを正確に判断することは難しいが、饗宴ときわめて近い時期に掘られた墓であることは間違いない。

　いずれにしてもこうした一連の墓は、「貴婦人の墓」とともに、IIA期において特別な地位の人物が出現していたことを示しているといえよう。

　祭祀空間の変貌　　IIB期になると、IIA期の建物にかなりの変更が加えられる。円形構造物IIは、引き続き使用されていたと考えられる。一方で、中央基壇や半地下式広場の利用は変化する。とくに半地下式広場は、四つの昇降用階段のステップに石が並べられ封印された。代わって、北西コーナーに、別の階段が設けられた（図1-15）。広場の床面は多少底上げされたと考えられる。広場の西側、中央基壇IIとの間にあったパティオや開放型の水路は埋められた。しかし儀礼活動は継続していたようで、中央基壇IIに近い場所では、いくつもの奉納穴が見つかっ

図1-15　IIB期の半地下式広場北西隅に設けられた階段
　©パコパンパ考古学調査団

ている。中からは骨角器、銅製品、獣骨などが出土している。また中央基壇II 上の部屋へのアクセスもより限定されるようになった。

　中央基壇 II のさらに西側には小さく区切られた部屋がいくつも発見され、そこからは銅製品やその製作に使用された道具としての銅製鑿などが出土している。また、北基壇上の半地下式パティオにも、改修の手が加えられた。半地下式広場からのアクセスが封印されたことから、新たに東側に入り口が設けられた。

1−2 権力の出現と基盤

（1）アクセスの統御

　以上、建築の変遷をまとめれば、パコパンパ IA 期に始まる建築活動は、IB 期で大々的に変貌をとげる。この時期に、パコパンパの基礎が形作られたばかりでなく、設定された建築軸に沿って周辺をも含む大規模な景観の改変がおこなわれた。続く IIA 期は、基本的に IB 期の建築の踏襲、もしくは再利用がおもな建築活動であった。そしてこの方向性が大きく否定されるのが IIB 期であり、半地下式広場をはじめとする主要な建物の役割に変更が認められたのである。

　こうした建築の特徴に権力の生成を読み取ることができるとすれば、それはまずアクセスの統御においてであろう（図1-16）。尾根を利用した三段の基壇を下から上っていくと、第 2 基壇で 50m × 50m の方形半地下式広場に出会う。面積は 2500m^2 である。しかし、そこから第 3 基壇に上がると、半地下式広場は 30m × 30m と小さくなり、面積は 36％ に減じる。さらに、そこから西に向かっていくと中央基壇にたどり着く、そこには狭い入り口が設けられ、行く手を遮るとともに、奥へ行けば行くほど部屋も小さくなる。中核部に向かっていく人々の動きを統御する仕組みが備えられているのである。こうしたアクセスの統御は、接近可能な人とそうでない人との区別を生

第 1 部　遺構から読み解く権力生成

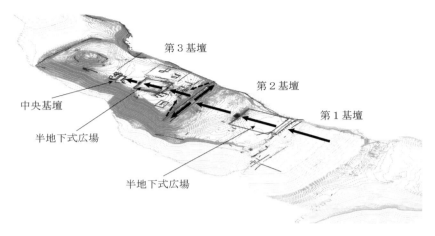

図 1-16　IB 期〜 IIA 期のパコパンパ神殿のアクセス　© パコパンパ考古学調査団

じさせる点で権力の生成と連動している可能性がある。
　こうしたアクセスの統御が IB 期に成立していることはすでに述べた。では IIA 期ではどうなのか。基本的には建築を踏襲しているので、大きな変化はない。しかし、細部に注目するとアクセスの強化が認められる。たとえば、円形構造物の場合、IIA 期になると IB 期のベンチ状構造物は埋められ、方形の基壇と階段が設けられた。IB 期のベンチ状構造物でおこなわれた儀礼は、外部からは目視することができたが、IIA 期では円形構造物の頂上という限られた空間で儀礼が執りおこなわれたため外からは見えなかった。アクセスの統御が強化されている。
　また中央基壇では、部屋状構造物の数が 5 から 8 に増えており、入口より奥にたどり着くのがより難しくなっている。もっとも奥まった部屋の入口も一ヵ所に限定されている。このように IB 期で始まったアクセスの統御は IIA 期で強化されたといえる。
　とはいえアクセスの統御だけで権力を語ることが難しいのも事実である。というのも、パコパンパ遺跡よりも古い時代の遺跡でもアクセス統御の証拠を持つものは存在するからである。たとえば、ペルー中央海岸のルリン谷に

位置するカルダル遺跡では、巨大なピラミッド状基壇の上には、大人数の訪問者の接近を拒むような小さな階段や小部屋が報告されているが、調査者によれば社会的差異を示すようなほかの証拠は見当たらないという（Burger and Salazar 2012）。比較的平等な社会であってもアクセスの統御は認められることになる。

　　墓に見られる格差　　ではアクセスのほかにどのような証拠が必要なのであろうか。それは埋葬における差異である。副葬品や墓の構造における持てる者とそうでない者との差は、権力の違いと考えることができるからである。パコパンパ遺跡の場合でも、「貴婦人の墓」や「ヘビ・ジャガー神官の墓」の構造は、ほかの単純な土坑墓に比べて深く、被葬者を覆う板石の数と大きさも群を抜いている。さらに金製品を含む副葬品の豪華さもほかの埋葬と著しく異なる。さらに被葬者の人工頭蓋変形に注目すれば、特別な地位に就いていた人物が出現していたことは明白である。後頭部を板で固定したり、帯を巻いたりして頭の形を変える頭蓋変形は、頭骨が柔らかい乳幼児期に開始しなくてはならず、また特殊な墓でないと報告されていないことを考えると、被葬者は生まれながらにして社会のリーダーとしての地位が確保された人物であることが推測できるのである（本書第9章参照）。

　さらにIB期の中央基壇の部屋に設けられた穴も墓坑である可能性が高く、その意味でIB期には権力の萌芽が見られるといってもよい。確立したのは次のIIA期ということになろう。このように前800年頃にはパコパンパ遺跡において、一般の社会成員から区別されるような人物、リーダーが出現したことが推測されるのである。

　こうした権力の発生とその権力基盤は、中央アンデス地帯で一般的であったのだろうか。比較の視座を確保するために、日本調査団がこれまでに手がけてきた同時代の遺跡からえられたデータと比較してみよう。

（2）権力生成の比較

　　ワカロマとクントゥル・ワシ　　まずは1988年より2002年まで集中発掘

をおこなったクントゥル・ワシ遺跡を見てみたい。この遺跡については、第12章で詳細に扱うのでここでは簡単に紹介しておく。パコパンパ遺跡の南、直線距離にして90kmと比較的近い。これまでの調査からイドロ期（前950年〜前800年）、クントゥル・ワシ期（前800年〜前550年）、コパ期（前550年〜前250年?）、ソテーラ期（前250年?〜前50年）の4時期が確認されている（表序-2）（Onuki 1995; 加藤 2010）。このうちパコパンパ遺跡との比較において注目すべきは、イドロ期とクントゥル・ワシ期である。

　イドロ期の土器はパコパンパI期の土器との類似性が高い。この時期の遺構は、後の時代の遺構にすっかり覆われてしまい、全体像をつかむことが難しい。小型の基壇と広場が断片的に検出されているにすぎず、パコパンパのようなアクセスの分析をおこなうことはできないが、尾根全体を改変するような大土木事業を展開した痕跡はない。また埋葬についても、ほとんど発見されておらず、その意味で権力の生成をうかがわせる証拠は見当たらない。

　続くクントゥル・ワシ期においては、大規模な土木事業が展開された。山の尾根を利用した3段以上の人工テラスが築かれ、最上段のテラスには140m×160m、高さ8.7mの「大基壇」が築かれた（図12-4、12-5）。テラスや「大基壇」は石壁によって支えられ、テラス間、あるいは「大基壇」には、石積みの階段が設けられている。「大基壇」の上には、半獣半人の丸彫りの石彫がいくつか据えられ、方形や円形の半地下式広場も見つかっている。とくに一辺が24mの方形半地下式広場では、各辺の中央に階段が設けられ、階段の最上段のステップには、正面向きのジャガーの顔が彫られた石彫が据えられていた（図12-6）。また方形広場を囲むように、三方に小基壇が築かれた。こうした建物の配置は、パコパンパ遺跡のIB期もしくはIIA期の場合とよく似ている。「大基壇」に上がる手前には、方形の広場が見られ、「大基壇」上の半地下式広場よりもかなり大きい。広場の収容人員は上に上るほど少なくなる。半地下式広場の正面の低層基壇上にはパコパンパのような部屋状構造物は見当たらないもののアクセスの統御はあったと考えるべきであろう。

　さらに興味深いのは、半地下式広場の南に位置する中央基壇の内部から、

第1章　建築からみた権力形成

大量の金製品をともなう墓が4基発見された点である（図12-7、12-8）。いずれも女性のロングブーツに似た形状の地下式墓で、つま先にあたる部分が墓室であった。クントゥル・ワシ遺跡で見つかっている墓のほとんどが単純な土坑墓である中で、このブーツ状の墓の被葬者は必ず金製品をともなっている。この点から、特殊な扱いを受けた人物であることがわかる。さらにこの形状の墓に埋葬された被葬者にのみ人工頭蓋変形が確認されているという事実は、クントゥル・ワシ期においても生まれながらにして社会的指導者となることが約束された人物が存在したことを示している。しかもこの一連の墓は、中央基壇の建設の途中で設けられた墓であり、この点でもパコパンパIIA期におけるデータと一致する。絶対年代は前800年頃であり、その意味で、パコパンパとクントゥル・ワシでは、同じ頃に権力者が登場したと考えられるのである。

　一方でワカロマ遺跡では状況がまったく異なる。ワカロマ遺跡は、海抜2750m、ペルー北部高地のカハマルカ州、カハマルカ盆地底部に位置する（図1-17）。クントゥル・ワシ遺跡からは35kmしか離れていない。長期にわたっての利用が認められるが、巨大な神殿が築かれるのは後期ワカロマ期（前1000年〜前550年）と呼ばれる時代である（Terada and Onuki 1982, 1985; 関2010）。パコパンパ遺跡のⅠ〜Ⅱ期、クントゥル・ワシ遺跡のイドロ期〜クントゥル・ワシ期とほぼ同じ時代であり、両遺跡において権力発生の痕跡が認められる時代でもある（表序-2）。この時期にワカロマでは130m×115mの巨大な基壇が登場し、幾何学文様やジャガー、ヘビ、猛禽類など動物の図像をともなう壁画や土器が製作された。

図1-17　ワカロマ遺跡遠景　©東京大学アンデス調査団

43

第1部　遺構から読み解く権力生成

土器は、パコパンパのI期、クントゥル・ワシのイドロ期のものとよく似ている。

　後期ワカロマ期においては、基壇を上るアクセスは一部確認されているだけだが、ある程度の統御は存在したようだ。とくに基壇の側壁にあたる部分で検出された、基壇内部に潜り込みながらジグザグに上っていく幅の狭い地下式階段は、その証拠の一つである。基壇上部の構造は後の時代に破壊されたため、アクセス統御の有無を見ることはできない。一方で、埋葬に関しては、単純な土坑墓が検出されるだけで、副葬品も土器が出土する程度である。この点から、ワカロマ遺跡を支えた社会は比較的平等であったと考えられている。

　同じ時代、またきわめて近い距離にあるにもかかわらず、パコパンパやクントゥル・ワシでは権力の生成が認められる一方で、ワカロマではその証拠が見当たらないのは、権力生成の状況に地域的多様性があることを示すものである。社会全体が同じような変化をとげていくことを前提にすることの危うさを教えてくれる事例である。

　パコパンパの特異性　では、類似性が指摘されたパコパンパとクントゥル・ワシにおいて、リーダーの権力基盤にも同様の傾向が認められるのであろうか。本章では建築に限って考察してみたい。

　パコパンパの場合、円形構造物は、IB期に設けられたベンチ状構造物が埋められ、新たな方形基壇と頂上部に昇る階段が敷設されたが、円形構造物本体は再利用された。中央基壇もIB期の部屋状構造物は埋められ、その上に新たに部屋状構造物が設けられたが、同じ場所での改築であり、しかも部屋状構造物の出入口は、まったく同じ建築軸上にある。この建築軸をそのまま東に伸ばすと、半地下式広場の西と東の階段の中央を通り、第2、第3基壇を結ぶ階段、第2基壇の方形広場、そして第1、第2基壇を結ぶ階段のいずれも中央を貫いている。いずれの建築もIB期に建設され、IIA期でも再利用されたことを考えると、重要な建築プランは、IB期からIIA期にかけて継承されていることがわかる。土器などの物質文化はIB期とIIA期ではまったく異なるにもかかわらず、建築では連続性が認められるわけだ。

第 1 章　建築からみた権力形成

　この点をどのように考えるべきなのであろうか。建築軸や建築そのものの踏襲は重要である。パコパンパのような祭祀を執りおこなう場所における建物やその空間配置は、まさに世界観を形成する上での基礎であり、建築の踏襲とは世界観の踏襲を意味するからである。

　パコパンパ遺跡においては、IB 期から IIA 期にかけて踏襲された建築で、これまで触れてこなかったものがある。それは石壁に使用する石材の再利用である。パコパンパにおける石材の大半は石灰岩である。たとえば第 3 基壇を支える擁壁の場合、IB 期に建設され IIA 期でも継続して利用された。その擁壁を見ると基部には IB 特有の表面加工の行き届いた、長さが 2m 以上もの切石が見える。ところが、3 段目あたりから、明らかに質も大きさも異なる石灰岩が姿を見せる（図 1-18）。後の時代（IIA 期）に付け足されたと考えざるをえない。

　IB 期の石材を再利用したという事例は、第 3 基壇の擁壁にとどまらない。中央基壇は、IB 期の部屋構造が IIA 期にはすっかり埋められ、その上に同じ建築軸を持つ新しい部屋状構造物が築かれたことは何度も述べた。その際、IB 期の古い建物の石壁の一部がごっそりと抜かれていた。あるべきはずの石壁が見当たらず、抜き取ったときにできたと考えられる溝が検出されたのである（図 1-19）。

新しい IIA 期の部屋状構造物の壁には、IB 期の石壁とよく似た石材が確認されていることから IIA 期の人々が新たな部屋状構造物を建設するときに、前の時代の建物の建材を抜き取り、再利用したことと考えてもさしつかえなかろう。こうした IB 期の石壁の抜き取

図 1-18　第 3 基壇を支える擁壁。丁寧な加工が施された下段（IB 期）と粗い石材が用いられた上段（IIA 期）　© パコパンパ考古学調査団

第1部　遺構から読み解く権力生成

図 1-19　IB 期の中央基壇上の部屋。仕切り壁が抜き取られている。　© パコパンパ考古学調査団

りは、パコパンパ遺跡のさまざまな場所で検出されている。

　一連の石材の再利用については発掘調査の初期から確認され、これまで石材の効率的利用という解釈をとってきた。地質学者の清水正明、清水マリナ両氏による石材採取地の調査結果からも補強できると考えていた。清水氏らは、パコパンパ遺跡周辺で採れる石灰岩の表面観察と組成分析をおこない、IB 期の石材が、パコパンパ遺跡の西に位置するエル・ミラドール遺跡の麓から採取されたものであると結論づけた（図 序-11、Shimizu et al. 2012）。

　一方で IIB 期の石材には、比較的脆く、また化石などを多く含む、一見して質の悪い石灰岩が大量に使用されている。これらの石材の採取地は、エル・ミラドールではなく、パコパンパ遺跡の北西部にあたるアグア・ブランカと呼ばれる涸れ谷の上流部と同定されている（図 3-1）。そこからパコパンパ遺跡には古道が走り、道沿いには運搬途上で放棄されたと考えられる石灰岩の切石が点在する。このことから、IB 期の石材が枯渇したことにより、IIA 期に新たな石材採取地が探し求められたという解釈が生まれたのである。

　しかしながら発掘調査が進行し、IB 期の石壁の抜き取りがさまざまな場所で確認されてくると、石材枯渇説に疑義を感じるようになった。というのも、仮に不足を補うとするならば、なぜすべての石壁の石材を抜き取らず、

46

一部にとどめるのかが説明がつかないからである。そこで生まれたのが部分的な再利用を枯渇や効率とは別の理由に求める解釈である。

一言でいえば、石材の部分的再利用、あるいは第3基壇の擁壁に見られる新旧両石材の共存は、世界観の継承と関連しているととらえ直すことである。以前の建物で使用した石材を使用することで意図的に世界観の継承性を表現しようとしたと考えるのである。ではなぜそのようなことをわざわざおこなったのであろうか。

1–3 権力の発生と社会的記憶の形成

この問いの答えについては、中米のマヤ文明や社会的記憶の研究が役立つ。マヤ文明で特徴的な高くそびえるピラミッドの内部には、前の時代のピラミッドが数多く隠れていることは周知の事実である。アメリカのマヤ考古学者であるローズマリー・ジョイスによれば、マヤのピラミッドの外壁に、以前のピラミッドで使用した建材や以前に建立された石碑の断片をはめ込むことは一般的であるという（Joyce 2003）。ジョイスは、これを社会的記憶の創出を意図した行為の痕跡としてとらえた。見る人にかつての王の事蹟や儀礼を想起させる効果があったという。

ここでいう社会的記憶とは、過去における物質の意味についての集合的な見方を指し、決して個人的な見方を指すものではない（Van Dyke and Alcock 2003）。社会的記憶の構築は、つねに思い起こす行為が繰り返されることが必要であるがゆえに現在進行形であるともいえる。マイケル・ローランズは、社会的記憶はさまざまな実践によって構築されると述べ、その実践を大きく二つに分けている（Rowlands 1993）。一つは「刻みこまれた記憶行為」（inscribed memory practices）であり、もう一つは「編入された記憶行為」（incorporated memory practices）である。前者は、記念碑的建造物のような可視的な物質の建設や利用を指し、後者は儀礼行為や口頭伝承のように考古学的には検証が困難な行為を指す。とはいえ、後者の儀礼でも壁画、石像、土器、石

器、骨器など可視的な物質を利用する場合は多く認められるので、社会的記憶を構築する行為の一端を知ることは部分的に可能である。

さてパコパンパに立ち返ると、建物の再利用や壁石の再利用はまさに「刻み込まれた記憶行為」といえよう。ジョイスがマヤで指摘した事例も同じ部類に属する。訪問者は、以前に使用されていた建物、壁や石材を目にすることで過去の社会（IB期）の出来事をつねに想起することができたと考えられる。

また建築軸や建物の配置が継承されている点も社会的記憶の構築と関係する。ジョイスは、マヤの祭祀空間における訪問者や儀礼執行者が巡るルートやアクセスが社会的記憶の構築を促す装置になっていることを指摘している。繰り返し巡回し、それぞれの空間での儀礼に遭遇し参加することこそ、訪問者の集合的な記憶を構築する機会となるわけだ。それを思えば、パコパンパのIB期からIIA期にかけてアクセスが基本的に変わらないという点は重要である。社会的記憶の構築がさほど変化しなかったことを示唆するからである。このようにパコパンパではIB期からIIA期にかけて建物の配置、材料、アクセス方法などさまざまな要素において社会的記憶の構築に連続性が認められるのである。

1-4 リーダーの選択

ではなぜこうした継承性、連続性が認められるのであろうか。それにはやはり権力の問題が絡んでくる。社会的記憶の構築が祖先崇拝や権威の正当性の確保と関連していることはこれまでも指摘されてきた（Alcock 2002）。筆者はパコパンパでもこれは当てはまると考えている。本章の前半部分で詳述したように、IB期からIIA期にかけて、パコパンパでは社会的リーダーの存在が確実視されている。まさにその時期に、建築で認められる社会的記憶の継承がおこなわれていることになる。この同時性は、社会的記憶の継承や連続性が権力の形成に連動していることを示唆するものである。

すでに巨大な祭祀建造物群が規則性をもって建設され、その中心に社会的リーダーの墓が設けられていることを思えば、こうしたリーダーら支配的な集団が社会的記憶の形成を意図的に推進したと考える方がデータの解釈として整合性がある。

一方でI期からII期にかけてリーダー集団が同一であったかについては疑問が残る。第4章で詳しく扱うが、I期の土器とII期の土器には著しい違いが認められる。それを画期の根拠としたところもある。またII期の出土遺物を観察すると遠隔地の材料や製品が持ち込まれていることが認められ、地域間交流が盛んになったこともうかがえる。なかでも海岸とのつながりは土器の様式などからは歴然としている。こうしたデータからするならば、パコパンパの社会的リーダーはIB期からIIA期にかけて交代したことが示唆されるのである。海岸地帯からやってきたリーダーらがこの地に根付こうとしたという仮説である。もちろん、社会的リーダーは交代することなく、地域的交流が活発化した中でリーダーが物質文化などの面で次第に新しい要素を組み入れた可能性も否定はできない。

筆者はどちらかといえば前者の仮説に魅力を感じる。それは建築における現象をよりよく説明できるからである。先に比較したクントゥル・ワシ遺跡では、金製品をともなう墓の副葬品には海岸地帯からもたらされた貝類が数多く出土し、被葬者の一体には、潜水夫など水圧に晒される人に認められる外耳道骨種の痕跡が確認されている（加藤 2010）。またクントゥル・ワシ期の土器はクピスニケと呼ばれる海岸に起源を持つ様式も目立つ。さらに中央基壇内に年齢の異なる4基の墓が同時に設けられ、なおかつ人身供犠の痕もない点は、どこか別の場所で亡くなった人物の遺体をミイラのようにして持ち込み埋葬したという解釈も成り立つ。

パコパンパの場合、骨腫は見つかっていないが、海岸起源の副葬品や土器は認められ、また被葬者には供犠の痕もなく、神殿建設時には亡くなっていたことを考慮すれば、クントゥル・ワシ期のリーダーらと同様に別の場所から持ち込まれた可能性が高い。

このように、権力の発生、強化の時期に別の地域からリーダーが移り住ん

できたとして、果してリーダー以外の社会構成員も移住者であったのだろうか。今のところ、クントゥル・ワシにせよパコパンパにせよ、地域社会の構成員がそっくり入れ替わったとは考えていない。もちろんこの点は今後科学的に検証していく必要があるが、おそらく神殿の周辺で暮らす、また神殿を訪問する人々の構成には大きな変化はなかったのではないだろうか。これを前提に当時の社会をもう少し考えてみたい。

　もし以前から神殿を支えていた集団が変わらず、儀礼行為などを通じてリーダーシップを発揮していく人や集団だけが代わったと考えるならば、両者の間には緊張関係が生まれてもおかしくはないはずである。この脈絡に、先に述べた建築における社会的記憶の継承を置いてみると、新たに誕生した社会的リーダーが、一方的に新たなメッセージを伝えるのではなく、以前のリーダーが持っていた権力基盤を上手に操った姿が浮かびあがってくる。新たな建材を用いても、古い建材と共存させることで、旧来からの集団に以前から執りおこなわれてきた儀礼を想起させ、新たな宗教体系に馴染ませていった。以前の建物を埋めたとしても、その上に新築する儀礼空間には以前の建物で使用されていた建材を用いることで社会的記憶の連続性は担保される。パコパンパのリーダーの権力基盤の一面はこのように考えられるのである。

　この反復的行為が崩壊するのがIIB期なのであろう。半地下式広場を初めとする多くの建造物が意図的に封印されている点を見れば、反復的な儀礼行為、宗教的実践をともなう社会的記憶の構築に危機が訪れたことが予想される。唯一例外なのは、中央基壇の前面で複数回にわたっておこなわれた奉納儀礼であろう。出土遺物を分析すると、骨製、銅製の留めピンや針など女性性を帯びたものが多い。この点から、埋葬された貴婦人の女性性が長きにわたって記憶されていたことを想起させる。

1–5 結語:権力の生成の多様性

　最後に、こうしたパコパンパのリーダーのあり方が、形成期社会全体に適用できるのかを検討しておきたい。とくに IB 期から IIA 期にかけての社会的記憶という点に焦点を絞ろう。クントゥル・ワシ遺跡のクントゥル・ワシ期に権力の生成が認められる点は何度も述べた。この時期の建築の下にイドロ期の建築が埋まっていることも指摘した。重要なのは、クントゥル・ワシ期においては、建材にせよ、建物そのものにせよ、イドロ期の建築を再利用した証拠が見当たらない点である。パコパンパと同じように、外部からやってきたリーダーらは、連続性を強調するのではなく、むしろ不連続性を強調しているようにも見える。

　記憶は忘却とセットになっている点はよく指摘される。人間がすべての事象を記憶することは不可能であり、選択しながら、すなわち忘却しながら記憶は整理されていく。しかしそれ以上に戦略的に忘却するケースもある。これは現代社会におけるさまざまな歴史現象に対する解釈でもあてはまる。クントゥル・ワシの場合も、この社会的記憶の意図的忘却、あるいは意図的隠蔽がおこなわれた可能性がある。

　このように同じペルー北高地の巨大な祭祀遺跡であっても、またほぼ同時期に権力の生成が認められた場所であっても、権力基盤とくにイデオロギー面の様相には違いが存在したことになる。これは、ただ一ヵ所の調査データから一般論を組み立てることの危険性を示すものであろう。

引用文献
Alcock, S. E. 2002　*Archaeology of the Greek Past: Landscape, Monuments and Memories*. Cambridge: Cambridge University Press.
Burger, R. L. and L. C. Salazar 2012　Monumental Public Complexes and Agricultural Expansion on Peru's Central Coast during the Second Millennium BC. In R. L. Burger and R. M. Rosenwig (eds.), *Early New World Monumentality*, pp.399–430. University Press of Florida: Gainesville.
Joyce, R. A. 2003　Concrete Memories: Fragments of the Past in the Classic Maya Present

(500-1000 AD). In R.M.Van Dyke and S.E. Alcock (eds.), *Archaeologies of Memory*, pp.104-125. Malden: Blackwell Publishers Ltd.

Nagaoka, T., Y. Seki, W. Morita, K. Uzawa, D. Alemán P. and D. Morales C. 2012 A Case Study of a High-Status Human Skeleton from Pacopampa in Formative Period Peru. *Anatomical Science International* 87:234-237.

Onuki, Y. (ed.) 1995 *Kuntur Wasi y Cerro Blanco: Dos sitios del Formativo en el norte del Perú*. Tokyo: Hokusen-sha.

Rowlands, M. 1993 The Role of Memory in the Transmission of Culture. *World Archaeology* 25(2): 141-151.

Seki, Y. 2014 La diversidad del poder en la sociedad del Período Formativo: Una prespectiva desde la sierra norte. In Y. Seki (ed.), *El Centro Ceremonial Andino: Nuevas Perspectivas para los Períodos Arcaico y Formativo* (Senri Ethnological Studies 89), pp.175-200. Osaka: National Museum of Ethnology.

Seki, Y., J. P. Villanueva, M. Sakai, D. Alemán, M. Ordóñez, W. Tosso, A. Espinoza, K. Inokuchi and D. Morales. 2010 Nuevas evidencials del sitio arqueológico de Pacopampa, en la sierra norte del Perú. *Boletín de Arqueología PUCP* 12: 69-95, Lima: Pontificia Universidad Católica del Perú.

Shimizu, M., M. Nakajima, M. Shimizu, M. Arata, and Y. Seki 2012 The Pacopampa Archaeological site: The Oldest Smelting Site in South America? In Abstracts Issue of the Annual Meeting of the Korean Society for Geosystem Engineering, 53p., the Jeju Island, South Korea.

Terada, K. and Y. Onuki 1982 *Excavations at Huacaloma in the Cajamarca Valley, Peru, 1979*. Tokyo: University of Tokyo Press.

―――― 1985 *The Formative Period in the Cajamarca Basin, Peru: Excavations at Huacaloma and Layzón, 1982*. Tokyo: University of Tokyo Press.

Van Dyke, R. M. and S. E. Alcock 2003 Archaeology of Memory: An Introduction. In R.M.Van Dyke and S.E. Alcock (eds.), *Archaeologies of Memory*, pp.1-13. Malden: Blackwell Publishers Ltd.

加藤泰建 2010 「大神殿の出現と変容するアンデス社会」大貫良夫・加藤泰建・関雄二編『古代アンデス　神殿から始まる文明』pp.105-152、東京：朝日新聞出版。

関雄二 2010 「形成期社会における権力の生成」大貫良夫・加藤泰建・関雄二編『古代アンデス　神殿から始まる文明』pp.153-202、東京：朝日新聞出版。

第 2 章　パコパンパ神殿における建築活動・景観・視線・権力

坂井正人

2–1　はじめに

　身の回りの環境のひとつである天文現象を、過去の人たちがどのように理解し、それに対してどのような行動をとったのかを明らかにするためには、天文考古学は有望な研究領域だといえる。しかし、天文考古学では、しばしば現代の天文学者の視点から過去の建築物を分析するため、過去の人々がどのような世界観を持っていたのかを必ずしも十分に考慮しなかったり、考古学調査から生み出された資料の性格について十分理解しないで、昔の建物を天文学的に意味があるのかどうかについて議論する傾向があることは否めない。

　ティモシー・ポコタット（Pauketat 2013: 60）が主張するように、天文考古学的な研究では、モノの来歴やそこでどのような活動があったのかがわかるような木目の細かいデータを大量に分析することが必要である。また、考古学的な現地調査に起因する問題に取り組まなければならないので、天文考古学は天文学の一部ではなく、考古学や人類学の一部として扱われることが重要である。

　本論では、パコパンパ神殿の景観のあり方について議論するが、そこで前提になるのは、場所（place）と空間（space）の差異である。景観は場所（place）や空間（space）と密接に関係した概念であり、両者の差異は現象学的な立場から、ティリーによって議論されている（Tilley 1994）。ティリーによると、場所（place）は特定の意味や価値を与えられた場所であり、単なる地理的な場所とは一線を画する。一方、空間（space）はモノや場所の諸関係として存在する生産物としている。ティリーは前者を「人間の経験、感覚、思

考、愛着により構築されるなわばり」と定義し、後者を「行為者が目標を達成するために線引きした資源領域」と定義している（Tilley 1994: 15-21; 河合 2013: 30）。

　本論で分析の対象とするのは建築物である。建築物と空間の関係について、ティリーは以下のように述べている。「建築物は、手に触れることができ、見ることができ、知覚できるようにされた空間から熟考の上でつくられた存在である。そのため、実存的な空間を生み出したり、作り直したり、生産したり、再生産したりする上で、建物は重要な役割を担った。」（Tilley 1994: 17）

　景観と建築物をめぐる以上の諸概念に基づいて、本論では、パコパンパ神殿における景観の変化について議論する。その際に、見る行為に注目する。見る行為については、先行研究において視覚やまなざしが注目され、記念碑的な建物に関する分析を通じて、権力との関係が議論されてきた（Joyce 2004; 河合 2013; Moore 1996）。そこでは、見る行為自体が権力関係に基づいている。また、見られる対象である建物から、当該社会の人々に対して発揮される能動性、すなわちエイジェンシーが、権力関係を成立させていると解釈することも可能である。

　こうした視覚やまなざしに関する議論に加えて、本論では視線の物質化の問題を扱う。視線とは、網膜とモノの間に想定される直線のことである。たとえば、山の方向を向くように建設された壁は、山への視線を物質化した存在である。山を見ている人にとって、この壁は自分と一体化した空間を構成する。そこで、視線を物質化した建物は、見る人間の感覚の延長におかれ、自身と一体化した空間を構成するのである。

2-2 ｜ 天文考古学：試料抽出に関する諸問題

　天文考古学は、天文学の一部として始まった学問であり、考古学の発掘の現場が抱える問題を必ずしも十分に考慮していない。そこで、前項で指摘し

た通り、天文学の一分野としてではなく、考古学や人類学の一分野として扱うことが必要である。天文考古学を適正に実践するためには、考古学調査に伴われる2つの不確実性から目をそらすことはできない。ひとつは分析対象である建物の絶対年代の不確実性、もう一つは建物の方向の不確実性である。

　まず建物がつくられた絶対年代について検討してみよう。炭化物による年代測定の場合、炉の中、床面、排土など、さまざまなコンテクスト（層位や発掘状況を含む考古学的脈絡）から炭化物を入手することができる。しかし、そのすべての試料を年代測定するわけではない。建物の年代を知るのに適切なコンテクストの試料を選んで、年代測定をおこなう。また、分析結果を提示するときに、どのようなコンテクストから出土した試料なのかを明示する必要がある。そうすることで、建物の年代を想定する上で、この試料が示す年代の信頼性を示すことができる。また適切なコンテクストから出土した試料を、なるべく多く集めることに努める必要がある。適切な試料の数が増えると、より妥当な絶対年代を想定できるからである。しかし、発掘の範囲や遺跡の状態によっては試料数が増えない場合がある。その場合は、妥当な絶対年代を提示することが困難になる。

　試料を放射性炭素年代測定法に基づいて分析する場合、分析結果は誤差をともなう値として示される。1点の試料で建物の年代を想定するのではなく、複数の試料を分析して、建物の年代を総合的に想定する。そのため、想定される年代は必然的に単年（single year）ではなく、幅を持つ期間になる。とくにこの期間の始まりと終わりの年代は誤差を含むと考えた方がよい。

　天文考古学的研究では、建物の考古学的データから、過去の人々の天体に関する理解の仕方を検討する。その際に、過去の天体の運行を再現するために、天文計算をする。天文計算は年単位ではなく、秒単位で計算可能である。つまり、炭化物に基づく絶対年代は数十年単位の幅があるのに対して、天文計算に基づく絶対年代の幅は狭い。

　次に建物の方向の不確実性について検討したい。考古遺跡から出土する建物の方向を理解するには、総合的な判断が必要である。建物が土、石などの

建築材を使って作られている場合、壁は厳密な意味でまっすぐに作られておらず、建物の方向に一定の幅があると理解すべきである。壁を測量する場合、壁のどの部分を測量するのかによって、測量された壁の方向に多少の差異が生じる。発掘範囲が狭いと、短い壁しか測量できない。その場合、壁の正確な方向は把握できない。遺跡の保存状態によっては、建物が原位置を保っていない場合がある。そのため、地盤の沈み、埋め土の重さ、遺跡の破壊状況を考慮する必要がある。以上の点を総合的に判断して、原位置を保持していると考えられる建物を選択して、天文考古学的な検討をおこなう必要がある。

どのようなコンテクストから炭化物の試料が出土したのかを説明する必要があるように、建物の方向についても、そのコンテクストを説明する必要がある。なぜ、ある建物の方向を、天文考古学的な検討の対象にし、別の建物をその対象としなかったのかを説明する必要がある。適正な炭化物の試料を数多く集めて分析することで、妥当な年代が想定できるように、建物の適正な方向を数多く集めて分析することで、妥当な年代の議論ができる。

以上をまとめると、次のようになる。天文考古学を実践する上で、ある建物がいつ建造されたのかが問題になる。しかし、炭化物に基づく絶対年代において、想定される絶対年代が幅を持つ上、この期間の始まりと終わりの年代がつねに誤差を含む。そこで、炭化物に基づいて、建物がつくられた時期を想定する場合、その誤差を意識しなければならない。

一方、天文考古学的研究において、天体の運行と建物の建築活動を比較する際に、壁の方向が問題になる。壁の方向は発掘方法・測量方法・遺跡の保存状態によって差異が生じる。そこで、出土した壁の状況を正確に判断して、そこから原位置を保持している建物を慎重に選んだ上で、天文考古学的な分析をおこなわなければならない。

2-3 プレアデス星団の出現方向──天文学的な検討

　序章で述べたように、パコパンパ神殿の建築時期はパコパンパ第I期と第II期に分けることができる。繰り返すが、I期は前1200年〜前800年に相当し、これはさらにIA期とIB期に細分される。IA期は前1200年〜前1000年頃で、IB期は前1000年〜前800年頃と考えられている。一方、パコパンパ第II期は前800年〜前500年に相当し、IIA期とIIB期に細分される。

　IB期（前1000年頃）になると、パコパンパ神殿では大規模な改築がおこなわれ、半地下式広場や円形構造物などの新しい建物がつくられた。それに伴って、IA期の建物は埋められた。この大改築に伴って、建物の基本軸に変更があった。真北を0度として時計回りに測ると、IA期の建物の基本軸は約80度であるが、IB期の建物は約76度である。つまり基本軸に約4度の差がある。なお、IB期の基本軸はその後変更されることなく、少なくともIIA期まで踏襲された。

　筆者は、こうしたパコパンパ神殿の建築活動を検討するため、天文考古学および景観考古学の立場から、プレアデス星団の重要性に注目してきた（Sakai et al. 2007; Sakai et al. in press）。というのも、後述するように、ペルー南高地の農民たちは気候変化と豊凶作を予想するために、プレアデス星団を観測しているからである。

　プレアデス星団が出現する方向は、地球の歳差運動（地軸が地球の公転面に垂直な軸のまわりでおこなうすりこぎ運動）によって徐々に変化する。歳差運動を考慮して、パコパンパ神殿で観測できるプレアデス星団の出現方向を計算するために、AstroArts社のStella Navigator（第8版）を使用した。この計算において、パコパンパ神殿の標高は2498mとし、位置は南緯6度20分7.12秒、西経79度1分47.34秒とした。またプレアデス星団は約1度の範囲に広がっているので、同星団の中にある恒星20 Tau "Maia" を計算するときに用いた。

　図2-1は、パコパンパ神殿におけるプレアデス星団の出現方向の経年変化

第1部　遺構から読み解く権力生成

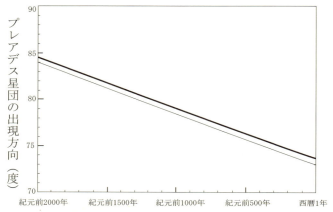

図 2-1　プレアデス星団の出現方向の経年変化。太線は地平線（高度 0 度）から出現するプレアデス星団の方向の経年変化を示している。一方、細線は高度 1.9 度のプレアデス星団の方向の経年変化を示している。出現方向（度）は真北を 0 度として時計回りに計算した。

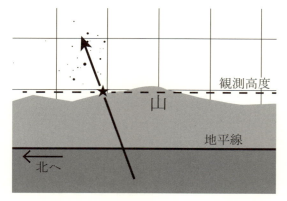

図 2-2　プレアデス星団の出現方向と高度。プレアデス星団が山の尾根から出現する場面。星の軌道についてよく知っていれば、地平線上に出現する星の方向を想定することが可能である。格子状の基準線の間隔は 1 度である。

を示したものである。つまり、どの時期に、どの方向からプレアデス星団が出現したのかを図 2-1 は示している。縦軸がプレアデス星団の出現方向で、横軸が前 2000 年から後 1 年までの経年変化だ。パコパンパ神殿からプレアデス星団の出現を観測する場合、山によって視界が妨げられるために、地平線から出現するプレアデス星団は観測できない。観測できるのは、仰角 1.9 度以上の高度にあるプレアデス星団である。

プレアデス星団はどの方向から出現するのか。この観測には、さまざまな要因が作用する。たとえば、大気差、地形（山の稜線など）、減光（大気の吸収で星の明るさが暗く見えること）などの作用をあげることができる。さらに、何をもって出現と考えるのかという判断基準が異なれば、出現したと見なされるプレアデス星団の方向にも差異が生じる。地平線が山によって隠れていても、星の軌道についてよく知っていれば、山から出現する星の出現方向を補正して、目に見えない地平線上に出現する星の方向を想定することが可能である（図2-2）。これらを検討することによって、パコパンパ神殿の建築活動とプレアデス星団の運行の関係について考察することが可能となる。なお、上記のさまざまな要因を総合的に検討した結果、パコパンパ神殿の場合、誤差や不確実な要因がプレアデス星団の出現方向に与える影響はおおむね0.5度程度だと想定できる[1]。

2－4 ｜ パコパンパ IA 期の建物・山・星

（1）選地

　現代の民族誌でピチュ（Picchu）と呼ばれ、頂上部が左右対称に尖っており、神聖視される山がある。このタイプの山として、周囲を山に囲まれているパコパンパ神殿の南西方向にそびえるポソ・ネグロ（Pozo Negro）山をあげることができる（図2-3）。ポソ・ネグロ山はパコパンパ神殿から、約20km離れており、山頂には多くの湖が集中している。それらの湖はレチェ川とレッケ川の源流であり、水は太平洋に流れ込む。

　一方、パコパンパ神殿の北東方向には、3つの小山マウンドがある（図2-4、図2-5）。エル・ミラドール（El Mirador）、ラ・カピーヤ（La Capilla）、モンティクロ・ラグーナ（Montículo Laguna）である。これらは自然の丘に建設された人工のマウンドである。エル・ミラドール、ラ・カピーヤ、モンティクロ・ラグーナはそれぞれ、パコパンパ神殿の頂上部から約800m、約700m、

第 1 部　遺構から読み解く権力生成

図 2-3　パコパンパ神殿とポソ・ネグロ山　撮影 坂井正人

約 300m 離れている。エル・ミラドールとラ・カピーヤからは、パコパンパ I 期と II 期の土器が出土している（Morales 1980; 1998; Flores 1975）。一方、モンティクロ・ラグーナは発掘によって、パコパンパ I 期の建築物が確認されている（関雄二私信）。

　エル・ミラドールはパコパンパ神殿を建築する際に用いた石材の採掘所である（清水正明・マリナ私信）。これらの石材を使って、パコパンパ神殿が建設されたことを考えると、パコパンパ神殿はエル・ミラドールから生み出されたことになる。つまりエル・ミラドールは、パコパンパ神殿の起源地なのである。

　パコパンパ神殿は、ポソ・ネグロ山とエル・ミラドールを結んだ直線上に位置する。この配置は偶然の一致ではない。パコパンパ神殿を建設するために選地がおこなわれたのである。その際に、パコパンパ神殿が聖山ポソ・ネグロ山だけでなく、起源の地であるエル・ミラドールとも結びつけられる場所が選ばれたのである。パコパンパ IA 期よりも古い建築物は、パコパンパ

60

第 2 章　パコパンパ神殿における建築活動・景観・視線・権力

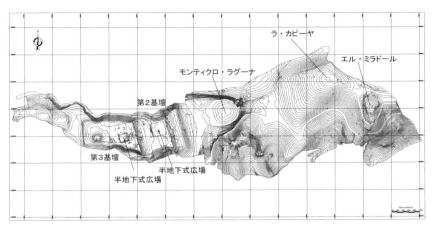

図 2-4　パコパンパ神殿と 3 つの小山マウンド　© パコパンパ考古学調査団

図 2-5　円形構造物の正面に見えるラ・カピーヤ　撮影 坂井正人

神殿で出土していないので、この選地はパコパンパ IA 期におこなわれた可能性が高い[2]。

第 1 部　遺構から読み解く権力生成

図 2-6　パコパンパ 1A 期（サブ・フェイズ 4）の石壁
撮影 坂井正人

（2）建物の方向

　少なくとも IA 期には、パコパンパ神殿の建築活動が開始された。IA 期では 5 回の改修がおこなわれた。その建築活動はいわゆる「神殿更新」の結果であることがわかっている（Seki 2014）。これら五つの建築相、すなわちサブ・フェイズ（sub-phase）につくられた壁を測量したところ、天文考古学的な研究をおこなうのに適しているのはひとつしかなかった。発掘区が狭かったり、壁が小さかったり、保存状態が良くなかったため、残りの壁ではオリジナルの方向を判別することができなかった。

　たとえばサブ・フェイズ 1 の壁は 0.1m の長さしか把握できていない。サブ・フェイズ 2 の壁で把握できたのは 0.3m の長さであり、サブ・フェイズ 5 の壁では 0.75m の長さである。いずれも測定できる壁の長さが短いため、オリジナルの壁の方向を判別することは困難である。サブ・フェイズ 3 の壁は長さが 5.1 m ある。しかし、小石の低い壁しか残っておらず、保存状態がよくない。この壁は原位置から動いた可能性が高い。

　一方、サブ・フェイズ 4 の壁は全長 9.94 m ある。大きな石を積み上げた 2 段の壁（図 2-6）であり、建物は原位置を保っている可能性が高い。そこで、天文考古学的な研究対象として適している。ただし石壁なので、厳密にはまっすぐに作られていないため、壁の方向に一定の幅がある。

（3）建物とプレアデス星団

　パコパンパ IA 期の建物を設定する際に、その基本軸がプレアデス星団の

第 2 章　パコパンパ神殿における建築活動・景観・視線・権力

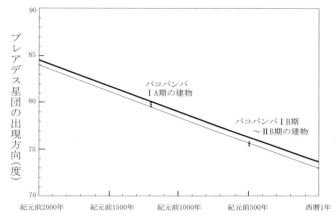

図 2-7　プレアデス星団の出現方向と建物。パコパンパ IA 期の建物は前1200 年のプレアデス星団の出現方向を向いている。一方、パコパンパ IB 期〜 IIB 期の建物は前 500 年のプレアデス星団の出現方向を向いている。太線は地平線（高度 0 度）から出現するプレアデス星団の方向の経年変化を示し、細線は高度 1.9 度のプレアデス星団の方向の経年変化を示す。縦方向の小さな棒は建物が示す方向の幅である。

出現方向と一致するように設計された可能性を以下では検討したい。パコパンパ IA 期の建物を調査し、原位置を保っていると考えられる壁（サブ・フェイズ 4）を選び、測量した。さらに、この壁の方向から建物の基本軸を求めたところ、真北から時計回りで 79.585〜80.127 度の方向であることが判明した。すでに述べたように、石壁なので壁の方向には一定の幅がある。パコパンパ IA 期の建物は前 1200 年〜前 1000 年に建設された。前 1200 年のプレアデス星団の出現方向は 80.057 度（真北から時計回り）なので、上記の建物の基本軸の方向とのずれは 0.070〜0.472 度にすぎない（図 2-7）。一方、前 1000 年のプレアデス星団の出現方向である 78.963 度（真北から時計回り）と比べると、両者のずれは 0.622〜1.164 度になる。そこで、パコパンパ IA 期の最初期に、プレアデス星団の出現方向を基準にして建物がつくられたという仮説は、一定の説得力を持つ。

63

第1部　遺構から読み解く権力生成

2−5 ｜ パコパンパ IB 期の建物と小丘ラ・カピーヤ

　パコパンパ IB 期に、パコパンパ神殿の設計プランは大幅に変更された（図1-2、図2-8）。IA 期の建物は埋められ、第3基壇に巨大な外壁が建設された。この時期に第3基壇の南西部に、「中央基壇 I」（パコパンパ IB 期）と「半地下式広場」（一辺は約 31m）が建設された。一方、「中央基壇 I」の西方に、「円形構造物 I」（直径約 28m）が建設された。

　「円形構造物 I」の東部には、低い方形の基壇が付随した。この低い基壇に「ベンチ状構造物」が3つ作られた（図1-4）。「中央ベンチ」は長さが約 2.30m で、幅が約 0.90m、高さ約 0.24m である。この「中央ベンチ」の正面に小丘ラ・カピーヤがある（図2-5）。

　パコパンパ IA 期の建築物はプレアデス星団の出現方向を基準として作られたが、これらの建物が埋められた上に建設されたパコパンパ IB 期の建物をつくる際に、小丘ラ・カピーヤの方向が基準として利用された。上述の「中央ベンチ」から観測されたラ・カピーヤの方向を基準として、IB 期の建物の方向が決められたのである。というのも、「中央基壇 I」、「半地下式広場」などのパコパンパ IB 期の建築物の基本軸は、どれも「中央ベンチ」から観測されたラ・カピーヤの方向と平行だからである。

　「中央基壇 I」と「半地下式広場」は、パコパンパ神殿の最上部にある第3基壇上に建設された。一方、第3基壇のすぐ下のテラスに相当する第2基壇には、別の「半地下式広場」（一辺は約 50m）が建設された。2つの「半地下式広場」の規模は著しく異なる。第2基壇の「半地下式広場」の方が、第3基壇のものよりもずっと大きい。2つの「半地下式広場」と「中央基壇 I」の中心軸は一致しており、その東の延長線上に小山マウンドであるモンティクロ・ラグーナが配置されている。

　第3基壇の「半地下式広場」の中心地点から見た真西に、「円形構造物 I」の中心地点はあたる。そこで「半地下式広場」と「円形構造物」の配置は、正確に設計・施工されたことがわかる。

第 2 章　パコパンパ神殿における建築活動・景観・視線・権力

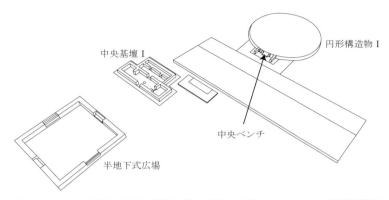

図 2-8　パコパンパ神殿の仮想的立体図（第 3 基壇、1B 期）　© パコパンパ考古学調査団

2-6 │ パコパンパ II 期の建築活動

（1） IIA 期の建築活動

　パコパンパ IB 期の後に、パコパンパ IIA 期が続く。両時期では出土する土器のタイプが異なる。しかし、両時期の建物の基本軸の方向は同一である（図 1-10）。

　「円形構造物」の場合、東側から上部に登るための 3 段の階段がパコパンパ IIA 期に増築された（図 1-11、2-9）。この階段の建築に伴い、かつて観測地点であった「中央ベンチ」は埋められ、新たな観測地点が「円形構造物 II」の頂上部に設定された。また増設された階段は、その中心軸が小丘ラ・カピーヤの方向を向くように設計された。

　パコパンパ IIA 期の建築活動の開始時に「パコパンパ貴婦人の墓」が建設された。黄金製品が副葬された女性の墓である。この墓は「半地下式広場」と「中央基壇」の中心軸上に位置する。「中央基壇 I」（パコパンパ IB 期）をいったん埋め、その作業途上の面から「パコパンパ貴婦人の墓」は掘られた。さらに墓に被葬者を埋葬し閉じた後、その上に土を盛り、「中央基壇

第 1 部　遺構から読み解く権力生成

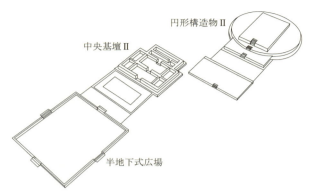

図 2-9　パコパンパ神殿の仮想的立体図（第 3 基壇、IIA 期）　©パコパンパ考古学調査団

II」（パコパンパ IIA 期）が建設された。

（2）IIB 期における中心軸の否定

　「中央基壇 II」（パコパンパ IIA 期）の中心軸は、「半地下式広場」（第 2 基壇および第 3 基壇）の中心軸と一致する。「半地下式広場」の中心軸は、前述したように、「円形構造物 II」の観測地点から見た小山マウンドであるラ・カピーヤの方向を基準に、パコパンパ IB 期に設定された。そしてこの中心軸がパコパンパ IIA 期に踏襲された。

　しかし IIB 期になると、「半地下式広場」（第 3 基壇）の南北の階段が封鎖された。同時に、東西の階段も封鎖されたと考えられる。つまり、パコパンパ IB 期と IIA 期に重視された中心軸が、否定されたことになる。中心軸は否定されたが、「半地下式広場」（第 3 基壇）自体は IIB 期にも使用され、広場にアクセスするために北西角と南東角に小階段が新たに建設された。

（3）IIB 末期におけるプレアデス星団と建物

　パコパンパ IIB 末期（前 500 年）に、プレアデス星団の出現方向と建物の壁の方向が一致し始めた（図 2-7）。たとえば「半地下式広場」（第 3 基壇）の北壁は約 75.879 度（真北から時計回り）、南壁は約 75.336 度（真北から時計回り）である。前 500 年のプレイアデスの出現方向は 76.280 度なので、「半地下式広場」（第 3 基壇）の北壁とプレアデス星団の出現方向のずれは約 0.401 度であり、南壁とのずれは約 0.944 度である。少なくとも北壁はプレアデス星団の出現方向とほぼ一致している。

　前 400 年になると、プレアデス星団の出現方向は 75.757 度になる。「半地下式広場」（第 3 基壇）の北壁とのずれは約 0.122 度で、南壁とのずれは約 0.421 度である。プレアデス星団の出現方向にさらに近づく。ただし、前 400 年に、パコパンパ神殿における大規模な建築活動はすでに停止している。

2-7 │ 考察

（1）プレアデス星団と生業活動

　なぜプレアデス星団の出現方向がパコパンパ神殿では注目され、建物の中心軸の方向を決める際の基準となったのだろうか。現代の民族誌を参考にして、この問題について考えてみたい。プレアデス星団の観測は、農業活動と結びついて、現在でもペルー南部高地で農民たちによって実施されている。この点に注目した調査をベン・オルロブたちは実施し、興味深い民族誌データを提示している。

「ペルーとボリビアのアンデス地域において、現地の農民たちは 6 月下旬の夜中に小集団で集まり、高い尾根をよじ登り、しばしば山の頂上まで登る。……彼らは期待に満ちて集まる。牡牛座にあるプレアデス星団を観測で

きるときを待っている。毎年この時期に、北東の空の低い位置に、夜明けが近づくとプレアデス星団が観測できるようになる。農民たちの信仰によると、プレアデス星団の見え方で、雨季やその数ヵ月後に降る雨のタイミングや雨量を予想できるという」（Orlove et al. 2002: 428）。

　オルロブたちが記述しているように、南アンデスの農民たちは、仲間と連れ立って、6月下旬の夜に山に登り、夜明けに出現するプレアデス星団を観測している。このプレアデス星団の観測は、雨季の降雨の量とタイミングを予測するのに役に立つと信じられている。農民の語りによると、プレアデス星団が出現するときに大きく輝いて見えると、その年は豊作になるが、小さく薄暗く見えると不作だと予測される。また今年は雨が少ないと予測された場合、ジャガイモの作付け時期を変更することによって、水不足が収穫に与える影響を最小限にとどめようとする。こうした星占いは一見単なる迷信のように思われるが、科学的な根拠に基づいているとオルロブたちは主張している（Orlove et al. 2000; 2002）。

　気象学者との共同研究によって、不作になったり、星がかすんでよく見えなくなる原因のひとつとして、エル・ニーニョ現象の発生が挙げられた。エル・ニーニョ現象が発生すると、ペルー北海岸で大量の雨が降ることはよく知られている。このとき、ペルー南高地では逆に雨が降らなくなり、旱魃になるとともに、上空の雲の量が増大する。この雲は降雨とは関係しないが、視界を遮るため、星があまり見えなくなる。つまりエル・ニーニョ現象の発生によって、ペルー南高地は不作になるとともに、地上で観測されるプレアデス星団の大きさや輝度が変化するのである。このように考えると、プレアデス星団を観測することによって、アンデスの農民たちはエル・ニーニョ現象を予測していたことになる。星が大きく輝いて見えれば、エル・ニーニョ現象は起こらず、雨季に例年通り雨が降る。しかし、星が小さく暗く見えた場合、それはエル・ニーニョ現象の兆候であり、雨季にもかかわらず雨が少なく、不作となる。そこで、小さく薄暗いプレアデス星団が不作の兆候だというアンデス農民の主張は迷信ではなく、気象学的にも支持できる判断だと

いえる（Orlove et al. 2000; 2002）。

　こうしたプレアデス星団の観測は、先スペイン期に遡ることができる（Avila 1966; Aveni 1981; Urton and Aveni 1983）。パコパンパ神殿と同時期のチャビン・デ・ワンタル神殿でもプレアデス星団が観測されていた可能性が、これまで指摘されている（Urton and Aveni 1983: 229; Burger 1992: 132）。ただし、チャビン神殿はプレアデス星団ではなく、夏至や冬至の太陽観測と関係するという説も主張されている（Rick 2008: 12-13）。

　パコパンパ神殿の建物の方向がプレアデス星団の出現方向と正確に一致するだけでなく、プレアデス星団の観測が降雨を予測する上で実際に役に立つので、パコパンパ神殿でプレアデス星団の観測がおこなわれていた可能性は高い。また、山の頂上部に建設されたパコパンパ神殿は、プレアデス星団を観測するために集まる場所として使われていたと考えられる。この神殿は協同労働によって建設され、共同体のメンバーによって運営されたと解釈されている（Seki 2014）。集まった人々はプレアデス星団の観測結果および適切な作付け時期について話し合い、認識を共有したのだろう。共同体のメンバーが神殿に集まって、観測をおこなうこと自体が社会的に重要であり、そのような行為が実践される場として、神殿は社会的に位置づけられていたと考えられる。

（2）プレアデス星団の観測と権力

　プレアデス星団を観測する行為が、雨を予測するのに役に立つのであれば、継続的にプレアデス星団が観測された可能性が高い。プレアデス星団の出現方向にあわせて、建物の方向を決めたパコパンパ IA 期だけでなく、その後もプレアデス星団がパコパンパ神殿で観測されたと考えられる。たしかにプレアデス星団の観測は、パコパンパ神殿まで行かなくてもできる。しかし、パコパンパ IA 期に、パコパンパ神殿でプレアデス星団が観測されていたため、この神殿がプレアデス星団を観測するのにふさわしい場所であると認識されたのではないだろうか。

　パコパンパ IB 期に大規模な改築がおこなわれ、山の頂上部に「半地下式

第 1 部　遺構から読み解く権力生成

広場」(第 3 基壇) や「中央基壇 I」がつくられた。一方、一段下のテラスにも「半地下式広場」(第 2 基壇) が建設された。頂上部の「半地下式広場」(第 3 基壇) と比べて、「半地下式広場」(第 2 基壇) は圧倒的に大きいので、収容人数が多かったことがうかがえる。

　証拠こそ不十分ながら、墓と想定される深く大きい土坑が、パコパンパ IB 期に「中央基壇 I」の床面を切って建設された。このデータはパコパンパ社会における権力操作に変化が生じたことを示唆している (Seki 2014)。この点と IB 期の大改築によって、神殿の建築デザインが大きく変化したことと無関係ではないだろう。

　パコパンパ IB 期に、建物が集中する山の頂上部へのアクセスは制限された (Seki et al. 2010)。というのも、大人数が収容できる「半地下式広場」(第 2 基壇) から、頂上部に登るための階段が存在しないからである。そこで、見晴らしのよい頂上部で、プレアデス星団を観測できたのは限られた人たちだけで、大部分の人々は、下の大きな「半地下式広場」(第 2 基壇) で観測したと考えられる。パコパンパ神殿の頂上部へのアクセスが許された人たちは、天体現象を読み、解釈する適正な作法や知識を独占し、それが彼らの権力の源泉となったのであろう。雨季の降雨のタイミングと雨量を予測し、適切な作付け時期を指示することで、自己の権威を誇示・正当化したと考えられる。

　しかし、プレアデス星団はいつも同じ方向から出現するのではなく、経年変化する。この現象を当時の人々はどの様に認識したのであろうか。またその認識に基づいて、どのような建築活動が展開されたのだろうか。

(3) プレアデス星団の経年変化に関する認識

　パコパンパ IA 期　プレアデス星団の出現する方向は、毎年少しずつ変化する。100 年間で、プレアデス星団の出現方向は北に約 0.5 度移動する。前 1200 年 (パコパンパ IA 期) に、建物をプレイアデスの出現方向にあわせて建築したとすると、200 年後の前 1000 年には、プレアデス星団の出現方向

と建物の方向は、約1度ずれてしまう。この1度のずれは、地上で認識することができる。

　パコパンパIA期の建築物には、前1200年～前1000年の間に、少なくとも5回の更新があったことがわかっている。パコパンパIA期の建物の調査が十分に進んでいないので断言できないが、神殿更新の度に、プレアデス星団が観測されて壁の方向が決められたのではなく、前1200年に建設された壁が基準となって、次々と更新されたと考えられる。しかし、200年後の前1000年には、建物の方向とプレアデス星団の出現方向のずれが、目で見てわかるレベルまで大きくなった。また、両者の間のずれによって、プレアデス星団の出現方向が北に移動していることが認識されたと考えられる。

　パコパンパIB期　　パコパンパIB期が始まる前1000年頃に、パコパンパ神殿で大規模な改築が実施されたのは、このずれが原因だと考えられる。ただし、改築に際して、建物の基本軸をプレアデス星団の出現方向にあわせることは止めてしまった。代わりに、「円形構造物I」の「中央ベンチ」から観測された小丘ラ・カピーヤの頂上方向が、基準として採用された。これが新しい基本軸の方向である。

　このベンチの前は視界が開けているので、観測するのには適している。この時期に建設された「中央基壇I」および「半地下式広場」（第2基壇）は、新基本軸の方向と平行になるように建設された。具体的には、観測所から見たラ・カピーヤ頂上の方向は75.642度（真北から時計回り）であり、「半地下式広場」（第2基壇）の中心軸の方向は75.913度（真北から時計回り）である。つまり、両者の差は0.3度以下にすぎない。

　プレアデス星団の出現方向が、前述の通り、北に移動していると認識されていたとすると、将来ラ・カピーヤからプレアデス星団が出現することを、当時の人々は予想していたと考えられる。計算上は、プレアデス星団がラ・カピーヤから出現するのは前400年頃である。

（4）景観の変化

このように、パコパンパ神殿の建物は、IA 期にはプレアデス星団の出現方向（旧基本軸）を基準にして建設され、山頂の建築物へのアクセスはとくに制限されなかった。ところが IB 期以降は、観測所から見たラ・カピーヤの山頂方向（新基本軸）が基準になり、山頂の建築物へのアクセスに明確な制限が設けられた。

両時期の建築活動の主体は誰だったのだろうか。IA 期には山頂の神殿建築へのアクセスが制限されていなかったことから、地域の共同体のメンバーによって、建築活動がおこなわれていた可能性が高い。一方、IB 期以降は、山頂の神殿建築への立ち入りが制限されていたことから、一部のエリートが建築活動の主体であったと考えられる。IB 期に重要な建築軸上に墓と思われる土坑が掘られていた点は、この見方を裏づけるものである（Seki 2014）。

地域の共同体のメンバーが協同労働によって、IA 期において構築した景観は、プレアデス星団を農耕活動に結びつけるという慣習と密接に結びついていたことになる。プレアデス星団を観測することによって、雨を予想し、それによって次の年の収穫を占ったり、作付け時期を決めるというのは、彼らにとっては日々の農作業の一部である。パコパンパ神殿は、こうした日常的な行動を実践する上で好まれた場所（place）であった。

ところが、IB 期になると、エリート層が作りあげた建築空間（space）が、山の頂上部に現われた。IA 期の建築物は埋められ、基壇と広場によって構成された U 字型の新しい空間（space）が生産された。この建築空間は山と密接な関係がある。観測所から見た小山マウンド であるラ・カピーヤの頂上方向を基準にして、それと平行になるように建築空間が設計された。その上、この時期のおもな建物である「中央基壇Ⅰ」と「半地下式広場」（第 2 基壇および第 3 基壇）の中心軸の延長線上に、小山マウンド であるラ・ラグーナが配されたのである。

建築軸に関するこの変化は、パコパンパ神殿における新しい空間秩序の生産と対応する。パコパンパ IB 期にエリートたちが登場して、それまでのプ

レアデス星団に代わって、山を重視するようになった。つまり、経年変化する星の出現方向ではなく、動かない山の方向が建物の基本軸として採用された。おそらく、エリート層の権威や信仰体系を正当化する上で、山は重要な役割を果たしたと思われる。

さらに、パコパンパのエリート層は IB 期以降に、外部社会との関係を強めたと考えられる。神殿空間に作り上げた U 字型配置は、パコパンパ神殿だけでなく、ペルー北高地のクントゥル・ワシ神殿やチャビン・デ・ワンタル神殿などにも見られる。また墓から出土した黄金製品、朱、貝製品の存在は、外部社会とのネットワークの存在を示唆する。

IB 期に新しい景観が創設されるプロセスにおいて、移動の視座（Bender 2001: 5-13）を重視する必要がある。外を知るエリートたちが移動を通して、IB 期の建築空間を生産した。つまり、IB 期の大規模な石造建築物は、パコパンパ内部の社会で生み出されたものではなく、外部で学んだ新しい空間秩序に基づいて、エリートたちが主導して建設したものである。

エリートの存在がはっきりしてくるのは IIA 期である。黄金製品をともなう墓が建設され、その被葬者の頭骨が変形していた。乳児期に施術されないと頭骨は変形しないので、被葬者は生まれながらに特別視されたエリートだったと考えられる（Nagaoka et al. 2012; Seki et al. 2010）。この時期に観測所は「円形構造物」のふもとから頂上部に移動し、見晴らしがさらに良くなった。このように IIA 期では、IB 期の景観が継承されたのである。

しかし、この状況はパコパンパ IIB 期になると急変した。ラ・カピーヤの頂上部から、近い将来、プレアデス星団が出現することが意識されるようになった。この事態はエリート層によって生産された空間秩序を脅かすものであった。もしそのような現象が観測できることになると、神殿空間は山との関係よりも、星との関係の方が明示的になる。なぜならば、すべての建物の壁の方向が、プレアデス星団の出現方向と一致するからである。エリート層は神殿の頂上部でプレアデス星団を観測していた可能性は否定できないが、建築空間を形成するに際して山を基準としていたので、彼らにとって受け入れがたい事態が発生したといえる。IIB 期に「半地下式広場」（第 3 基壇）の

主要な階段が封鎖されたのは、この現象に対するエリート層の反応である。エリート層によって生産された景観が揺らぎ始めたと考えられる。

（5）建築活動の停止と広域センター・ネットワークの崩壊

　IIB期末の前500年頃に、パコパンパは広域センターとしての活動を停止した。この頃、クントゥル・ワシ神殿におけるクントゥル・ワシ期が終わり、ワカロマ神殿の後期ワカロマ期が終わった。つまり、同時期の神殿が次々と衰退した。この変化によって広域ネットワークは崩壊した。そのため、パコパンパ神殿のエリート層は自分たちの権威を確立・強化するために用いていた外来品を入手できなくなった。

　エリート層は山への視線に基づいた神殿景観と空間秩序を生産して、それを力と権威の源泉として利用した。しかし、プレアデス星団の出現方向の経年変化によって、この景観と空間秩序は危機に瀕した。エリート層の優位を建築空間によって認識することが不可能になった。こうして、エリート層の力と権威の重要な源泉が失われ、建築活動は維持できなくなったと考えられる。

　パコパンパ神殿について考察する際に、クントゥル・ワシ神殿の事例は参考になる。クントゥル・ワシ神殿は前550年頃、広域センターから地域センターに姿を変えて、活動を継続した（加藤 2010）。一方、パコパンパ神殿は前500年以降、広域ネットワークから外れて、巨大な祭祀センターとしての建築活動を停止した。

　長期観測によって、プレアデス星団の出現方向は徐々に北方に移動することを理解した結果、ラ・カピーヤの南に位置する小山マウンドであるエル・ミラドールの頂上からプレアデス星団が大昔に出現したことを知るようになった。エル・ミラドールはパコパンパ神殿の選地に使われた山であり、神殿に石材を供給する起源地である。そして、前500年に近づくと、プレアデス星団がラ・カピーヤからついに出現することを認識するようになった。この現象を「ひとつの大きな時間の区切り」の終わりと、当時の人々が解釈し

たのであれば、そのことがパコパンパ神殿における建築活動の停止と関係したのかもしれない。

2-8 おわりに：神殿景観の変化・視線の物質化・権力

　これまでの論をまとめてみよう。パコパンパ IA 期には、見晴らしのよいパコパンパ神殿において、農耕活動の一部としてプレアデス星団の出現が観測されたと考えられる。この神殿の建物の中心軸（旧基本軸）は、当時のプレアデス星団の出現方向と一致していた。つまりパコパンパ神殿は、星への「視線を物質化」した存在として生まれたことになる。この神殿は地域の協同労働によって建設され、集団の統合のシンボルとして、共同体のメンバーによって運営された。またプレアデス星団を観測するために集まる場所としてパコパンパ神殿は使われた。プレアデス星団の見え方と雨の降り方の相関についての経験に基づいて、作付け時期などの農業活動を決めるために、プレアデス星団の観測結果は検討された。このようにプレアデス星団は豊穣の概念と密接な関係があるので、プレアデス星団への「視線を物質化」したパコパンパ神殿は豊穣を体現しているといえるだろう。

　パコパンパ神殿は星を観測する場所だけでなく、豊穣を体現する場所であったことからも、人々は神殿に注目しそこに集まったのではないだろうか。当時の社会は比較的平等であったので、アクセスを制限する外壁はつくられなかった。そこで、パコパンパ神殿の内部に、さまざまな人々が立ち入ることができた。

　さて、プレアデス星団の出現方向は、ゆっくりではあるが変化する。この星団の出現方向を基準にして建物をつくった場合、建設当時は星と建物の方向は一致しているが、数百年経つと、両者に数度のずれが生じる。プレアデス星団の出現方向は百年間で約 0.5 度しか変化しないので、人が一生かけて観測し続けても、認識することが困難なくらい変化の幅は小さい。しかし、数百年間にわたるずれは、星と建物の方向のずれによって地上で認識するこ

とができた。つまり、星への視線を物質化した建物によって、星の出現方向のずれが認識可能になったのである。パコパンパ IA 期末に、プレアデス星団の出現方向と建物の方向のずれが目で見てわかるレベルまで大きくなると、このずれの認識によって、それまで身体と一体化していた空間が崩壊した。言い換えると、視線を物質化した建物は、身体の延長線上にあるので、このずれによって見る者に不快感をもたらし、その結果身体と一体化していた空間が崩壊したということになる。またこの空間の崩壊と同時に、星の出現方向の経年変化について認識されるようになった。

　崩壊した空間を再度身体化するために、視線を向ける対象が変更された。IB 期の建築物をつくる際に、出現方向が変化する星ではなく、経年変化がほとんどない山が選択された。山は地崩れなどがなければ方向は一定で安定しているからである。かつてプレアデス星団への視線を基準に建設された神殿（パコパンパ IA 期）は埋められて、その上に山への視線を物質化した神殿が建設された。つまり、山への視線方向をパコパンパ神殿の建築軸（新基本軸）として採用することによって、山への視線が物質化された。これによって、身体と一体化する神殿空間が再構築された。

　この変化は大変重要である。それというのも、基準となった山は、新たに勃興したエリート層の権威を正当化するために積極的に用いられるとともに、エリート層の信仰体系において重要な役割を果たしたと考えられるからである。山の方向を基準に設定された建物の中心軸上にエリートの墓らしき痕跡が報告されていることもこれを裏づけている。

　さらに、この時期につくられた建築物には、神殿の最上部（第 3 基壇）に入ることができるエリートと、そこへの立ち入りを認められない非エリートの区分があったと思われる（図 1-16）。このことは、神殿の最上部の広場が小さいのに比べて、外壁によって区切られた外側にある第 2 基壇の「半地下式広場」が巨大であることによって、明らかである。最上部の小さな広場では、エリートたちが特権的な活動をおこない、下の巨大な広場には、非エリートたちが集まったのだろう。この時期につくられたこの外壁は立派なため、神殿自体が人々の視線を集めるような存在であったと考えられる。しか

しこの壁によって非エリートたちは、神殿の最上部におけるエリートたちの活動を目にすることができなかった。神殿建築が集中したのは最上部である第3基壇であり、ここは見晴らしのよい山の頂上部を占めていた。この第3基壇への立ち入りは厳しく制限されており、立ち入ることができたのは、エリート層だけであった。このことは、山頂部の神殿空間にアクセスするための階段がないことから明らかである。エリートたちは、神殿の最上部から、下のテラス（第2基壇）にあった大きな「半地下式広場」に集まる非エリートたちを見下ろした。このエリートたちの見下ろす視線は、神殿最上部と下のテラスという建築構造によって生み出されたものであり、それがエリートと非エリートの権力関係を正当化した。

　以上のように、星への視線を物質化した神殿から、山への視線を物質化した神殿へと変容するにあたり、神殿空間を再構築したのは、新しく登場したエリート層であった。この新しい神殿空間を再構築する際に採用された建築プランは、ペルー北部の神殿建築にしばしば見られたU字型構造物であった。エリート層がこうした神殿空間や景観を生産することができたのは、広域ネットワークを通じて、特権的に外部社会と通じていたからである。

　続くパコパンパIIA期には、IB期の神殿空間が継承された。ただし、小規模な改修がおこなわれた。IB期には小山マウンドであるラ・カピーヤを観測するための施設として、「円形構造物I」の麓にあった「ベンチ状構造物」が用いられていた。しかし、観測地点から見た見晴らしをさらに良くするために、観測地点は麓から頂上部に移された。その際に「ベンチ状構造物」を埋めて、「円形構造物II」を築いた。

　IIA期にエリートの台頭が顕在化したことは墓の存在から示唆される。この時期には黄金製品をともなう墓が作られ、朱や貝製品など、パコパンパ神殿付近では入手できないモノが副葬された。これらのモノは広域ネットワークによって、外部からパコパンパ神殿にもたらされたのは明らかである。こうした広域ネットワークへの参加は、エリート層の特権であったのであろう。また、この墓の被葬者には人工頭蓋変形が確認された。頭蓋変形はパコパンパ神殿では稀である。頭蓋変形は乳児期から施す必要がある。そのよう

に考えると、被葬者は、生まれながらにして特別な存在であったと考えられる。神殿の大規模な改築とともに、黄金製品をともなう特別な人間の墓がつくられたことから、この時期に明確な身分差が生まれたと考えられる。

これに続くパコパンパIIB期では、IB期以来の建物の基本軸は一部踏襲されたが、神殿空間に大きな変化が生じた。IIB期になると、観測所から見た小山マウンドであるラ・カピーヤ頂上方向から、近い将来プレアデス星団が出現することが意識されるようになった。もしプレアデス星団の出現方向がラ・カピーヤ頂上方向と一致すれば、神殿は、山と星という複数の景観への視線と分かちがたい関係を結ぶことになる。このことは建物の全壁の方向が、観測所から見たラ・カピーヤ方向と平行であるだけでなく、プレアデス星団の出現と一致することを意味する。

非エリートたちにとって、この事態はどのように受け止められただろうか。山の方向と神殿の基本軸の対応関係は、神殿の最上部にある「円形構造物」からしか認識できない。一方、神殿の方向とプレアデス星団の出現方向の一致は、神殿の最上部だけでなく、巨大な「半地下式広場」がある第2基壇からも観測が可能である。そこで、神殿の方向がプレアデス星団の出現方向と一致すると、第2基壇に集まった多くの非エリートにとっては、建物の基本軸とプレアデス星団の関係は明示的になる。しかし、山との関係は明示的ではない。そのため、非エリートにとっては、パコパンパ神殿は、豊穣を象徴するプレアデス星団と関係づけられ、エリートの権力を正当化する場とはなりえなくなった。

一方、こうした神殿空間の解釈の複数性をエリートたちは受け入れることができなかった。彼らの権威は、山に基づく空間秩序や信仰体系に依拠していたからである。プレアデス星団は豊穣の象徴であったのに対し、山はエリートたちの権力の象徴であったと考えられる。したがって、山を重視していたエリート層にとって、山よりも星の方が重視される可能性の高い神殿空間は受け入れ難かったのである。またこの事態は、山への視線が物質化された神殿空間を混乱に落とし入れかねなかった。身体と一体化したこの空間は山への視線に依拠し、エリート層の権威の正当化に深く関わっていたため、

そこに星への視線を組み込む余地はなかったのである。

　IIB期の初めに、「半地下式広場」（第3基壇）の階段が封鎖されたのは、第3基壇のもっとも重要な広場の階段の方向がプレアデス星団の出現方向と一致することに対する否定的なエリート層の反応であった。エリート層によって生産された景観が揺らぎ始めたのである。この時期に各地の神殿が広域センターとしての活動を停止し、その影響をパコパンパ神殿は受けた。その結果、エリート層は自らが依拠していた、山への視線を物質化した神殿空間を維持できなくなった。そして、パコパンパ神殿における建築活動が停止したのである。

注
1）天文計算は山形大学理学部柴田晋平教授による。また同教授が図2-1、2-2、2-7を作成された。記して感謝したい。
2）パンダンチェ期（前1300年〜前1200年）の建築物がパコパンパ神殿から出土していないので、神殿建築のための選地活動はまだこの時期にはおこなわれていなかったと考えている。ただしこの時期の土器がパコパンパ神殿から出土している点は注目に値する。これらの土器が選地活動と関係があるのか否かは、今後の発掘調査において検討すべき課題である。

引用文献
Aveni, A. F. 1981　Horizon Astronomy in Incaic Cuzco. In R. Williamson (ed.), *Archaeoastronomy in the Americas*, pp. 305-68. Los Altos: Ballena Press.
Avila, F. de 1966　*Dioses y hombres de Huarochirí*. Lima: Museo Nacional de Historia y el Instituto de Estudios Peruanos.
Bender, B. 2001　Introduction. In B. Bender and M. Winer (eds.), *Contested Landscapes : Movement, Exile and Place*, pp. 1-18. Oxford; New York: Berg.
Burger, R. 1992　*Chavin and the Origins of Andean Civilization*. New York: Thames and Hudson.
Flores, I. 1975　*Excavaciones en el Mirador; Pacopampa* (Dirección de Proyección Social, Seminario de Historia Rural Andina). Lima: Universidad Nacional Mayor de San Marcos.
Joyce, R. A. 2004　Unintended Consequences ? Monumentality as a Novel Experience in Formative Mesoamerica. *Journal of Archaeological Method and Theory* 11(1): 5-29.
Moore, J. D. 1996　*Architecture and Power in the Ancient Andes: The Archaeology of Public*

Buildings (New Studies in Archaeology). Cambridge: Cambridge University Press.
Morales, D. 1980　*El dios felino en Pacopampa.* Lima: Seminario de Historia Rural Andina, Universidad Nacional Mayor de San Marcos.
─────── 1998　Investigaciones arqueológicas en Pacopampa, departamento de Cajamarca. *Boletín de Arqueología PUCP* 2: 113-126.
Nagaoka, T., Y. Seki, W. Morita, K. Uzawa, D. Alemán P. and D. Morales 2012　A Case Study of a High-status Human Skeleton from Pacopampa in Formative Period Peru. *Anatomical Science International* 87(4): 234-237.
Orlove, B., J. Chiang, and M. Cane 2000　Forecasting Andean Rainfall and Crop Yield from the Influence of El Niño on Pleiades Visibility. *Nature* 403 (6765): 68-71.
─────── 2002　Ethnoclimatology in the Andes: A Cross-disciplinary Study Uncovers a Scientific Basis for the Scheme Andean Potato Farmers Traditionally Use to Predict the Coming Rains. *American Scientist* 90(5): 428-435.
Pauketat, T. R. 2013　*An Archaeology of the Cosmos : Rethinking Agency and Religion in Ancient America.* London: Routledge.
Rick, J. W. 2008　Context, Construction, and Ritual in the Development of Authority at Chavín de Huántar. In W. Conklin and J. Quilter (eds.), *Chavín: Art, Architecture, and Culture*, pp. 3-34. Los Angels: Cotsen Institute of Archaology, University of California.
Sakai, M., J. P. Villanueva, Y. Seki, W. Tosso y A. Espinoza 2007　Organización del paisaje en el centro ceremonial formativo de Pacopampa. *Arqueología y Sociedad* 18: 57-68.
Sakai, M., S. Shibata, T. Takasaki, J. P. Villanueva and Y. Seki (in press) Monument, Stars and Mounds at the Temple of Pacopampa: Changing Recognition of Landscape and a Secular Change of the Rising Azimuth of Pleiades. In R. Burger, Y. Seki and L. Salazar (eds.), *New Perspectives on Early Peruvian Civilization: Interaction, Authority, and Socioeconomic Organization during the 1st and 2nd Millennia B.C.* New Haven: Yale University Publications in Anthropology.
Seki, Y. 2014　La diversidad del poder en la sociedad del Período Formativo: Una perspectiva desde la sierra norte. Suita: *Senri Ethnological Studies* 89: 175-200.
Seki, Y., J. P. Villanueva, M. Sakai, D. Alemán, M. Ordóñez, W. Tosso, A. Espinoza, K. Inokuchi y D. Morales. 2010　Nuevas evidencias del sitio arqueológico de Pacopampa, en la sierra norte del Perú. *Boletín de Arqueología PUCP* 12: 69-95.
Tilley, C. Y. 1994　*A Phenomenology of Landscape: Places, Paths, and Monuments.* New York: Bloomsbury Academic.
Urton, G. and A. Aveni 1983　Archaeoastronomical Fieldwork on the Coast of Peru. In A. Aveni and G. Brotherston (eds.), *Calendars in Mesoamerica and Peru*, pp. 221-234. Oxford: BAR International Series 174.
加藤泰建 2010　「大神殿の出現と変容するアンデス社会」大貫良夫・加藤泰建・関雄二

編『古代アンデス　神殿から始まる文明』pp.105-152、東京：朝日新聞出版。
河合洋尚　2013　『景観人類学の課題―中国広州における都市環境の表象と再生』東京：
　　風響社。

第3章　自然環境における神殿の位置づけ

山本　睦

　アンデス地域の地理的特徴としてあげられるものの一つに、複雑な地形と高度差に応じた多様な自然環境や豊かな鉱物資源がある。こうした環境は、そこで生活を営む人々の活動に多大な影響を与えてきた。しかし、環境と人との関係は決して一方向的なものではなく、環境もまた、人の活動によって変化する。では、このような周囲の環境との相互関係の積み重ねのなかで、形成期の人々はいかにしてセトルメント、とくに当時の社会的中心にあったとされる神殿を築いたのか、そしてその神殿の立地は時間の経過とともにどのように変化したのであろうか。ここでいうセトルメントとは、形成期の人々の活動の痕跡であり、建造物の特徴や規模、出土遺物などから解釈される総体である。これらの問いに答えることで、社会における神殿の位置づけや、神殿をめぐる人々の活動の社会的背景が見えてくると筆者は考える。そこで本章では、生態環境や鉱物資源、地域間ルートの分布などをふまえた上で、セトルメント、とくに神殿の立地がどのように選択され、それがどのように後の神殿活動に影響を与えたのかを通時的に見ていく。そして、周囲の環境の制約を受けつつも、それを最大限に利用し、改変しながら神殿での活動を営むことが、形成期社会のリーダーらにとって有益な権力資源となっていくという、権力の生成過程を通時的に論じてみたい。

3-1　チョターノ川流域の遺跡分布調査

　形成期の大神殿であるパコパンパ遺跡では、日本・ペルー合同調査団による近年の発掘調査成果によって、アンデス形成期研究史上有数のデータが蓄積されつつある。また、パコパンパ遺跡の周辺地域では、それ以前から発掘

調査や遺跡踏査といったさまざまな考古学的調査がおこなわれている。しかしながら、先行研究では、その関心がパコパンパ遺跡をはじめとした特定の神殿遺跡のみへ集中的に向けられてきた。つまり、パコパンパ遺跡周辺地域の考古学的状況は、これまであまりわかっていなかったといえる。ただし、これまでにもチョターノ川流域で広域的な遺跡踏査がおこなわれてこなかったわけではない（Santillana 1975; Morales 1998）。しかし、これらの踏査では、遺跡の位置や特徴、編年といったデータがほとんど報告されておらず、遺跡分布と生態との関係が簡単に指摘されるのみにとどまっている。そこで2013年7月中旬から8月末にわたって、パコパンパ遺跡周辺地域で詳細な遺跡分布調査を実施した（山本 2015）。調査のおもな目的は、特定の遺跡だけではなく、より広い地域的な枠組みのなかで、この地域に展開した先史社会の全体像を把握することにあった。

　ここでいう遺跡分布調査とは、対象地域をくまなく歩き回り、遺跡や地形、植生などのデータを徹底的に集める調査のことを指す。そのため、調査では、ただ単に調査地を歩き回るのではなく、先行研究を十分に渉猟し、調査地の航空写真や衛星写真の精査、地域住民へのインタビューなどを通じて、地域内にある遺跡に関する情報を、事前にできるだけ収集した。そうした入念な準備を経て、調査地域を谷の底部から山の頂上部までをくまなく歩いて遺跡をマッピングした。われわれが遺跡として同定したものは、おもに地表面に遺構や遺物が確認されるものであるが、遺構がなくとも土器などの考古資料が集中して見られる場合も同様にあつかった。また、分布調査の際には、各遺跡の特性や利用された時期を明らかにするために、地表面で徹底的に考古遺物を採集し、遺構の特徴を記録した。さらに、遺跡そのものだけでなく、遺跡の立地などといった遺跡をとりまく地形や生態などの特徴についても可能な限りのデータを集めた。

　われわれの調査対象となった地域は、パコパンパ遺跡を中心としたチョターノ川下流域西岸である。より正確には、西側をパルティク川とインゲルヤク川、東側をチョターノ川とワンボヤク川、南側をケブラーダ[1]・ラユラン、北側をインゲルヤク川とチョターノ川の合流点とする南北約17km×東

第 3 章　自然環境における神殿の位置づけ

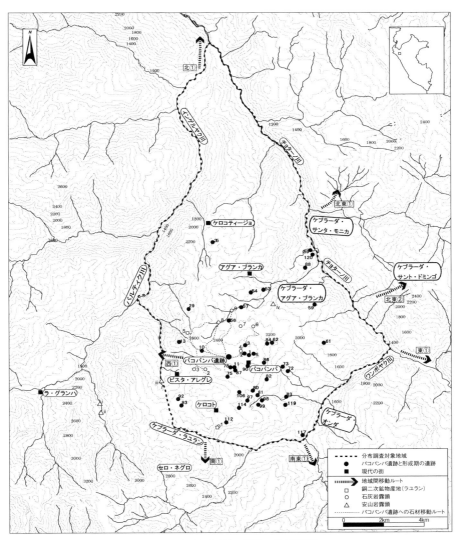

図 3-1　遺跡分布調査の範囲と形成期遺跡

西約 11km の範囲がそれに該当する（図3-1）。この範囲は、全体が川やケブラーダ、および山々の尾根などで区切られており、パコパンパ遺跡を中心とする地域の自然の地理区分とも一致している（Santillana 1975: 114）。そのため、特定の地域的な枠組みのなかで、先史社会の全体像を考察する際に有意義な区分でもあると考えられる。なお、本章でチョターノ川流域という際、とくに注釈や補足がない場合には、基本的に上記の範囲を指す。

　筆者らが実施した遺跡分布調査の結果、チョターノ川流域には計 121 もの遺跡があり、そのうちの 42 遺跡が形成期のものであることが確認された（表3-1）[2]。このデータは、これまで詳細な分布調査がなかったチョターノ川流域において、考古学的基礎データを充実させるためにきわめて重要なものであるといえる。しかし、これだけでは単に地図上に遺跡の分布を示しただけにすぎない。筆者らが目指すのは、こうした考古学データの背景にある先史の人々の実践を明らかにすることにある。そこで重要となってくるのが、考古学データと並んでデータ解釈の基礎となる、チョターノ川流域をとりまく環境についての情報である。

3–2 ｜ チョターノ川流域の環境

（1）自然環境と地質学的特徴

　チョターノ川は、アンデス山脈東斜面を流れる川で、その流域面積は中心的な部分だけでも 1875km^2 ある。また、同河川のあるカハマルカ州チョタ郡やクテルボ郡は、ペルー北部の高緯度地帯に位置している。そのため、一般的に語られるアンデスの気候や生態よりも、その流域は熱帯的な特徴を示している。さらに、われわれの調査対象となった地域には、海抜約 1000～4000m の土地が広がっており、著しい高度差がある。そしてそこに、アンデス特有の複雑な地形が組み合わさることで、調査範囲は多様な生態を見せる。この生態に関しては、ペルーの地理学者プルガル・ビダルによるアンデ

第 3 章 自然環境における神殿の位置づけ

表 3-1 遺跡分布調査による形成期遺跡一覧

遺跡番号	遺跡名	海抜	活動が確認された時期と建造物の特徴		
			形成期前期	形成期中期	形成期後期
			パンダンチェ期	パコパンパⅠ期	パコパンパⅡ期
	パコパンパ	2,550 m	◎	◎	◎
1	ミラドール	2,506 m		◎	◎
2	カピーリャ	2,502 m		◎	◎
3	サン・ペドロ 1	2,449 m			●
5	サン・ペドロ 3	2,472 m		●	
10	カチェン 3	2,594 m			●
11	コチェ・コラル 1	2,389 m			◎
13	ラ・フィラ・デ・ローヨ 1	2,532 m			●
29	マライバンバ・アルト 4	2,370 m			●
35	ヤタキーナ 1	2,128 m		●	
53	アグア・ブランカ 6	2,051 m		◎	◎
54	アグア・ブランカ 7	2,146 m		◎	◎
56	トゥカック・アルト 1	2,323 m		●	
57	トゥカック・アルト 2	2,185 m		●	
59	ロマ・ロシージャ	1,947 m			●
61	カンポ	2,005 m			●
62	エル・レホ 1	2,269 m		◎	
72	マチャイプンゴ 1	1,881 m		●	
73	マチャイプンゴ 2	1,950 m		◎	◎
75	スチュラン 1	2,319 m			●
78	コチェ・コラル 2	2,381 m		◎	
80	セロ・ガビラン・デ・マルコパンパ	2,241 m		●	●
81	ラス・クルセス	2,164 m			●
82	マルコパンパ・アルト	2,135 m			●
83	パンダンチェ	1,881 m	◎	◎	◎
84	エル・レホ 2	2,324 m			●
86	パフーロ	2,275 m		●	
87	コチェ・コラル 3	2,378 m		◎	◎
88	ワランガユック 1	1,437 m			●
89	ワランガユック 2	1,293 m		◎	
90	パコパンパ 2	2,404 m			●
92	トトーラ	2,784 m			◎
93	サンパブロ・デ・ケロコト	2,846 m			◎
97	グアヤンパンパ 1	2,269 m		●	
98	シャンキーワ 1	2,127 m		●	
99	グアヤンパンパ 2	2,185 m		◎	
106	ワンガパンパ 1	2,316 m		●	●
112	ロマ・デ・ケロコト 5	2,476 m		●	
114	グアヤンパンパ 3	2,247 m	◎	◎	◎
117	セロ・パンパグランデ	1,760 m			◎
119	テンプレ	1,865 m		●	
120	ワランガユック 3	1,237 m			◎

◎＝神殿あるいは単なる居住区ではないと考えられる遺跡（巨石建造物は灰色で色かけ）
遺跡名は現地での呼称を採用した。遺跡が存在する地点に特定の呼称がない場合、遺跡が属する区域の名称を遺跡名とした。同区域に複数の遺跡が確認された場合は、遺跡名の後に登録順の数字を付した。

第 1 部　遺構から読み解く権力生成

表 3-2　チョターノ川流域の生態分類

海抜	気候	降水量	植生、動植物利用
1,500m 以下	17℃～23℃	250～500mm	サトウキビ、トウモロコシ、バナナ、パイナップル
1,500～1,800m	17℃～20℃	500～900mm	サトウキビ、トウモロコシ、バナナ、コーヒー
1,800～2,500m	13℃～17℃	500～1,000mm	トウモロコシ、マメ、ムギ
2,500～2,800m	13℃～17℃	1,000～2,000mm	マメ、ムギ、家畜飼養、木材利用
2,800～3,800m	6℃～12℃	1,000～1,600mm	ジャガイモ、ムギ、マメ、家畜飼養

スの代表的な区分もあるが[3]（Pulgar Vidal 1987）、チョターノ川流域の気候や生態環境に関しては、70年代に刊行された ONERN（Oficina Nacional de Evaluación de Recursos Naturales：ペルー国立自然資源評価局）の報告でより詳細に分類されている（ONERN 1977: 65-81）。これによれば、チョターノ川流域には、高度差に応じた非常に豊かな生態があり、多彩な動植物の利用が認められる（表 3-2）。

　その一方、チョターノ川流域の地質学的特徴に関しては、ONERN（ONERN 1977）の報告をもとに、日本のアンデス調査団によってパコパンパ遺跡を中心に研究が進んでおり、資源利用について論じる基礎が築かれている（清水・清水 2010; 清水・清水・中島 2011; 2012）。これによれば、チョターノ川流域には、石灰岩露頭、安山岩露頭、銅二次鉱物（孔雀石や藍銅鉱など）の産地などが確認されている。また、パコパンパ遺跡で用いられた石製品のうち、安山岩に関しては、分布調査範囲からは外れるが、パコパンパ遺跡から 6km 程度西に離れたセロ・ネグロから流れるケブラーダのとくに下流域で採取されたと考えられている。

（2）地形的特徴と地域間ルート

　チョターノ川流域の地形は、非常に特徴的である。一つは、西側斜面のパルティク川やインゲルヤク川へ下る斜面と比べて、東側斜面のチョターノ川

やワンボヤク川へと下りる斜面がなだらかなことである。そしてもう一つは、東側斜面では北から南に進むにつれて谷幅が広くなる傾向があり、パコパンパ村付近で最大幅になった後、ケロコト市をすぎると再び急激に谷幅が狭くなることである。

　こうした地形的特徴は、チョターノ川流域で営まれる人々の生活はもちろんのこと、同流域と周辺地域の人々との地域間交流に際しても、非常に大きな影響を与えてきた。なぜなら、先史アンデスでは一般的に、川筋や尾根が地域間移動ルート[4]として用いられたと考えられており（鶴見 2008; 山本・伊藤 2013）、そうしたルートは必然的に地形による制限を受けるためである。つまり、ルートは、なにもない平らな土地であればほぼ無制限に選択可能になるが、複雑な地形のなかでは通行可能な場所が限られてしまうのである。そのため、筆者らは、遺跡分布調査時に地形と生態を詳細に記録することで、通行可能な地域間移動ルートを想定することに努めた。また、それと同時に、チョターノ川流域に住んでいる地域住民へのインタビューをおこなうことで、想定したルートが現在および数世代前までに遡ってどのように利用されてきたのかを明らかにした。

　その結果、チョターノ川流域には、北方面へのルートが1本（北①：北部熱帯低地へ向かう）、北東方面へのルートが2本（北東①、②：北部熱帯低地へ向かう）、東方面へのルートが1本（東①：北部熱帯低地と北部山地へ向かう）、南東方面へのルートが1本（南東①：北部山地へ向かう。途中から北部海岸へ進むこともできる）、南方面へのルートが1本（北部山地へ向かう。途中から北部海岸へ進むこともできる）、西方面へのルートが1本（西①：北部山地を通って北部海岸へ向かう）存在することを示した（図3-1）。これらは、あくまで移動可能なルートではあるが、これに遺跡分布調査のデータを組み合わせることで、チョターノ川流域における先史の地域間移動ルートが明らかになってくるのである。

第1部　遺構から読み解く権力生成

3-3 環境とセトルメント

　チョターノ川流域をとりまく環境についてのデータがそろったところで、これらを遺跡分布データと総合して、先史の人々の活動の痕跡であるセトルメントが、どのように決定されたのかについて、以下考察してみたい。
　42を数える形成期遺跡は、基本的になだらかな起伏や丘、あるいは尾根上の周囲より一段高いところに立地している。そして、遺跡の大半は、ケブラーダ・アグア・ブランカとケブラーダ・ラユランに挟まれた調査地域の南東側に集中している。ここは、現在においても当該地域において、村落が多く存在する人口密集地でもある。また、調査範囲南東側には、調査範囲内でもっとも谷幅が広く、かつ斜面が緩やかな土地が広がるという特徴がある。つまり、居住あるいは生業活動をおこなうために適した場所が、遺跡立地に際して選択されたことを示唆している。この傍証として、土地が狭く、斜面も急な調査地域の北側では、遺跡はほとんど確認されていないのである。さらに、パコパンパ遺跡周辺には、建材に用いられた石灰岩の露頭や遺跡で用いられた石製品の材料の供給地もある。そして、調査地の少し西側のセロ・ネグロから北へ流れるケブラーダ沿いでは、パコパンパ遺跡で石器に用いられている安山岩を採取することもできるのである。
　次に、遺跡分布と生態との関係を見てみよう。形成期の遺跡は、既述の五つの環境帯それぞれに見られるものの、セトルメントがもっとも集中しているのは、そのうちの中間に位置する1800〜2500mに広がる環境帯である。この環境帯は温暖で降水量もあるが、その最大の利点は、その上下に存在する環境帯へのアクセスが容易なことである。つまり、中間に位置することで、徒歩で一日以内に、必要に応じてより温暖から寒冷に至る多様な生態を効率的に利用できるのである。つまり、チョターノ川流域、とくにセトルメントが集中する場所は、人々が生活を営む上で、理想的な立地にあるということを示しているといえるだろう。
　以上のように形成期全体のセトルメントを見ると、その決定には周囲の環

90

境の影響が色濃く認められる。しかし、形成期の人々の活動やその背景を論じていくためには、より細やかな分析が必要であることは明白である。幸いなことに、チョターノ川流域ではパコパンパ遺跡の発掘調査によって、精緻な編年が確立されつつある。そこで次項からは、遺跡分布調査時に地表面採集した土器の分析をふまえて、形成期をより細分しながら論を進めていく。具体的には、細分された時期ごとに遺跡分布と、地形、生態環境、遺跡間関係、および地域間移動ルートとの関係を押さえ、時期ごとの特徴について見ていくことにする。

(1) パンダンチェ期のセトルメント (図3-2)

　パンダンチェ期の活動が認められるのは、パンダンチェ (図3-2の83)、グアヤンパンパ3 (図3-2の114)、そしてパコパンパの3遺跡だけである。パコパンパの場合、土器の包含層がごく一部の発掘区で確認されていることは序章で触れられている。すべての遺跡がチョターノ川流域のなかでも谷幅がもっとも広く、斜面が緩やかな場所に位置している。より詳細には、3遺跡のうち、とくにパンダンチェとグアヤンパンパ3は、ワンボヤク川に注ぎ込むケブラーダ・オンダ付近にある。その一方で、パコパンパは、ケブラーダ・オンダだけでなく、北東のケブラーダ・アグア・ブランカから斜面をのぼった場所に立地している。

　また、パンダンチェとグアヤンパンパ3は1800～2500m、パコパンパは2500～2800mの環境帯の下限にあり、いずれも居住や生業、あるいは斜面の上下動をおこなうことで多様な環境帯を利用するために利便性の高い場所にある。ただし、パンダンチェやグアヤンパンパ3の方がより低い場所に位置していることもあり、温暖な条件下で獲得可能な作物や河川へのアクセスが、わずかに容易となっている。これに対して、パコパンパの立地は、建材に用いる石材の産地に近いことにその特徴がある。

　こうして見ると、たしかに3遺跡ともに人々の生活に利便性の高い場所に位置しており、なかでもパコパンパの立地は総合的に最適ともいえる。しか

第1部 遺構から読み解く権力生成

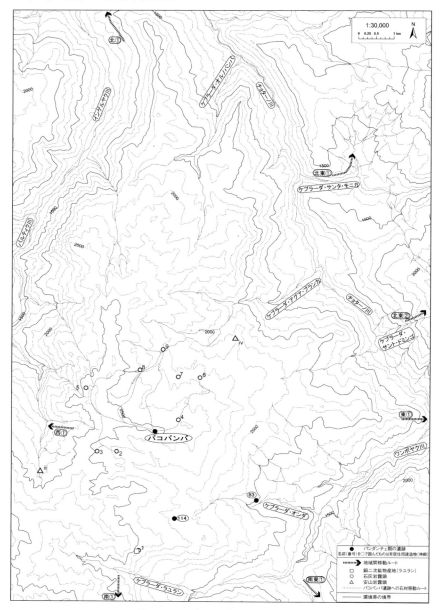

図 3-2　パンダンチェ期のセトルメント

し、単純に広い耕作地や多様な環境帯の利用、資材の利用だけを追い求めるならば、パンダンチェとグアヤンパンパ3もそのような場所に立地してもよさそうである。つまり、パンダンチェ期のセトルメントには、地形や生態環境、地質的特徴以外の要因が影響していると考えられるのである。

　これを受けて、まず考慮しなければならないのは、各遺跡の特性である。パコパンパ以外の遺跡は発掘データが乏しいため、その詳細は不明ではあるものの、地表面観察に基づいた建築特徴から見ると、3遺跡はそれぞれ非居住用（神殿）であったと考えられる。また、地表面採集と発掘調査で確認された3遺跡の土器には、北部熱帯低地のバグア（Shady 1987）や北部山地のカハマルカ盆地の土器との高い類似性が認められる（Terada and Onuki 1982; 1985; 1988）。

　そこで、パンダンチェ期のセトルメントと地域間移動ルートとの関係を見てみると、興味深い点に気づく。それは、パンダンチェ、グアヤンパンパ3とパコパンパが、いずれも東①、南東①のルートにアクセスしやすい場所に立地していることである。このことは、土器特徴からもあらわされたように、チョターノ川流域と北部熱帯低地や北部山地との地域間交流の存在を示唆している。地域間交流とは、周囲に存在する各地域社会が一様に結ばれるようなものではなく、個々の地域社会がそれぞれの目的や背景に応じて選択的かつ主体的に決定するものであると思われる。そのため、パンダンチェ期の人々が、周辺地域のなかでも、とくに北部熱帯低地と北部山地との地域間交流を重視したと考えてもとくに問題はない。そしてその結果として、セトルメントには地域間移動ルートとの関係が見られるのであろう。

　このようにパンダンチェ期のセトルメントには、周囲の地形、多様な生態、地質学的特徴だけでなく、地域間交流を重視した当時の人々の戦略が反映しているといえよう。

（2）パコパンパⅠ期のセトルメント（図3-3）

　パコパンパⅠ期の活動が認められるのは27遺跡で、そのうちの3遺跡は

第 1 部　遺構から読み解く権力生成

パンダンチェ期から継続して利用されたようである。

　この時期の遺跡は、1 遺跡（図 3-3 の 35）を除いて、ケブラーダ・アグア・ブランカとケブラーダ・オンダ付近、あるいは両ケブラーダに挟まれた場所に立地している。そのなかでもとくに谷幅が広く、緩やかな斜面が続く、パコパンパの周囲とケブラーダ・アグア・ブランカの周りにはセトルメントが集中している。

　また、環境帯との関係を見ると、27 遺跡のうち、2 遺跡は 1500m 以下に、22 遺跡は 1800〜2500m、残りの 3 遺跡は 2500〜2800m の環境帯下限に位置している。この時期には 1500m 以下の温暖な土地に遺跡が見られるようになったが、セトルメントの中心はパンダンチェ期との間に差異はない。つまり、全体的には、居住や生業あるいは斜面の上下動による多様な生態環境の利用に際して、もっとも効率の良い場所にセトルメントが集中していることが明らかなのである。なお、分布の中心から外れている遺跡（35）の周辺では現在、その少し高い海抜にも関わらず、調査地域南側の同じ環境帯の土地と比べて多量の果物が栽培されていることから、この場所が南側よりもやや温暖であると考えることもできる。

　次に遺跡の特性について建築的特徴から見てみると、27 遺跡のうち 14 遺跡が非居住的用途（神殿）であったと考えられる。神殿と生態との関係を見ると、2 遺跡が 1500m 以下に、9 遺跡が 1800〜2500m に、3 遺跡が 2500〜2800m の環境帯に位置している。つまり、この時期の神殿は、より多様な環境帯に立地しているといえるが、もっとも多くの神殿が存在するのは、1800〜2500m である。ただし、神殿のなかで最大規模を誇るパコパンパ、および同じ尾根上にある一連の神殿遺跡であるエル・ミラドール（図 3-3 の 1）とラ・カピーリャ（図 3-3 の 2）は、1800〜2500m の環境帯の下限にある。

　先行研究や現在進行中のパコパンパ遺跡の発掘調査によれば、建築特徴や規模、出土遺物などから総合的に判断して、パコパンパ神殿はチョターノ川流域で社会的統合の中心にあったと考えられる。しかし、その立地は同時期のセトルメントや神殿が集中する環境帯にはないことから、パコパンパ神殿の建設に際しては、多くの人々が生活を営み、多くの神殿が築かれた空間以

第 3 章　自然環境における神殿の位置づけ

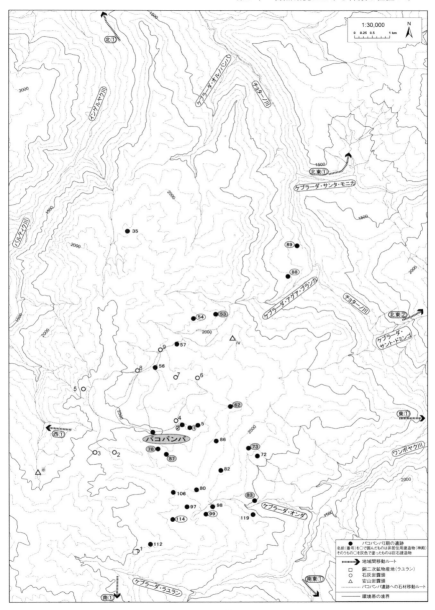

図 3-3　パコパンパ I 期のセトルメント

外が選ばれたということが示唆される。

そこで、パコパンパ神殿の立地要因を明らかにするために、神殿間の関係について考察してみたい。パコパンパを含めた各神殿は、約1.0〜2.5km程度という比較的近距離に分散して建設されている。また、神殿のなかでも、形成期の大神殿に特徴的な大型の切石で建設されたと考えられるものが、規模の突出したパコパンパ以外に6遺跡あるが、これらの神殿も最大で約2.5km程度しか離れていない。このことから、それぞれの神殿は、比較的小規模な集団の手で独自に支えられていたことが推測される。

さらに、パコパンパ遺跡で用いられた建材の産地は、図3-3の石灰岩の露頭として示された場所にある。とくに露頭4は、パコパンパⅠ期から利用され、その後で露頭6、露頭9、露頭8、露頭3が利用されるようになったと考えられている（清水・清水 2010; 清水他 2011）。すべての神殿遺跡は、これらの露頭に近い場所、あるいはそれよりも海抜の低い場所に立地している。このことから、神殿建設に際しては、切石の運搬コストが考慮されていたことが推測される。さらに、図3-3の中央に位置する安山岩露頭ivは、パコパンパで出土した水晶やメノウの産地であると考えられている（清水他 2011）。これらに加えて、パコパンパ遺跡がある土地は、尾根が東西（高低）に長く伸びており、尾根上の空間もほかの尾根と比べて広大である。また、パコパンパ神殿の建築軸は、星座の運行とも関係しているとされる（Sakai et.al 2007: 62-66; 本書第2章）。こうした意味において、パコパンパは、尾根の上下動を含めて、多様な生態環境や地質学的特徴、景観といった複合的な資源を利用する上で、最適な場所であったと考えられる。

次に、地表面採集と発掘調査で確認された各遺跡の土器を見ると、この時期の土器もパンダンチェ期から引き続いて、北部熱帯低地のバグア（Shady 1987）や北部山地のカハマルカ盆地の土器との高い類似性を示している（Terada and Onuki 1982, 1985, 1988; 本書第4章参照）。パコパンパⅠ期の遺跡、とくに神殿は、周辺地域への徒歩移動ルートのなかでも東①、南東①の各ルートにアクセスしやすい場所にある[5]。つまり、パコパンパⅠ期のチョターノ川流域に生じた遺跡数および神殿数の増加という急激な変化は、周辺

地域社会との地域間交流を要因の一端としていることが推測されるのである。

(3) パコパンパⅡ期のセトルメント（図3-4）

　パコパンパⅠ期からわずかに増加し、29遺跡でパコパンパⅡ期の活動が認められる。そのうちの14遺跡は、パコパンパⅠ期からの連続的な利用が見られる。

　この時期にはセトルメントに大きな変化が現れる。セトルメントが、より多様な環境帯に分散するようになり、パコパンパとケブラーダ・アグア・ブランカの周囲に加えて、パコパンパから西側へ登った先の分水嶺ともなる尾根筋のあたりにも認められるのである。その内訳は、1500m以下に1遺跡、1500～1800mに1遺跡、1800～2500mに20遺跡、2500～2800mに6遺跡、2800～3800mに1遺跡となっている。ここからは、パコパンパⅠ期までの谷幅が広く、緩やかな斜面が続くような場所に加えて、海抜2500m以上のより高地の生態環境を利用するなど、土地利用の多様性が増したことが示唆される。その背景には、トウモロコシに加えてマメ類やムギ類などを栽培する比重が増したことや、一般に高地適応とされる荷駄獣のラクダ科動物の飼養が存在した可能性がある（本書第8章参照）。ここで重要なことは、多様な環境帯を利用しつつも、セトルメントが集中するのが、あくまで1800～2500mの範囲となっており、その傾向がパンダンチェ期やパコパンパⅠ期と大きな差異がないことである。つまり、高度差を活かして多様な生態環境を利用するために、高地と低地へのアクセスが容易なそれらの中間地点にセトルメントが集中していたと考えられるのである。

　次に、建築特徴から各遺跡の特性を見ると、パコパンパⅡ期には14の神殿が存在したと考えられる。そのうち、もっとも多くの神殿が1800～2500mにあり、最大規模の神殿が2500～2800mの環境帯下限に立地するパコパンパである点に、前時期からの変化は見られない。しかし、神殿の分布状況を見てみると、1500m以下と1500～1800mにそれぞれ1遺跡、1800～2500m

に7遺跡、2500～2800mに4遺跡、2800～3800mに1遺跡というように、以前よりも分散傾向が認められる。つまり、1500～1800mおよび2800～3800mの環境帯に、この時期初めて神殿が築かれたのである。これは生業活動に幅が出た結果として、単に多様な環境帯へセトルメントが分散しただけでなく、それと同時に各環境帯で生活を営む集団ごとに、神殿が建設されたことを示唆している。また、神殿間の位置関係を見てみると、各神殿が最大でも約3.2kmしか離れておらず、比較的狭い範囲に複数の神殿が建設されている。そのため、パコパンパⅡ期においても、流域内の各地に、それぞれの神殿を支えるような集団が存在していたことが推測される。

また、この時期に見られる大型の切石を用いた大神殿は、基本的にパコパンパⅠ期からの継続的な利用が認められている。そのなかでも群を抜いて大規模かつ複雑に建造物が配置されたパコパンパ遺跡の発掘調査データは、この時期のパコパンパが社会的リーダーを中心に、パコパンパⅠ期に築かれた状況を基礎として、チョターノ川流域においてより中心性を高めたことを示唆している。ここからは、チョターノ川流域におけるパコパンパのやや特殊な社会的位置づけが見えてくる。この背景には第一に、パコパンパが、パコパンパⅠ期からそうであったように、多様な生態環境や地質学的特徴、景観といったさまざまな資源を、もっとも効率的に利用できる戦略的な場所に位置していることがあると考えられる。また、建材となる石灰岩の露頭や石製品の原料となる安山岩の露頭だけでなく、銅製錬に用いられた銅の二次鉱物の利用に際して（本書第6章参照）、それらの産地から近距離かつ高低差の少ない移動で到達可能な運搬コストの低い場所にあることもその要因の一つであったと思われる。

こうした状況をふまえた上で、地表面採集と発掘調査で獲得された各遺跡の土器の特徴を見てみると、チョターノ川流域のなかでも遺跡間で差異があることがわかる。たとえば、パコパンパでは、パコパンパⅡ期になると土器の特徴が変化する。そして、パコパンパⅠ期に中心的に見られた北部山地のカハマルカや北部熱帯低地のバグアとの類似性を示す土器に加えて、北部海岸のランバイェケ（Elera 1992）との共通性を持つ土器も認められるように

第3章 自然環境における神殿の位置づけ

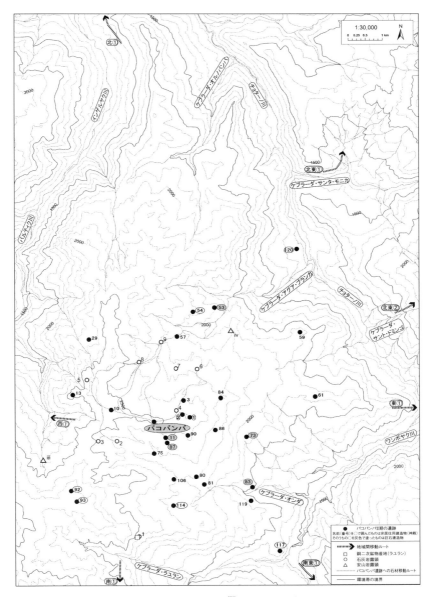

図 3-4　パコパンパⅡ期のセトルメント

なる（本書第4章参照）。その一方、パンダンチェでは、パコパンパⅡ期になっても、北部山地カハマルカのワカロマの土器とのきわめて高い共通性が継続的にみ受けられるのである。

　この時期のセトルメントからは、東①ルートと南東①ルートに加えて、新たに西①ルートとの関係が示唆されるようになる。そのなかで、パンダンチェは、東①ルートと南東①ルートにより近接していることもあって、パンダンチェ期から続く北部山地との地域間交流を引き続き重視したと考えられる。それにたいして、パコパンパでは、尾根を登った先にある西①ルートも重視するようになり、北部山地だけでなく、北部海岸の社会との地域間交流も活発におこなうようになったことが推測される。つまり、パコパンパⅡ期のセトルメントの変化は、地域間交流をおこなう相手先社会の変化が反映した結果とも考えられるのである。

3-4 ｜ 自然環境における神殿の位置づけと権力の萌芽

　これまで述べてきたように、チョターノ川流域のセトルメント、とくに神殿の建設に際しては、それをとりまく多様な環境が大きな影響を及ぼした。このなかで、チョターノ川流域の人々は、環境による制約を受けつつも、それを最大限に利用し、改変していくことで生活を営んできたのである。

　ここで最後に、遺跡分布調査データを発掘データと統合することで、パコパンパを中心としたチョターノ川流域調査地の形成期の社会状況を複層的に検討してみたい。

　パコパンパ遺跡における発掘調査の成果をふまえても、パンダンチェ期の詳細は不明である。しかし、パコパンパⅠ期からは、度重なる神殿の増改築をおこないながら、さまざまな活動が神殿で執りおこなわれていたことが次第に明らかとなってきている（関 2010）。より具体的には、パコパンパⅠ期には3段の大基壇とその上にのるさまざまな小基壇や円形構造物が建設されるなど、建築上の大きな変化が生じた。また、奢侈品もあらわれ、北部山地

や北部熱帯低地との共通性を示す複雑な図像表現装飾をともなう精製土器も認められるようになった。さらに、基壇上に築かれた建造物では、火を用いた儀礼を推測させる多くの痕跡も確認されている。そして、トウモロコシの利用が始まり、きわめて少量ではあるが荷駄獣とされるラクダ科動物骨も出土するようになるなど（関 2010: 171-177）、パコパンパ神殿には大きな社会変化が生じたようである。

こうした状況のなかで、パコパンパⅠ期の最後に、パコパンパでは、神殿の規模や複雑性が増すとともに、階層性の萌芽を示唆するような金製品や北部海岸で特徴的な土器などの副葬品を持つ特殊な墓が現れる（Seki 2014）。また、パコパンパ遺跡で出土した土製小容器に金粒が付着していたことが明らかになっており、金の製錬がおこなわれていた可能性も指摘されている（荒田他 2012; 荒田 2013; 本書第 6 章参照）。この背景には、東①と南東①ルートへのアクセスの利便性に加えて、既述の複合的な資源活用におけるパコパンパの地政学的重要性があったと考えられる。

パコパンパⅡ期になると、建造物や出土遺物に大きな変化が現れる（関 2010: 177-185）。神殿が増改築され、パコパンパⅠ期の建造物を埋めた上に、新たな基壇や部屋状構造物が築かれたのである。ただしパコパンパⅡ期の建築軸は、パコパンパⅠ期のものをほぼ踏襲している。また、パコパンパⅠ期に見られた土器にかわって、還元焼成でよく研磨された土器などの北部海岸や北部山地との共通性の高い土器が見られようになる。さらに、海水生種の貝や黒曜石のほか、留ピンや針、あるいは鑿形を呈した金属加工具と考えられるような銅製品が多く確認され始める（荒田他 2012; 荒田 2013）。この銅の原材料産地は、パコパンパの南約 3.5km、現在のケロコト市に近い場所にあるケブラーダ・ラユランに位置している。また、パコパンパ遺跡では、銅製錬を示唆する鉱滓や銅製錬産物である酸化銅および粗銅が出土しており、調査者らはパコパンパで銅生産がおこなわれていた可能性を指摘している（関 2010: 185; 荒田他 2012; 荒田 2013; 本書第 6 章参照）。さらに、銅の製錬に関しては、パコパンパⅠ期の終わりには開始されていたことも示唆される（荒田他 2012; 荒田 2013）。このほか、トウモロコシやラクダ科動物の利用

第1部　遺構から読み解く権力生成

は、パコパンパ I 期よりもより顕著になったようである（本書第 8 章、11 章参照）。

　これらのことから推測できるのは、パコパンパ II 期の社会には階層性が顕在化し、その背景にはパコパンパのリーダーによる神殿をめぐる活動の管理、とくに地域間交流を通じた希少な奢侈品の入手とコントロールがあったことである（関 2010: 196-198）。

　パコパンパ遺跡の発掘調査結果が示すように、パコパンパ II 期には土器以外にも地域間交流を示すデータが増加する。ラクダ科動物骨や黒曜石、そして金製品をともなう特殊な墓は、いずれも北部海岸やチョターノ川流域よりも南側に存在した社会との地域間交流を強く示唆するものである。また、パコパンパ II 期に相当する形成期後期は、アンデスの各地で地域間交流が活発化した時期である（Burger 1992; 加藤・関 1998 など）。しかし、カハマルカ盆地のワカロマ遺跡では、社会状況にそれ以前からの大きな変化は認められない（Terada and Onuki 1982; 1985; 1988）。この時期にペルー北部で大きな社会変化が見られるのは、北部山地のなかでもアンデス山脈分水嶺の西側に位置するクントゥル・ワシや（Inokuchi 1998; 2010; Onuki 1995; Onuki and Inokuchi 2011）、パコパンパの北方に位置し、北部山地と北部熱帯低地の狭間にあるインガタンボなどである（山本 2012）。こうして見ると、この時期のチョターノ川流域に生じた変化、とくにパコパンパの大規模化と複雑化という現象には、北部海岸と分水嶺西側の北部山地、および北部熱帯低地の社会変化との連動性が認められるのである。

　以上のように、地形や生態の制限を受けながら築かれたセトルメント、とくに神殿の通時的変化には、複雑な地形やそれがもたらす多様な生態、鉱物資源の活用、および地域間ルートを介した外部社会との関係を通じて展開された当該社会の戦略が反映されてきた。そのため、チョターノ川流域では、比較的限定された利便性の高い場所にセトルメント、とくに重要な神殿が築かれたのである。また、こうして築かれたセトルメントや神殿は、人々の活動や戦略そのものに影響を及ぼすようになり、人々をとりまく環境の一部となった。

チョターノ川流域では、パコパンパI期からII期において、流域内に近接して複数の神殿が築かれており、これらの神殿はそれぞれが各神殿を支える集団によって建設、維持され、各環境における小集団の社会的統合の中心となっていたと考えられる。

　その一方で、建材や石製品、銅の二次鉱物の産地が周囲にあり、ペルー北部の周辺地域社会への地域間移動ルートへのアクセスが容易であるパコパンパは、所与の条件を最大限に利用することで、流域内で突出した規模と複雑性を誇るようになった。ここからは、パコパンパとそれ以外の神殿にはその役割に差異があり、パコパンパが流域全体を統合する中心的な神殿であったことが推測される。

　また、パコパンパでは、パコパンパI期の終わりからパコパンパII期にかけて階層性の萌芽が認められ、リーダーと考えられる人々が台頭してくる。その際、リーダーの権力基盤となったのは、とりまく環境を最大限に利用し、神殿を中心にくり広げられた諸活動を自らの目的にそってコントロールすることにあったと考えられる。そのなかでも、鉱物資源と地域間移動ルートのコントロールは、ちょうどアンデス北部地域で地域間交流が活発化したことと重なって、とくに重要な役割をはたすようになったのであろう。そして、それらを基盤としたリーダーは、神殿において諸活動を継続的におこなうことで、さらにその中心性を高めていくことが可能になったと考えられる。ここに形成期のチョターノ川流域社会における権力の生成過程の一端が見えてくるのである。

　こうして見ると、周囲の環境との相互関係のなかでつくりあげられてきた神殿とは、神殿を支えた社会的リーダーを中心とする人々の活動や戦略の結果であると同時に、そうした活動や戦略を生み出す場でもあった。そして、神殿は物資や技術、あるいは儀礼にかかわる情報の集積の場ともなり、諸活動の中心であると同時に、リーダーによるイデオロギーの普及装置ともなったのである。

第 1 部　遺構から読み解く権力生成

注
1) 一般に「涸れ谷」と訳されるような河川のことであるが、つねに水をたたえるようなケブラーダもある。
2) カハマルカ期については、120 遺跡で利用が確認されており、形成期と比べて遺跡数の大幅な増加が見られる。
3) それによれば、調査地域は、ユンガ（海抜 1000〜2300m）、ケチュア（海抜 2300〜3500m）、スニ（海抜 3500〜4000m）に区分される。
4) ここでいうルートとは、舗装が施されたフォーマルな道（road）ではなく、地面を踏み固めただけのインフォーマルな小径（pass）が中心となる（Trombold 1991）。
5) なお、遺跡分布状況からは、北東①と北東②のルートとの関係も示唆されるが、これらのルートが通過するチョターノ川東岸およびワンカバンバ川との合流域では、形成期の遺跡は確認されていない。つまり、北東①と北東②のルートは、形成期の主要ルートではなかったと考えられるのである。

引用文献

Burger, R. L. 1992　*Chavin and the Origins of Andean Civilization*. London: Thames and Hudson.

Elera, C. 1992　Arquitectura y otras manifestaciones culturales del sitio formativo del Morro de Eten: Un enfoque preliminar. In: D. Bonavia (ed.), *Estudios de Arqueología Peruana*, pp. 177-192. Lima: Fomciencias.

Inokuchi, K. 1998　La cerámica de Kuntur Wasi y el problema Chavín. *Boletín de Arqueología PUCP* 2: 161-180.

——— 2010　La arquitectura de Kuntur Wasi. *Boletín de Arqueología PUCP* 12: 219-248.

Morales, D. 1998　Investigaciones arqueológicas en Pacopampa, departamento de Cajamarca. *Boletín de Arqueología PUCP* 2: 113-126.

ONERN (Oficina Natural de Evaluación de Recursos Naturales) 1977　*Inventario, evaluación y uso racional de los recursos naturales de la zona norte del departamento de Cajamarca*. Informe Vol.1. Lima: República del Perú.

Onuki, Y. (ed.) 1995　*Kuntur Wasi y Cerro Blanco: Dos sitios del Formativo en el norte del Perú*. Tokio: Hokusen-sha.

Onuki, Y. and K. Inokuchi 2011　*Gemelos prístinos: El tesoro del templo de Kuntur Wasi*. Lima: Congreso del Perú.

Pulgar Vidal, J. 1987　*Geografía del Perú: Las ocho regiones naturales (Novena edición)*. Lima: PEISA.

Sakai, M., J. P. Villanueva, Y. Seki, W. Tosso and A. Espinoza 2007　Organización del paisaje en el centro ceremonial formativo de Pacopampa. *Arqueología y Sociedad* 18: 57-68.

Santillana, J. I. 1975 *Prospección arqueológica en Pacopampa*. Lima: Seminario de Historia Rural Andina. Universidad Nacional Mayor de San Marcos.

Seki, Y. 2014 La diversidad del poder en la sociedad del Período Formtaivo: Una perspectiva desde la sierra norte. In Y. Seki (ed.), *El centro ceremonial andino: Nuevas perspectivas para los períodos Arcaico y Formativo* (Senri Ehnological Studies 89), pp. 175–200. Osaka: National Museum of Ethnology.

Shady, R. 1987 Tradición y cambio en las sociedades formativas de Bagua, Amazonias, Perú. *Revista Andina* 5: 457–487.

Terada, K. and Y. Onuki (eds.) 1982 *Excavations at Huacaloma in the Cajamarca Valley, Peru, 1979*. Tokyo. University of Tokyo Press.

――― 1985 *The Formative Period in the Cajamarca Basin: Excavations at Huacaloma and Layzón, 1982*. Tokyo: University of Tokyo Press.

――― 1988 *Las excavaciones en Cerro Blanco y Huacaloma, Cajamarca, Perú, 1985*. Tokyo: Andes Chosashitsu, Departamento de Antropología Cultural, Universidad de Tokio.

Trombold, C. 1991 An Introduction to the Study of Ancient New World Road Networks. In C. Trombold (ed.), *Ancinet Road Networks and Settlement Hierarchies in the New World*, pp. 1–9. Cambridge: Cambridge University Press.

荒田恵・清水正明・中島真美・清水マリナ 2012 「形成期、パコパンパ遺跡における冶金 ―銅製錬および金製錬と銅製品・金製品の製作―」古代アメリカ学会第17回研究大会配布資料。

荒田恵 2013 「パコパンパ遺跡における工芸品製作 ―金および銅製錬を中心に―」科学研究費補助金（基盤研究S）「権力の生成と変容から見たアンデス文明史の再構築」（研究代表者：関雄二・国立民族学博物館教授）研究会配布資料。

加藤泰建・関雄二（編）1998 『文明の創造力：古代アンデスの神殿と社会』東京：角川書店。

清水正明・清水マリナ 2010 「パコパンパ遺跡の石材と出土石製品の鉱物学的・岩石学的鑑定と産地同定」科学研究費補助金（基盤研究A）『先史アンデス社会における権力の生成過程の研究』（研究代表者：関雄二・国立民族学博物館教授）研究会配布資料。

関雄二 2006 『古代アンデス権力の考古学』京都：京都大学学術出版会。

――― 2010 「形成期社会における権力の生成」大貫良夫・加藤泰建・関雄二（編）『古代アンデス：神殿から始まる文明』pp. 153–202, 東京：朝日新聞出版。

鶴見英成 2008 「ペルー北部、諸河谷中流域の調査：形成期地域間ルート研究事始」『古代アメリカ』11: 61–73。

山本睦 2012 『先史アンデス形成期の社会動態―ペルー北部ワンカバンバ川流域社会における社会成員の活動と戦略から―』総合研究大学院大学文化科学研究科博士論

第 1 部　遺構から読み解く権力生成

　　文。
─── 2015　「先史アンデスにおけるペルー北部チョターノ川流域社会の形成と変遷」『国立民族学博物館研究報告』39(4): 511-574。
山本睦・伊藤裕子　2013　「ペルー北部とエクアドル南部における形成期の地域間ルートと地域間交流：GIS による加重コストルート分析を用いて」『古代アメリカ』16: 1-30。

第二部　遺物から読み解く権力生成

第 4 章　土器分析からの視点

中川　渚

4−1　はじめに

　考古学で土器はなぜ重要視されてきたのか？　従来の見方であれば、経済的な変化と関連するからというのがその理由であった。耐火性のある土器の登場によって、そのままでは食べにくい穀物を食べやすく調理することができるようになり、それは定住農耕の開始と関連した変化であると考えられてきた。つまり、人類史の経済的側面における大きな変化であり、土器の登場はその指標とされたのである。しかし、たしかに農耕と時期を同じくして土器が現れる例は多いが、縄文時代のように定住農耕以前に土器作りが始まっている例もある。

　一方で近年注目されているのは、土器が人類の思考に与えた影響である。土器作りは、柔らかい粘土を火にかけることで固い器に変える、化学変化を利用したものづくりという側面を持っている。それまでの、削ったり割ったりといった、形を変えるための加工技術とは異なる発想によるものであり、科学的発想の始まりとして土器の登場を重視する立場である[1]。いずれにせよこういった経済的な変化や認知における革新が、人類史における土器の登場を重要視する理由となっている。

　そして土器がすでに定着した社会を対象とする場合でも、現実的に土器は骨や織物などと比べて土の中で一番残りやすい遺物であるため、世界各地で分析の中心となってきた。残りやすいだけでなく、土器の原料となる粘土はどのようにも形作ることができ、装飾の仕方もいくらでもありうる。そのため土器の形や装飾の選択、そしてそれらの変化は、単に文化的な背景とその変化という以上に、生活様式、他地域との文化的・経済的交流、政治的な背

第2部　遺物から読み解く権力生成

景、宗教、さらに土器作りの担い手と使用者の立場など、さまざまな要因が絡み合っているものとしてとらえることができるのである。本章では、パコパンパ遺跡から出土した土器の分析結果を提示しながら、そこから権力の生成がどのように読み解けるのかを見ていきたいと思う。

4-2 ｜ パコパンパ遺跡の土器と時期変化

　パコパンパ遺跡の発掘調査では、約20tもの土器が出土している。これらの土器は、ほとんどが以前の神殿を埋めるために建物を破壊したり、別の場所から土を持ち込んだりしてできた堆積の中から破片の状態で出土しているが、そのほかに墓の副葬品や後に示すような儀礼遺構のものなどがある。パコパンパ遺跡では、パコパンパⅠ期とパコパンパⅡ期の二時期の形成期の利用がすでに確認されているが、各時期でどのような土器が出ているのか、時期によってどのような違いがあるのかをまず示したい。パコパンパ遺跡の土器は、焼かれた粘土そのままの地の色のものも多いが、表面を彩色したものもある。そのような色の違いや装飾の有無、装飾の特徴などを基準に分類したタイプと、土器の形を鉢、壺、ボトルに分け、さらにその形状で分類した器形で見ると、時期別に以下のような特徴があることがわかった[2]。

　パコパンパⅠ期の精製土器は、鉢の上下に刻線でパネルのような区画を作り、その中に刻線で魚、ヘビ、ネコ科動物などの動物表象や、階段状の文様などの幾何文を描く。この区画パネルタイプは彩色される場合もあり、ときに土器を焼く前や後に、刻線で区切られたエリアごとに赤、黄、白、緑、紫と色分けされることもある（図4-1）。粗製土器の場合でも表面が赤で彩色される場合があるが、彩色や装飾の有無に関わらず全体的に表面がきれいに滑らかにされている。器形は鉢が多く、中でも外側にまっすぐに開く外傾鉢が多くを占める（図4-2上段左、中段左）。壺では短い頸部を持つ短頸壺が多く（図4-2下段）、頸部のない無頸壺もある。アンデス形成期に特徴的な、鐙の形をした頸部を持つ鐙形ボトルは、頸部がほっそりとしているのがこの時期

第4章　土器分析からの視点

図 4-1　パコパンパⅠ期の土器　撮影 中川渚

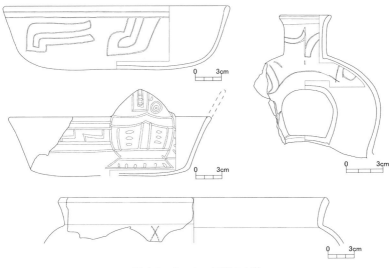

図 4-2　パコパンパⅠ期の土器

111

第 2 部　遺物から読み解く権力生成

の特徴である（図 4-2 上段右）。

　一方、パコパンパ II 期の精製土器は、おもに 4 タイプある。一つ目は鉢の口縁部のすぐ下に水平方向に、細い刻線で三角形や半円などの幾何文が連続的に描かれる細幅刻線タイプである（図 4-3 上段右、図 4-4 上段左）。二つ目は刻線ではなく、磨く部分と磨かずに残す部分との対比で線を生み出し、この線で鉢の内側に幾何文を表現する磨線タイプである（図 4-3 中段右）。三つ目は表面がきれいに磨かれており、円文、二重円文、圏点文などの円を中心にした文様を、植物の茎部などで作ったスタンプや刻線で施す磨研土器である（図 4-3 中段左、下段右、図 4-4 上段右）。このタイプは、幅の広い刻線や先の尖った道具を用いてつけた刺突文などと組み合わせて、ネコ科動物や植物などを表現することもあるが、まれに装飾がないものもある。四つ目は神格化された動物などの図像を、浮き彫り、刻線、削り取りなどの技法を用いて表現する、マスカラ（スペイン語で仮面の意）土器と呼ばれるものである（図 4-3 上段左）。粗製土器は、パコパンパ I 期同様に赤で彩色されているものと、地の色を残すものがあるが、表面は刷毛目が残っているものが多い。粘土ひもを表面につける貼付文など、比較的単純な装飾が施される場合もある。器形で見ると、鉢は外側に丸く開いた開口半球形鉢が多くなり（図 4-4 上段左）、パコパンパ I 期に多かった外傾鉢は減少する。胴部が内側に湾曲する平底の鉢（図 4-4 上段中左）や朝顔鉢（図 4-4 中段中）、水差し形の土器（図 4-4 上段中右）が作られるようになる。高杯はパコパンパ I 期の後半から作られ始めるようだが、たいていはパコパンパ II 期のものである（図 4-4 中段左）。鐙形ボトルは鐙部の形状が丸くなり、全体的にどっしりとした形になる（図 4-4 右）。粗製土器は、口径や胴部径が 30cm を超える大型の鉢や大型の壺など、大型の土器が多く見られるようになる（図 4-4 下段）。

　パコパンパ I 期、パコパンパ II 期の両方の時期の特徴を持つ土器が時折見つかることがあるが、概してパコパンパ I 期の精製土器はパコパンパ II 期には作られなくなるようである。次にこれらの変化を、土器製作の点から見ていきたい。

第 4 章　土器分析からの視点

図 4-3　パコパンパ II 期の土器　撮影　中川渚

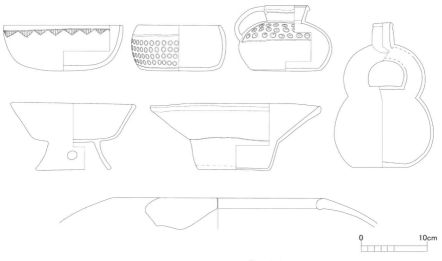

図 4-4　パコパンパ II 期の土器

第 2 部　遺物から読み解く権力生成

4-3 | 土器作りの変化

　一言に土器作りの変化といっても、作り方が変わったのか、作り手自体が変わったのかで状況は変わってくる。たとえば、移住などによって人が入れ替わるほか、土器作りが専業化されて作り手が排他的な集団に変わるなどした場合、作り手が変化したということができるだろう。精製土器はパコパンパⅠ期からパコパンパⅡ期にかけて、ほとんど総入れ替えといっていいほどの変化が起きているが、作り手が変わったことによるものといえるのだろうか。その可能性について、土器の原材料の入手に関する分析結果と、一般に比較的変化を受けにくいといわれる粗製土器の分析結果から検討してみたい。なお、土器の作り手は女性だったといわれることが多いが、これまでのところ、パコパンパ遺跡の土器製作が男女どちらかの分業であったのかはわかっていない。

(1) 原材料採取に関する分析

　土器作りにまず必要となるのは、粘土と混和材である。混和材とは、粘土に入れられる混ぜ物である。粘土をただ焼くのでは急激な水分の蒸発によってひび割れを起こしてしまうため、おもにこのひび割れを避けるために砂などを混ぜるほか、熱伝導を良くし耐熱性を増すためにも用いられる。粘土や混和材は地域ごとにその鉱物組成に特徴があるため、これらの分析は土器製作の場所について考察するために用いられてきた。また土器作りが専業化し、権力者のコントロールを受けるようになると、採取地が限定されるなど原材料の流通が制限されるとする研究がある（Costin and Hagstrum 1995）。ここでは、混和材の分析結果について見ていきたい。

　混和材を肉眼とルーペで観察した結果、その鉱物組成から大まかに石英グループ、斜長石グループ、黄鉄鉱グループの 3 グループに分けることができた（図 4-5）。これらを時期別に見ると、石英グループはパコパンパⅠ期にわ

第 4 章　土器分析からの視点

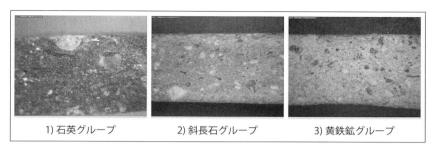

| 1) 石英グループ | 2) 斜長石グループ | 3) 黄鉄鉱グループ |

図 4-5　パコパンパ遺跡出土土器に見られる混和材のグループ

ずかに見られ、斜長石グループはパコパンパⅠ期からパコパンパⅡ期にかけてもっとも多く、パコパンパⅡ期の途中から黄鉄鉱グループが現れるという結果になった。つまり、両時期を通して斜長石グループが主流であることがわかったのである。細かく見ると、同じ斜長石グループでも粒子が角張っているものと角が取れたものがあり、それぞれ斜長石の採取地は異なっていると考えられるが[3]、いずれにせよ両時期に共通して見ることができる特徴である。斜長石は地球上で普遍的に見られる鉱物の一つであり、パコパンパ遺跡周辺でも砂などに含まれている。このことから、パコパンパⅠ期、パコパンパⅡ期を通して、混和材はパコパンパ遺跡周辺で採取できるものを使っていた可能性が高い。また、両時期ともに斜長石グループだけでなく、ほかの混和材グループもあることから、混和材の流通が制限されていたとは考えにくい。

　以上の分析結果から、混和材の入手はパコパンパ遺跡周辺でおこなわれていた可能性が高く、誰でも入手できたと考えられる。このことから製作に対するコントロールや専業化は想定しにくく、同遺跡周辺に居住した人々が比較的自由に製作することができたのではないかと考えている。なお、粘土については今後の化学分析が課題ではあるものの、パコパンパⅠ期から継続して使われる粘土のほかに、鉄分含有量の異なる複数の粘土がパコパンパⅡ期から使い始められるとの見通しをえている。これらの粘土もパコパンパ遺跡周辺にいくつか採取地の候補となる場所があり、同遺跡周辺に居住していた

人々が、パコパンパⅡ期には新たな粘土採取地を見出しながら原材料を採取していたと考えられる。

（2）粗製土器の分析

　粗製土器とは装飾性の低い土器で、おもに日常的に用いられていたと考えられることの多い土器である。パコパンパ遺跡では墓の副葬品としても出土しており、一概に日常土器ということはできないが、装飾性の高い精製土器がイデオロギー面の変化や流行などによって大きく変化する可能性がある一方で、日常生活でも用いられていたと考えられるこれらの粗製土器の変化は、作り手自体が変化したのかどうかを考察するためのひとつの視点になる。パコパンパⅠ期の精製土器のタイプがパコパンパⅡ期にはほぼ作られなくなることは先述したが、粗製土器はどうなのだろうか。これを探るために破片の数量・重量のデータをとり、時期別の割合を算出した（図4-6）。これ

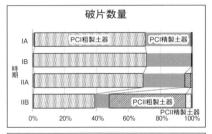
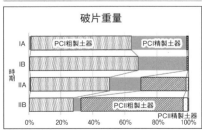
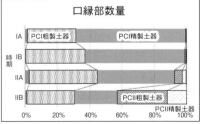

図4-6　パコパンパ遺跡から出土する粗製土器の割合（左上写真　© パコパンパ考古学調査団　撮影 Alvaro Uematsu）

は特定の発掘箇所から出土した土器片すべてをタイプごとに分けた上で、それぞれの数、重さ、そして口縁部の数のデータをとったものである。いずれのデータでも、パコパンパⅠ期の粗製土器がパコパンパⅡ期までかなりの割合を占めている。パコパンパⅡ期の層にはそれ以前の時期であるパコパンパⅠ期の土器片が混ざる可能性があるものの、パコパンパⅠ期の精製土器が減少する割合と比較してみると、粗製土器の減少幅は小さいことがわかる。まったく作られなくなったと解釈するには多すぎる量であることから、パコパンパⅠ期の粗製土器がパコパンパⅡ期にもある程度継続して作られていたと見るべきであろう。

（3）土器作りの変化に関する考察

　本節の始めに土器作りの変化として、作り方が変化した場合と作り手が変化した場合の二つの可能性を挙げた。また、作り手が変化した場合、移住などによって人が入れ替わる可能性と、土器作りが専業化されて作り手が排他的な集団に変わる可能性を指摘した。原材料入手の分析結果と粗製土器の分析結果からは、移住など作り手が入れ替わるような変化ではなく、従来の粗製土器も作りながら新たな土器作りをしていたことがわかった。一方で土器作りが専業化された可能性についても、パコパンパⅡ期に入ってより広範囲に原材料を入手するようになるものの、混和材や粘土が一種類に限定されたり、統一性が見られたりすることはなく、専業集団の登場とまではいいがたい。むしろ両時期を通してパコパンパ遺跡周辺に居住していた人々が土器作りを手がけており、パコパンパⅡ期に入るとその作り手集団がより広範囲に原材料を入手するようになった可能性が高いと考えている。

　いずれにせよ本節の最初に提示した問いに添えば、作り手が変わったというよりも作り方が変わったという側面のほうが強いということになる。では作り方はなぜ変わったのだろうか。そもそもものづくりは、使う人がいて成り立つものであり、使い方を見ずにこの変化を理解することはできない。次節では土器の変化について、使い方の側面から見ていきたい。

第 2 部　遺物から読み解く権力生成

4−4 | 土器利用の変化

　発掘調査によって直接観察できるのは、残念ながら人がそこで生き、そしてその場を放棄して去っていった後の最後の局面にすぎない。つまり、土器の使用時そのものの状態を観察することができない。しかし、このような困難な状況でも、いくつか使用方法を読み解くことができる方法がある。器形からおおよその用途を想定したり、土器内面に残っている付着物を科学分析したりするほか、遺構からの出土状況の検討により、使用方法をある程度推測することができるのである。パコパンパ遺跡では、特殊な状況で出土した土器として墓とパティオのものが挙げられる（本書第1章参照）。以下ではそのそれぞれの分析結果を示したい。

（1）墓の副葬品

　パコパンパ遺跡では、土器が副葬品として埋納されている墓が19基確認されている。これらの墓は層位的にすべてパコパンパⅡ期であることが確認されており、共伴する土器のタイプもこの点を裏づけている。なおパコパンパⅠ期の墓の検出例は少なく、また土器を副葬した例は見つかっていない。これら19基の墓からは、一つの墓に複数個の土器が添えられることもあり、合計で35個体の土器が出土している。それらをタイプ別に見ると、第一節で見たパコパンパⅡ期精製土器にあたる磨研土器が4割と突出しており、次いでパコパンパⅡ期の粗製土器、同じくパコパンパⅡ期の磨いた線で幾何文を描く磨線タイプの順に多いことがわかる[4]（図4-7）。一番多い磨研土器は、ペルー北部海岸が発信地であると考えられているもので、とくにこの時期、この土器スタイルが北部アンデスに広範囲に広まったことがわかっている（Burger 1993）。パコパンパ遺跡の磨研土器は、原材料入手の分析結果で見た斜長石グループの胎土を持つため、他地域から搬入されたものではなく、パコパンパ遺跡周辺で作られたものである。しかしその技術やア

第 4 章　土器分析からの視点

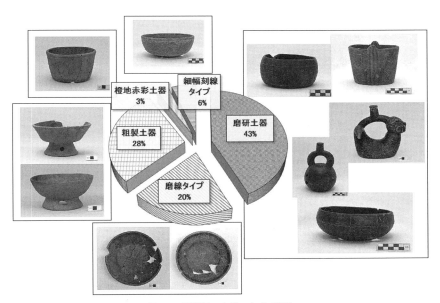

図 4-7　副葬品の土器のタイプ割合

イデアはもともと外からもたらされたものである可能性が高い。

　次に器形の割合を見てみると、一番多いのは開口半球形鉢で、外傾鉢、高杯、鐙形ボトルと続く。鐙形ボトルと長頸ボトルは、口のすぼまった形状から液体を注ぐ機能が想定されており、まとめてボトル土器とも呼ばれるが、ボト

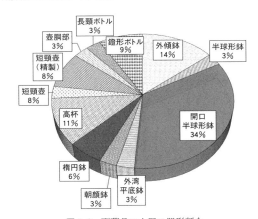

図 4-8　副葬品の土器の器形割合

ル土器全体では 12％ を占めている（図 4-8）。

　副葬品として用いられるタイプや器形は墓以外でもある程度出土するが、

119

磨研土器やボトル土器は墓以外の場所からの出土量がきわめて少ないため、これらの土器がほかの土器とは異なる意味や価値を与えられていたことが示唆される。神殿内という特別な空間に墓が造られるようになったこと自体、パコパンパⅡ期において個人や特定の集団が力を持つようになったことを示しているが、それだけではなく、それらの墓に副葬される土器が選択されていたと考えられる。

（2）パティオから出土した土器

　墓の副葬品の場合は供えることが一つの使い方として表出した例であったが、もう一つの特殊な出土例として、パティオ内で見つかった儀礼遺構があげられる。この遺構からは大量の土器がほとんど土を含まずに出土しており、一見して神殿を埋めた二次堆積とは異なる状況が見て取れた。神殿を埋めた堆積から出土した土器は、復元の困難な破片の状態で出土することが一般的だが、パティオからは全体の器形が想定できるような大きな破片や、壊れてはいるもののある程度まで復元が可能な土器が数多く発見されている。

　近年これに類似する出土状況は世界各地で報告されており、饗宴の痕跡として論じられる（Bray 2003 など）。饗宴とは、「特別な日に二人以上で特別な食事、飲み物を分かち合うこと」と定義され（Dietler and Hayden 1996, Hayden 2001)、生業、交易、再生産、戦争、権力、アイデンティティ、記憶、技術発展など社会システムや文化進化の多くの側面と関連することから注目を浴びている（Hayden 2011）。とくに権力者が大量の飲食や奢侈品をふるまうことでその権力を誇示したり、反対に皆で飲食をともにすることでアイデンティティを共有し、社会統合の役割を果たすなど、考古学では社会構造上で果たす機能の視点から研究されることが多い（Potter 2000）。一方で近年の社会学では、饗宴を含む儀礼について、その行為自体が社会構造を再生産しながらも積極的にそれを創造、改変していくとする主張も目立つようになってきた（Bourdieu 1977 など）。さらに考古学でも、儀礼を単純に機能的側面から固定的に解釈するべきではなく、それぞれの歴史的脈絡に沿って考察するこ

第 4 章　土器分析からの視点

とが重要であるとの指摘が見られる（Swenson 2015）。本章においてもこうした社会構築論を意識しながら考察を進めていくつもりである。

　パコパンパ遺跡で検出されたこの遺構も土器のほか、大量の獣骨が出土するなど、飲食の痕跡が認められる点で饗宴遺構に含まれるが、それ以上に後述するような土器構成に見られた特徴などから儀礼遺構と呼んでおきたい。この遺構は 3 回の儀礼の痕跡をとどめたものであり、ここから合計で 800kg もの土器が出土した。以下、土器のタイプ構成や器形構成、それらの時期変化から、パコパンパ社会で起こった権力形成と儀礼との相互的な関係性を読み解いてみたい。なおこの 3 回のうち、最初の儀礼はパコパンパ IIA 期の末、あと 2 回はパコパンパ IIB 期（図 4-12 では PCIIB ①および PCIIB ②）にあたる。

　全体的な傾向　まず、儀礼遺構から出土した土器を、冒頭で紹介したタイプや器形に分類してそれらの構成比を出し、同時期の二次堆積で出土した土器の構成比と比較した。3 回にわたる儀礼全体で共通して見られたのは、磨いた線で装飾した磨線タイプの鉢と粗製土器の短頸壺が占める割合が高く、さらに口径や胴部径が 30cm を超える粗製の大型壺、大型鉢などの大型土器が相対的に多い点である（図 4-9、4-10）。また、パコパンパ I 期の精製土器

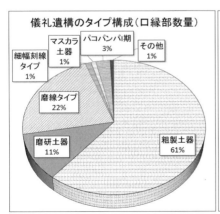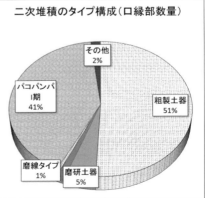

図 4-9　儀礼遺構と二次堆積から出土した土器のタイプ割合比較

121

第 2 部　遺物から読み解く権力生成

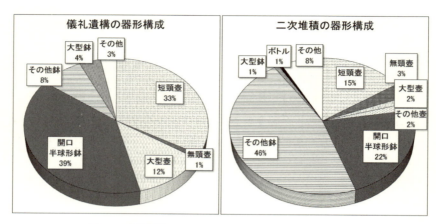

図 4-10　儀礼遺構と二次堆積から出土した土器の器形割合比較

の混入がごくわずかであり、このこともこの遺構が二次堆積とは異なり、パコパンパ II 期の活動によって形成され、そのまま放棄されたことを裏づけている。壺はおもに調理・貯蔵用、鉢は食事を提供する際に用いられる器とされるが、大型の壺と大型の提供用の鉢があることから、大人数で集まって食事をし、そのままそれらの器を廃棄した様子がうかがえる。また、大型壺の内側に付着した炭化物の分析では、トウモロコシ 2 種類とジャガイモが検出された（Vásquez and Tham 2015）。トウモロコシは、この時期にペルー北部高地に導入された作物であるが（本書第 11 章参照）、この約 2000 年後のインカ時代にはチチャの原料としてさかんに用いられるようになり、儀礼や政治戦略に欠かせない飲み物となる（山本 2004）。時期を大幅に遡る形成期のパコパンパ遺跡で、チチャとして使われていたかどうかまではわからないが、すでにこのような場で重要な作物であったことが示唆される。

　もうひとつの特徴として、マスカラ土器が相対的に高い割合で出土したことが挙げられる。第一節のパコパンパ II 期の精製土器で見たように、マスカラ土器は神格化された動物などの図像を、浮き彫りを中心とした複数の技法を用いて表現したものである（図 4-11）。このタイプは口縁部以外の部位で同定される場合も多く、図に示した口縁部の数量データではわかりにくい

第4章 土器分析からの視点

図4-11 パティオから出土したマスカラ土器 撮影 中川渚

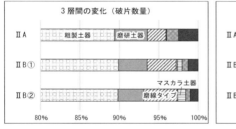

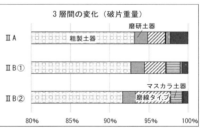

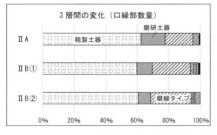

※ 破片数量、破片重量は80%以降のグラフ
　口縁部数量は0パーセントからのグラフ

図4-12 パティオの儀礼遺構における土器構成の時期的変化

が、破片の数や重さで見ると相対的な多さがはっきりする（図4-12参照）。このマスカラ土器が相対的に高い割合で出土していることから、この遺構が共食以外の儀礼的な性格を持っていたことが推察される。

一方で、墓の副葬品として多く用いられていた磨研土器やボトル土器の割合は、神殿を埋めた堆積の場合とあまり変わらず、この儀礼の場でとくに多く用いられたとはいえないことがわかった。これは後述する土器利用の考察や他地域との比較で重要な点である。

以上の結果から、儀礼遺構全体の結果として、この遺構がパティオ内において大人数で集まって食事をした結果形成されたものであること、基本的な構成比の傾向は3回ともに大きくは変わらず、同じような方法で繰り返しおこなわれていたことがわかった。また、マスカラ土器の儀礼的性格も含めて、この遺構が飲食に限定されない儀礼の結果形成されたものであることが明らかである。さらに、このような遺構はパコパンパⅠ期には見つかっておらず、パコパンパⅡ期に開始された活動であったと考えられる。

3層間の変化　先述したように、この遺構はパコパンパⅡ期の3回の儀礼によって形成されたことが、発掘調査によってわかっている。次に3回の儀礼における違いを見てみよう。最初の儀礼の痕跡をとどめるパコパンパⅡA期の層では、磨研土器が磨線タイプとほぼ同量出土しており、その後のパコパンパⅡB期におこなわれた儀礼の痕跡と考えられる二つの層では、磨研土器が減少して磨線タイプが卓越し、マスカラ土器も増加していることがわかる（図4-12）。墓の副葬品では磨研土器がおもに用いられるが、この儀礼遺構では全体的に磨研土器の出土量が少ない上、パコパンパⅡB期でさらに減少するということになる。さらにパコパンパⅡB期の層からは、同じマスカラ土器でも、頭に冠を戴き顔に装飾を施した人物を表現したものが見つかっている（図4-11上段左）。それまでマスカラ土器には動物や神格化された動物が表現されていたが、パコパンパⅡB期に、儀礼と関係する動物だけでなく、権力を持つ人物をも土器に直接的に表現するようになったと考えられる。このように、儀礼をそのまま繰り返すだけでなく、そこには権力者である人々によって土器が操作され、その意味づけや価値が変化していったこ

とがわかる。

（３）土器利用の変化に関する考察

　このように、パコパンパⅡ期においては神殿内に副葬品を供える墓を作り、パティオ内で儀礼的な活動をするなど、それまでには見られなかった新しい活動が開始されることがわかった。どちらも権力を持つ人物の存在がうかがえ、パコパンパⅠ期と比べて大きな政治的変化が示唆される。しかし同じ権力者が関わる儀礼的な活動であっても、その性格はそれぞれ異なっている。埋葬は、先述したように個人や特定の集団と結びついた形の行為であり、パティオでおこなわれた儀礼は、開放的な空間で比較的多くの人々が参加する活動である。土器のタイプ構成や器形構成からはこれらの活動における土器の使い分けとして、以下の結果がえられた。
　1）墓には、磨線タイプの鉢や磨研土器の鉢、磨研のボトル土器がおもに副葬される。
　2）儀礼遺構では磨研土器やボトル土器は少なく、磨線タイプの鉢や大型壺、マスカラ土器が多く見られる。とくに磨研土器はパコパンパⅡ期にさらに減少し、マスカラ土器はパコパンパⅡB期から人物を表現するものが現れる。

　このことから、磨研土器が特定の権力者と結びついた形で利用される傾向が強く、反対に多くの人々が参加するような場では、儀礼的なメッセージ性の強いマスカラ土器が用いられ、とくにパコパンパⅡB期からは権力者の存在を視覚的に訴えるようなものも用いられるようになったと推察される。明らかにこの背後に権力者となった人物による土器の使い分けが見て取れるのである。

　このように、パコパンパ遺跡における土器の変化には、使い方の変化が大きく関わっていたことがわかる。そして、こうした土器の使用法における変化は、社会集団内部の差異化と深く結びつく点も明らかになった。では、このようなパコパンパ遺跡における変化は、ここだけで起きた現象なのだろう

か。最後に、同時期のアンデス形成期の土器分布について示し、そこから想定されるパコパンパ遺跡の他地域との関係やその関係が与えた影響、パコパンパ遺跡の特徴について見ていきたいと思う。

4-5 他地域との比較

(1) 土器の分布

図4-13はパコパンパ遺跡で出土している精製土器を中心に、その分布を示したものである。これを見るとパコパンパⅠ期の区画パネルタイプの土器は、パコパンパ遺跡だけでなく、その周辺を含めたペルー北部高地に分布していることがわかる。また、パコパンパⅡ期の磨研土器スタイルは広範囲に分布する一方、細幅刻線タイプや磨線のタイプは北部高地に限定されている。磨研土器は、墓の分析の項で見たように、ペルー北部海岸が分布の中心とされている。このことから、パコパンパ遺跡はとくにペルー北部高地を中心とした地域の交流を基盤にしながらも、海岸地域と関係を持ったことが示唆される。

さらにアンデス形成期の交流を考える上で重要視されてきたものとして、灰色磨研土器と橙地赤彩土器の二つがあげられる。文字どおり灰色で磨かれた土器と橙色の地に赤色顔料で文様を描いたものであるが、この二つのタイプは以前からその存在が形成期のペルー北部で知られていたものである。残念ながらどちらのタイプも製作の拠点がどこだったのか正確にはわかっていないが、つくりがよく、とくに胎土が非常に細かく緻密である点が際立っている（井口 2007）。パコパンパ遺跡でも、同様の胎土を持つこの2タイプがわずかながら出土しており（図4-14）、地域間の交流を経て入手されたものと考えられる。

以上の状況から、パコパンパ遺跡はペルー北部山地のほかの遺跡や、他地域とも関係を持ちながら存在していた遺跡であることがわかる。パコパンパ

第 4 章 土器分析からの視点

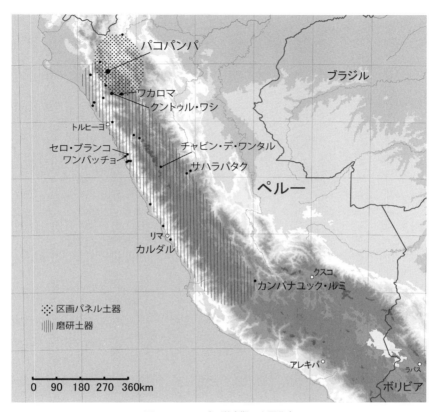

図 4-13 アンデス形成期の土器分布

II期のアンデスでは、一般に交易圏が拡大したことが知られており（Burger 1988）、パコパンパ遺跡もこの交易圏の範囲内にあったと見られる。しかし一方で、磨研土器を遺跡周辺で作っていることや、外来の土器が非常にわずかであることから、少なくとも土器に関しては積極的に外部から入手するのではなく、在地で作ろうとする傾向が強かったことがうかがえる。先述の橙地赤彩土器も、緻密な胎土のほかにパコパンパ遺跡でよく見られる胎土で作られた例が見つかっており、パコパンパ遺跡周辺で似たような土器を作ろうとしていたことがわかる。このことも、土器を外から入手するのではなく、

127

第 2 部　遺物から読み解く権力生成

図 4-14　パコパンパ遺跡から出土した外来の灰色磨研土器（左）と橙地赤彩土器（右）撮影 中川渚

基本的には在地で作る傾向が強かったことを裏づけるものである。

（2）ペルー北部高地

　パコパンパ遺跡の交流は、ペルー北部高地をベースにしていた様子が土器の分布から見られた。それでは、パコパンパ遺跡で見られた土器の変化はペルー北部高地に共通して起こったことなのだろうか。日本人研究者が手がけてきたペルー北部高地の代表的な遺跡であるクントゥル・ワシ遺跡、ワカロマ遺跡と比較してみたい。

　クントゥル・ワシ遺跡ではパコパンパⅠ期とほぼ同時期（イドロ期）に区画パネルタイプが作られており、その後磨研土器、細幅刻線タイプが作られるようになる点はほぼ同じといってよい（本書第 12 章参照）。しかしパコパンパ遺跡ではほとんど見られないような、ペルー北部海岸に特徴的なタイプが多く出土しており、海岸部との交流はより緊密であったと考えられる（加藤 2007）。また、パコパンパ遺跡で見られるような、鉢の内側に磨いた線が施されるタイプは、時代的に後にあたる形成期末期（ソテーラ期）になってからでないと出土しない（井口 2007）。

　一方でワカロマ遺跡となるとさらに違いが目立つ。たしかに、パコパンパ

I 期と同時期に区画パネルタイプが作られた点は同様であるが、これが形成期後期になっても継続して作られた点で異なる傾向を示す。パコパンパ遺跡では形成期後期にあたる II 期になるとこの土器が作られなくなるのである。いいかえれば、ワカロマ遺跡ではパコパンパ遺跡と違い、形成期中期後半から形成期後期にかけて、土器構成が変化しないのである（Terada and Onuki 1982）。

　以上のようにペルー北部高地だけみても、同時期の変化が認められるクントゥル・ワシ遺跡もあれば、まったく変化が報告されていないワカロマ遺跡があるように変化は一様ではない。また同じ時期に変化があるといっても、細部を比較してみると、相違が指摘できる。このことから、地域ごとに独自の社会が併存していたというのが実態であり、外部の文化の受容も地域によって異なっていたことが推察される。

（3）儀礼利用の比較

　以上、パコパンパ遺跡がひとつの社会集団を形成し、独自に社会展開したことを見てきたが、土器の儀礼的な利用の仕方に関しても、同様のことがいえる。近年前節で見たような、権力生成と関連した、アンデス形成期における大量の土器を廃棄した饗宴遺構の報告事例が増えている。いずれも大型の調理用土器が出土する点は共通しているが、遺構の時期や土器のタイプ構成を見てみると、パコパンパ遺跡とは異なっている。

　たとえば中央海岸のカルダル遺跡ではパコパンパ I 期と同時期の形成期中期の饗宴遺構が検出されており（Salazar 2009）、同じ中央海岸のセロ・ブランコ遺跡や南部高地のカンパナユック・ルミ遺跡では、形成期中期と形成期後期両方で確認されている（松本 2013）。これはおそらく同じ大人数で儀礼を伴いながら食事をする行為であっても、その発生の経緯や意味づけに違いがあるためであろう。土器のタイプ構成で見ても、セロ・ブランコ遺跡やワンバチョ遺跡で出土している精製土器は磨研土器が多く、そのほか交易品も多く出土していることから、ここでは交易とも関連して儀礼の契機が生み出

第 2 部　遺物から読み解く権力生成

されたようである（Chicoine 2011; Ikehara and Shibata 2005）。

　以上のように同じ饗宴遺構といってもパコパンパ遺跡とはその意味づけに違いがあったと思われる。一見同じように見える現象であっても、社会的な脈絡によって儀礼の性格やそれが果たした役割、儀礼で用いられる土器に与えられた意味は異なっていたと考えられ、それぞれの脈絡に応じた理解をする必要があろう。

4-6　結論

　本章では、パコパンパ遺跡における土器の変化を、その製作と使用に焦点をあてながら見てきた。その結果、パコパンパ遺跡における土器の変化は、社会の差異化とそれにともなう土器の需要の変化、そしてそれに合わせた使い方の変化によって生じたものであることが明らかになった。パコパンパⅡ期には権力を持つ人々が現れ、さらに彼らが埋葬とパティオ内の儀礼の場を利用しながら、権力を築きあげようとしていた。パコパンパⅡ期後半にはその傾向がより強まり、埋葬とパティオ内の儀礼を使い分けながら、権力を生み出す道具として土器を利用したと考えられるのである。このような変化は同時期のアンデスで起きてはいたが、その様相には多様性が認められた。パコパンパ遺跡も例外ではなく、外部との関係に触発されながらも独自の権力生成の道を模索したといえよう。

注
1) このような認知構造に焦点をあてる立場は、認知考古学と呼ばれている（松本他 2003 など）。
2) 厳密にはパコパンパⅠ期、パコパンパⅡ期ともに色や装飾技法による細かい分類があるが、ここでは大まかな特徴を示す。
3) 角のとれたものは、河川近くで採取した砂である可能性が高い。
4) 粗製土器はそれだけが副葬されることはほぼなく、精製土器と一緒に副葬される場合がほとんどである。

引用文献

Bray, T. L.（ed.）2003 *The Archaeology and Politics of Food and Feasting in Early States and Empires*. New York: Kluwer Academic/Plenum.

Burger, R. L. 1988 Unity and Heterogeneity within the Chavin Horizon. In R. W. Keatinge（ed.）, *Peruvian Prehistory, An Overview of Pre-Inca and Inca Society*, pp. 99-144. New York: Cambridge University Press.

―――― 1993 The Chavin Horizon: Stylistic Chimera or Socioeconomic Metamorphosis? In D. S. Rice（ed.）, *Latin American Horizon*, pp.41-82. Washington, D.C.: Dumbarton Oaks Research Library and Collection.

Chicoine, D. 2011 Feasting Landscapes and Political Economy at the Early Horizon Center of Huambacho, Nepeña Valley, Peru. *Journal of Anthoropological Archaeology* 30: 432-453.

Costin, C. L. and M. B. Hagstrum 1995 Labor Investment, Skill, and the Organization of Ceramic Production in Late Prehispanic Highland Peru. *American Antiquity* 60(4): 619-639.

Hayden, B. 2001 Fabulous Feasts: A Prolegomenon to the Importance of Feasting. In M. Dietler and B. Hayden（eds.）, *Feasts: Archaeological and Ethnographic Perspectives on Food, Politics, and Power*, pp.23-64. Alabama: University of Alabama Press.

Hayden, B. and S. Villeneuve 2011 A Century of Feasting Studies. *Annual Review of Anthropology* 40: 433-449.

Ikehara, H. and K. Shibata. 2005 Festines e integración social en el Periodo Formativo: Nuevas evidencias de Cerro Blanco, valle bajo de Nepeña. *Boletín de Arqueología PUCP* 9: 123-159.

Potter, J. M. 2000 Pots, Parties, and Politics: Communal Feasting in the American Southwest. *American Antiquity* 65(3): 471-492.

Salazar, L. C. 2009 Escaleras al cielo: Altares y ancestros en el sitio arqueológico de Cardal. In R. Burger and K. Makowski（eds.）, *Arqueología del periodo Formativo en la cuenca baja de Lurín*, pp. 83-94. Lima: Fondo editorial de la Pontificia Universidad Católica del Perú.

Swenson, E. 2015 The Archaeology of Ritual. *Annual Review of Anthropology* 44:329-345.

Terada, K. and Y. Onuki 1982 *Excavations at Huacaloma in the Cajamarca valley, Peru, 1979*. Tokyo: University of Tokyo.

Vásquez, V. F. and T. R. Tham 2015 Análisis microscópicos de granos de almidón antiguos en fragmentos de cerámica de Pacopampa, temporada 2014, Trujillo: Report prepared for Pacopampa Archaeological Project.

井口欣也 2007 「クントゥル・ワシ遺跡出土の土器資料」加藤泰建編『先史アンデス社会の文明形成プロセス』pp.59-90、平成14-18年度科学研究費補助金〔基盤研究

第 2 部　遺物から読み解く権力生成

　　（S）〕研究成果報告書。
加藤泰建 2007 「先史アンデスの文明形成プロセス研究とクントゥル・ワシ遺跡データベース」加藤泰建編『先史アンデス社会の文明形成プロセス』pp.1-20、平成 14-18 年度科学研究費補助金〔基盤研究（S）〕研究成果報告書。
松本直子・中園聡・時津裕子編　2003　『認知考古学とは何か』東京：青木書店。
松本雄一　2013　「神殿における儀礼と廃棄―中央アンデス 形成期の事例から」『年報人類学研究』3: 1-41.
山本紀夫　2004　『ジャガイモとインカ帝国：文明を生んだ植物』東京：東京大学出版会。

第5章　パコパンパ遺跡における生産、消費そして廃棄
——石器・骨角器・土製品・金属器の分析から

荒田　恵

　2007年よりパコパンパ遺跡から出土した石器、骨角器、土製品、金属器の分析をおこなってきた結果、パコパンパ遺跡においていくつかの生産活動がおこなわれていたことが明らかになった。さらに近年の調査によって、これらの生産活動は儀礼をおもとした消費活動を目的としておこなわれ、その廃棄（埋納）まで視野に入れられていた可能性が高いという見通しがえられつつある。

　そこで本章では、形成期の祭祀遺跡であるパコパンパ遺跡においておこなわれた生産から廃棄までの一連の活動について、エリート層によるコントロールという観点から論じることにする。

5-1 ｜パコパンパ遺跡における生産活動

　はじめに、パコパンパ遺跡における生産活動について述べる。これまでの分析で、同遺跡において（1）石製玉製品の製作、（2）骨角器および骨角製品の製作、（3）紡織、（4）ジェットミラー（無煙炭製の鏡）の再加工がおこなわれていたことが明らかになっている（荒田他 2010）。これら四つの生産活動がパコパンパ遺跡でおこなわれていたと結論づけた根拠としては、製品はともかく、製品素材（原材料）、未製品、残滓、製作道具など、生産工程にあてはめられるものがパコパンパ遺跡より出土しているからである。

　たとえば（1）石製玉製品の製作の場合、製品素材（原材料）、未製品、製品が出土しており、（2）骨角器および骨角製品の製作については、製品素材（原材料）、未製品、製品、残滓が出土している。また、（3）紡織については、織物の圧痕や繊維を除けば製品は出土しないが、針あるいは紡錘車といった

第2部　遺物から読み解く権力生成

紡織具が大量に出土することから、その存在は間違いない。なお製作址は決定的な生産の根拠となりうるが、パコパンパにおいては、現在までのところ特定できていない。

　本節では、上記の三つの生産活動に絞り、多角的考察をおこなっていく。なお石製の遺物の分析においては、彫器、石錐、敲石、石鉢、石皿、砥石などのいわゆる道具を「石器」と分類し、そうした「石器」によって加工された製品である装身具や儀礼用具を「石製品」と呼ぶことにする。骨や角製の遺物についても同様の基準で「骨角器」と「骨角製品」とに分ける。さらに製作途上の痕跡を残す遺物を未製品、製作が終了したと考えられる遺物については、完形であろうと破片であろうと製品と称することにする。

（1）石製玉製品の製作

　「石製品」に含まれる玉製品はパコパンパ遺跡から588点出土しているが、石製の遺物全体に占める割合は7％強にすぎない。しかし、「石製品」だけに注目すれば、玉製品は全体の5割以上を占め、未製品をあわせると74％を占める（図5-1）。この結果から、パコパンパ遺跡においては、玉製品の製作にかなりの比重が置かれていたと解釈することができる。

　また、先述したように、玉製品についてはその原材料や未製品などが出土することから、次のような製作工程が推定される（図5-2）。

　始めに、(1) これらの石製玉製品の原材料を入手する。パコパンパ遺跡から出土している石製玉製品の多くは、孔雀石（malachite）や珪孔雀石（chrysocolla）といった銅の二次鉱物[1]が用いられる。第6章で詳しく述べるが、これらの原材料の産地は、パコパンパから南に直線距離で約3.5kmのところに位置する、ラユランであると推定している（図3-2の番号1）。ラユランで採掘した孔雀石や珪孔雀石などの銅の二次鉱物はパコパンパ遺跡に持ち込まれ、適当な大きさに砕かれる。その後、(2) 塊状の素材に切り込みを入れて、板状の素材を切り取り、(3) 彫器[2]などを使って素材に切断線を浅く彫る。そして、(4) 切断線にしたがって玉製品の素材を切り取り、(5) 研磨

134

第 5 章　パコパンパ遺跡における生産、消費そして廃棄

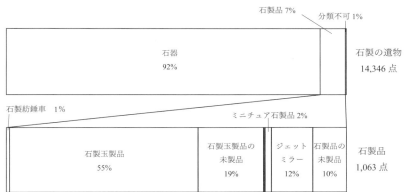

図 5-1　石製品タイプ別出土比率

図 5-2　石製玉製品製作工程推定

整形して円形や四角形に形づくり、(6) 最後に穿孔する（荒田他 2010: 79, 80)。

　しかし、ビーズ玉のような小型の玉製品は別の製作工程でつくられることが推定される。まず (1) 素材を研磨して、長さ 5mm から 1cm、身部の直径が 1mm から 6mm の棒状石製品をつくり、(2) 身部に切断線を彫る。そして、(3) その切断線にしたがって玉製品の素材を切り取り、(4) 最後に穿孔する。

　こうした製作工程のいずれかの段階に対応する未製品の大半は、半地下式方形広場を人為的に封印した際の埋土から出土している。半地下式広場は、形成期における利用の後、カハマルカ期の人々によって埋められたことがわかっており、その際の埋土には形成期の遺物が大量に含まれていた。したがってこの層から出土した遺物の分析結果については、慎重に検討されなければならない。そのため、本章ではこの埋土の資料については、製作工程を推定する根拠とするにとどめ、統計的数値の考察はおこなわない。

　さて、これまで述べてきたように、パコパンパ遺跡における石製玉製品の製作を立証する際、もっとも重要な指標となるのは未製品の存在である。製品および原材料だけでは、当遺跡で製作がおこなわれていたと断定することは難しいが、未製品が共伴することにより蓋然性が高まる。そこで、パコパンパ遺跡における石製玉製品の製作開始の時期を判断するために、出土層位の時期が明確な石製玉製品の未製品 57 点について、時期ごと、そしてタイプごとにグラフ化してみた（図 5-3）。

　グラフの横軸は時期、縦軸は出土点数を示している。ここからは、形成期中期に対応するパコパンパ I 期前半（IA 期）中頃から玉製品の製作が開始され、I 期後半（IB 期）に生産量が増加し、形成期後期に対応するパコパンパ II 期以降は緩やかな増加傾向にあることを読み取ることができる。I 期の発掘範囲は II 期より狭い点を考慮しなければならないが[3]、このグラフからは、玉製品の製作に関して、パコパンパ I 期前半（IA 期）から後半（IB 期）にかけて、大きな変化があり、生産の増加が示唆される。

　また、石製玉製品の製作については、一部の製作道具を推定することがで

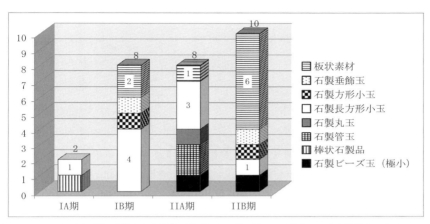

図 5-3　石製玉製品未製品出土推移。棒グラフの頭に付された数字は、出土総数を示す。

きた。玉製品の場合、最終工程の穿孔には錐形の骨角器が用いられたと考えられ、とくに、先端部に使用痕である線状痕が残るものを骨製錐（図 5-11: 8）として細分類した。この骨製錐は、石製玉製品と同様にパコパンパⅠ期前半からⅡ期にかけて出土している。さらに、こうした骨製錐は、貝製玉製品や骨製玉製品の穿孔でも使用されたと考えられる（荒田他 2010: 81, 82）。この点は、玉製品全般に同一の製作集団が関与していたことを示唆するものである。

（2）骨角器および骨角製品の製作

　2005 年から 2012 年までの発掘調査で 388 点の骨製の遺物が出土しており、そのうちの 5 割強が道具である「骨角器」であり、3 割近くが製品である「骨角製品」、そして 2 割弱が「骨角器」もしくは「骨角製品」の未製品と残滓である（図 5-4）。

　先述したように、「骨角器」と「骨角製品」の製作については、原材料、未製品、製品に加えて残滓も出土している。このことから、パコパンパ遺跡で「骨角器」および「骨角製品」の製作がおこなわれていたことは明らかで

第 2 部　遺物から読み解く権力生成

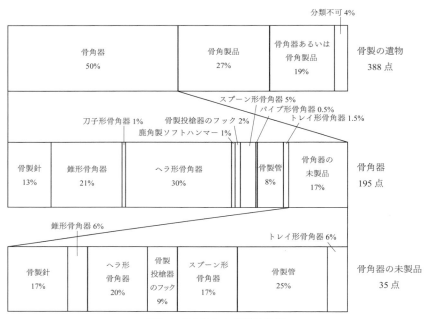

図 5-4　骨角器タイプ別出土比率

ある。石製玉製品の製作とは異なり、特定のタイプについて、その製作工程が推定復元できるような一連の未製品は出土していないが、ある程度の製作工程を推定することは可能である。

　製作工程について簡単に説明すると、始めに、(1) 骨を切断して骨角器および骨角製品の素材を切り取る。次に、(2) 切り取った素材を粗く研磨整形する。そして、(3) 研磨整形した素材をさらに切断した後、(4) 研磨整形などで最終的な仕上げをおこなう（荒田他 2010: 84, 85）。こうした製作工程が石製の遺物と異なるとすれば、切断および研磨整形の工程を繰り返している点、そして製作にあたり、骨角製の道具ではなく石器が用いられた点であろう。では、パコパンパ遺跡でどのような「骨角器」および「骨角製品」を製作していたのだろうか。そのために、それぞれについて製作が完了した製品

第 5 章　パコパンパ遺跡における生産、消費そして廃棄

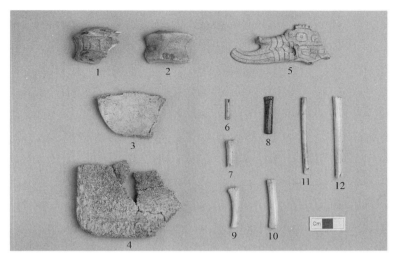

図 5-5　パイプ形骨角器、骨製管およびトレイ形骨角器とその未製品　© パコパンパ考古学調査団　撮影 Alvaro Uematsu

に加えて、製作途上の痕跡を示す未製品についても出土傾向を見てみた。

まず、「骨角器」の未製品のなかでもっとも出土量が多いのは骨製管（図 5-5: 8, 9, 12）である。計 9 点出土し、未製品全体の約 26％を占めている（図 5-4: 下段）。骨製管は、儀礼の際に幻覚剤を吸引するために用いられたと想定され、スプーン形骨角器とトレイ形骨

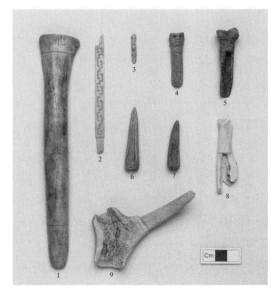

図 5-6　スプーン形骨角器およびその未製品　© パコパンパ考古学調査団　撮影 Alvaro Uematsu

139

第 2 部　遺物から読み解く権力生成

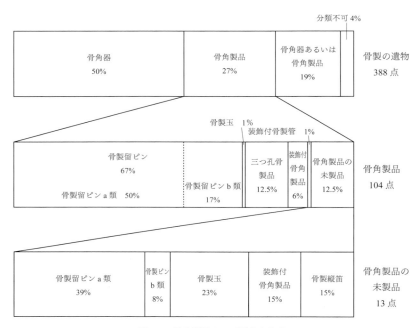

図 5-7　骨角製品タイプ別出土比率

角器も同様の機能を持つと考えられる。以下こうした「骨角器」をまとめてスナッフィング用具[4]と呼ぶことにする。このようなスナッフィング用具の未製品（図 5-5: 2、図 5-6: 2, 5, 6, 8, 9）[5]は計 17 点を数え、未製品全体の 5 割近くを占める。このことはスナッフィング用具の製作がほかの「骨角器」以上に重視されていたことを示すものであろう。

一方で製品としてのスナッフィング用具となると、未製品の分析結果と矛盾する。スプーン形骨角器（図 5-6: 1, 3, 4）、パイプ形骨角器（図 5-5: 5）、骨製管（図 5-5: 6, 7, 10, 11）、およびトレイ形骨角器（図 5-5: 1, 3, 4）が併せて 28 点出土するが、「骨角器」全体として見ると約 15％を占めるにすぎない（図 5-4: 中段）。これについては、儀礼の重要性は比較的低かった、あるいは、その利用（消費）が限定されていたという、二通りの解釈が成り立つ。

140

第 5 章　パコパンパ遺跡における生産、消費そして廃棄

次に「骨角製品」を見てみよう。骨製の遺物の3割弱を占める骨角製品のなかで、もっとも出土量が多いのは装身具である骨製留ピンで、全体の7割近くを占める（図 5-7：中段）。骨製留ピンは、装飾の有無で細分される。70点出土している留ピンのうち、52点には装飾がなく（図 5-7：骨製留ピン a 類、図 5-8: 1, 11）、18点には装飾が施されていた（図 5-7：骨製留ピン b 類、図 5-8: 2〜6, 8〜10, 12, 13, 15, 16）。

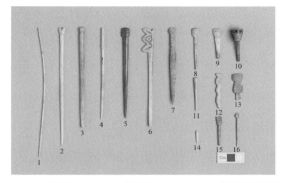

図 5-8　骨製留ピンとその未製品　© パコパンパ考古学調査団　撮影 Alvaro Uematsu

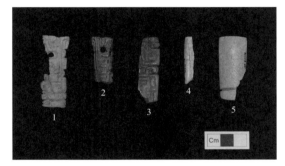

図 5-9　装飾付骨角製品とその未製品　© パコパンパ考古学調査団

そのほかの骨角製品のなかで興味深いのは、管状の骨を切断して板状に成形し、凸面全体に刻線でジャガーなどが表現された装飾付骨角製品である（図 5-9）。出土点数は多くないものの、その形態および装飾から、これらは、儀礼の際に用いられたと想定され、同様の骨角製品はエルミリオ・ロサスとルトゥ・シャディによっても報告されている（Rosas and Shady 2005: 55）。図 5-9 の 1〜3 は製品で、4 と 5 が未製品である。1、3、4 は半地下式方形広場から、2 と 5 は半地下式パティオ（図 5-21, 22）から出土している。

これらを含めた骨角製品の未製品は 13 点出土し、骨角製品の 1 割以上を占める（図 5-7: 中段）。未製品[6]において、もっとも出土数が多いのは留ピ

141

ンであり、6点出土し、全体の5割以上を占める。これに、装身具である玉製品と儀礼用具として想定される装飾付骨角製品の結果を加えると、これらが全体に占める割合は約85％に及ぶ（図5-7: 下段）。このように、「骨角製品」の未製品の大部分は装身具あるいは儀礼用具であり、この結果は製品の出土比率の結果と近似する。

　以上、骨角器および骨角製品の出土傾向の分析から、製作において、「骨角器」ではスナッフィング用具、「骨角製品」では留ピンなど、いわゆる儀礼や装身具の比重が高いことがわかった。

　一方で、その利用は、製作における傾向とは多少異なる。先述したように、スナッフィング用具が骨角器全体に占める割合は約15％と低く、これについては二通りの解釈が成り立つ。どちらがより妥当性が高いか、後段で考察したい。

　また、骨製留ピンの利用に関しては、装飾付きの製品は装飾無しのものに比べて約3分の1にとどまっている点を考えると、装飾が施されていた留めピンは貴重であったと推測される。すなわち、装飾付きの留めピンを身に着けることができた人物は限られていた可能性がある。骨製玉製品についても、出土量がわずかであることを考えれば、同様に利用の限定性がうかがえる。

　このように、製作と利用については一部矛盾が見られるが、「骨角器」および「骨角製品」の製作という点では、儀礼や装身具の製作が重要視されていたという傾向は認めてよかろう。そこで、製作面におけるこの傾向の変遷を見るために、出土層位の時期が明確な未製品101点に限定して、その推移をまとめた（図5-10）。その結果、パコパンパⅠ期後半（IB期）とⅡ期後半（IIB期）に大きな変化があることがわかった。

　まず、針やヘラなどの骨角器の製作がⅠ期前半（IA期）に開始され、Ⅰ期後半に骨角製品を含めて生産量が大幅に増える。この時期に、スプーン形骨角器や骨製管などの、スナッフィング用具の製作が開始される。7点の未製品においても、4点がスナッフィング用具の未製品であった。そして、Ⅱ期後半に生産量がさらに増加し、同時に、製作される「骨角器」や「骨角製

第 5 章　パコパンパ遺跡における生産、消費そして廃棄

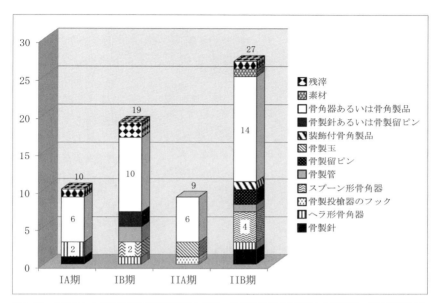

図 5-10　骨角器および骨角製品の未製品出土推移。棒グラフの頭に付された数字は、出土総数を示す。

品」のバリエーションが増える。この時期についても、11 点の未製品のうちの 5 点がスナッフィング用具であり、引き続き幻覚剤の吸引をともなう儀礼が重視されたと解釈できる。

　製作における儀礼用具への比重の高さは、「骨角器」と「骨角製品」を合わせた骨製の遺物全体における未製品の出土傾向でも顕著に認められる。骨製の遺物の未製品 47 点のうち、15 点がスプーン形骨角器か骨製管、あるいはトレイ形骨角器といったスナッフィング用具（儀礼用具）の未製品であり、全体の 3 割以上を占めている。また、装身具の未製品の出土点数は 9 点で、全体の 2 割弱を占める。すなわち未製品の 5 割が装身具や儀礼関係の道具ということになる。スナッフィング用具における未製品と製品の出土傾向の矛盾は説明する必要があるが、パコパンパにおいて儀礼が重要視されていたことは間違いなかろう。

143

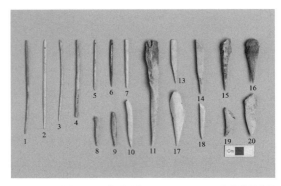

図 5-11　骨製針および錐形骨角器　© パコパンパ考古学調査団　撮影 Alvaro Uematsu

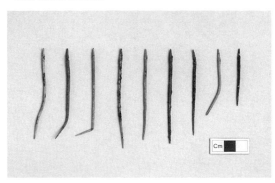

図 5-12　銅製針　© パコパンパ考古学調査団　撮影 Alvaro Uematsu

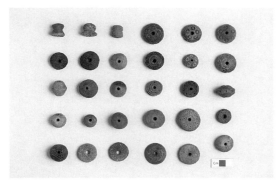

図 5-13　土製紡錘車　© パコパンパ考古学調査団　撮影 Alvaro Uematsu

（3）紡織

　これまでに述べた二つの例とは異なり、織物の圧痕や繊維を除けば、製品も未製品も出土していない。雨季を持つ山の環境では有機物は腐敗しやすく、完成品は残りにくい。しかし、骨製針（図5-11: 1～3, 5）や金属製針（図5-12）、および土製紡錘車（図5-13）や石製紡錘車などの紡織具が出土している点からすれば、紡織がおこなわれていたことは間違いない。

　骨製針は「骨角器」の1割以上を占め、ヘラ形骨角器、錐形骨角器、未製品に次いで出土量が多い（図5-4: 中段）。また、同じ針でも銅製の針は64点出土しており、「金属器」の8割以上を占め、「金属製品」を含めた金属製の遺物全体でも6割近くに及ぶ（図5-14）。

第5章　パコパンパ遺跡における生産、消費そして廃棄

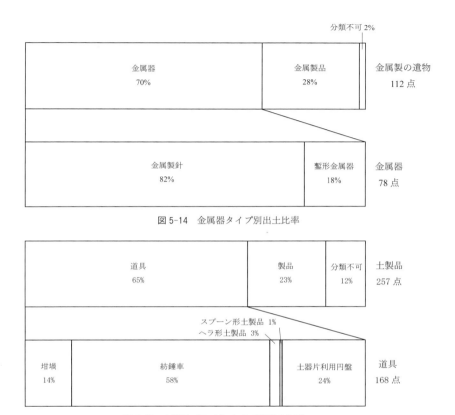

図 5-14　金属器タイプ別出土比率

図 5-15　土製品（Tools）タイプ別出土比率

　一方で紡錘車については、石製紡錘車が石製品に占める割合は1％と、非常に少ないが（図5-1）、土製紡錘車は土製品の道具の6割近くを占め（図5-15: 下段）、バリエーションにも富んでいる。以上のことから、パコパンパ遺跡における紡織の重要性が示唆される。
　そこで紡織具として推定される骨製針、金属製針、土製紡錘車、石製紡錘車と刀子形骨角器に注目し、時期ごとの出土点数をまとめた（図5-16）。この図によれば、パコパンパⅡ期後半（ⅡB期）に、金属製針と土製紡錘車の

145

第 2 部　遺物から読み解く権力生成

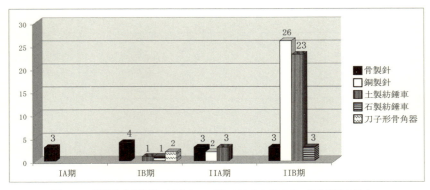

図 5-16　紡織具出土推移。棒グラフの頭に付された数字は、出土総数を示す。

出土量が急増することがわかる。金属製針については、第 6 章で述べる冶金における技術革新と関係していると推測される。

このように紡織具の出土量やその推移から、パコパンパ遺跡 II 期後半から、紡織への比重が急速に高まったことがわかる。残念ながら、織物の出土例がないため、どのような図柄の織物が織られ、どのような衣服を身に着けていたかわからず、骨角器および骨角製品でみられたような儀礼との関連性を推察することはできない。

(4) 生産活動を連想させる副葬品をともなう墓

次にこれまで述べた、三つの生産活動と社会の複雑化との関係を考察してみたい。石製玉製品およびスナッフィング用具（儀礼用具）については、未製品の割合が高いという点で、製作されたことは確実ながら、出土量が少ないという共通点を指摘した。これについては装身具の着用および、儀礼における重要性の相対的低さか、もしくは利用者が限定されていたか、どちらかの理由が考えられる。この点を判断するために墓のデータを利用したい。というのも第 10 章で考察されているように、パコパンパ遺跡における埋葬形態や副葬品には差異が認められ、そのことが社会階層もしくは社会的地位の

第 5 章　パコパンパ遺跡における生産、消費そして廃棄

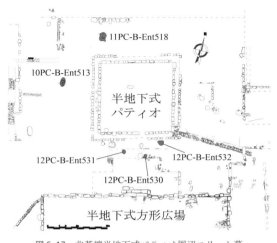

図 5-17　北基壇半地下式パティオ周辺エリート墓

差を反映した証拠と想定されていたからである。すなわち社会的地位の高い人物の墓から出土する副葬品の傾向を見れば、先の問いに対する答えがえられると考えられる。

パコパンパ遺跡で検出された墓の大半は II 期にあたり、北基壇の半地下式パティオの周辺に配置されている（図 5-17）。このうち II 期前半（IIA 期）に対応する 12PC-B-Ent 532 からは、銀製の針が 1 点、孔雀石製の紡錘車が 1 点、剝片が 1 点、石製ビーズ玉が 2 点、貝製および石製の玉製品が全部で 39 点出土している。この墓から針や紡錘車が出土していることから、被葬者が紡織に関わっていたことがわかる。

また II 期前半（IIA 期）から後半（IIB 期）への移行期に対応する 11PC-B-Ent 518 からは、方ソーダ石製の管玉と装飾付きヘラ形骨角器がそれぞれ 1 点ずつ出土するほか、粗製の紡錘車が 1 点、磨石が 1 点、1 条の浅い溝が残る砥石が 1 点、加工痕および使用痕のある剝片が 2 点、剝片が 1 点出土する。ここでは被葬者が紡織のほか石器を用いた加工作業に携わっていたことを読み取ることができる。

II B 期の 10PC-B-Ent 513 からは、石製玉製品が 6 点、貝製玉製品が 3 点、石錐および彫器の複合石器が 2 点、ナイフ形様石器[7]が 1 点、土器の下から珪孔雀石片が 1 点、バリ状の切断痕が残る骨角器の未製品が 1 点出土している。骨角器の切断痕や、ナイフ形様石器、石錐、彫器の存在は、被葬者が骨角器や骨角製品の製作に携わった人物であることを示すものであろう。

147

第 2 部　遺物から読み解く権力生成

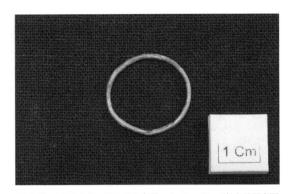

図 5-18　12PC-B-Ent 530 出土金環　© パコパンパ考古学調査団

さらにⅡA期にあたる 12PC-B-Ent 531 からは、流紋岩製の管玉が 1 点、骨角器の未製品であると思われる薄い板状の骨製品が 1 点、剥片が 1 点、不定形の使用痕および加工痕のある剥片が 1 点出土したことから、10PC-B-Ent 513 と同様に、被葬者は骨角器および骨角製品の製作に携わっていたと考えられる。

　Ⅱ期後半（ⅡB期）に対応する 12PC-B-Ent 530 からは金環が 1 点（図 5-18）、珪孔雀石製の管玉が 1 点出土するほか、加工痕および使用痕のある剥片、剥片、砕片がそれぞれ 1 点ずつ出土した。

　まずいえるのは、これら 5 つの墓の被葬者が紡織や骨角器、骨角製品の加工などさまざまな生産活動に携わっていたという点である。と同時に、元来出土量の少ない石製玉製品や貝製玉製品が副葬されていることに注目するならば、被葬者はこれらの製品を特別に利用できる立場の人物であったことがわかる。なかでも金や銀という希少品が副葬されている墓は、社会的地位の高さの点でほかの墓と峻別できる。また方ソーダ石（sodalite）といった遠隔地からの希少品が副葬された墓にもそれはあてはまると考えられる。さらに興味深いことに、パティオ周辺以外の墓の副葬品からは、Ⅱ期の墓であっても、生産活動を連想させるような未製品あるいは道具類はほとんど出土しない。すなわち、パティオ周辺に埋葬された人物は、当時の社会的リーダーであり、紡織や骨角器、骨角製品の生産に携わっていたと考えられるのである。さらに拡大して解釈すれば、このパティオ周辺に製作址があった可能性も考えられる。

　いずれにしても、こうした墓がパコパンパⅡ期にあたることを思えば、Ⅱ

期に製作集団がエリート層に位置づけられるようになったという解釈が妥当であろう。しかし、金あるいは銀などの金属製品が副葬される、あるいは大量の玉製品が副葬される墓がある一方、玉製品が1点しか副葬されない墓があるなど、副葬品の質にバリエーションが見られることは、エリート層のなかでも差異が存在したことを示唆していると考えられる。

（5）生産活動のまとめ

　北基壇のパティオ周辺の墓の事例からは、さまざまな可能性が導き出される。そこで、これらの墓の事例と関連させて、(1) 石製玉製品の製作、(2) 骨角器および骨角製品の製作、(3) 紡織の三つの生産活動についてまとめる。

　これら三つの生産活動は形成期中期に対応するパコパンパⅠ期前半（IA期）に開始されるという共通点を持つ（図5-3, 5-10, 5-16）。しかし、それぞれの製作の変遷は三者三様である。(1) 石製玉製品の製作と (3) 紡織が小規模で開始されたことに対し、(2) 骨角器および骨角製品の製作は、前二者の生産活動よりも大きな規模で始められた。そして、続くⅠ期後半（IB期）に (1) 石製玉製品と (2) 骨角器および骨角製品の製作において生産量が増加する。とくに石製玉製品についてはその傾向が顕著で、この時期に石製玉製品の需要が増加したと考えられる。また、骨角器および骨角製品の製作については、この時期にスナッフィング用具の製作が開始され、幻覚剤の吸引をともなう儀礼が始まると推測される。一方、(3) 紡織は、Ⅰ期前半に引き続き小規模におこなわれるままである。形成期後期に対応するパコパンパⅡ期の前半（IIA期）には、それぞれ際立った変化は表れないが、Ⅱ期後半（IIB期）に (2) 骨角器および骨角製品の製作と (3) 紡織において、その生産量が大幅に増加する。とりわけ、紡織については生産量が飛躍的に伸び、この背景には、同時期に金属製の針が大量に生産されたことが挙げられる。この点については、第6章で述べる冶金における技術革新と関連すると考えられる。また、(2) 骨角器および骨角製品については、生産量とともに、製作される骨角器や骨角製品のバリエーションが増える。なかでも、スナッフィン

第 2 部　遺物から読み解く権力生成

グ用具の製作への比重が高まることから、この時期に幻覚剤の吸引をともなう儀礼が重要視されていた可能性が考えられる。

　この生産活動における II 期後半の変化は、II 期に北基壇パティオ周辺の墓がつくられることと連動しているといえる。

　たとえば、12PC-B-Ent 532 に、大量の玉製品とともに銀製の針と孔雀石製の紡錘車が副葬されていたことは、紡織に携わるエリートの社会階層の高さを示唆している。この墓が、紡織の生産量が飛躍的に増大する II 期後半（IIB 期）に先立つ II 期前半（IIA 期）につくられていることは、II 期前半に紡織が重要視され、それが冶金における技術革新と相まって、II 期後半における生産量の飛躍的な増大をもたらしたと解釈することもできる。

　また、副葬される玉製品の量に大きな差が見られるものの、10PC-B-Ent 513 と 12PC-B-Ent 531 に骨角製品の未製品が副葬されていたことは、II 期前半から II 期後半にかけて骨角器および骨角製品の製作が重要視されたことを示唆している。その要因の一つに、幻覚剤の吸引をともなう儀礼の重要性が増したことが挙げられるが、この点については次節で詳しく述べる。

　このように、形成期後期のパコパンパ遺跡では、骨角器および骨角製品の製作や紡織などの生産活動は、エリート層によっておこなわれていたと考えられる。このことから、彼らの管理のもとで生産活動がおこなわれていたと推定される。

　一方で、形成期後期に相当するパコパンパ II 期後半に見られる生産活動の変化については、その要因として、冶金における技術革新と幻覚剤の吸引をともなう儀礼への重視をあげることができる。後者については、形成期中期に相当するパコパンパ I 期後半（IB 期）にも同様の変化がみられ、生産活動における変化と儀礼の関連性がうかがえる。そこで、次節では、消費活動としての、幻覚剤の吸引をともなう儀礼に焦点をあて、その廃棄を含めて論じることにする。また、冶金における技術革新については第 6 章で述べることとする。

5-2 パコパンパ遺跡における消費活動としての儀礼と廃棄行為

これまでに述べてきたように、パコパンパ遺跡では幻覚剤の吸引をともなう儀礼がおこなわれ、その儀礼が重視されていた可能性が考えられる。幻覚剤は人間から超自然的存在に変態するために服用され、超自然的力と接触する特定の儀礼には必要不可欠であったと考えられている。特定の儀礼とはチャビン・デ・ワンタル遺跡でおこなわれていたような儀礼で、リチャード・バーガー（Richard L. Burger）によって、その儀礼の重要性が論じられている。

バーガーは、チャビンの宗教的イデオロギー（チャビン・カルト）において、神官はジャガーに変態し、超自然的な力と接触してそれに影響を及ぼすことができると信じられていたと考えた。そして、この変態を引き起こすために、幻覚剤を飲む、あるいは幻覚剤を鼻から吸引するスナッフ（snuff）などの行為がおこなわれ、幻覚剤の使用はチャビン・デ・ワンタル遺跡の旧神殿（Old Temple）の儀礼において絶対不可欠なものであったと述べている（Burger 1992: 157）。

パコパンパ遺跡で、チャビン・デ・ワンタル遺跡と同様に、幻覚剤の吸引をともなう儀礼がおこなわれていたことは興味深い。

そこで本節では、パコパンパ遺跡における消費活動のひとつとして、幻覚剤の吸引をともなう儀礼に焦点をあてる。

（1）幻覚剤の吸引をともなう儀礼

5-1（2）でも述べたように、パコパンパ遺跡からはスナッフィング用具が出土している（図5-5: 6）。スプーン形骨角器、パイプ形骨角器、骨製管、およびトレイ形骨角器として分類された4タイプが、幻覚剤を吸引する際に用いられたと考えている。これらはバリエーションに富んでおり、同じタイプに分類しているものであっても、造形はさまざまである。

第2部　遺物から読み解く権力生成

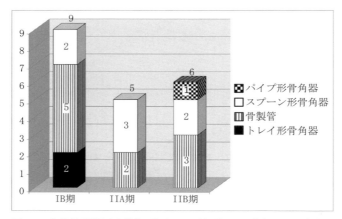

図 5-19　幻覚剤吸引具出土推移。棒グラフの頭に付された数字は、出土総数を示す。

　たとえば、図 5-6 の 1 は、装飾付きスプーン形骨角器に分類しているもので、大型のスナッフスプーンである。外面には刻線で勾玉のような文様が規則的に配置されている。小型であるが、同じタイプに分類している図 5-6 の 4 は、柄尻に人頭を象り、柄からスプーンのつぼにかけ孔がひとつ穿孔されている。また、図 5-6 の 2 は、刻線で階段状の文様を施す装飾付き小型スプーン形骨角器にみえるが、未製品であり、スプーンのつぼ部分を彫りだす作業が中断されたものと考えられる。

　図 5-5 の 4 はクジラの椎体を利用したトレイ形骨角器で、周囲にふちを残して、中央を平らに彫りくぼめている。また、図 5-5 の 3 はヒトの頭蓋骨の曲線を利用し、縁辺部を研磨整形しただけのものである。そして、図 5-5 の 1 はラクダ科動物の大腿骨の遠位端を用い、外面に刻線で文様を施している。図 5-5 の 2 は、1 と同じタイプのトレイ形骨角器の未製品である。

　チャビン・デ・ワンタル遺跡を含めた形成期の遺跡においても、これらの類例が確認されている。またチカマ谷のワカ・プリエッタ遺跡、ヘケテペケ谷のラス・ワカス遺跡ではスナッフトレイが、カハマルカ盆地のワカロマ遺跡およびアヤクチョのカンパナユック・ルミ遺跡ではスナッフスプーンの出

土例が報告されている（Burger 1992: 97, 201; 松本 2009: 74; Terada and Onuki 1982: PL.68, 69, 132, 133; 鶴見 2008: 163)。

しかし、パイプ形骨角器として分類した図5-5の5は、どこからも類例が確認されておらず、興味深い資料である。これをパイプ形骨角器と分類したのは、口の部分にパイプのような孔があけられていたからである。口の端部からパイプの身の部分に向けて、孔があけられ、身の部分は浅くくぼんでいる。このくぼみに幻覚剤をのせて、口の部分に鼻をあてて吸い込んだと推定される。この骨角器は全面に刻線が施され、頭の部分はヒトを、体の部分は地元でカシカ（cashca）と呼ばれる鎧ナマズ（*Pseudorinelepis genibarbis*）を象り、鱗と背鰭・尾鰭を持つ。

前述したように、骨角器および骨角製品の製作については、パコパンパⅠ期後半（IB期）とⅡ期後半（IIB期）にスナッフィング用具の未製品の出土量が増加し、Ⅱ期後半の出土量がもっとも多い。しかし、製品となると、Ⅰ期後半の出土量がもっとも多く、Ⅱ期後半にかけて出土量が減少する。こうした出土傾向の非相関性はなぜ起こるのだろう。この点については一つの可能性を以下に示してみたい。注目するのは廃棄行為である。

（2）スナッフィング用具の廃棄行為

まずⅠ期からⅡ期にかけてのスナッフィング用具の未製品と製品の出土地点を見てみたい。Ⅰ期前半およびⅠ期前半と後半の移行期からそれぞれ1点ずつスナッフィング用具が出土している。これらは、西基壇上のある特定の場所（発掘グリッドCN11, 12-W15, 16）から出土している。続くⅠ期後半で検出された7点のスナッフィング用具と4点の未製品のうち、4点のスナッフィング用具と3点の未製品は、やはり西基壇の同じ場所から出土している（図5-20）。製品と未製品が同じ区画から集中して出土することから、ここが製作址であり、また幻覚剤の吸引をともなう儀礼そのものがおこなわれた場所である可能性が高いと考えられる。

続くⅡ期前半ではスナッフィング用具の未製品は出土しない。一方で製

第 2 部　遺物から読み解く権力生成

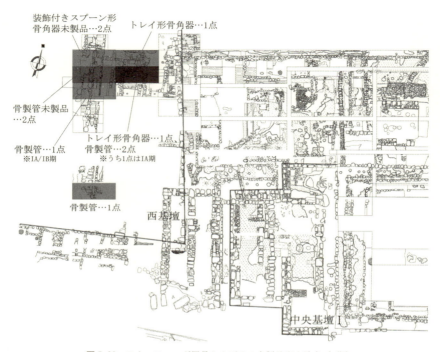

図 5-20　スナッフィング用具およびその未製品出土地点（I 期）

品となると、この時期、5 点のスナッフィング用具が確認されている。そのうち装飾を伴わない 2 点の骨製管と 1 点のスプーン形骨角器 3 点は中央基壇から出土している（図 5-21）。一方で北基壇のパティオ周辺からは、大型の装飾付きスプーン形骨角器が出土している（図 5-6: 1）。

II 期前半から後半への移行期になってもこの傾向は続き、人頭を象ったスプーン形骨角器が北基壇の半地下式パティオから出土する。

この点は、幻覚剤の吸引をともなう儀礼の中心が、I 期でおもな舞台となった西基壇から、II 期後半にかけて、中央基壇あるいは北基壇の半地下式パティオへと移行したことが考えられる。スナッフィング用具の装飾の有無が空間により異なるのは、儀礼行為の分化がうかがえる。

154

第 5 章　パコパンパ遺跡における生産、消費そして廃棄

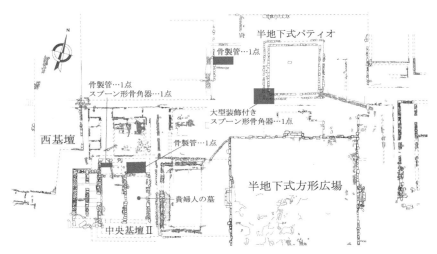

図 5-21　スナッフィング用具およびその未製品出土地点（IIA 期）

　問題の II 期後半からは、スナッフィング用具とその未製品がそれぞれ 5 点ずつ出土する。この時期の特徴として、スナッフィング用具の未製品は、北基壇の半地下式パティオから集中して出土し、製品は中央基壇付近の埋納遺構から出土することが挙げられる。
　近年、II 期前半から後半にかけて、半地下式パティオ内で饗宴儀礼がおこなわれていたことが明らかになってきた（本書第 4 章参照）。スナッフィング用具の未製品は、まさにこの饗宴に関連する脈絡で出土している。しかも獣骨分析によれば、3 回にわたる饗宴においては、いずれもその痕跡や廃棄物が清掃されることなく、一定期間放置されていたことがわかっている（第 8 章）。すなわちスナッフィング用具の未製品も、饗宴儀礼の後、意図的に廃棄されたものと解釈できる。パコパンパで未製品が製品以上に多く出土する理由も、こうした儀礼との関連が推測されるのである。また、このパティオからは、図 5-9 の 2 の装飾付骨角製品とその未製品（図 5-9: 5）がそろって出土しており、製品は饗宴と関連した層から、未製品は饗宴と同時期の層から出土している。これらのことから、スナッフィング用具以外の骨角製品や

155

第 2 部　遺物から読み解く権力生成

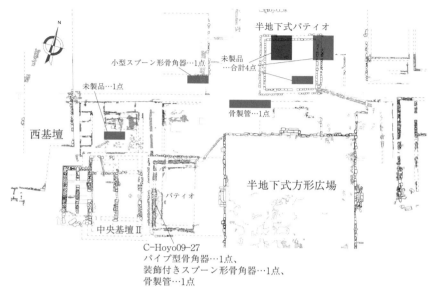

図 5-22　スナッフィング用具およびその未製品出土地点（IIB 期）

　その未製品も、パティオに意図的に廃棄されたと考えられる。
　一方中央基壇付近でも、スナッフィング用具が出土している。中央基壇とその東に位置する方形半地下式広場の間には IIA 期にパティオが設けられるが IIB 期になると、パティオは埋められてしまう。中央基壇自体は依然として利用されたと考えられるが、パティオの埋め土を切って設けられた浅い土坑の一つからは 3 点の完形スナッフィング用具がまとまって出土している（図 5-22）。パイプ型骨角器が 1 点（図 5-5: 5）、装飾付スプーン形骨角器が 1 点、骨製管 1 点がそれらである。
　いずれにしても、II 期後半は幻覚剤の吸引をともなう儀礼はもちろん、埋納や廃棄といった新たな儀礼的脈絡でもスナッフィング用具が活躍したことがわかる。また、未製品の廃棄行為は北基壇のパティオに、スナッフィング用具の埋納行為は中央基壇前のパティオに限定される傾向が強く見られることから、埋納行為を含む廃棄行為に対して、エリート層が関与したこともう

かがえる。

5-3 まとめと今後の課題

　このように、生産活動から消費活動、そして廃棄に至る一連の行為は、それぞれが独立した行為でなく、すべてが連動した行為であったことがわかり、これらがエリート層によってコントロールされていた可能性を示唆した。

　パコパンパ遺跡における生産活動では、衣服を含む装身具、および儀礼をおこなう際に用いられたと想定されるスナッフィング用具や装飾付骨角製品などの製作に重点を置いていたことがわかる。しかも道具を使ってエリート層自らがこのような装身具や儀礼用具の生産に従事すると同時に、エリート層自らが身に着けるなどして利用していた可能性が高い。

　こうした製作集団がエリート層として位置づけられたのは、北基壇のパティオ周辺に製作道具が副葬される墓がつくられたII期以降と考えられる。それ以前のI期についても、西基壇におけるスナッフィング用具の製作とそれを用いた儀礼がおこなわれたことは推測されるが、II期以降で認められた墓の副葬品との連動性は確認されておらず、エリート層による生産の統御を明言することはできない。

　また、II期の消費活動としての儀礼活動については、単に幻覚剤を用いた儀礼が北基壇と中央基壇で展開されただけにとどまらず、後半では饗宴・廃棄や埋納など新たな儀礼的脈絡に位置づけられるようになった点が重要であろう。第1章で触れた「ヘビ・ジャガー神官の墓」は、まさにこの饗宴儀礼と関連した墓であることを考えれば、こうした新たな儀礼的脈絡がエリートによるコントロールの結果と考えることも説得力を持つ。

　本章では、II期以降に廃棄行為が重視された理由について、十分に考察および議論をすることができなかった。また一連の儀礼的行為を、形成期後期に起こった汎アンデス的な社会変動と関係づける作業も残っている。この点

については今後の課題として取り組んでいきたい。

注
1) 本源的な造岩作用あるいは鉱化作用の際に生成した鉱物を初成鉱物 (primary mineral) という。そして、初成鉱物が、生成した後に何らかの化学反応を受けて変質生成した鉱物を二次鉱物 (secondary mineral) という。この変化は普通、地表水の浸透や地下からの熱水液の上昇などによる、酸化・分解・溶脱・濃集などの作用に由来する (地団研地学事典編集委員会 1977: 67, 815)。
2) 石器のタイプ分類のひとつで、正確には彫器様石器として分類しているもの。彫刻刀のような刃部をつくりだした剥片石器で、形態は樋状の細長い剥離によって彫刀面が設けられた彫器 (加藤・鶴丸 1991: 74) とは異なる。
3) パコパンパ I 期の建築は II 期の建築の下層にある場合が多く、石造建築を残しながら発掘することが義務づけられているペルーでは、下層 (より古い時代) の発掘が上層より狭い範囲でおこなわれることは避けられない。
4) 幻覚剤を鼻から吸引する行為はスナッフ (snuff) と呼ばれる。口から幻覚剤を摂取する場合は、ほかの用語を用いたほうが適切であるが、記述が煩雑になるのを避けるために、本章では幻覚剤を吸引するための骨角器をスナッフィング用具と呼ぶことにする。
5) 図 5-5 の 2 は製品のように思われるが、スプーンの身の部分を彫りだす作業が中断している未製品。
6) 骨角器の場合と同様に、どのタイプの骨角製品をつくろうと意図していたか特定できる、あるいは推定できる未製品を、骨角製品の未製品として分類した。
7) 扁平な剥片の鋭い縁片を刃部として使用する剥片石器。一側縁もしくは二側縁が長軸上の一端に接する部分に素材の縁片を残し、そのほかの部分に急斜度調整をおこなったナイフ形石器 (加藤・鶴丸 1991: 70) とは異なり、急斜度調整をおこなわない。しかし、ナイフ形石器と同様に用いられたと推定されるため、ナイフ形様石器と分類した。

引用文献

Burger, R. L. 1992 *Chavin and the Origins of Andean Civilization*, London: Thames and Hudson.

Rick, J. W. 2006 Chavín de Huántar: Evidence for an Evolved Shamanism. In D. Sharon (ed.), *Mesas and Cosmologies in the Central Andes* (San Diego Museum Papers 44), pp. 101-112. San Diego: San Diego Museum of Man.

Rosas La Noire, H. and R. Shady S. 2005 Pacopampa: Un centro formativo en la sierra nor-peruana. *Arqueología y Sociedad* 16: 11-62.

Terada, K. and Y. Onuki (eds.) 1982 *Excavations at Huacaloma in the Cajamarca Valley, Peru, 1979.* Tokyo: University of Tokyo Press.

荒田恵、関雄二、フアン・パブロ・ビジャヌエバ、マウロ・オルドーニェス、ディアナ・アレマン．ダニエル・モラーレス 2010 「ペルー北部、パコパンパ遺跡出土遺物分析概報（2007-2010）―神殿における製作活動および儀礼活動についての一考察」『古代アメリカ』13:73-94。

加藤晋平・鶴丸俊明 1991 『図録・石器入門事典―先土器』東京：柏書房。

地団研地学事典編集委員会編 1977 『地学事典』東京：平凡社。

鶴見英成 2008 『ペルー北部、ヘケテペケ川中流域アマカス平原における先史アンデス文明形成期の社会過程』東京大学大学院総合文化研究科超域文化科学専攻博士論文。

松本雄一 2009 「カンパナユック・ルミとチャビン問題―チャビン相互作用件の周縁からの視点」『古代アメリカ』12: 65-94。

第6章　パコパンパ遺跡における冶金
——形成期の祭祀遺跡で起こった技術革新

荒田　恵・清水正明・清水マリナ

　第5章では、パコパンパ遺跡で儀礼活動を目的とした威信財の製作がおこなわれ、これらがエリート層によってコントロールされていた可能性を示した。威信財にはスナッフィング用具などの儀礼用具のほかに金属製の装身具が含まれる。これまでの発掘調査と出土資料の分析から、パコパンパ遺跡で金属製錬[1]およびその加工、つまり、広義の冶金がおこなわれていた見通しがえられている。第5章で述べた威信財の製作活動と同様に、製作址を特定することは困難であるが、製錬から加工までが、エリート層によってコントロールされていた可能性が非常に高いと考えられる。

　そこで本章では、出土した遺物の分析、地質学的研究および実験的研究に基づき、パコパンパ遺跡における冶金の実態をできる限り明らかにし、エリート層によるコントロールとの関係性に留意しながら、形成期中期から後期にかけて祭祀遺跡で起こった技術革新について論じる。

6-1　パコパンパ遺跡における金属製錬

　本節では、これまでにパコパンパ遺跡で確認されている金属製錬の痕跡について述べる。金属製錬と一口にいっても、同遺跡から出土しているのは金製錬と銅製錬を裏づける資料である。そこで本節では、これらの資料を金製錬および銅製錬に分けて紹介することにする。

（1）金製錬用の坩堝

　金の製錬を裏づける資料として挙げられるのは、長方形あるいは円形を呈

第2部　遺物から読み解く権力生成

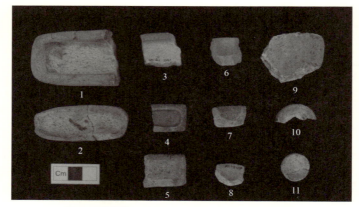

図6-1　金製錬用土製坩堝　©パコパンパ考古学調査団

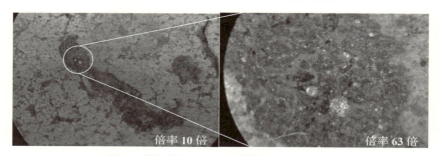

図6-2　坩堝（図6-1：2）内面付着物顕微鏡観察写真

する、坩堝として分類した土製品（図6-1）である。倍率10倍のハンドルーペを用いた肉眼観察によって、大半の坩堝の内面あるいは口縁部に金粒が付着していることを確認することができた。

　金粒が付着していることに初めて気がついたのは、図6-1の2を観察していたときだった。この坩堝の内面中央に残っていた黒色の付着物が気になり、自然光で観察してみたところ、金色に光る小さい粒子がいくつかあることに気がついた。そして、倍率63倍の実体顕微鏡で観察した結果、この部分に無数の金色の小さな粒が残っていることを確認したのである（図6-2）。

　そこで、この金色の粒が金であるかどうかを確認するために、針先で軽く

圧力を加えたところ、破損せずに伸びた。このことから、金特有の展性を持つことが確認できた。その時点では、金色の粒が金であり、周辺の黒色の部分については銀であると推定した。

この仮説を検証するため、2015 年 8 月にサン・マルコス大学物理学部のフリオ・ファビアンに依頼し、坩堝の蛍光 X 線分析をおこなった。その結果、金と銀の値のほかに、それを上回る銅の値が検出された（Fabián 2015）。金色の粒子は金であることは証明できたが、黒色の部分は銀と銅を含む可能性が高いことになる。残念ながら、現段階では、坩堝が銅製錬にも併用されたのか、それとも金銀銅の合金をつくるために用いられたかを特定することはできない。

（2）パコパンパ遺跡における銅製錬

一方、銅製錬に関する資料は金製錬よりもバリエーションに富んでおり、製錬の際に用いられた坩堝片と推定されるもの、製錬過程で産出されたと考えられる酸化銅、粗銅および鉱滓が出土している。これまでの調査で坩堝片と鉱滓は 1 点ずつ、酸化銅は数点、そして粗銅は 2 点確認されている。

まず、製錬の際に用いられたと推定される土製坩堝片（図 6-3）には、内面全体に付着物が残っていた。黒色の部分は還元焼成の痕跡であり、緑色の付着物は肉眼観察によって孔雀石であると推定できた。この付着物をさらに詳細に分析するために、金製錬の坩堝同様に、実体顕微鏡で観察をおこなった。その結果、孔雀石のなかに金属光沢を持つ黒色の部分が残っていることが確認できた（図 6-3 右側下写真）。この黒色の部分については、もともと粗銅であったものが、時間経過とともに酸化作用が進み酸化銅になったと推定された。そこで蛍光 X 線分析により検証を試みたが、銅の値（Cu）が検出されたものの、銅鉱物の孔雀石によるものか、黒色の酸化銅によるものかの区別はできなかった。

しかし、孔雀石が顔料として彩色された土器と比較すると、(1) 孔雀石が付着しているのが内面であること、(2) 刻線で区画された部分ではなく全体

第 2 部　遺物から読み解く権力生成

図 6-3　銅製錬用坩堝片および実体顕微鏡観察写真

に孔雀石が残っていること、(3) 器壁表面が還元焼成されているなど、彩色土器とは異なる特徴を持っている。これらのことを考えると、銅製錬用の坩堝片である可能性が高いと考えられる。

　坩堝片同様、これまでに1点しか出土していない鉱滓（図6-4）は、表面に無数の穴が開いた非常に軽いスポンジ状の物質である。石英や珪酸塩鉱物[2]などに相当する成分から構成されているため、金製錬にともなう鉱滓である可能性も考えられたが、孔雀石や藍銅鉱が部分的に付着していたため、銅製錬の鉱滓であろうと推定した。

　このほか、銅を製錬する初期の過程で産出されたと考えられる酸化銅が数

164

第 6 章　パコパンパ遺跡における冶金

図6-4　銅鉱滓

図6-5　酸化銅

図6-6　粗銅

点出土している。そのなかでも、もっとも大きく、かつその特徴がよく見られる資料は、赤銅鉱と黒銅鉱が混合した酸化銅鉱（図6-5）である。青い部分は藍銅鉱（azurite）、緑色の部分は孔雀石で、熱を受けて溶けている。この資料については偏光顕微鏡で観察をおこない、酸化銅であることを特定している。

第2部　遺物から読み解く権力生成

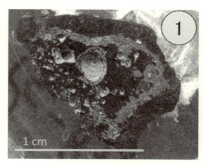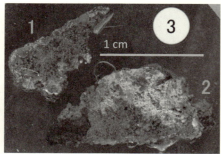

図6-7　粗銅片標本（左：試料①、右：試料③）

　銅製錬の最終工程で産出された粗銅（図6-6）も、これまでに2点出土している。同じ大きさの孔雀石や藍銅鉱といった銅の二次鉱物[3]と比較すると非常に重い。酸化が進んでいるため表面は緑色あるいは薄い茶色をしているが、以下のように偏光顕微鏡観察によって、中心部分に粗銅が残っていることを確認した。

　まず、出土した粗銅2例の破片をもとに試料を数点作成し、そのうちの試料①および③（図6-7）を対象に実体顕微鏡で観察をおこなった。その結果、試料①は粗銅部分が比較的多いが、試料③は粗銅部分が非常に少ないことがわかった。そのため、粗銅部分の観察や化学分析が可能となるように、慎重に試料準備をおこなった。それぞれ、透明樹脂に埋め込んで粗銅表面を研磨して、試験片を作成した。その後、反射光による偏光顕微鏡を用いて観察したところ、試料①、③いずれにおいてもほぼ粗銅と考えられる相が確認できた。粗銅の周辺には酸化銅が、さらにその周辺には孔雀石が観察されたことから、製錬産物である粗銅も時間とともに酸化が進むことがわかった。

　このようにパコパンパ遺跡では、金属製錬に関するさまざまな資料が出土している。では、この金属製錬はいつ頃からおこなわれるようになったのだろうか。

第 6 章　パコパンパ遺跡における冶金

（3）金属製錬の開始時期

　ここでは本節のまとめとして、先述した資料の出土層位をもとに、金属製錬の開始時期について推定してみたい。

　最初に紹介した金製錬用の坩堝はパコパンパⅡ期前半（ⅡA期）、それもⅡ期開始早々に相当する層から出土している。一方、銅製錬に関する資料については、銅製錬用の坩堝片がパコパンパⅠ期後半（ⅠB期）に相当する層から、銅製錬の初期の過程でできる酸化銅はパコパンパⅡ期前半に相当する層から、そして、鉱滓と粗銅（図6-6左写真）[4]はパコパンパⅡ期後半（ⅡB期）に相当する層から出土している。これらをまとめると、金製錬は遅くともパコパンパⅡ期初頭に、また銅製錬はパコパンパⅠ期後半には開始され、パコパンパⅡ期でも継続したと考えられる。すなわち銅製錬が金製錬に先立って開始された可能性が示唆される。製錬開始時期に実年代を当てはめることは難しいが、パコパンパⅠ期からⅡ期、つまり形成期中期から後期への移行期にあたる紀元前800年前後に、パコパンパ遺跡において金属製錬の技術革新が起こったと考えられる。

　この技術革新とは具体的にどのようなものであったのだろうか。次節では、さまざまな資料が出土している銅製錬に焦点をあて、地質学的研究および実験学的研究をもとに、どこで銅鉱石を採掘して遺跡へ持ち込み、そしてどのように銅製錬がおこなわれていたかを推定する。

6–2　銅鉱石産地（銅鉱山）の推定と銅製錬工程の復元実験

　パコパンパ遺跡からは、塊状の藍銅鉱、孔雀石が大量に出土している。また、これまでの地質学的研究によって、銅製錬に用いられた鉱石は孔雀石あるいは藍銅鉱などの銅の二次鉱物である可能性が指摘されてきた。それでは、同遺跡から出土するこれらの鉱物は、どこで採掘され、遺跡に持ち込まれ、そしてどのように製錬されたのだろうか。

167

第 2 部　遺物から読み解く権力生成

（1）銅鉱石産地（銅鉱山）の推定

　2010年に筆者らは、建材や石器・石製品の原材料の産地を同定するために、パコパンパ遺跡周辺の南北約6km、東西約12kmの範囲にわたって地質学的調査をおこなった。その結果、地表付近からまとまった銅鉱石が採掘できる場所としてラユラン（図3-2の番号1）と呼ばれる銅鉱山を発見した。

　ラユランは、パコパンパ遺跡の南に位置するケロコト町の南側、パコパンパから直線距離で約3.5km、現地の村人が歩いて1時間圏内に位置する鉱山跡である。ラユランには採掘坑道や露天掘り跡が残っている。カルシウム単斜輝石および緑簾石（りょくれんせき）などのスカルン鉱物[5]とともに、孔雀石や藍銅鉱などの銅の二次鉱物が観察され、閃亜鉛鉱および方鉛鉱などの鉱石鉱物[6]も確認できた。坑道内壁の天井および側壁には、現在も緑色の孔雀石や青色の藍銅鉱が多く付着する。

　パコパンパ遺跡から出土した塊状の藍銅鉱や孔雀石も、その近さと豊富な埋蔵量から判断してラユランに由来すると考えるのが妥当であろう。

（2）粗銅の分析に基づく銅製錬工程の推定

　銅の二次鉱物の産地を推定したとしても、それが金属製作に直接つながるという保証はない。なぜなら、孔雀石などは装飾品の材料としても使われるからである。そこで、パコパンパ遺跡から出土した粗銅が、孔雀石および藍銅鉱からできているのかどうか、それともほかの鉱物が混ぜられているかどうかを確認するために、偏光顕微鏡観察に加えて電子線微小部分化学分析（EPMA）[7]をおこなうことにした。

　先述したように、粗銅2例の破片をもとに試料をつくり、試料①および③について試験片を作成した。そして、偏光顕微鏡で観察した結果、試料①の銅中に数μm程度の丸みのある包有物が多数見つかった（図6-8）。この包有物は、光学的性質から、"硫化銅"（～Cu_2S）[8]であると同定することができた。さらに、この観察結果を立証するため、電子線を使って試験片の微小部

第6章　パコパンパ遺跡における冶金

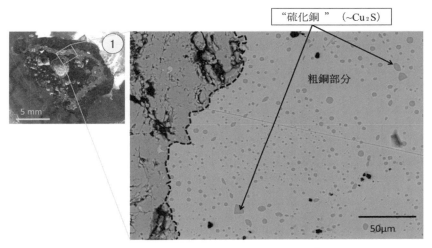

図 6-8　反射光による偏光顕微鏡観察写真：試料①

分について鉱物等の定量的化学分析をおこなった[9]。

　その結果、顕微鏡観察と同様に、試料①の粗銅中の多数の包有物はほぼ"硫化銅"（〜Cu_2S）であると同定された。銅硫化鉱物は孔雀石や藍銅鉱の初生（初成）鉱物であり、銅鉱石産地として推定したラユランでは産出する。つまり、この結果からは、試料①の粗銅はラユラン産の銅鉱石を使ってつくられたことが推定されるのである。また、粗銅部分の分析結果については、銅の含有量を重量％で示した値が 100.1％という結果になり、試料①はほぼ銅 100％であることもわかった。なお、銅中の微小な硫化銅は、温度降下にともなう離溶[10]の産物であると判断されることから、粗銅は溶融されてできたものであることがわかる。

　一方、試料③の粗銅は試料①と比較すると、銅として残存している量は少なく、大部分が酸化銅などに変化している点でずいぶんと異なる（図 6-9）。しかし、粗銅部分についての電子線微小部分化学分析の結果は銅が 100.4％という値を示しており、こちらもほぼ銅 100％であることがわかった。また、試料①と比較すると、硫化銅含有物がほとんど含まれていなかった。このこ

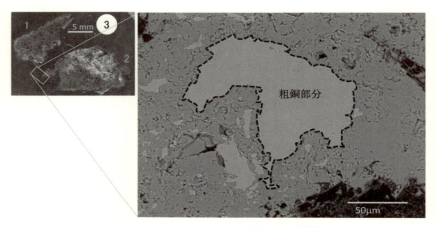

図 6-9　反射光による偏光顕微鏡観察写真：試料③

とは、原材料である孔雀石や藍銅鉱などの銅鉱石中に、銅の初生鉱物である黄銅鉱などの銅の硫化鉱物が混入していなかったことを示すものであろう。

　これらの結果に加えて、製錬温度についても推定することができた。「Cu-S（銅—硫黄）2成分系相平衡図」（図6-10）は銅と硫黄の構成比率によって、溶融温度に差が出ることを示した図であり、試料③のように硫化銅などの含有物が含まれない銅の場合は1067℃以上の温度で溶融されたことを、試料①のように硫化銅が含まれている銅の場合は1105℃以上の温度で溶融されたことを示している。つまり、パコパンパ遺跡から出土した粗銅は、1067℃から1105℃度以上の温度でつくられたと推定できることになる。

　これらの分析結果をまとめると、パコパンパ遺跡ではラユラン産の銅鉱石を使用して、1067℃から1105℃度以上の温度で純度の高い銅を製錬していたと考えられる。この場合、二段階の銅製錬工程が推定できる。

　いったん孔雀石や藍銅鉱を野焼きなどで酸化焼成し酸化銅をつくり、次にこれを高温で還元焼成して銅をつくったという工程である（図6-11）。

　つまり、工程1で、孔雀石や藍銅鉱を火にくべた後、大気中に水（H_2O）を放出しながら350℃から400℃で炭酸銅[11]をつくる。そして、この炭酸銅

第 6 章　パコパンパ遺跡における冶金

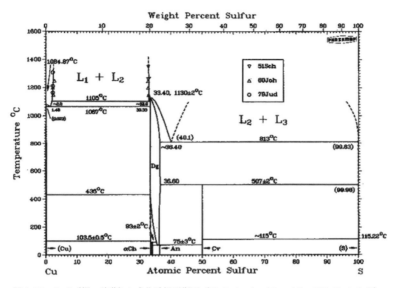

図 6-10　Cu-S（銅―硫黄）2 成分系相平衡図（Chakrabarti and Laughlin 1983 Fig.1 より）

を過熱し続けると、大気中に二酸化炭素を放出して酸化銅になる。続く工程 2 で、酸化焼成でできた酸化銅を還元焼成して、大気中に一酸化炭素（CO）や二酸化炭素（CO_2）を放出しながら、温度を 1067 ℃ から 1105 ℃ 以上に上げると銅ができるはずである。

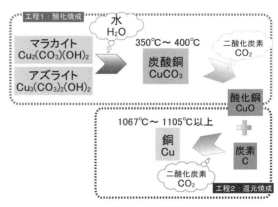

図 6-11　推定された銅製錬工程

　この作業仮説を検証するために、銅製錬の復元実験をおこなうことにした。

171

第 2 部　遺物から読み解く権力生成

(3) 復元実験に基づく銅製錬工程の復元

　銅製錬の復元実験では、実験時間を省くために孔雀石や藍銅鉱などの銅鉱石ではなく、酸化した銅鉱石、すなわち酸化銅を用いた。
　実験では、陶器製の坩堝に粉末にした酸化銅と炭を一緒に入れて、600℃から 1230℃の間で温度を変えて、マッフル炉[12]で加熱した。これを全部で 23 回おこない、実験の結果生成した鉱物を、X 線回折装置[13]を用いて同定した。その結果、坩堝に炭（木炭あるいは石炭）で蓋をして、600℃の野焼きの温度で数時間焼成すると、スポンジ状の粗銅（図 6-12）ができることがわかった。また、銅をつくるためには大量の炭が必要であることも判明した。
　この実験結果と粗銅の分析結果を総合的に判断すると、パコパンパ遺跡においては次の二つの方法のいずれかで銅の製錬がおこなわれた可能性が導き出される。
　まず一つ目は、酸化焼成と還元焼成を組み合わせた製錬方法である。600℃以下の野焼きで、孔雀石や藍銅鉱を酸化焼成して酸化銅をつくる。そして、酸化銅を坩堝に入れて、還元環境[14]のもとで 1067℃から 1105℃以上で加熱して溶融銅をつくる。
　二つ目は、還元焼成だけで製錬をおこなう方法である。まず、孔雀石および藍銅鉱などの銅鉱石を坩堝に入れて、炭や木炭、あるいは石炭で蓋をして還元状態をつくりだし、600℃程度の温度で焼成してスポンジ状の粗銅をつくる。そしてこのスポンジ状の粗銅を、さらに 1067℃から 1105℃以上の高温で溶融することによって、純度の高い粗銅をつくる。
　現段階では坩堝片が 1 点しか確認されていないことや炉などの製錬遺構が見つかっていないことなどから、現状

図 6-12　スポンジ状の粗銅

でこれら二つの製錬方法のうちどちらが用いられたかを特定することはできない。しかし、600℃程度の温度で焼成する工程は酸化焼成でおこなわれる方が容易であるため、前者の酸化焼成と還元焼成を組み合わせた製錬方法が採られた可能性が高いと考えている。

6–3 パコパンパ遺跡における金属加工

　これまではパコパンパ遺跡における金属製錬について述べてきたが、本節では同遺跡における金属加工に焦点をあてる。まず、金製品あるいは銅製品などを製作する際に用いられたと推定される道具を紹介する。
　これらの道具の材質は金属製および石製であるため、材質ごとに分けて説明する。

（1）鏨形金属器

　金属製品の加工道具として考えている資料は、鏨形金属器として分類している銅器（図 6-13）であり、5つのサブタイプに分けられる。大きさや形はさまざまであるが、これらを鏨形金属器として分類した根拠はその形態にある。
　形成期の他遺跡では類例が確認できないが、後の時代のモチェ文化、シカン文化あるいはチムー文化で、銅製、砒素銅製あるいは金製の類例が見られる（King 2001: 25–28 Fig.10, 13; フジテレビジョン 1998: Cat. no.175–185; 島田他編 2009: Cat.no.76–79; Shimada 1994: 202 Fig.8. 17.)。これらは鏨あるいは目打ちなどを含む加工道具として分類されている。前者は切り抜き技法といって、金属製の薄板をある特定の大きさ、形やデザインに切り出すために（島田ほか編 2009: 180)、後者は打ち出し技法といって、金属製の薄板の裏側から打ち出しで細工をおこなうため、あるいは穴を開ける際に用いられたと考えられている。

173

第2部　遺物から読み解く権力生成

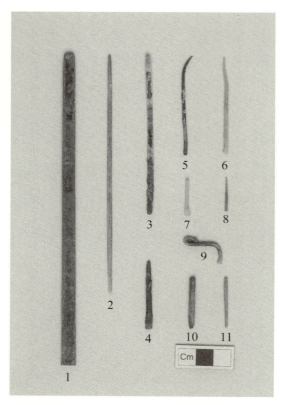

図6-13　鑿形金属器　©パコパンパ考古学調査団　撮影 Alvaro Uematsu

また、地理的にも時代的にも離れているが、アメリカ人考古学者ゴードン・ウィリーによって分類された文化領域の一つである、南アンデス領域に含まれるアルゼンチン北西部でも、類似した金属製品が報告されており、後650年頃から後1480年頃に比定されている（González 1979: 142, 159）。

いずれにしてもパコパンパ遺跡から出土した鑿形金属器のうち、切り出し技法を用いる際に使用したと想定している器具は、図6-13の1と4～9の7点である。1は一端に刃部をもち、もう一方の先端は敲打によりつぶれている。ハンマーストーンなどで金属製の板を押し切る際に用いられたと考えるのが妥当であろう。4～6および8は一端にヘラ形につくりだした刃部をもち、もう一端は尖らせる。刃は直刃で、金属製の薄板を押し切るのに適していると思われる。また、薄板に文様の下地を描く際には、尖っているもう一端を利用したかもしれない。7および9は破片であるため断定できないが、後者と同タイプであったと考えられる。

一方、打ち出し技法を用いる際に使用したと想定している器具は、2、3、

10、11 の 4 点である。2 および 3 は、厚みや幅に違いが見られるものの、両端とも同様の形を呈し、先端部は尖らず平坦面を持つという点で共通している。また、10 および 11 は先端が丸く尖り、上端部が敲打によってつぶれている。とくに 10 の上端部はその度合いが著しく、何度も繰り返し使用されたと思われる。また 11 は、金属製の薄板に孔を開ける、目打ちとしても用いられた可能性がある。

なお 1 には鍛造された痕が全面に残っていた。ほかの加工具についても鍛造された可能性がある。

（2）ハンマーストーン（敲石）とアンビルストーン（台石）

石器のなかにも、金属製品の加工に用いられたと推定されるものがある。それは、ハンマーストーン（敲石）およびアンビルストーン（台石）として分類しているものである。

これらの石器はセットで用いられたと考えられ、その根拠となるのは、1857 年にジローラモ・ベンゾニが記したクロニカ（記録文書）に掲載された図である（図 6-14）。左側の図は、台の上に金属素材を置いてハンマーストーンで鍛造している場面を描いたものだと思われ、右側は冶金の際に使用されたハンマーストーンの実測図である。形成期からはるかに時代が下るが、これら二つの石器がセットで用いられたことを類推するには有効であると思われる。

鏨形金属器と同様、これらの石器について形成期の他遺跡で類例を確認することはできないが、ハンマーストーンについては、後の時代のモチェ文化で類例が見られる（Shimada 1994: 205 Fig.8. 21.）。島田はパンパ・グランデ遺跡の調査で冶金工房を特定し、そこから数点のハンマーストーンと安山岩でできた大型のアンビルストーンが共伴したことを報告し、金属製のシートが鍛造されていたと推定している（Shimada 1994: 203）。

パコパンパ遺跡では、これらハンマーストーンを「敲石」として分類している。敲石の大きさや形態はさまざまであり、a 類から h 類まで 8 つのサブ

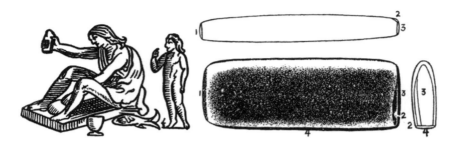

図 6-14　鍛造する様子を描いた図（左）とハンマーストーンの実測図（右）（Lothrop 1978: 531 より）

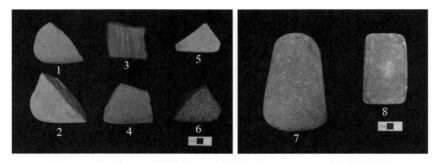

図 6-15　敲石（1〜6：板状敲石、7, 8：撥形敲石）　©パコパンパ考古学調査団

タイプに細分類できる。そのなかでも、板状敲石および撥形敲石のサブタイプは金属を鍛造する際に用いられたと想定している（図 6-15）。これらの敲石は総じて表面が磨かれており、研磨整形による平坦な面を数面持つからである。なかには 6 面すべてが平坦につくられる場合もある。

　敲石同様、アンビルストーンとして分類している石器も、形態および大きさともにバリエーションに富み、5 つのサブタイプに細分類される。いずれも非常に丁寧に研磨整形された平坦面を持つ点は金属を鍛造する際の「鉄床」として用いられた可能性を示しているが、科学分析を含め、今のところ証明するに至ってはいない。

第6章　パコパンパ遺跡における冶金

（3）金属加工の開始と変遷

先述したようにパコパンパ遺跡においてはⅠ期の後半（ⅠB期）に金属製錬が開始されたと考えられる。では、その後、金属加工はどのような変遷をたどったのであろうか。そこで、一定量出土し、類例が多い鏨形金属器に注目して、その出土推移をグラフにまとめた（図6-16）。

このグラフは、鏨形金属器の各サブタイプの時期ごとの出土推移を示したもので、横軸は時期を、縦軸は出土点数を表している。鏨形金属器はⅡ期後半にあたるⅡB期からいきなり、しかも大量に出土する。そして、形成期の後のカハマルカ期にはその出土量が激減する。つまりこのグラフから、パコパンパⅡB期は金属製品加工の最盛期であったと解釈することができる。

この点は非常に興味深い。というのも、アンデス全域で見ると、この鏨形金属器を用いた打ち出し技法はパコパンパⅡ期に相当する形成期後期に導入された新しい金属加工技術であるからだ（Matsumoto 2012: 120）。パコパンパ遺跡にもほぼ同時期に新しい金属加工技術が導入さ

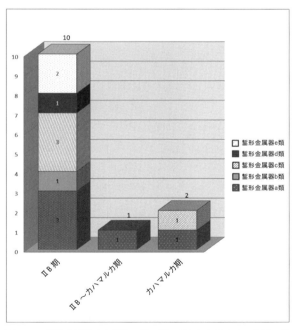

図6-16　鏨形金属器出土推移。棒の頭に付された数字は、各棒の総数を示す。

177

第 2 部　遺物から読み解く権力生成

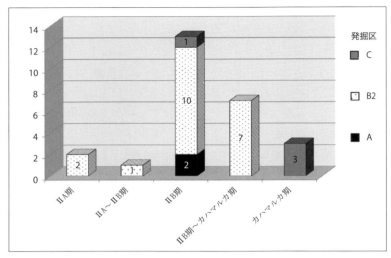

図 6-17　金製錬坩堝出土推移。

れたことになる。

　そして、導入とほぼ同時に最盛期を迎え、形成期の終焉とともに金属加工は衰退する。

　じつは、このような変遷が見られるのは鏨形金属器だけではない。金製錬用の坩堝の出土推移も同様の傾向を示す（図6-17）。このグラフは各発掘区の時期ごとの出土推移を示したもので、横軸は時期を、縦軸は出土点数を表している。金製錬用の坩堝はパコパンパ IIA 期から出土するが、IIB 期で急増し、カハマルカ期にかけて減少する。このように金製錬と金属製品の加工に関わる遺物に同一の出土傾向が認められる点は、パコパンパ遺跡において、製錬から加工まで一連の作業が展開していたことを示すものである。

6-4 ｜ おわりに

　これまでパコパンパ遺跡における冶金について論じてきたが、最後に、同

第 6 章　パコパンパ遺跡における冶金

遺跡の冶金活動がエリート層によってコントロールされていたかどうかを考察し、冶金を形成期後期に起こった社会変動の脈絡に位置づけてみたい。

（１）エリート層による冶金のコントロール

　ここでは、ある特定の空間から冶金に関する資料が集中して出土することに注目して、エリート層による冶金活動のコントロールについて考察する。

　パコパンパ遺跡では、とくに二つの空間から冶金に関する資料が集中して出土している。一つ目の例は、南北に長い、巨大な西基壇の南側に連結された区画 1、2、3 と名づけられた部屋状構造物群（図 6-18）である。

　この部屋状構造物群はパコパンパⅡ期後半に対応し、区画 1 と 3 からは鏨形金属器（それぞれ図 6-13：2 と 1）が 1 点ずつ、区画 2 からは板状敲石（図 6-15：5）が 1 点出土している。先にも述べたように、これらは金属加工に用いられたと考えており、このことを補強するように、区画 2 の内部の床が一部被熱していたことが発掘によって確認されている（図 6-18）。これらのことから、この部屋状構造物群では金属加工がおこなわれていた可能性が高いと考えられる。

　また、半地下式方形広場から見ると、西基壇の南側に連結した部屋状構造物群は中央基壇の裏側に位置することから、半地下式方形広場などのオープンスペースからは直接目視することはできなかったと考えられる。さらに、この部屋状構造物群へアクセスするには、中央基壇と西基壇の間のジグザグの通路を通るしかなかったと推測できる（図 6-19）。パコパンパ遺跡の南側が崩落しているため断定できないが、この部屋状構造物群へのアクセスは非常に限定されていた可能性が高い。

　さらに、パコパンパⅡ期前半（ⅡA 期）初頭に対応する、中央基壇の小部屋からは、インゴット（鋳塊）のような銅製品（図 6-20）が出土する。この銅製品は、長さ 2.5cm、幅 1.2cm、厚さ 0.7cm の不定直方体を呈し、重さ 8g である。ほかに同様の銅製品が出土していないため推論の域を出ないが、中央基壇と冶金の関連性を示唆する資料であるといえる。

第 2 部　遺物から読み解く権力生成

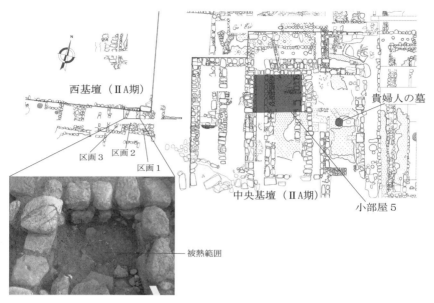

図 6-18　部屋状構造物群周辺平面図　© パコパンパ考古学調査団

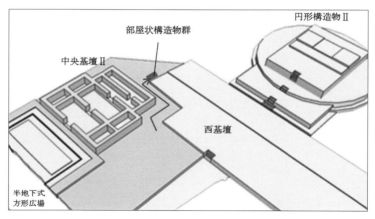

図 6-19　パコパンパ IIA 期建築群復元図

第6章　パコパンパ遺跡における冶金

　このように、西基壇の南側に連結された部屋状構造物群は金属加工をおこなっていた場所（製作址）であると考えられる。さらに、そこへのアクセスが限定されていることから、金属加工は誰かによってコントロールされていた可能性が高い。また、部屋状構造物群の東に位置する中央基壇からインゴットのような銅製品が出土することは、金属加工をコントロールしていた人物が、中央基壇とかかわりの深い人物であったことを示すものであろう。

　二つ目の例は、半地下式方形広場の北側の基壇にともなう半地下式のパティオから報告されている。ここ

図6-20　中央基壇小部屋5出土銅製品　©パコパンパ考古学調査団　撮影 Alvaro Uematsu

では、鑿形金属器（図6-13）と金（属）製錬用の坩堝（図6-1）が集中して出土している（図6-21、6-22）。鑿形金属器の場合、13点出土しているうちの8点が、金（属）製錬用の坩堝については、32点出土しているうちの20点がパティオとその周辺から出土している。

　しかし、パティオ内で金属製錬および加工がおこなわれていたと考えることは適切ではない。なぜなら、これまでの調査で、パティオ内で饗宴儀礼がおこなわれていたことが明らかになっているからである（本書第4章参照）。むしろ、饗宴儀礼にともない鑿形銅器と金（属）製錬用の坩堝が意図的に廃棄されたと解釈する方が妥当であろう。

　この二つの事例については、前者は製作のコンテクスト、後者は廃棄のコンテクストで解釈されなければならないが、共通しているのはそれぞれの行為がコントロールされている点である。つまり、前者の場合は金属加工作業と製作址へのアクセスが、後者の場合は冶金活動後の廃棄がコントロールさ

181

第 2 部　遺物から読み解く権力生成

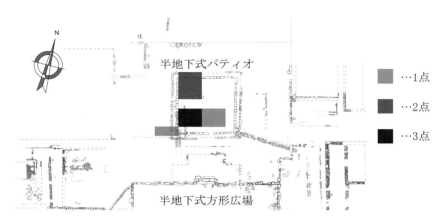

図 6-21　鏨形金属器出土グリッド　© パコパンパ考古学調査団

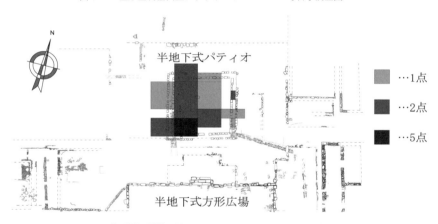

図 6-22　金（属）製錬用坩堝出土グリッド　© パコパンパ考古学調査団

れていると考えられる。それでは、これらの行為をコントロールしていたのは誰なのか？　この問いに対する答えは、2015 年にパティオ近くで発見された「蛇・ジャガー神官の墓」にある。

「蛇・ジャガー神官の墓」には、蛇の躯体にジャガーの頭を持つ象形土器および 1 個の金製のトップ飾りに 31 個の金製の玉を連ねた首飾りと一緒

に、孔雀石や藍銅鉱などの鉱石の粉末が副葬されていた（第1章および口絵7、8、9）。豪華な副葬品をともなうこの墓の被葬者は、エリートのなかでも上層階級であったと考えられる。その人物の墓に銅鉱石をはじめとする鉱石の粉末が副葬されているということは、この人物が鉱石などの原材料の入手をコントロールしていたことを示唆している。しかも層位的にみて、この墓は、パティオにおける最初の饗宴儀礼と直接関係していたことがわかっている。すなわち治金関連品の廃棄行為との関連も想定できる。拡大して解釈すると、原材料の入手、製作、廃棄までに至る一連の行為と、これらの行為をおこなう空間へのアクセスは、エリート層によってコントロールされていたと考えられるのである。

（2）パコパンパ遺跡における技術革新と形成期後期の社会変動

　最後に、形成期後期の社会変動が、パコパンパ遺跡でおこなわれていた冶金における技術革新にどのような影響を与えたかを考察する。

　冶金に関しては、パコパンパ遺跡より先行する遺跡がある。アンデスの南中央高地のアンダワイラスに位置するワイワカ遺跡は、1970年代初頭にジョエル・グロスマンによって発掘され（図序-8）、前1500年頃の廃棄物の層から、2個1セットの石製の鉢形容器に、4点の石器と金箔片が一緒に収められて出土した。4点の石器のうち3点は円錐形を呈し、端部には平坦面を持っていた。残りの1点は、ほかの3点の石器よりも大型で、円形の平坦面に縦長の円錐状の柄がつけられていた。グロスマンは、出土した金箔片が敲き延ばされていたことから、3点の円錐形の石器はハンマーストーン、残りの1点の石器は鉄床であると推定した。そして、これらは金属加工の一括資料であると結論づけ、出土した金箔については、焼きなましの工程を経てつくられた可能性を指摘した（Grossman 1972: 274, 275）。

　金属の焼きなましについては、科学的に検証された調査がある。それは、ワイワカ遺跡と同時期の、中央海岸ルリン谷に位置するミナ・ペルディーダ遺跡の発掘調査である。同遺跡は1993年と1994年にリチャード・バーガー

らによって発掘され、前1500年頃から前1100年頃に相当する層から銅片や金箔が出土した。

　彼らは、これらの銅片と金箔について電子マイクロプローブ分析[15]をおこない、銅片は包有物が非常に少ない純度の高い銅[16]であること、金箔には銀が4〜7%程度含まれていることを明らかにした。さらに、銅片のミクロ構造の観察結果をもとに、一部の銅片が焼きなましの工程を経て鍛造されていることを立証した（Burger and Gordon 1998: 1109, 1110）。

　このように、アンデス南高地や中央海岸などの一部の地域で、形成期前期半ばにはすでに冶金がおこなわれていた可能性が高い。パコパンパ遺跡で冶金が開始されたのが前800年頃とされていることを考えると、これら二つの遺跡における冶金が、パコパンパ遺跡より数百年も先行していたことは明らかである。

　そして、アンデスにおける金製品の出現ということになると、さらに時代は遡る。アンデス最古の金製品は、南高地のプーノ、チチカカ湖の東側に位置するヒスカイルモコ遺跡で見つかっている。ヒスカイルモコ遺跡はマーク・アルデンダーファーらによって調査され、紀元前2100年頃から1900年頃に相当する埋葬から、9点の金製管玉[17]と11点の緑色の石でできた円形の玉が出土した[18]。金製管玉をつくった道具が出土していないため、その製作技法については推論の域を出ないが、これらの金製シートは焼きなましをおこなわずに敲き延ばされたと考えられ、金製シートを折り曲げてつくられた管玉の端部には、切断された痕跡は確認されなかった（Aldenderfer et al. 2008: 5004, 5005）。これらの金製管玉がどこから持ち込まれたかはわからないが、土器が導入される以前の形成期早期末に、すでに金の加工がおこなわれていたとするならば驚きである。

　このようにアンデス全域を概観すると、形成期早期末から冶金の萌芽がみられ、形成期前期に一部の地域で冶金がおこなわれ始めたことがわかる。では、その後、冶金はどのように展開されたのだろうか。

　これら三つの事例に次いで挙げられるのが、パコパンパ遺跡である。先に述べた通り、パコパンパ遺跡では、形成期中期に相当するパコパンパⅠ期の

後半から冶金活動が開始されたと考えられ、形成期後期に相当するII期の後半に最盛期を迎える。パコパンパ遺跡で冶金が最盛期を迎える形成期後期に、南高地のカンパナユック・ルミ遺跡と南海岸のセリージョス遺跡でも冶金の痕跡が確認できる。

　カンパナユック・ルミ遺跡は南高地のアヤクーチョに位置する遺跡で、2007年と2008年に松本雄一らによって発掘された。層位的な発掘と絶対年代資料によって、前1000年頃から前500年頃にかけて機能したことが明らかになっている。とくに、形成期後期に相当するカンパナユック2期に対応する層からは、蛇の頭が打ちだし細工で表現された金製品の破片のほか、土製の鋳型の破片が出土した。この鋳型はもともと隅丸方形を呈していたと考えられ、中央を円形にくぼませて、その周囲に少し小さい円形の穴を同心円状に配置している（Matsumoto 2012: 122）。松本はこれを金製錬の鋳型であると推定しているが、その根拠となった資料が南海岸のセリージョス遺跡から出土している。

　セリージョス遺跡はイカ谷の上流域に位置する形成期後期の遺跡で、1958年にドワイト・ウォーレスとホルヘ・エスパルサによって発掘されて以降、2003年まで断続的に調査が続けられた。セリージョス遺跡からは土器や織物などのほかに2点の土製鋳型が出土した。鋳型には、7から9以上の円形の穴が掘りくぼめられており、そのうちの1点にはパコパンパ遺跡から出土した金（属）製錬用の坩堝同様に金粒が付着していた（Splitstoser et al. 2010: 228, 230 Fig.15）。

　このように、形成期後期に、パコパンパ遺跡を含めたアンデス全域で、冶金の新しい技術が導入されたのは明らかで、金（属）製錬用の坩堝、鋳型、そして鑿形金属器の出現は形成期後期に起こった技術革新そのものであるといえる。坩堝や鋳型の出現は、金をはじめとする金属の生産量を増大させたであろうし、鑿形金属器の出現は、最先端の金属加工技術である打ち出し技法でつくられた金（属）製装飾品の流通および拡散を促したであろう。推論の域を出ないが、銅製の鑿形金属器は、金製品に打ち出し技法で効率的に装飾を施すことを可能にしたであろうと思われる。その根拠は鑿形金属器の硬

度にある。銅は金とほぼ同じモース硬度[19] 2.5〜3 であるため、金を傷つけずに加工するには適していたからである[20]。

これまでに、パコパンパ遺跡を含めた6遺跡の事例を挙げて、アンデス全域における冶金の変遷を概観したが、少なくとも形成期後期に考古学的証拠が増え、また飛躍的な技術革新があったことはいえそうだ。リチャード・バーガーは、この技術革新という点について、形成期後期における汎地域的なチャビン宗教イデオロギー（チャビン・カルト）の拡散によって、冶金および織物製作における技術革新が広範な地域に導入され普及したと主張している（Burger 1992: 201）。たしかに、パコパンパ遺跡における技術革新は、チャビン宗教イデオロギーの拡散と軌を一にしているように見える。

しかし、パコパンパ遺跡の冶金に関するデータからは、次に示すような別の側面も読みとれる。まず、坩堝の出現によって、金（属）の生産量が飛躍的に伸びた。それに続く銅製の鏨形金属器の出現によって、金などの金属に宗教イデオロギーを表象することが容易になった。そして、もともと、それ自体に価値が付与されていた金をはじめとする金属に宗教的イデオロギーが表象されることにより、単純に双方を加える以上の効果が生まれた。こうしてイデオロギー的価値を備えた大量の金（属）製装飾品が普及した。つまり、冶金における技術革新が契機となって、宗教イデオロギーが汎地域的に拡散したという解釈も成り立つわけだ。宗教イデオロギーの表象に関しては、土器、骨角器および石彫などにも同様の表現が見られるため、現段階ではこの解釈ですべてが説明されるとはいえないが、冶金技術の拡大を宗教イデオロギーの拡散の結果ととらえるだけでは一面的であり、相互依存的な関係とみなすべきなのである。

パコパンパ遺跡ほど、冶金に関する発掘データが蓄積され、関連する資料が出土する形成期の遺跡はほかにない。チャビンとの関係はともかくも、形成期後期の宗教イデオロギーの拡散を論じる上でも、パコパンパ遺跡のデータが持つ意味は大きい。

注

1）パコパンパ遺跡では、鉱石から目的とする金属を分離・抽出し、精製して鍛造用の地金をつくっていた可能性が高いと考えられるため、粗金属から不純物を取り除く「精錬」ではなく、「製錬」という用語を用いる。

2）珪素を中心とした珪酸基（[SiO_4]⁺）四面体（珪素酸素四面体）を基本に持つ一群の鉱物。多くの元素と化合物をつくり地球の個体の大部分を占める点で重要（地学団体研究会 新版地学事典編集委員会編 1996: 381）。

3）本源的な造岩作用あるいは鉱化作用の際に生成した鉱物を初成鉱物（primary mineral）という。そして、初成鉱物が、生成した後に何らかの化学反応を受けて変質生成した鉱物を二次鉱物（secondary mineral）という。この変化は普通、地表水の浸透や地下からの熱水液の上昇などによる、酸化・分解・溶脱・濃集などの作用に由来する（地団研地学事典編集委員会編 1977: 67, 815）。

4）図 6-6 右写真は、カハマルカ期に相当する層から出土。

5）カルシウム（Ca）、アルミニウム（Al）、鉄（Fe）、マグネシウム（Mg）などの珪酸塩鉱物。スカルン鉱物には単斜輝石、緑簾石のほかに、石（ガーネット）、珪灰石がある（地球団体研究会 新版地学事典編集委員会編 1996: 637, 638）。

6）鉱石を構成し採掘・選考・精錬の対象となる有用鉱物（地学団体研究会 新版地学事典編集委員会編 1996: 421）。

7）Electron probe microanalyzer（EPMA）。電圧をかけて加速した電子を試料に照射し、発生したX線の波長を波長分散型分光器またはエネルギー分散型分光器によって分光し、その波長を原子番号に対応した特製X線と対応させることによって存在元素を判定する。試料を電子像で観察しながら、ミクロサイズの微小部をそのままの状態で分析することができる（日本分析化学会編 2005: 186, 187）。

8）硫化銅鉱には、黄銅鉱（Chalcopyrite）、輝銅鉱（Chalcocite）、斑銅鉱（Bornite）、硫砒銅鉱（Enargite）、銅藍（Covellite）などが含まれる（応用岩石事典編集委員会 1986: 274, 275）が、本章でいう硫化銅とは輝銅鉱グループのうちのダイジェナイト（Cu_9S_5）を指す。ダイジェナイトの化学組成は、Cu78.10％、S 21.90％。本文中の（〜Cu_2S）という表記は"ほぼ硫化銅である"という意味で用いている。

9）分析条件は電圧 25.0kV、電流 2.00×10^{-8}A、ビーム径 1μm である。

10）高温で安定な1相の固溶体が低温で不安定となり、2個の固相に分離する現象。固相分離とも。離溶組織は葉片状・ひも状・点滴状・格子状など。そのサイズは超顕微鏡的なものから肉眼的なものまでさまざま（地学団体研究会 新版地学事典編集委員会編 1996: 1339）。

11）炭酸銅とは組成式 $CuCO_3$ の無機化合物で、孔雀石や藍銅鉱から酸化銅をつくるプロセスで生成するものであるが、当時の人々は炭酸銅をつくろうとは意図していなかったと考えられる。

12）マッフル炉とは電気で温度調節する電気炉。

13) 結晶に X 線を照射し、回折される X 線を測定するための装置（日本分析化学会編 2005: 28）。
14) おそらく送風機能が付いた炉で還元焼成したと考えられる。レチェ川流域に位置するシカンのワカ・シアルーペ遺跡、セロ・デ・ロス・セメンテリオス遺跡、ワカ・デル・プエブロ・バタン・グランデ遺跡などで発掘された炉（Shimada and Craig 2013: 15Fig.11, 23Fig.17, 25Fig.19; Shimada et al. 1982: 954Fig.3, 956Fig.4, 958Fig.6, Fig.7）に似た構造をしていたかもしれない。
15) 電子線微小部分化学分析（EPMA）を指す。
16) ミナ・ペルディーダ遺跡の銅片が純度の高い銅であることは、パコパンパの粗銅と共通している。
17) 9点の金製管玉の蛍光 X 線分析をおこなった結果、4％前後の銀と微量の銅を含む純度の高い金であることがわかっている（Aldenderfer et al. 2008: 5004 Table 1.）。
18) アルデンダーファーは緑色の石はソーダライトであると推定し、金製管玉と緑色の石でできた円形の玉は、もともと一つの首飾りであったと考えた（Aldenderfer et al. 2008: 5004）。
19) 鉱物どうしを引っかき合うことにより、鉱物の硬軟の程度を表す方法。ドイツの鉱物学者モース（F. Mohs）は硬の標準段階として、1) 滑石、2) 岩塩（のちには石膏）、3) 方解石、4) 蛍石、5) 燐灰石、6) 正長石、7) 石英（水晶）、8) トパーズ（黄玉）、9) コランダム（紅玉）、10) ダイヤモンドの10種の鉱物を選んだ。これをモース硬度計という（地団研地学事典編集委員会編 1977: 1314）。
20) 金の硬度は 2.5（木下 1971: 3）。銅と燐灰石の硬度については木下（1966: 43, 181）を参照。

引用文献

Aldenderfer, M., N. M. Craig, R. J. Speakman and R. Popelka-Filcoff 2008　Four-thousand-year-old Gold Artifacts from the Lake Titicaca Basin, Southern Peru. *Proceedings of National Academy of Science* 105: 5002−5005.

Burger, R. L. 1992　*Chavin and the Origins of Andean Civilization*. London: Thames and Hudson.

Burger, R. L. and R. B. Gordon 1998　Early Central Andean Metalworking from Mina Perdida, Peru. *Science* 282: 1108−1111.

Chakrabarti, D. J. and D. E. Laughlin 1983　The Cu-S（Copper-Sulfur）System. *Bulletin of Alloy Phase Diagrams* 4(3): 254−271.

Fabián, J. S. 2015　Primer informe de análisis de Pacopampa. Peport prepared for the Pacopampa Archaeological Project.

Frost, R. L., Z. Ding, J. T. Kloprogge and W. N. Martens 2002　Thermal Stability of Azurite and Malachite in Relation to the Formation of Mediaeval Glass and Glazes. *Thermochim-*

ica Acta 390(1-2): 133-144.

González, A. R. 1979 Pre-Columbian Metallurgy of Northwest Argentina: Historical Development and Cultural Process. In E. Benson(ed.), *Pre-Columbian Metallurgy of South America*, pp. 133-202. Washington, D.C.: Dumbarton Oaks Research Library and Collections, Trustees for Harvard University.

Grossman, J. W. 1972 An Ancient Gold Worker's Tool Kit: The Earliest Metal Technology in Perú. *Archaeology* 25: 270-275.

King, H.; with contriburions by P. Carcedo de Mufarech and L. J. Castillo B. 2001 *Rain of the Moon: Silver in Ancient Peru*. The Metropolitan Museum of Art, Yale University Press.

Lothrop, S. K. 1978 Instrumentos para trabajar metals de la costa central del Perú. In R. Ravines(ed.), *Tecnología andina*. pp. 133-202. Washington, D.C.: Dumbarton Oaks Research Library and Collections, Trustees for Harvard University.

Matsumoto, Y. and Y. I. Cavero P. 2012 Early Horaizon Gold Metallurgy from Campanayuq Rumi in the Peruvian South-Central Highlands. *Ñawpa Pacha* 32(1): 115-129.

Shimada, I. 1994 *Pampa Grande and the Mochica Culture*. Austin: University of Texas Press.

Shimada, I. and A. K. Craig 2013 The Style, Technology and Organization of Sicán Mining and Metallurgy, Northern Peru: Insights from Holistic Study. *Chungara* 45(1): 3-31.

Shimada, I., S. Epstein and A. K. Craig 1982 Batán Grande: A Prehistoric Metallurgical Center in Peru. *Science* 216: 952-959.

Splitstoser, J., D. D. Wallace and M. Delgado 2010 Nuevas evidencias de textiles y cerámica de la época Paracas Temprano en Cerillos, valle de Ica, Perú. *Boletín de Arqueología PUCP* 13: 209-235.

応用岩石事典編集委員会 1986 『応用岩石事典』東京：白亜書房。

木下亀城 1966 『原色鉱石図鑑 増訂七刷版』大阪：保育社。

──── 1971 『岩石鉱物事典』東京：風間書房。

島田泉・篠田謙一・小野雅弘編 2009 『黄金の都シカン 特別展インカ帝国のルーツ 図録』東京：TBSテレビ。

地団研地学事典編集委員会編 1977 『地学事典』東京：平凡社。

地学団体研究会 新版地学辞典編集委員会編 1996 『新版 地学辞典』東京：平凡社。

中島真美 2013 『ペルー、パコパンパ遺跡でおこなわれた銅製錬についての研究』富山大学大学院理工学教育部修士課程地球科学専攻 修士論文。

日本分析化学会編 2005 『機器分析の事典』東京：朝倉書店。

──── 2011 『分析化学用語辞典』東京：オーム社。

フジテレビジョン 1998 『ペルー黄金展 図録』東京：フジテレビジョン。

第 7 章　金属製作と権力

日髙真吾・橋本沙知

7−1　はじめに

　16世紀の前半にインカ帝国を征服し、植民したスペイン人、あるいは読み書きを覚えた先住民、そして混血メスティソの記録者らの大半は、インカ社会の豊かさを称え、とくに金で装飾が施された神殿や王宮に驚嘆した（シエサ・デ・レオン［1553］1979: 130-136; ガルシラソ・デ・ラ・ベガ［1609］1986: 7-13）。以来、インカ帝国は黄金の帝国というイメージができあがっていく。このようにインカ帝国が実際に金や銀の製品を多量に生産していたことは記録文書から容易に推測できるのだが、近年のアンデス考古学の成果によれば、金属製品の製作は、少なくとも前2千年期の形成期にまで遡ることがわかってきた。インカ帝国が15世紀後半から16世紀前半にかけて成立したことを思えば、ゆうに3500年を越える長い金属製作の歴史があったことになるが、形成期早期から中期にかけての社会における金属製品の存在は、決して目立つものではない。形成期も後期に入った遺跡から、金属製品の出土例は急増してくる。とくに北海岸からの報告は多く、この地が金属製品製作の中心地であったことが示唆される。

　しかしながら、その大半は、出土した原位置がわからぬ盗掘品であるため、年代を特定できず、科学分析をおこなっても、その解釈には限界が見られる（Lechtman et al. 1975）。その点で、本稿で考察の対象とした金属製品は、クントゥル・ワシ遺跡とパコパンパ遺跡における発掘調査によってえられた一次資料であり、学術的価値はきわめて高いといえる。

　以上の経緯をもって、本稿では、クントゥル・ワシとパコパンパというペルー北部高地に位置する二つの遺跡より出土した金属製品について可搬型蛍

光X線分析装置による分析結果をもとにその成分組成を示す。また、分析対象とした金属製品の製作工程や製作技術に対して考察を試みるとともに、権力の象徴としての金製品の役割について指摘してみたい。

7-2 クントゥル・ワシ遺跡とパコパンパ遺跡

本論に入る前に、研究対象となった金属製品が出土したクントゥル・ワシ遺跡とパコパンパ遺跡についてその概観を示しておきたい。

クントゥル・ワシ遺跡とパコパンパ遺跡という二つの遺跡は、いずれも日本人考古学者が長年にわたって調査をおこなってきた形成期の大規模な公共建造物をともなう祭祀遺跡である。

クントゥル・ワシ遺跡は、ペルー北部、アンデス山脈の西斜面の海抜2200mに位置する（図 序-8）。1988年から2002年にかけての発掘調査により、イドロ期（前950年～前800年）、クントゥル・ワシ期（前800年～前550年）、コパ期（前550年～前250年？）、ソテーラ期（前250年？～前50年）の4時期が確認されている（加藤 2010: 123-124)[1]。このうち金属製品が出土したのは、古い方から2番目のクントゥル・ワシ期（以下KW期と記す）とそれに続くコパ期（以下CP期と記す）の遺構からであった。KW期においては、大規模な土木事業が展開された。山の尾根を利用した3段以上の人工テラスが築かれ、最上段のテラスには145m×170m、高さ8mの「大基壇」がそびえる。テラスや「大基壇」は、石壁によって支えられ、テラス間、あるいは「大基壇」には、石積みの階段が設けられている。「大基壇」の上には、半獣半人の丸彫りの石彫がいくつか据えられ、方形や円形の半地下式広場も見つかっている。とくに方形半地下式広場を構成する4面の壁の中央には階段が設けられ、各階段の最上段の切石には、正面向きのジャガーの顔が彫られていた。また方形広場を囲むように、三方に小基壇が築かれ、南側に位置する中央基壇の内部からは、墓が5基発見された。それらは「十四人面金冠の墓」（A-TM1)[2]、「五面ジャガー金冠の墓」（A-TM2)、「金製耳飾りの墓」

第 7 章　金属製作と権力

(A-TM3)、「玉飾りの墓」(A-TM4)、「犠牲の墓」(A-TM5) と名づけられた。最初の 4 基の墓は、いずれも 2m 近い深さを持つ地下式墓で、最後の墓は土坑墓であった。いずれにしても、この一連の墓は、中央基壇の建設の途中で設けられた墓であり、この空間の聖化を図る意図の下に設けられたと考えられる。さらに中央基壇に隣接する別の基壇内からは、「蛇・ジャガー耳飾りの墓」(B-TM1)、「大基壇」の南東の隅でも「蛙象形土器の墓」(G-TM6) が発見された。2 基ともに地下式墓であり、墓からは、金、銀、銅製品のほか、土器、貝器、石器などが出土している。

続く CP 期では、KW 期の建築プランの北半分を踏襲しながら、「大基壇」の南半分は、前代の建築をすべて埋めつくし、その上に、北半分とは異なる中心軸を持った建築群を展開した。石彫や土器では、KW 期にみられた動物の図像が引き継がれたが、完成度は低い。また「大基壇」の南東の隅では、大量の金製品を副葬品に持つ地下式墓が 2 基発見されており、「金製首飾りの墓」(G-TM4)、「金製髭抜きの墓」(G-TM5) と呼ばれている。

いずれの時期の墓も、集中発掘により、層位を明確に押さえており、空間的配置などの情報の質は高く、埋葬人骨の年代測定をおこなっている点でもデータの信頼性はきわめて高い。また、出土した金属製品は、冠、鼻飾り、耳飾り、首飾りなど、いずれも完全な形をとどめており、肉眼による観察だけでも、さまざまな技法が駆使されていることがわかる。分析するための条件をこれほどまで備えた資料は、形成期において類を見ない点を指摘しておきたい。

次に、パコパンパ遺跡は、ペルー北部高地カハマルカ県北部、チョタ郡、海抜 2500 m に位置する (図 序-8)。遺跡自体は、クントゥル・ワシ遺跡同様に自然の尾根を利用し、徐々に高くなっていく 3 段の巨大なテラスにより構成される。考古学上、このテラスを基壇と呼び、下の基壇から順に第 1、第 2、第 3 基壇としている。3 つの基壇全体で約 4 ha を占める。最上段である第 3 基壇は、幅が 100m、奥行きが 200m と、3 段の基壇の中でももっとも大きく、遺構も集中している。

2005 年より、国立民族学博物館とペルー国立サン・マルコス大学との合

同調査の結果、おもにI期（前1200年〜前800年）とII期（前800年〜前500年）の2時期にわたって大規模な祭祀活動が展開したことが判明した（関 2010: 171）。このうち金属製品が出土したのは、II期である。年代的にいっても、クントゥル・ワシ遺跡のKW期と同時期といえる。

　パコパンパ遺跡の場合、クントゥル・ワシ遺跡とはやや異なり、I期の後半に大規模な建築活動が展開し、II期ではむしろ、その部分的改修や、同じ場所に類似した建造物が築かれたことが最近明らかになってきた。その際、I期の後半に中心軸が設けられ、その軸に沿って左右対称に建造物が配置されたと考えられ、この軸はII期でも引き続き利用された。I期、II期ともに中心軸上には、もっとも重要な役割を担った空間構造が設けられた。具体的には、クントゥル・ワシ遺跡のものによく似た半地下式広場や、それに面した中央基壇である。一方で、パコパンパ遺跡の場合、中央基壇上には、連続した方形の部屋状構造がI期にもII期にも認められる点で、クントゥル・ワシ遺跡とは異なる。

　この部屋状構造については、I期のものが完全に埋められ、その上にそれよりもやや大きいII期のものが設けられている。さらにII期の部屋状構造を建設する直前に、中心軸上に墓が設けられ、埋葬儀礼をおこなった後、封印していることが2009年の発掘によって確認された（関 2010: 154-164）。いわばII期の構造物を建設するにあたり、墓を埋め込み、その空間に宗教的力を込める作業をおこなったことになり、クントゥル・ワシ遺跡の中央基壇で発見された墓の状況とよく似ている。墓は通称として「貴婦人の墓」(09PC-C-Ent 09-02)と名づけられ、その墓から金製品2対が出土した（口絵11）。

　以上のような、アンデス文明形成期の研究が進められるなか、筆者らは関雄二が代表を務める科学研究費補助金 基盤研究（S）『権力の生成と変容から見たアンデス文明史の再構築』(2011-2015)（JSPS科研費JP23222003）の調査の一環として、両遺跡より出土した金属製品を対象に蛍光X線分析をおこなったのである。

7-3 可搬型蛍光 X 線分析装置の文化財への使用実績とその測定方法

　クントゥル・ワシ遺跡、パコパンパ遺跡出土の金属製品の成分組成の測定に使用した装置は、エネルギー分散型蛍光 X 線分析装置 100FA（アワーズテック㈱製）である。蛍光 X 線分析は、装置の先端から分析対象の測定部位に X 線を照射し、測定部位に含まれている元素に固有のエネルギーを持つ蛍光 X 線（特性 X 線）を発生させることで測定部位に存在する元素の定性とその存在量を明らかにするものである。本装置は可搬型で持ち運びができ、さらに測定前の前処理や準備が容易なことから、現地での分析（オンサイト分析）では有効な装置である。

　可搬型蛍光 X 線分析装置による文化財のオンサイト分析は、海外における文化財の国外への持ち出し制限が厳しくなるにつれ、盛んにおこなわれるようになってきている。これは、蛍光 X 線分析装置自体の小型化や軽量化、大気中での分析が技術的に可能になったことも大きく影響している。日本人研究者による可搬型蛍光 X 線分析装置による研究の成果は、海外においては、中井泉をはじめとする研究グループによるシナイ半島の出土遺物の分析事例（中井他 2002: 20-21）があげられる。国内では、早川泰弘を中心とした国宝高松塚古墳壁画のオンサイト分析（早川他 2004: 63-77）などの成果があげられる。また、筆者ら研究グループは日本を代表する漆工技術について注目し、江戸時代に婚礼用の乗用具として盛んに用いられた女乗物の蒔絵技法について、可搬型蛍光 X 線分析装置を用いて蒔絵粉の種類の同定をおこない（日高他 2003: 162-163）、大名家の家格による蒔絵技法の差異について指摘した（日高・菅井 2004: 59-74; Hidaka 2006: 91-99）。さらに日高は、これらの成果に日本史学の観点から、日本における乗用具の装飾性について考察を加え、古代より用いられてきた車、輿、乗物には権力者の象徴としての役割が求められるとともに、そこに用いられる装飾技法は、所有者の地位や家格による法的規制が設けられていたことを明らかにした（日高 2008）。

第 2 部　遺物から読み解く権力生成

図 7-1　カハマルカ市内でのオンサイト分析

　以上の文化財への可搬型蛍光 X 線分析装置による分析調査の実績を踏まえ、ペルー共和国での調査を準備し、出土金属製品が保管されている場所に装置を持ち込み、オンサイト分析をおこなった（図 7-1）。使用した蛍光 X 線分析装置と分析を実施するにあたって設定した測定条件を下記に示す。

　　装置名：エネルギー分散型蛍光 X 線分析装置 100FA（アワーズテック㈱製）
　　X 線管球：モリブデン
　　管電圧・管電流：30kV・0.1mA
　　X 線照射径：直径 3mm
　　測定時間：100 秒
　　測定雰囲気：大気中
　　X 線照射ヘッドから金属製品までの距離：約 10mm

7-4 ｜ 分析対象の金属製品の測定結果

　分析の対象とした金属製品は、クントゥル・ワシ遺跡出土の金属製品が 35 点、パコパンパ遺跡出土の金属製品が 4 点である（表 7-1）。なお、クントゥル・ワシ遺跡出土の金属製品の名称は、『クントゥル・ワシ神殿の発掘―アンデス最古の黄金技術』（大貫他 2000 年）に依拠した。
　今回の調査では、両遺跡の金属組成を比較し、考古学的な知見をえることを目的の一つとした。クントゥル・ワシ遺跡出土の金属製品は、日本におい

第 7 章　金属製作と権力

表 7-1　クントゥル・ワシ遺跡とパコパンパ遺跡の墓から出土した金属製品リスト

遺跡名	時期名	墓の通称	墓の登録番号	金属製品名	金属製品登録番号
クントゥル・ワシ	クントゥル・ワシ	十四人面金冠の墓	A-TM1	十四人面金冠	E-0001
		五面ジャガー金冠の墓	A-TM2	五面ジャガー金冠	E-0014
				金製ジャガー・双子鼻飾り	E-0018
				金製横顔ジャガー耳飾り（左）	E-0016
				金製横顔ジャガー耳飾り（右）	E-0015
				金製蛇目・角目ジャガー鼻飾り	E-0017
		金製耳飾りの墓	A-TM3	金製リング状耳飾り（左）	E-0023
				金製リング状耳飾り（右）	E-0024
		玉飾りの墓	A-TM4	金製円錐形ペンダント	E-0029
				金製鳥形飾り 1	E-0030
				金製鳥形飾り 2	E-0031
				銀製鳥形飾り	E-0032
		蛇・ジャガー耳飾りの墓	B-TM1	十二横顔ジャガー金冠	E-0099
				金製蛇・ジャガー耳飾り（左）	E-0103
				金製蛇・ジャガー耳飾り（右）	E-0102
				金製瓢箪形耳飾り（左）	E-0104
				金製瓢箪形耳飾り（右）	E-0105
				金製鳥文様リング状耳飾り（左）	E-0101
				金製鳥文様リング状耳飾り（右）	E-0100
	コパ	蛙象形土器の墓	G-TM6	金製円形胸当て	E-0096
		金製首飾りの墓	G-TM4	金製ジャガー面形飾り（首飾り）	E-0067
				金製垂れ飾り付き玉（首飾り）	E-0068
				金製丸玉（首飾り）	E-0069
				金製丸玉（首飾り）	E-0070
				金製丸玉（首飾り）	E-0071
				金製管玉（首飾り）	E-0072
				銀製丸玉（首飾り）	E-0073
		金製髭抜きの墓	G-TM5	三日月・円形装飾金冠	E-0082
				金製髭抜き	E-0083
				金製リング状耳飾り（左）	E-0084
				金製リング状耳飾り（右）	E-0085
				金製組紐形飾り玉（首飾り）	E-0086
				金製飾り玉（首飾り）	E-0087
				金製管玉（首飾り）	E-0088
				金製丸玉（首飾り）	E-0089
パコパンパ	パコパンパ II	貴婦人の墓	09PC-C-Ent 09-02	金製鳥羽根文様耳飾り（左）	09PC-C-Entierro 09-02-M-2
				金製鳥羽根文様耳飾り（右）	09PC-C-Entierro 09-02-M-1
				金製リング状耳飾り（左）	09PC-C-Entierro 09-02-M-4
				金製リング状耳飾り（右）	09PC-C-Entierro 09-02-M-3

て 1992 年に展示公開がおこなわれた際に、平尾良光ら（当時、東京文化財研究所）によって、蛍光 X 線分析による考古学的調査がなされた（平尾他 1992: 13-30）。また、平尾らは 2002 年にも、改めて分析をおこなっている（平尾他 2002: 151-174）。しかし、これらの先行分析は、限られた時間のなかでおこなわれたという事情から測定ポイントが限定されており、必ずしも考古学的な視点から測定ポイントを決められたものではなかった。また、両遺跡の分析結果を比較する場合、装置の検出感度や装置と分析対象とする遺物の距離といった測定条件を統一することが望ましい。そこで、今回改めてクントゥル・ワシ遺跡出土の金属製品を再分析することとし、関雄二が考古学的視点から測定ポイントを定め、先行研究よりも詳細な分析データの収集に努めた。また、パコパンパ遺跡出土の金属製品は、2009 年に関が中心となって発掘調査をおこなった際に発見した金属製品（関 2009: 6-11）を対象として、クントゥル・ワシ遺跡出土の金属製品と同じ測定条件で分析し、両遺跡から出土した金属製品を比較しながら考察することとした。なお、分析をおこなった各金属製品の結果の所見については拙論「アンデス文明形成期の金属製品の製作に関する一考察──クントゥル・ワシ遺跡およびパコパンパ遺跡出土の金属製品の蛍光 X 線分析の結果から」（日髙他 2014: 125-186）を参照いただきたい。

　蛍光 X 線分析で定性する元素は、Au、Ag、Cu、Fe とし、Au-Lα、Ag-Kα、Cu-Kα、Fe-Kα に着目した[3]。なお、金属製品を加工する際に使用が考えられる塗装の様子は、肉眼観察で確認されなかったため、釉薬や顔料に由来するような元素の定性はおこなわないこととした。ここで分析対象に Fe や Cu を含める理由について簡単に述べておく。先行研究となる平尾ら（平尾他 1992: 13-30）は、クントゥル・ワシ遺跡の金製品を分析した際に検出された微量の鉄について、「銀中の銅、鉄の含量の違いは、銀の産地、あるいは銀の精錬の違いに依存することが考えられる」と指摘している。本稿では、おもには金銀製品の分析結果からその製作技法等について考察することを主眼とするため、平尾らが指摘した鉄の存在による銀の産地やその精錬過程まで考察することはできないが、平尾らの先行研究を参照し、かつ検証

第 7 章　金属製作と権力

しながら考察を進める以上、すでに指摘されている鉄の存在は無視できないと考え分析対象に加えた。銅についても平尾らの研究で検出されており、アンデス文明においては、金や銀に銅を混ぜた合金の存在が数多く報告されていることから分析対象とすべきと考えた。

分析対象とした金属製品と各測定部位で定性した元素の蛍光 X 線強度（cps/mA）について、KW 期の結果を表 7-2、CP 期の結果を表 7-3（1）、7-3（2）に示す。また、パコパンパ遺跡出土の金属製品の結果を表 7-4 に示す。

表 7-2　KW 期の金属製品の蛍光 X 線強度

出土墓名	墓の登録番号	金属製品登録番号	遺物名	測定ポイント	Au-Lα	Ag-Kα	Cu-Kα	Fe-Kα
十四人面金冠の墓	A-TM1	E-0001	十四人面金冠	本体	15197.0	42.0	442.1	65.8
				垂飾部	12069.5	34.4	300.3	70.2
				鎖部①	11128.3	32.9	297.8	101.8
				鎖部②	6132.6	22.2	226.9	39.5
五面ジャガー金冠の墓	A-TM2	E-0014	五面ジャガー金冠	本体①	11354.9	124.3	739.6	82.5
				本体②	10420.0	116.0	752.3	73.5
		E-0018	金製ジャガー・双子鼻飾り	本体①	11383.2	58.6	288.8	108.9
				本体②	7355.9	45.2	207.2	77.0
				垂飾部①	12046.3	73.5	535.3	93.8
				垂飾部②	12612.6	80.1	626.8	97.7
				鎖部①	11958.5	73.5	430.1	97.2
				鎖部②	5599.2	38.4	343.5	86.2
		E-0016	金製横顔ジャガー耳飾り（左）	本体①	14895.1	73.6	496.7	95.5
				本体②	14701.2	85.8	565.7	90.6
		E-0015	金製横顔ジャガー耳飾り（右）	本体①	12461.1	76.7	530.7	102.1
				本体②	13248.1	87.4	483.8	71.7
		E-0017	金製蛇目・角目ジャガー鼻飾り	本体①	15746.6	84.1	650.7	93.4
				本体②	13728.1	75.1	593.0	174.3
金製耳飾りの墓	A-TM3	E-0023	金製リング状耳飾り（左）	鍔①	13722.6	136.0	1349.9	77.3
				鍔②	14364.7	150.5	1476.5	61.2
				返し部①	2035.0	27.3	146.9	23.1
				返し部②	1436.0	14.9	158.7	12.5
				胴部	16622.1	157.2	1299.2	63.9
				胴部接合部①	12484.2	121.3	912.6	64.3
				胴部接合部②	12249.8	112.0	812.0	70.5
		E-0024	金製リング状耳飾り（右）	鍔①	16027.2	153.2	1460.3	74.7
				鍔②	16760.0	173.8	1565.6	73.7
				返し部①	15870.3	162.6	1434.0	48.5
				返し部②	618.9	8.2	50.0	14.3
				胴部	17197.7	154.1	1612.6	66.1
				胴部接合部①	14771.4	137.5	1555.8	62.9
				胴部接合部②	10246.0	105.1	916.0	59.2

第 2 部　遺物から読み解く権力生成

玉飾りの墓	A-TM4	E-0029	金製円錐形ペンダント	本体	14987.6	66.9	1462.4	75.9
				合わせ部分	13875.2	64.4	1361.0	77.0
		E-0030	金製鳥形飾り1	本体	14730.0	29.5	241.5	100.5
		E-0031	金製鳥形飾り2	本体	16608.6	31.0	227.8	117.3
		E-0032	銀製鳥形飾り	本体	7724.2	283.0	832.0	47.9
蛇・ジャガー耳飾りの墓	B-TM1	E-0099	十二横顔ジャガー金冠	本体①	18556.3	50.3	726.0	105.0
				本体②	17969.1	56.0	716.5	100.0
				垂飾部①	18799.6	51.9	764.7	124.7
				垂飾部②	10991.9	27.6	357.5	130.8
				鎖部①	10024.7	30.3	304.1	167.3
				鎖部②	13097.1	35.4	422.7	189.2
		E-0103	金製蛇・ジャガー耳飾り（左）	本体①	16713.5	26.0	262.5	107.7
				本体②	18235.4	31.3	266.4	134.9
				垂飾部①	16526.5	42.0	294.0	159.1
				垂飾部②	17514.3	45.6	313.7	98.1
				鎖部①	7957.9	22.0	110.1	358.8
				鎖部②	10309.0	20.4	81.1	117.6
		E-0102	金製蛇・ジャガー耳飾り（右）	本体①	13726.1	24.5	151.9	116.2
				本体②	15501.0	29.1	157.1	149.4
				垂飾部①	16207.3	46.2	250.1	106.1
				垂飾部②	15417.7	35.9	224.1	99.3
				鎖部①	11739.2	22.4	82.9	85.5
				鎖部②	18809.9	43.5	277.1	157.6
		E-0104	金製瓢箪形耳飾り（左）	本体①	15967.3	81.8	868.6	84.7
				本体②	15408.2	86.4	773.3	67.7
		E-0105	金製瓢箪形耳飾り（右）	本体①	14647.2	79.1	817.5	80.3
				本体②	16143.2	81.9	898.6	88.0
		E-0101	金製鳥文様リング状耳飾り（左）	鍔①	18016.5	38.5	219.1	188.1
				鍔②	14993.0	28.5	178.2	74.5
				返し部①	968.4	6.4	10.3	10.6
				返し部②	17501.1	35.0	102.3	42.3
				胴部	12359.2	26.3	130.1	142.1
				胴部接合部	15115.7	28.2	167.7	87.1
		E-0100	金製鳥文様リング状耳飾り（右）	鍔①	24248.7	44.6	327.0	126.0
				鍔②	8876.6	22.2	154.3	47.4
				返し部①	14221.8	23.7	205.9	73.1
				返し部②	9963.3	22.3	143.7	53.0
				胴部	16008.4	29.8	231.3	132.6
				胴部接合部	14302.2	28.2	186.0	87.3
蛙象形土器の墓	G-TM6	E-0096	金製円形胸当て	凸本体	3263.9	31.1	296.4	31.1
				凸鍔	10644.8	109.2	923.4	90.8
				凹本体	15884.8	147.3	1340.2	100.2
				凹鍔	11017.4	102.3	868.3	76.3

第 7 章　金属製作と権力

表 7-3（1）　CP 期の金属製品の蛍光 X 線強度

出土墓名	墓の登録番号	金属製品登録番号	遺物名	測定ポイント		蛍光 X 線強度（cps/mA）			
						Au-Lα	Ag-Kα	Cu-Kα	Fe-Kα
金製首飾りの墓	G-TM4	E-0067	金製ジャガー面形飾り（首飾り）	1	顔面部	11285.8	37.7	574.0	132.3
					後頭部	14426.7	102.8	971.7	120.3
					顎接合部	17806.7	58.1	813.5	86.6
				2	顔面部	11947.5	44.0	578.1	117.7
					後頭部	16366.8	98.5	1260.7	144.9
					耳部	11303.5	55.8	556.1	61.3
					顎接合部	14960.0	78.3	1620.2	81.5
		E-0068	金製垂れ飾り付き玉(首飾り)	1	本体①	14962.7	30.0	364.2	111.5
					本体②	5110.3	28.9	148.4	68.6
					接合部	14032.0	37.3	341.2	146.8
					垂飾部	10530.7	186.2	1665.6	74.0
					鎖部	7005.0	133.0	1075.4	76.6
				2	本体①	6932.8	26.2	220.8	60.0
					本体②	9831.1	44.3	521.2	68.3
					接合部	11989.6	26.7	282.5	48.5
					垂飾部	10691.9	195.0	1415.5	51.4
					鎖部	8750.0	162.8	1217.5	69.6
		E-0069	金製丸玉（首飾り）	1-1	表面①	9638.7	46.1	781.8	59.9
					表面②	10229.5	56.8	826.1	67.1
					接合部	12600.4	78.2	1142.5	57.0
				1-2	表面①	967.1	9.0	112.0	53.9
					表面②	9451.1	56.2	692.9	52.9
					接合部	7934.3	45.3	575.0	54.1
		E-0070	金製丸玉（首飾り）	2-1	表面①	2320.2	14.7	231.9	32.2
					表面②	8483.6	56.6	797.1	47.4
					接合部	1351.5	12.5	139.3	33.5
				2-2	表面①	918.6	9.2	81.7	32.3
					表面②	1682.8	15.7	137.5	43.3
					接合部	9544.3	51.8	687.1	34.9
		E-0071	金製丸玉（首飾り）	3-1	表面①	7947.9	49.5	318.6	40.8
					表面②	9148.1	63.9	473.8	50.6
					接合部	12867.0	78.2	671.4	49.0
				3-2	表面①	8969.6	65.1	480.4	51.4
					表面②	5116.2	46.7	277.1	48.9
					接合部	12559.9	79.8	583.3	54.5
		E-0072	金製管玉（首飾り）		本体	10081.5	141.9	1818.0	48.1
		E-0073	銀製丸玉（首飾り）	1	表面①	4983.0	276.2	527.3	268.2
					表面②	2749.7	208.8	287.2	303.2
					接合部	4427.6	336.2	582.2	95.5
				2	表面①	5590.7	310.9	500.6	49.1
					表面②	6195.1	340.7	687.8	70.1
					接合部	5060.2	330.1	648.4	186.1

第 2 部　遺物から読み解く権力生成

表 7-3（2）　CP 期の金属製品の蛍光 X 線強度

出土墓名	墓の登録番号	金属製品登録番号	遺物名	測定ポイント		蛍光 X 線強度（cps/mA）			
						Au-Lα	Ag-Kα	Cu-Kα	Fe-Kα
金製髻抜きの墓	G-TM5	E-0082	三日月・円形装飾金冠	本体①		16650.8	96.3	1168.2	83.8
				本体②		16315.2	96.8	1167.1	92.8
		E-0083	金製髻抜き	上面①		13524.9	89.2	1202.9	170.3
				上面②		18406.0	117.0	1727.3	70.0
				下面①		5276.0	42.3	543.6	39.8
				下面②		16889.8	109.5	1637.3	80.7
		E-0084	金製リング状耳飾り（左）	鍔①		14434.0	48.2	636.9	80.1
				鍔②		17891.9	54.0	776.3	74.9
				返し部①		2850.8	9.1	197.9	23.2
				返し部②		11901.3	35.7	545.7	31.3
				胴部		14538.1	41.4	692.9	61.0
				胴部接合部		15533.7	43.9	665.2	38.3
		E-0085	金製リング状耳飾り（右）	鍔①		15370.4	43.4	676.2	72.4
				鍔②		19534.7	61.2	852.1	87.6
				返し部①		2382.8	8.4	149.8	18.4
				返し部②		701.0	5.6	42.3	9.6
				胴部		16916.7	56.8	934.7	70.5
				胴部接合部		287.6	4.3	28.3	19.8
		E-0086	金製組紐形飾り玉（首飾り）	1	胴部①	5137.7	46.2	960.9	71.4
					胴部②	3314.9	30.0	1472.6	189.1
					接合部	10088.7	78.9	2192.2	48.4
				2	胴部①	6828.0	60.5	2388.8	135.0
					胴部②	8067.3	67.5	1056.6	68.8
					接合部	9307.9	91.9	1384.9	48.9
		E-0087	金製飾り玉（首飾り）	1	表面	7715.6	21.3	205.0	95.4
					溝部	8392.6	29.2	247.4	85.2
				2	表面①	9716.2	27.2	262.1	67.5
					表面②	4670.8	19.0	180.7	54.8
					接合部	8298.6	31.4	294.9	76.5
		E-0088	金製管玉（首飾り）	入れ子型	胴部	12721.6	36.0	339.3	73.3
					胴部接合部	14285.8	44.9	441.1	100.9
					側面①	9035.7	26.4	315.8	97.9
					側面②	3802.1	16.5	146.7	41.2
				被せ型	胴部	14374.2	40.9	440.6	81.4
					胴部接合部	16703.1	49.3	636.8	103.9
					側面①	8768.9	25.2	323.3	54.0
					側面②	15062.0	38.9	426.2	96.0
		E-0089	金製丸玉（首飾り）	1	表面①	12949.3	98.2	3109.3	60.1
					表面②	11507.3	83.0	2464.4	53.1
					接合部	1727.7	18.6	376.4	32.7
				2	表面①	11853.9	90.0	2413.1	60.3
					表面②	10023.3	71.8	2183.3	55.6
					接合部	12393.8	100.1	2562.3	48.6

表 7-4　パコパンパ遺跡の金属製品の蛍光 X 線強度

出土墓名	墓の登録番号	金属製品登録番号	遺物名	測定ポイント	蛍光 X 線強度（cps/mA）			
					Au-Lα	Ag-Kα	Cu-Kα	Fe-Kα
貴婦人の墓	09PC-C-Ent 09-02	09PC-C-Ent 09-02-M-2	金製鳥羽根文様耳飾り（左）	表面①	9034.1	151.5	2166.6	115.2
				表面②	9779.7	141.0	1489.2	106.1
				表面③	9056.5	135.3	1351.1	103.7
				裏面①	11515.3	179.9	2375.7	76.4
				裏面②	9580.6	156.1	1713.0	88.0
				裏面③	10062.2	154.6	1805.7	110.8
		09PC-C-Ent 09-02-M-1	金製鳥羽根文様耳飾り（右）	表面①	10222.3	144.0	1709.0	187.2
				表面②	10029.8	145.2	1612.5	113.7
				表面③	10724.3	153.9	1710.2	94.3
				裏面①	10744.0	153.7	1752.2	117.6
				裏面②	10201.3	164.8	2078.2	172.0
				裏面③	10806.8	162.6	1886.7	191.7
		09PC-C-Ent 09-02-M-4	金製リング状耳飾り（左）	鍔①	15334.3	29.6	346.7	132.6
				鍔②	13587.7	22.9	212.1	108.9
				返し部①	246.1	3.9	5.6	6.0
				返し部②	3621.3	8.4	59.2	21.0
				胴部	17151.9	31.7	331.9	107.2
				胴部接合部	11820.7	25.4	263.3	594.8
		09PC-C-Ent 09-02-M-3	金製リング状耳飾り（右）	鍔①	16775.3	30.7	274.7	96.9
				鍔②	16626.5	28.1	269.7	93.9
				返し部①	69.9	2.2	4.8	5.6
				返し部②	9553.0	15.9	99.2	19.2
				胴部	16337.0	28.8	339.7	141.9
				胴部接合部	13974.6	26.8	407.0	150.3

7-5　考察

（1）クントゥル・ワシ遺跡出土の金属製品について

　クントゥル・ワシ遺跡出土の金属製品の成分傾向について、Au と Ag の成分比については、前述した平尾らの先行研究でも試みられており、きわめて興味深い考察がおこなわれている（平尾他 2002: 151-174）。そこで、今回の調査結果をもとに、先行研究と同じ視点から考察したい。

　考察をおこなうにあたり、ここでは、クントゥル・ワシ遺跡の出土金属製品の分析でえられた蛍光 X 線強度（表 7-2、7-3（1）、7-3（2））の結果をもとに、理論的に化学組成を算出するファンダメンタル・パラメータ法（FP 法）

第 2 部　遺物から読み解く権力生成

を用いて、Au、Ag、Cu、Fe の成分の比率（wt%）を算出した。FP 法とは、蛍光 X 線分析で用いられる定量方法のひとつであり、多くの標準試料を用いることなく自動的に吸収、励起効果を補正するもので、試料からの蛍光 X 線量を装置定数（1 次 X 線分布、入射角など）と物理定数（質量吸収係数、蛍光収率など）だけを用いて計算で算出するものである。Au、Ag、Cu、Fe、の成分比率について、KW 期の結果を表 7-5、CP 期の結果を表 7-6（1）、7-6（2）に示す。

表 7-5　KW 期の金属製品の Au、Ag、Cu、Fe の成分比率

出土墓名	墓の登録番号	金属製品登録番号	遺物名	測定ポイント	Au	Ag	Cu	Fe
十四人面金冠の墓	A-TM1	E-0001	十四人面金冠	本体	88.8	10.0	1.0	0.2
				垂飾部	88.7	10.1	0.8	0.3
				鎖部①	88.4	10.1	1.0	0.5
				鎖部②	84.4	14.0	1.3	0.3
五面ジャガー金冠の墓	A-TM2	E-0014	五面ジャガー金冠	本体①	66.5	31.5	1.7	0.3
				本体②	66.0	31.6	2.1	0.3
		E-0018	金製ジャガー・双子鼻飾り	本体①	81.0	17.6	0.9	0.5
				本体②	77.5	21.0	1.0	0.5
				垂飾部①	78.1	20.1	1.4	0.4
				垂飾部②	76.4	21.7	1.5	0.4
				鎖部①	77.6	20.9	1.1	0.4
				鎖部②	72.4	25.1	1.8	0.7
		E-0016	金製横顔ジャガー耳飾り（左）	本体①	82.1	16.5	1.1	0.3
				本体②	79.7	18.9	1.1	0.3
		E-0015	金製横顔ジャガー耳飾り（右）	本体①	77.9	20.4	1.3	0.4
				本体②	76.6	21.9	1.2	0.2
		E-0017	金製蛇目・角目ジャガー鼻飾り	本体①	80.4	18.0	1.3	0.3
				本体②	79.8	18.2	1.4	0.6
金製耳飾りの墓	A-TM3	E-0023	金製リング状耳飾り（左）	鍔①	69.9	27.3	2.6	0.2
				鍔②	69.1	28.0	2.7	0.1
				返し部①	58.6	39.3	1.7	0.4
				返し部②	78.2	18.7	2.8	0.3
				胴部	72.1	25.7	2.1	0.1
				胴部接合部①	70.1	27.5	2.1	0.3
				胴部接合部②	70.9	26.8	2.0	0.3
		E-0024	金製リング状耳飾り（右）	鍔①	71.0	26.4	2.5	0.1
				鍔②	70.8	26.7	2.5	0.1
				返し部①	70.7	26.8	2.5	0.1
				返し部②	85.3	12.0	2.0	0.7
				胴部	72.5	24.9	2.5	0.1
				胴部接合部①	71.0	26.0	2.8	0.1
				胴部接合部②	67.6	29.6	2.5	0.2

第 7 章　金属製作と権力

玉飾りの墓	A-TM4	E-0029	金製円錐形ペンダント	本体	81.3	15.4	3.0	0.3
				合わせ部分	80.5	16.2	3.0	0.3
		E-0030	金製鳥形飾り1	本体	91.9	7.3	0.4	0.4
		E-0031	金製鳥形飾り2	本体	92.5	6.8	0.3	0.4
		E-0032	銀製鳥形飾り	本体	39.2	58.8	1.8	0.2
蛇・ジャガー耳飾りの墓	B-TM1	E-0099	十二横顔ジャガー金冠	本体①	87.8	10.7	1.2	0.3
				本体②	87.9	10.6	1.3	0.2
				垂飾部①	89.1	9.3	1.3	0.3
				垂飾部②	88.8	9.6	1.0	0.7
				鎖部①	87.1	10.9	1.1	0.9
				鎖部②	87.9	10.3	1.0	0.7
		E-0103	金製蛇・ジャガー耳飾り（左）	本体①	93.6	5.6	0.5	0.4
				本体②	93.4	5.8	0.4	0.4
				垂飾部①	89.7	9.2	0.6	0.6
				垂飾部②	89.7	9.5	0.5	0.3
				鎖部①	88.5	8.7	0.5	2.4
				鎖部②	91.1	7.9	0.3	0.6
		E-0102	金製蛇・ジャガー耳飾り（右）	本体①	93.0	6.4	0.2	0.5
				本体②	92.4	6.7	0.3	0.6
				垂飾部①	89.5	9.7	0.5	0.4
				垂飾部②	90.3	8.9	0.4	0.4
				鎖部①	91.5	7.8	0.2	0.5
				鎖部②	91.2	7.9	0.5	0.4
		E-0104	金製瓢箪形耳飾り（左）	本体①	81.5	16.5	1.7	0.3
				本体②	80.3	18.0	1.4	0.2
		E-0105	金製瓢箪形耳飾り（右）	本体①	80.1	17.9	1.7	0.3
				本体②	82.0	16.1	1.7	0.2
		E-0101	金製鳥文様リング状耳飾り（左）	鍔①	91.7	7.3	0.3	0.6
				鍔②	92.8	6.6	0.4	0.2
				返し部①	91.4	8.1	0.1	0.3
				返し部②	92.9	6.9	0.1	0.1
				胴部	91.3	7.8	0.2	0.7
				胴部接合部	92.5	7.0	0.2	0.3
		E-0100	金製鳥文様リング状耳飾り（右）	鍔①	93.5	5.9	0.4	0.3
				鍔②	89.7	9.5	0.5	0.3
				返し部①	93.0	6.4	0.2	0.3
				返し部②	90.7	8.7	0.2	0.3
				胴部	91.8	7.5	0.2	0.5
				胴部接合部	92.2	7.2	0.2	0.4
蛙象形土器の墓	G-TM6	E-0096	金製円形胸当て	凸本体	67.0	30.0	2.6	0.4
				凸鍔	67.0	30.1	2.5	0.4
				凹本体	72.4	25.1	2.3	0.2
				凹鍔	70.4	27.0	2.3	0.3

205

第 2 部　遺物から読み解く権力生成

表 7-6（1）　CP 期の金属製品の Au、Ag、Cu、Fe の成分比率

出土墓名	墓の登録番号	金属製品登録番号	遺物名	測定ポイント		Au, Ag, Cu, Fe の成分比率（wt%）			
						Au	Ag	Cu	Fe
金製首飾りの墓	G-TM4	E-0067	金製ジャガー面形飾り（首飾り）	1	顔面部	86.5	11.3	1.6	0.6
					後頭部	76.5	21.2	1.9	0.4
					顎接合部	87.3	11.0	1.4	0.2
				2	顔面部	86.2	11.7	1.6	0.5
					後頭部	79.9	17.5	2.3	0.3
					耳部	81.7	16.2	1.8	0.3
					顎接合部	80.0	16.7	3.1	0.2
		E-0068	金製垂れ飾り付き玉（首飾り）	1	本体①	91.5	7.5	0.7	0.4
					本体②	78.1	20.1	1.1	0.7
					接合部	89.2	9.6	0.7	0.5
					垂飾部	56.5	39.8	3.5	0.2
					鎖部	55.0	41.4	3.3	0.4
				2	本体①	83.9	14.8	1.0	0.4
					本体②	82.8	15.1	1.7	0.4
					接合部	91.3	7.8	0.8	0.2
					垂飾部	56.7	40.2	2.9	0.1
					鎖部	55.3	41.4	3.0	0.1
		E-0069	金製丸玉（首飾り）	1-1	表面①	80.6	16.4	2.7	0.3
					表面②	78.3	18.7	2.6	0.3
					接合部	77.5	19.6	2.7	0.2
				1-2	表面①	81.3	11.0	3.4	4.4
					表面②	78.0	19.2	2.5	0.3
					接合部	76.7	20.5	2.5	0.4
		E-0070	金製丸玉（首飾り）	2-1	表面①	75.8	20.5	2.8	0.9
					表面②	74.0	22.6	3.2	0.3
					接合部	79.2	15.8	2.7	2.2
				2-2	表面①	83.6	11.7	2.8	1.9
					表面②	74.5	21.5	1.9	2.1
					接合部	77.8	19.5	2.4	0.2
		E-0071	金製丸玉（首飾り）	3-1	表面①	77.6	20.7	1.4	0.3
					表面②	75.0	23.0	1.8	0.3
					接合部	78.6	19.6	1.6	0.2
				3-2	表面①	75.1	23.0	1.7	0.3
					表面②	68.9	29.0	1.6	0.4
					接合部	78.6	19.8	1.4	0.2
		E-0072	金製管玉（首飾り）		本体	61.8	33.9	4.3	0.1
		E-0073	銀製丸玉（首飾り）	1	表面①	31.3	66.4	1.3	1.0
					表面②	24.0	73.4	1.0	1.5
					接合部	25.6	72.7	1.4	0.3
				2	表面①	31.5	67.3	1.1	0.1
					表面②	32.5	65.9	1.4	0.2
					接合部	27.5	70.5	1.3	0.6

第 7 章　金属製作と権力

表 7-6（2）　CP 期の金属製品の Au、Ag、Cu、Fe の成分比率

出土墓名	墓の登録番号	金属製品登録番号	遺物名	測定ポイント	Au	Ag	Cu	Fe
金製髭抜きの墓	G-TM5	E-0082	三日月・円文装飾金冠	本体①	79.9	17.9	2.1	0.2
				本体②	80.4	17.3	2.1	0.2
		E-0083	金製髭抜き	本体上面①	77.4	19.6	2.5	0.5
				本体上面②	78.6	18.6	2.7	0.1
				本体下面①	71.9	24.6	3.2	0.4
				本体下面②	78.7	18.4	2.8	0.1
		E-0084	金製リング状耳飾り（左）	鍔①	86.4	11.8	1.4	0.3
				鍔②	87.8	10.7	1.3	0.2
				返し部①	85.2	12.4	2.4	0.1
				返し部②	87.4	10.9	1.6	0.1
				胴部	88.4	9.8	1.7	0.1
				胴部接合部	88.3	10.1	1.6	0.1
		E-0085	金製リング状耳飾り（右）	鍔①	87.1	11.1	1.6	0.2
				鍔②	87.5	10.8	1.5	0.2
				返し部①	94.5	3.3	1.9	0.3
				返し部②	93.0	5.0	1.4	0.6
				胴部	86.7	11.3	1.9	0.1
				胴部接合部	90.4	4.1	2.7	2.8
		E-0086	金製組紐形飾り玉（首飾り）	1 胴部①	68.8	25.4	5.3	0.5
				1 胴部②	65.8	21.4	11.0	1.8
				1 接合部	71.8	21.8	6.2	0.2
				2 胴部①	67.8	22.5	9.0	0.7
				2 胴部②	72.0	23.9	3.8	0.3
				2 接合部	69.3	26.3	4.2	0.2
		E-0087	金製飾り玉（首飾り）	1 表面	88.5	9.7	1.1	0.8
				1 溝部	87.6	10.4	1.3	0.7
				2 表面①	87.8	10.7	1.2	0.4
				2 表面②	83.2	14.6	1.5	0.7
				2 接合部	84.5	13.5	1.4	0.6
		E-0088	金製管玉（首飾り）	入れ子型 胴部	88.1	10.6	1.0	0.3
				入れ子型 胴部接合部	87.7	10.9	1.1	0.4
				入れ子型 側面①	87.0	11.2	1.2	0.6
				入れ子型 側面②	81.5	16.6	1.3	0.6
				被せ型 胴部	88.6	10.2	1.0	0.3
				被せ型 胴部接合部	88.1	10.5	1.2	0.3
				被せ型 側面①	87.0	11.5	1.2	0.3
				被せ型 側面②	88.4	10.3	1.0	0.4
		E-0089	金製丸玉（首飾り）	1 表面①	72.9	20.5	6.4	0.2
				1 表面②	73.4	20.4	6.0	0.2
				1 接合部	65.2	28.2	5.1	1.5
				2 表面①	73.2	20.9	5.7	0.2
				2 表面②	73.6	19.9	6.3	0.3
				2 接合部	72.8	21.5	5.6	0.2

第 2 部　遺物から読み解く権力生成

KW 期の金属製品の成分傾向　　まず、KW 期の各金属製品の本体の測定部位における FP 法の結果（表 7-5）をもとに、Au と Ag の成分比に着目すると、各金属製品の本体の Au と Ag の成分比は、先行研究が指摘するように 3 つのグループに分類できることが明らかである（図 7-2）。平尾らの先行研究では、この 3 つのグループの分類の指標に、Au 成分が 80wt%～90wt% を第 1 グループ、70wt%～80wt% を第 2 グループ、60wt%～70wt% を第 3 グループとした（平尾他 2002: 152）。一方、図 7-2 で見られる分類は、Au 成分が 90wt% 前後を第 1 グループ、80wt% 前後を第 2 グループ、70wt% 前後を第 3 グループとすることができる。なお、ここで示した先行研究の分析結果と筆者らの分析結果の成分比に違いが生じた要因として、今回の測定は可搬式の蛍光 X 線分析装置を用いて、試料に対して非接触下の測定条件のもと計測しているため、試料に対する装置の設置空間の誤差がそのまま各元素の検出精度に影響したと考える。

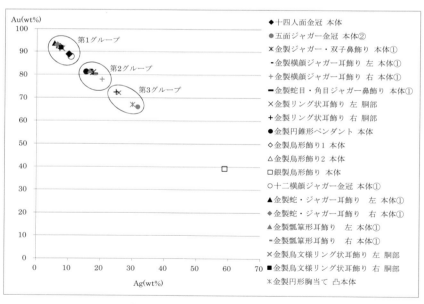

図 7-2　KW 期の金属製品の主要部分の Au、Ag の成分比の分布

3つのグループに属する金属製品の内訳は、第1グループが「十四人面金冠」、「金製鳥形飾り1」、「金製鳥形飾り2」、「十二横顔ジャガー金冠」、「金製蛇・ジャガー耳飾り（左）」、「金製蛇・ジャガー耳飾り（右）」、「金製鳥文様リング状耳飾り（左）」、「金製鳥文様リング状耳飾り（右）」の8点である。第2グループは、「金製ジャガー・双子鼻飾り」、「金製横顔ジャガー耳飾り（左）」、「金製横顔ジャガー耳飾り（右）」、「金製蛇目・角目ジャガー鼻飾り」、「金製円錐形ペンダント」、「金製瓢箪形耳飾り（左）」、「金製瓢箪形耳飾り（右）」の7点である。第3グループは、「五面ジャガー金冠」、「金製リング状耳飾り（左）」、「金製リング状耳飾り（右）」、「金製円形胸当て」の4点である。

　次に、KW期の金属製品のAuの成分比と出土した墓の関係に着目する。KW期の墓の発見ポイントは3ヵ所あり（図7-3）、中央基壇内部から、「十四人面金冠の墓」、「五面ジャガー金冠の墓」、「金製耳飾りの墓」、「玉飾りの墓」が発見された。また、中央基壇西部の別の基壇内部から「蛇・ジャガー耳飾りの墓」が発見され、大基壇の南東から「蛙象形土器の墓」が発見されている。これらの墓の位置について、中央基壇内部から発見された墓の位置は、左右対象の傾向が強いKW期の遺構の中心軸が通る部分に「十四人面金冠の墓」が位置し、その北西隣に「玉飾りの墓」、南東隣に「五面ジャガー金冠の墓」が設けられている。また、「金製耳飾りの墓」は「五面ジャガー金冠の墓」のさらに南東にある。このことから、「十四人面金冠の墓」は、中央基壇内部から発見された墓のなかで、重要な場所、つまり、最上位の被葬者が埋葬された可能性がある。このことは、Auの成分比の高い第1グループに属する「十四人面金冠」が出土したこととの関連性が考えられる。このような観点から考察を進めると、同じく第1グループに属する「金製鳥形飾り1」、「金製鳥形飾り2」、第2グループに属する「金製円錐形ペンダント」が出土し、「十四人面金冠の墓」の北西隣りに位置する「玉飾りの墓」の被葬者については、「十四人面金冠の墓」の被葬者に次ぐ上位の階層にあった可能性を指摘できる。また、第2グループに属する「金製ジャガー・双子鼻飾り」、「金製横顔ジャガー耳飾り（左）」、「金製横顔ジャガー

第 2 部　遺物から読み解く権力生成

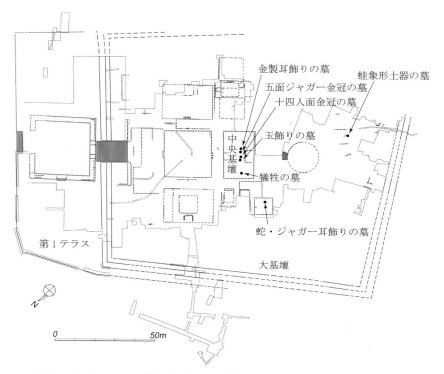

図 7-3　クントゥル・ワシ遺跡で出土した KW 期の墓の位置　©クントゥル・ワシ調査団

耳飾り（右）」、「金製蛇目・角目ジャガー鼻飾り」、第 3 グループに属する「五面ジャガー金冠」が出土し、「十四人面金冠の墓」の南東隣に位置する「五面ジャガー金冠の墓」の被葬者は、「玉飾りの墓」の被葬者に次ぐ存在と位置づけられる。さらに、第 3 グループに属する「金製リング状耳飾り（左）」、「金製リング状耳飾り（右）」が出土した「金製耳飾りの墓」の被葬者は、「五面ジャガー金冠の墓」の被葬者よりも下位にある存在といえる。このことは、「五面ジャガー金冠の墓」のさらに南東にあるという墓の位置とも関連性をもたせることができる。

　なお、中央基壇西部に隣接する別の基壇内部の「蛇・ジャガー耳飾りの

210

墓」からは、第1グループに属する「十二横顔ジャガー金冠」、「金製蛇・ジャガー耳飾り（左）」、「金製蛇・ジャガー耳飾り（右）」、「金製鳥文様リング状耳飾り（左）」、「金製鳥文様リング状耳飾り（右）」と第2グループに属する「金製瓢箪形耳飾り（左）」、「金製瓢箪形耳飾り（右）」が出土している。この傾向は、中央基壇内部で発見された「十四人面金冠の墓」あるいは、「玉飾りの墓」の被葬者に匹敵する上位の被葬者が埋葬された可能性が考えられる。また、大基壇の南東の隅から発見された「蛙象形土器の墓」の「金製円形胸当て」は、第3グループに属しており、中央基壇内部の墓では下位とした「金製耳飾りの墓」と対応させてとらえることができる。

　以上のことから、KW期の副葬品としての金属製品は、金の相対的比率と墓の位置から被葬者の順位がうかがえ、被葬者の地位もしくは階層に応じた金素材の使い分けがなされていたことを指摘できる。そして、この金素材の使い分けは、それぞれの金属製品の材料となる自然金による違い、もしくは金と銀を溶かして製造した合金の成分比の違いという2つの可能性が指摘できる。この観点からこれらの金属製品の製作技法について考えると、まずは、金属製品の基底材となる金属の薄板の製作技法について検証できる。

　クントゥル・ワシ遺跡出土の金属製品は、金属の薄板を加工して製作されている。この薄板を製作するには、前述した金素材の使い分けの考察をもとにすると、採取された砂金をいくつか集めて叩きのばしてナゲットを製造し、そのナゲットをさらに叩きのばして金属の薄板を製造する方法が考えられる。もしくは坩堝を用いて金と銀を溶解し、合金のナゲットを製造して、それを叩きのばして製造する方法も考えられる。第6章で考察したように、形成期後期において、すでに精錬がおこなわれていたことがうかがえるが、クントゥル・ワシ遺跡においては、ここで示した合金技術を立証できるものはない。そこで、本稿では、ここにあげた2つの技術の可能性を指摘するにとどめておく。

　次に表7-5の結果をもとに、KW期の各金属製品の本体の測定部位の結果を軸に、ほかの測定部位の結果を俯瞰してみた場合、ほとんどの金属製品の測定部位の成分比は一部を除いて、同じ傾向を示している。異なる傾向をみ

第 2 部　遺物から読み解く権力生成

せるものは、「十四人面金冠の墓」から出土した「十四人面金冠」の鎖部②、「五面ジャガー金冠の墓」から出土した「金製ジャガー・双子鼻飾り」の鎖部②がある。なお、「玉飾りの墓」から出土した「金製鳥形飾り 1」と「金製鳥形飾り 2」、「銀製鳥形飾り」は 3 点で一対のものと考えられるが、「銀製鳥形飾り」は、「金製鳥形飾り 1」と「金製鳥形飾り 2」とは明らかに異なる傾向をみせている。この点に注目すると、「銀製鳥形飾り」は、肉眼観察からも金属の色味が白く、銀が多く含まれている金属製品であることがわかる。FP 法による Au と Ag の成分比の結果からも、「銀製鳥形飾り」と「金製鳥形飾り 1」、「金製鳥形飾り 2」はその成分比の値に大きな違いがみられ、異なる金属材料が用いられていたことがわかる。このような結果は、材料となる自然金の違い、もしくは金属の強度を出すための合金技術が用いられた可能性、あるいは金を多く含む素材で製作した「金製鳥形飾り 1」、「金製鳥形飾り 2」と、銀を多く含む素材で製作した「銀製鳥形飾り」を意図的に組み合わせることで装飾的な効果や二元論的世界観の表象を狙ったことなどが類推できるが、断定はできない[4]。しかし、前述したように被葬者の順位による金素材の使い分け同様、この「銀製鳥形飾り」からも当時の人々が色や質によって製品を分類し、またその区分自体を意図的に生み出す技術をすでに獲得していた可能性を示すことができる。

　KW 期の金属製品の連結技術および接合技術について　　KW 期の金属製品には、鎖による連結技術と接合技術が認められるものが出土している。ここでは、KW 期の金属製品の加工技術について考察する。

　鎖で本体と垂飾部を連結する技術が用いられているものは、「十四人面金冠の墓」から出土した「十四人面金冠」、「五面ジャガー金冠の墓」から出土した「金製ジャガー・双子鼻飾り」、「蛇・ジャガー耳飾りの墓」から出土した「十二横顔ジャガー金冠」と「金製蛇・ジャガー耳飾り（左）」、「金製蛇・ジャガー耳飾り（右）」の 5 点である。表 7-5 から、「十四人面金冠」の鎖部②と「金製ジャガー・双子鼻飾り」の鎖部②は、ほかの測定部位に比べて Au の成分比が低く、Ag の成分比が高い。また、ほかの 3 点の金属製品は本体、垂飾部、鎖部の明確な傾向の違いはみてとれない。一方、平尾らの先行

研究では、「金製ジャガー・双子鼻飾り」、「金製蛇・ジャガー耳飾り（左）」、「金製蛇・ジャガー耳飾り（右）」は、AuとAgの成分比で顕著な違いが見られる。そして、平尾らはこの結果をもとに、各部位の製作には異なる金属材料が用いられ、最終的に一つの金属製品としたと指摘している。この点については、今後、より微小部の測定が可能な装置による蛍光X線分析をおこない、検証を進める必要があると考える。

　次に、KW期の金属製品の接合技術について考察を進める。KW期の金属製品の接合技術として、鑞付けの加工技術があると肉眼で観察できたものは、「金製耳飾りの墓」から出土した「金製リング状耳飾り（左）」と「金製リング状耳飾り（右）」、「蛇・ジャガー耳飾りの墓」から出土した「金製鳥文様リング状耳飾り（左）」と「金製鳥文様リング状耳飾り（右）」の4点である。表7-5の結果からは、「金製リング状耳飾り（右）」の胴部接合部②は、Auの成分比が低く、Agの成分比が高いことがみてとれるが、ほかの3点の金属製品では、明確な傾向の違いはみてとれない。しかし、製作技法的な観点から考察すると、先行研究が指摘するように、同一素材で叩きながら、胴部から鍔を製作するよりも、別個体として製作したものを鑞付けする方がはるかに容易であることは同意でき、この可能性については今後も検討を進めるべきと考える。したがって、「金製リング状耳飾り」や「金製鳥文様リング状耳飾り」の製作技法については、今後、詳細な顕微鏡観察やX線透過試験、微小部の測定が可能な装置による蛍光X線分析など複数の調査を組み合わせて検証することが必要と考える。

CP期の金属製品の成分傾向と接合技術について　　CP期の金属製品について表7-6（1）、7-6（2）の結果から、CP期の金属製品の本体の測定部位の結果をもとにAuとAgの成分比に着目すると、CP期の金属製品は、KW期でみられたようなAuとAgの成分比の明確な分類傾向はみてとれない（図7-4）。また、図7-2の結果から、KW期の金属製品は基本的にAuとAgの成分比の和が100％に近い部分に近接する形で分布していることがわかる。一方、図7-4の結果では、CP期の一部の金属製品についてAuとAgの成分比の和が100％に近い部分よりもさらに下方に分布している。そこ

第 2 部　遺物から読み解く権力生成

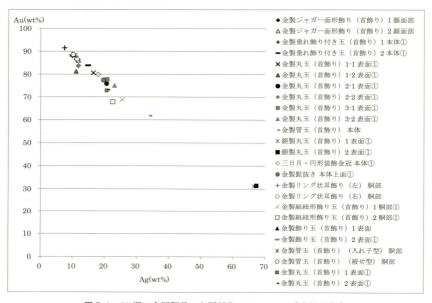

図 7-4　CP 期の金属製品の主要部分の Au、Ag の成分比の分布

で、KW 期の金属製品より Au と Ag の成分比の和が下方に分布する CP 期の金属製品について考察を進めたい。

　KW 期の金属製品より Au と Ag の成分比の和が下方に分布する CP 期の金属製品は、「金製首飾りの墓」から出土した「金製丸玉（首飾り）1-2」、「金製管玉（首飾り）」、「金製髭抜きの墓」から出土した「金製組紐形飾り玉（首飾り）1」、「金製組紐形飾り玉（首飾り）2」、「金製丸玉（首飾り）1」、「金製丸玉（首飾り）2」となっており、いずれも肉眼観察から鑞付け技法が用いられていることが確認される。これらの金属製品の Au と Ag の成分比の和が 100％ に近い部分よりも下方になる要因は、表 7-6（1）、7-6（2）の結果から CP 期のほかの金属製品よりも Cu が多く検出されていることに由来するといえる。

　CP 期におけるこのような銅の使用について、平尾らの先行研究において

214

もとくに鑞付けをおこなった接合部の測定値に注目しており、意図的に銅を混ぜた可能性を指摘している。しかし、今回の分析調査からは、接合部とそれ以外の測定部位に大きな違いはみられない。その理由として、いずれも接合部の範囲はきわめて微小であり、今回使用した蛍光 X 線分析装置の照射径の大きさ（3mm）が大きすぎる可能性があげられる。より詳細な結果をえるためには、顕微鏡観察などで接合部のポイントをはっきりと確認し、微小部の測定が可能な装置による蛍光 X 線分析の結果をまつ必要があると考える。なお、この銅の存在は今後も留意して分析する必要がある。なぜならば、製品のなかで強度がもっとも低い接合部を合金にすれば強度を高めることができ、さらには金の節約へ持つながるからである。これは金属製品を製作する際の金素材そのものについても同じことが指摘できる。したがって、表 7-6（1）、7-6（2）に示される明らかに銅の存在が確認できる金属製品については、今後さらに注目していきたい。

また、分析をおこなった CP 期の金属製品 15 点について肉眼観察をおこなった結果、鑞付けなどの接合技術が用いられていないことが明らかな金属製品は、「金製髭抜きの墓」から出土した「三日月・円形装飾金冠」と「金製髭抜き」の 2 点であり、ほかの 13 点については鑞付けによる接合技術が用いられていることが観察された。これは、KW 期の金属製品で鑞付けの接合技術があると観察できたものが 4 点という結果から見ると、CP 期には鑞付けの接合技術が飛躍的に増えた傾向がみてとれる。とくに前述した「金製垂れ飾り付き玉（首飾り）」を始め、球形の飾り玉の金属製品は、接合部が肉眼でもよく観察でき、これらの分析も今後の課題となろう。

（2）パコパンパ遺跡出土の金属製品の成分傾向

パコパンパ遺跡出土の金属製品の成分傾向について、クントゥル・ワシ遺跡出土の金属製品に準じて考察を進める。まず、クントゥル・ワシ遺跡出土の金属製品と同様、FP 法による各測定部位の Au、Ag、Cu、Fe の成分の比率（wt%）を表 7-7 に示す。また、金属製品の本体の測定部位の Au と Ag の

第2部 遺物から読み解く権力生成

表7-7 パコパンパ遺跡の金属製品の Au、Ag、Cu、Fe の成分比率

出土墓名	墓の登録番号	金属製品登録番号	遺物名	測定ポイント	Au, Ag, Cu, Fe の成分比率（wt%）			
					Au	Ag	Cu	Fe
貴婦人の墓	09PC-C-Ent 09-02	09PC-C-Ent 09-02-M-2	金製鳥羽根文様耳飾り（左）	表面①	56.2	38.3	5.1	0.4
				表面②	59.8	36.2	3.7	0.4
				表面③	58.8	37.1	3.7	0.4
				裏面①	59.5	35.7	4.6	0.2
				裏面②	57.1	38.7	3.9	0.3
				裏面③	59.7	35.3	4.5	0.4
		09PC-C-Ent 09-02-M-1	金製鳥羽根文様耳飾り（右）	表面①	60.7	34.6	4.0	0.7
				表面②	59.5	36.2	3.9	0.4
				表面③	61.2	34.6	3.9	0.3
				裏面①	60.6	35.2	3.9	0.4
				裏面②	58.1	36.8	4.5	0.5
				裏面③	60.0	35.4	4.0	0.6
		09PC-C-Ent 09-02-M-4	金製リング状耳飾り（左）	鍔①	91.9	6.9	0.7	0.5
				鍔②	92.3	6.8	0.5	0.5
				返し部①	93.9	4.2	0.5	1.4
				返し部②	89.0	10.1	0.6	0.3
				胴部	92.4	6.6	0.6	0.4
				胴部接合部	89.5	7.3	0.7	2.4
		09PC-C-Ent 09-02-M-3	金製リング状耳飾り（右）	鍔①	92.3	6.7	0.6	0.3
				鍔②	93.7	5.4	0.6	0.3
				返し部①	92.5	2.8	1.5	3.2
				返し部②	93.2	6.3	0.4	0.1
				胴部	92.6	6.1	0.7	0.5
				胴部接合部	92.2	6.1	1.1	0.6

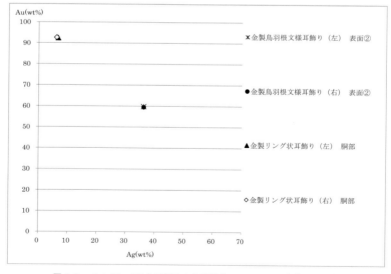

図7-5 パコパンパの金属製品の主要部分の Au、Ag の成分比の分布

第 7 章　金属製作と権力

成分比に着目する（図 7-5）。

　図 7-5 の結果から、2 点で一対となる「金製リング状耳飾り」は、Au と Ag の成分比の和が 100％に近い部分に分布し、2 点で一対となる「金製鳥羽根文様耳飾り」は、Au と Ag の成分比の和が 100％に近い部分よりもさらに下方に分布している。「金製鳥羽根文様耳飾り」は、金の薄板を打ち出しながら文様をつくった耳飾りであり、図 7-5 の結果は、CP 期の一部の金属製品にみられた傾向と同様の結果がえられたことも注目できる。これは、CP 期の金属製品同様、銅の存在について今後さらに注目すべき金属製品であろう。

　次に「金製リング状耳飾り」一対について考察する。「金製リング状耳飾り」一対の製作技術は、クントゥル・ワシ遺跡出土の金属製品のうち、KW 期の「金製耳飾りの墓」から出土した「金製リング状耳飾り」一対や「蛇・ジャガー耳飾りの墓」から出土した「金製鳥文様リング状耳飾り」一対、CP 期の「金製髭抜きの墓」から出土した「金製リング状耳飾り」一対と共通している。また、「金製耳飾りの墓」から出土した「金製リング状耳飾り」一対と「金製髭抜きの墓」から出土した「金製リング状耳飾り」一対とはその形状も類似している。さらに、表 7-7 からいずれの測定部位も Au の成分比が約 90wt％前後と高い傾向がみてとれる。このことから、「パコパンパの貴婦人」と名づけられたこの被葬者は高い地位にあった人物であることが推定でき、この点においても、金の持つ権力の象徴性、ひいては権力社会の出現を予見することができる。ただし、パコパンパ遺跡出土の金属製品についても、接合部とほかの測定部位に明確な傾向の違いがみてとれない。以上のことから、クントゥル・ワシ遺跡出土の金属製品と同様、接合部については、微小部の測定が可能な装置による蛍光 X 線分析をおこない、改めて検証することが必要であると考える。

第 2 部　遺物から読み解く権力生成

7-6 | まとめ

　本稿では、クントゥル・ワシ遺跡出土の金属製品とパコパンパ遺跡出土の金属製品の蛍光 X 線分析結果についてとりまとめた。

　その結果、クントゥル・ワシ遺跡出土の KW 期の金属製品の全体的な傾向について、先行研究において平尾らが指摘する通り、3 つのグループに分類ができることを改めて確認できた。加えて、この成分傾向は、それぞれの金属製品の材料となる自然金による違い、もしくは金と銀を溶かして製造した合金の成分比の違いと推測できる可能性を指摘した。また、出土した墓の被葬者の順位と金属製品の金の成分量の関連性から、被葬者によって金素材の使い分けがなされていた可能性を示唆した。このことは、KW 期の社会において、支配者層の階層化が出現していたことを示唆することができると考える。また、金は、権力の象徴として認識され、権力者としての地位を示すために使い分けができる程度の金属加工技術が培われていた可能性を指摘することができる。

　CP 期の金属製品は、KW 期のような明確な分類傾向はみられない。一方で、Au と Ag の成分比の和が 100% に近い部分よりもさらに下方に分布している傾向がみられた。この点について、今回の分析結果からは金属製品の製作に意図的に銅を使用したということは証明できないものの、製品強度の獲得や金の節約につながる金と銅の合金技術の可能性という点から、今後も銅の存在には留意するべきであることを指摘した。

　パコパンパ遺跡出土の金属製品のなかで、「金製鳥羽根文様耳飾り」は、CP 期の金属製品同様、銅の加工技術があった可能性が示唆される。なお、今回分析をおこなった複数のリング状の耳飾りのうち、クントゥル・ワシ遺跡における KW 期の「金製耳飾りの墓」から出土した「金製リング状耳飾り」や、「蛇・ジャガー耳飾りの墓」から出土した「金製鳥文様リング状耳飾り」と、CP 期の「金製髭抜きの墓」から出土した「金製リング状耳飾り」、パコパンパ遺跡から出土した「金製リング状耳飾り」は、いずれも製

中世王朝物語の研究

金光桂子（京都大学文学部准教授）著

男装、入れ替わり、女帝、同性愛など特異な趣向をもつがゆえに奇異なものとして扱われてきた中世王朝物語について、いかに先行作品の影響を受け、また独自性をもったかを丹念に読み解き、その成立に迫る。趣向や表現についての緻密な分析と歴史的・思想的背景に迫る大局的な考証をあわせもつ、研究者必読の一冊。

■A5判上製・約400頁　予価10,000円＋税

ISBN978-4-653-04337-9

王の舞の演劇学的研究

橋本裕之（追手門学院大学地域創造学部教授）著

長年にわたり著者が取り組んできた「王の舞」の研究に関する成果を集大成。中世前期に成立し、今日でも各地に分布している王の舞を、本書では主に芸能史と教育学的な観点から深く掘り下げる。王の舞という特定の民俗芸能を取り上げながら、民俗芸能研究を方法論的に深化させる意欲作。

■A5判上製・約570頁　予価9,000円＋税

ISBN978-4-653-04316-4

アンデス文明 神殿から読み取る権力の世界

関雄二（国立民族学博物館教授）編

古代文化興亡の地、アンデス。その文明形成期における権力生成の過程を探求する。日本調査団独自の画期的な仮説として一九九八年に提示された「神殿更新」説の流れを汲みながら、このされた問題点や課題を克服するため、分野横断的に展開された最新の研究成果を発表する。本文版・写真多数掲載、巻末に索引を付す。

■A5判上製・484頁・カラー口絵4頁　7,900円＋税

ISBN978-4-653-04319-5

――臨川書店の新刊図書 2017/2〜3――

紫式部日記を読み解く
源氏物語の作者が見た宮廷社会
日記で読む日本史6

池田節子（駒沢女子大学人文学部教授）著

平安文学を代表する女流作家・紫式部。栄華を誇る藤原道長の娘・中宮彰子のもとで、彼女が見たもの・感じたこととは何だったのか。そして、そこでの経験はどのように彼女の物語世界に昇華されたのか。謎とされる部分も多い『紫式部日記』を丹念に読み解き、紫式部自身の姿とその目に映る宮廷社会に迫る！

■四六判上製・272頁　三,〇〇〇円＋税

ISBN978-4-653-04346-1

物語がつくった驕れる平家
貴族日記にみる平家の実像
日記で読む日本史12

曽我良成（名古屋学院大学国際文化学部教授）著

一時は権勢を誇りながら、驕り高ぶり、遂には滅びた一族「平家」。長らく受け入れられてきたこれらの平家像は多分に『平家物語』の影響によるものだった。『玉葉』『小右記』などの貴族日記を丹念に読み解き『平家物語』と比較することで、物語がつくりだした平家像を浮かびあがらせ、従来の解釈とは異なる彼らの実像に迫る！

■四六判上製・210頁　二,八〇〇円＋税

ISBN978-4-653-04352-2

國語國文
京都大学文学部 国語学国文学研究室 編

大正十五年（一九二六）の創刊以来、実証的な研究を重んじる立場から画期的な論文を掲載しつづけ、国語国文学の分野に貢献してきた本書は、刊行時からの精神を踏襲した「極めて自由な態度」で編集され、国語学国文学の最新の研究状況をリアルタイムで発信する好資料である。

■86巻2号・3号　A5判　48頁〜64頁　各号九〇〇円＋税

86巻2号：ISBN978-4-653-04290-7
86巻3号：ISBN978-4-653-04291-4

京都大学蔵 穎原文庫選集 第2巻
近刊
京都大学文学部国語学国文学研究室 編

近世語研究を畢生の研究とした穎原退蔵博士が生涯にわたって収集し学んだ一大資料群、京都大学蔵穎原文庫から、従来未翻刻のもので学術的意義の高い稀覯書を厳選して翻刻（一部影印・索引付）巻末に詳細な解題を付して刊行する。

■第2巻　A5判上製・約620頁　予価一八,〇〇〇円＋税

2巻：ISBN978-4-653-04322-5
ISBN978-4-653-04320-1（セット）

臨川書店の新刊図書 2017/2〜3

中世禅籍叢刊

同編集委員会 編

（編集委員）阿部泰郎・石井修道
末木文美士・高橋秀榮・道津綾乃

最新刊 第11巻（第10回配本）「聖一派続」

既刊 1〜9巻

栄西・道元の入宋以降に、密教や諸宗教学との関わりのなかで独自の発展を遂げた日本中世の初期禅宗。その謎多き思想の実態を物語る新発見の古写本や断簡類などをはじめ、真福寺・称名寺（金沢文庫）を中心に各地の寺院・文庫が所蔵するこの時代の貴重写本を横断的に紹介。それぞれの影印・翻刻に加えて、第一線の研究者による詳細解説を付す。

■第11巻 菊判上製・672頁 二五,〇〇〇円+税

11巻：ISBN978-4-653-04181-8
ISBN978-4-653-04170-2（セット）

五山版中国禅籍叢刊

椎名宏雄（龍泉院住職）**編**

近刊 第8巻（第11回配本）「語録3」

既刊 1〜7・9〜11巻

今日では散逸、あるいは閲覧困難な宋版・元版禅籍の善本を各地から一堂に集成、影印版とし、編者による詳細な解題を付して刊行する。禅籍本文研究・禅学思想研究の一助とすると同時に、日本中世の禅学の学問体系、出版文化の系譜の究明に寄与する、仏教学・国文学・歴史等、関連各分野の研究者に必携の重要資料。

■第8巻 B5判上製・約760頁 二八,〇〇〇円+税

8巻：ISBN978-4-653-04158-0
ISBN978-4-653-04150-4（セット）

東アジア仏教の生活規則 梵網経 ――最古の形と発展の歴史

船山 徹（京都大学人文科学研究所教授）**著**

東アジア仏教徒の日々の生活規則『梵網経』。中国で偽作されたその「最古」の形を策定し、明確な意図をもって書換えられた経典の歴史変遷に迫る。二十種をこえる経本の校勘から見えてくる偽作者の意図、そして経典の自律的発展史とは――西洋的仏教文献学の方法論に一石を投じ、新たな校勘研究を模索する。未公開資料（日本奈良朝写本）の録文も収録。

■菊判上製・約30頁 九,二〇〇円+税

ISBN978-4-653-04336-2

臨川書店の新刊図書 2017/2〜3

臨川書店の 新刊図書

2017/2〜3

五山版 中国禅籍叢刊 全12巻 好評刊行中

中世禅籍叢刊 全12巻 好評刊行中

山田美妙集 全12巻 好評刊行中

京都大学蔵 頴原文庫選集 全10巻 好評刊行中

内容見本をご請求下さい
＊詳細は中面をご覧ください

中世王朝物語の研究
金光桂子 著
■A5判上製・約400頁 予価10,000円+税

王の舞の演劇学的研究
橋本裕之 著
■A5判上製・約570頁 予価9,000円+税

アンデス文明 神殿から読み取る権力の世界
関雄二編
■A5判上製・484頁・カラー口絵4頁 7,500円+税

梵 網 経 ─最古の形と発展の歴史
船山徹 著
東アジア仏教の生活規則
■菊判上製・約530頁 9,200円+税

紫式部日記を読み解く
── 源氏物語の作者が見た宮廷社会
池田節子 著
日記で読む日本史 6
■四六判上製・272頁 3,000円+税

物語がつくった驕れる平家
── 貴族日記にみる平家の実像
曽我良成 著
日記で読む日本史 12
■四六判上製・210頁 2,800円+税

國語國文 86巻2号・3号
京都大学文学部国語学国文学研究室 編
■A5判並製・86巻2号・3号 48頁～64頁 各900円+税

臨川書店

本社／〒606-8204 京都市左京区田中下柳町8番地 ☎(075)721-7111 FAX(075)781-6168
東京／〒101-0062 千代田区神田駿河台2-11-16 さいかち坂ビル ☎(03)3293-5021 FAX(03)3293-5023
E-mail（本社）kyoto@rinsen.com （東京）tokyo@rinsen.com www.rinsen.com

作技法や形状について類似性が見られることが明らかになった。

　以上、本稿では、遺跡の層位が明確に押さえられている場所から発掘された一次資料であるクントゥル・ワシ遺跡、パコパンパ遺跡出土の金属製品の蛍光X線分析の結果をもとに、その製作技法や加工技術について考察を進めた。その結果、各遺跡の年代ごとに見られる技術変遷や共通する技術について、基礎的なデータの蓄積と知見を示すことができた。このことは冒頭で示したように、出土遺物が盗掘品であるため、年代を特定できず、科学分析をおこなっても、その解釈には限界が見られるという課題を抱えるアンデス文明形成期の物質文化研究において、保存科学的な視点から大きな一歩を示した研究成果といえよう。また、本論によって示唆した形成期中期の金属加工技術については、この後に続く形成期後期、晩期、さらにインカ時代の金属加工の技術史の研究において先駆的な役割を果たすことができる。さらに、アンデス文明形成期の社会において、権力の象徴としての役割を担っていたと考えられる金製品を考察できるデータは、まだその全容が明らかにされていない形成期そのものの社会史研究についても有効なものとなると考える。

　最後に、今後の課題として、とくに接合部の分析の必要性について言及する。今回使用した蛍光X線分析装置のX線の照射径は3mmであり、比較的広い範囲の分析に適した装置であった。そのため、痕跡範囲がきわめて小さい接合部のデータを正確にえることができなかった。しかし、今回分析対象とした金属製品の加工技術もしくは技術水準をさらに明らかにしていくためには、接合部の測定は必須のものと考える。この点について、微小部の測定が可能な装置による蛍光X線分析による調査を実施し、その結果に期待したい。また、発掘調査の進展にともなう、形成期の金属加工技術がうかがえるような金属製品の製作道具類の発見にも期待したい。

注
1）CP期の終了時期の絶対年代は、データの精度を欠くため、日本のアンデス研究者の間では不明とされているが、ここでは、おおよその目安として前250年という年代をつけたことをいい添えておく。

2）（ ）内の表記は、それぞれの墓の発掘番号である。最初のアルファベットは発掘区を示し、TMは墓（tomb）の略、続く番号は発見順に付けられている。
3）原子は、原子核を中心に、内側からK殻、L殻、M殻という軌道に属する電子から構成されている。原子は、X線が照射されると、軌道上の電子が原子の外に弾きだされることで不安定な状態になり、失われた内殻の電子を補うため、外殻の電子が内殻に移動する。このときに、電子がL殻からK殻に移動して発生する蛍光X線を「Kα線」、M殻からK殻に移動するときの蛍光X線を「Kβ線」、M殻からL殻に移動するときの蛍光X線を「Lα線」と呼ぶ。本分析では、AuはLα線に、Ag、Cu、FeはKα線に着目して、元素を定性した。
4）形成期に続く地方発展期（前50年〜後700年）の北海岸において成立したモチェ文化においては、金属製品生産の絶頂期を迎え、王やエリートなど上位階層の埋葬からは、金製品と銀製品が左右対になった形で出土する例が多く見受けられる。これを後代のインカ帝国時代に認められた太陽と月のシンボリズムと関連させる解釈もある（Alva 1994）。

引用文献

Alva, W. 1994 *Sipán*. Lima: Cervecería Backus and Johnson.
Hidaka, S. 2006 Material Research of *Onna-Norimono* by Using a Portable XRF. In *Non-Destructive Examination of Cultural Objects: Recent Advances in X-Ray Analysis*, pp. 91–99. Tokyo: National Research Institute for Cultural Properties, Tokyo.
Lechtman, H., L. A. Parsons and W. J. Young 1975 *Seven Matched Hollow Gold Jaguars from Peru's Early Horizon*（Studies in Pre-Columbian Art and Archaeology 16）. Washington D. C.: Dumbarton Oaks, Trustees for Harvard University.
大貫良夫・加藤泰建・関雄二 2000 大貫良夫・加藤泰建・関雄二監修『クントゥル・ワシ神殿の発掘―アンデス最古の黄金技術』、東京：日本経済新聞社。
加藤泰建 2010 「大神殿の出現と変容するアンデス社会」大貫良夫・加藤泰建・関雄二（編）『古代アンデス神殿から始まる文明』pp. 105–106、東京：朝日新聞出版。
ガルシラソ・デ・ラ・ベガ、エル・インカ 1986 [1609]『インカ皇統記（二）』（大航海時代叢書エクストラ・シリーズ第5巻）牛島信明訳、東京：岩波書店。
シエサ・デ・レオン、ペドロ・デ 1979 [1553]『インカ帝国史』（大航海時代叢書第II期　第15巻）増田義郎訳、東京：岩波書店。
関雄二 2006 『古代アンデス　権力の考古学』京都：京都大学学術出版会。
――― 2009 「「パコパンパの貴婦人の墓」発見手記」『チャスキ』40: 6–11。
――― 2010 「形成期社会における権力の生成―パコパンパ遺跡からの報告」大貫良夫・加藤泰建・関雄二編『古代アンデス神殿から始まる文明』pp. 153–202、東京：朝日新聞出版。
中井泉・山田祥子・沢田貴志・保倉明子・寺田靖子・真道洋子 2002 「可搬型蛍光X

線分析装置によるシナイ半島の遺跡出土遺物のその場分析」『日本文化財科学会大会第 19 回大会研究発表要旨集』pp. 20–21、日本文化財科学会。
早川泰弘・佐野千絵・三浦定俊 2004 「ハンディ蛍光 X 線分析装置による高松塚古墳壁画の顔料調査」『保存科学』43: 63–77。
日髙真吾 2008 『女乗物─その発生経緯と装飾性』神奈川：東海大学出版会。
日髙真吾・植田直見・菅井裕子 2003 「女乗物の蒔絵粉の分析について」『日本文化財科学会第 20 回大会要旨集』pp. 162–163、日本文化財科学会。
日髙真吾・菅井裕子 2004 「女乗物に用いられる蒔絵技法と漆塗りの観察」『文化財保存修復学会誌』48: 59–74。
日髙真吾・関雄二・橋本沙知・椎野博 2014 「アンデス文明形成期の金属製品の製作に関する一考察─クントゥル・ワシ遺跡およびパコパンパ遺跡出土の金属製品の蛍光 X 線分析の結果から」『国立民族学博物館研究報告』38(2): 125–186。
平尾良光・大西純子・大貫良夫・加藤泰健 1992 「ペルー共和国、クントゥル・ワシ遺跡から出土した遺物の科学的調査」『考古学と自然科学』25: 13–30。
平尾良光・関雄二・野村裕子 2002 「蛍光 X 線分析法によるクントゥル・ワシ遺跡出土金属製品の化学組成」加藤泰建編『アンデス先史の人類学的研究─クントゥル・ワシ遺跡の発掘─』（平成 11 年～平成 13 年度科学研究費補助金［基盤研究（A）（2）］研究成果報告書（課題番号 11691005））pp. 151–174。

第8章　パコパンパ遺跡の動物利用

鵜澤　和宏

8–1　はじめに

　古代アンデス形成期の神殿を発掘すると、大量の動物の骨が出土することがある。神殿でおこなわれた儀礼や祭祀にともなう生け贄だろうか。たしかに、頭を切り落とされ、首から下だけが埋められたリャマなども見つかるので、儀礼と結びついた動物の利用がおこなわれていたことは間違いない。しかし詳しく観察してみると、出土する動物骨のすべてが儀礼や祭祀に関連した特徴を示すわけではない。

　まず、骨の保存状態がさまざまである。ほぼ全身がそろった、犠牲獣と判断される事例は少数で、骨資料の大半はばらばらに解体・破砕され、散乱した状態で見つかる（図8-1）。肉を切り取られ、焼かれた痕跡をとどめるものもめずらしくない。また骨細工の材料として使われ、加工の途中で切り捨てられた端材なども見られる。神殿では動物が解体・調理され、さらに骨を用いた生産活動もおこなわれていたことがうかがわれる。動物骨が見つかる建築遺構や、共伴する土器や石器の分析なども参考にすると、神殿で出土する動物遺存体にはおもに3つの由来が想定できるようだ。すなわち、儀礼・祭祀に関わるもの、神殿に居住した特定の人々が出すゴミや饗宴の残滓、そして共同体の生産活動にともなうものである。

　多様な活動を反映して、神殿から出土する動物の種類も豊富である。古代人が飼育していたリャマやイヌ、テンジクネズミのほか、野生のシカ、ウサギ、オポッサムなど10種をこえる動物が出土することもめずらしくない。幅広い地域から、いろいろな手段によって集められた動物が神殿に持ち込まれているのである。では、多種多様な動物を集めておこなわれた神殿での行

第2部　遺物から読み解く権力生成

図8-1　パコパンパ遺跡から出土した動物骨の一例。肉や骨髄を採るため関節は分断され骨が破砕されている。　撮影　鵜澤和宏

動は、それぞれどのような意図を持っておこなわれたのだろうか。そもそも多様な活動がおこなわれた神殿とは、どのような空間であったのだろうか。

　神殿を築き、これを中心として社会が統合された時代をアンデス考古学では形成期と呼んでいる。前3000年から紀元前後にわたるこの時代には、農耕と家畜飼育が本格化し、それ以前にあった小規模な狩猟採集社会が、地域間交流をともなう、より複雑で大きなまとまりを持つ社会に再編成されたと考えられている。生活様式の変化にともなって、社会を束ねるルールや人々の考え方も大きく変わったことだろう。とくにこの時代に顕在化する権力の発生は、形成期とその後の社会を左右する重要な出来事であった。形成期の人々を統合したのはどのような原理であったのだろうか。

　形成期の社会を理解するカギは神殿にあることはまちがいない。しかし先述したように神殿は単なる儀礼・祭祀の空間ではなく、多様な活動をおこなう複合的な機能を持っていたことが推定される。一方で、私たちの眼には一般的な生産・消費活動とうつる行為も、儀礼的な意味を持っておこなわれていた可能性も考えられる。その理解は一筋縄ではいかない。形成期社会を理解するために有効な方法は、結局、個々の遺物から神殿でおこなわれた行動を具体的に復元してみることだろう。本章では、神殿から出土した動物骨資料についてとりあげる。筆者らが約10年にわたって調査を続けてきたペルー北部高地のパコパンパ遺跡から出土した動物骨から古代人の行動を復元し、人と動物の関係という視点から形成期社会で生じた変化について検討し

てみることにしよう。

8−2 偶蹄類を中心とした動物利用

(1) パコパンパ遺跡の骨資料

　パコパンパ遺跡は、ペルー北部高地の東斜面、標高 2500m に位置する大規模な神殿である。アマゾンの森林地帯からもたらされる湿潤な大気の恩恵を受け、緑豊かな景観のなかに建つ。形成期中期（前 1200 年〜前 800 年頃）に築かれ、形成期後期前葉（前 800 年〜前 500 年頃）まで神殿として機能していた。

　筆者らは 2007 年から骨資料の研究に取りかかり、毎年数週間ずつの現地調査を重ねて、2015 年までに約 1 万 6000 点の動物骨資料を分析した。動物遺存体の分析は、破片化している骨の 1 点 1 点について身体部位を特定し、それぞれがどの生物分類群（種）に属するか同定することに始まる。種レベルで同定でき、性や年齢を推定できる場合もあれば、哺乳類の骨片としか同定できないこともある。部位と生物分類上のグループを同定できた標本の数は、現在までに約 6000 点になった。基本的な同定が済むと、形態的な特徴を記載して計測をおこない、人々が動物を利用した過程で生じた人為的な損傷、加工の痕跡を記録していく。歯牙標本は年齢を推定するために有効な情報を提供してくれるので、生え換わり（萌出）の状態やすり減り方の程度を観察する。このような作業を積み重ねて、パコパンパ遺跡から出土した骨資料の特徴が徐々に明らかになってきた。

　パコパンパ遺跡の堆積層は、形成期中期にあたるパコパンパ I 期と、後期にあたるパコパンパ II 期に分けられるが、いずれの時期でも共通して動物骨資料全体の 80％以上をシカ科とラクダ科とで占めている（表 8-1）。出土する動物のなかで偶蹄類が優占するのは、パコパンパ遺跡に限らずほかの形成期神殿にも一貫して見られる傾向である。パコパンパ I 期の層から出土し

第 2 部　遺物から読み解く権力生成

表 8-1　パコパンパ遺跡出土動物骨

種名	PC I 期 同定標本数	%	PC II 期 同定標本数	%
オジロジカ	971	81.4	1610	47.1
ラクダ科	28	2.3	1277	37.4
テンジクネズミ	141	11.8	421	12.6
モリウサギ	43	3.6	22	0.6
イヌ	8	0.7	66	1.9
チンチラ科	2	0.2		
パカラナ			2	0.1
アグーチ			1	<0.1
オポッサム科			4	0.1
オマキザル科			3	0.1

出土した動物のうち、主要なものを示す。ラクダ科はリャマと推定される。それぞれの時期ごとに頻度を計算してある。両時期ともシカ科とラクダ科をあわせた偶蹄類が 80% 以上を占めている。

たのは、出土量の多い順にオジロジカ（*Odocoileus virginianus*）、ラクダ科、ヒト、モリウサギ（*Sylvilagus brasiliensis*）などとなっており、少量のテンジクネズミ（モルモット；*Cavia porcellus*）、オポッサム科（Didelphidae）などが含まれていた。オポッサムはカンガルーなどと同じく腹に育児用の袋を持つ有袋類で、外見は大型のネズミのような姿をしている。パコパンパ II 期の層から出土した動物には、パコパンパ I 期から引き続き利用されているものに加え、トゲのないヤマアラシのような姿をしたパカラナ（*Dinomys branickii*）や、オマキザル類（*Cebus*）、小型の食肉類などが少量ではあるが検出され、種の多様性が高まる傾向が見られる。またラクダ科の相対的な比率が顕著に増加する。このような種構成の変化は、神殿の交易圏の広がりやラクダ科家畜の導入と関係すると考えられる。このことは後で詳しく検討する。

　パコパンパ I 期から II 期を通じて、神殿には大型の動物が選択的に運ばれたようにみえるが、小型の動物の骨は土の中で分解されたり、発掘の際に見逃されている可能性も否定できない。両時期を通じて、ワタオウサギ、テンジクネズミなど小型の種は実際に検出されているよりも多くの個体が神殿に運ばれていたのかもしれない。とくにテンジクネズミは現代でも食用や儀礼

に用いられるアンデス原産の家畜である。パコパンパⅠ期、Ⅱ期を通じて約8％の構成比を占めているに過ぎないが、実際には、積極的に利用されていた可能性を考慮するべきだろう。しかし、出土量の上で小型動物がシカやラクダを上回ることは考えにくく、神殿の活動のなかで偶蹄類がもっとも重要視された動物であったことは間違いない。以下に、シカ科とラクダ科の資料から読み解けることがらについて考察していくことにしよう。

（２）シカ科―北部高地の主要な狩猟対象

　ペルーには5種のシカ科が生息する。4000mを超える高地に分布するタルカジカ（*Hippocamelus antisensis*）、アマゾンの森林に生息するマザマジカ（*Mazama americana*）とプードゥー（*Pudu mephistophiles*）、南東部の湿原にすむアメリカヌマジカ（*Blastocerus dichotomus*）、そして、北アメリカから南アメリカにかけて広範な分布域を持つオジロジカである。これらのなかで、パコパンパ遺跡から出土したシカはすべてオジロジカであった。本種は温暖な環境を好み、乾燥した疎林環境によく適応する。分布の中心はより乾燥したアンデス山脈西斜面にあったと考えられるが、温暖で植生が豊かなパコパンパ遺跡周辺でもっともふつうに捕獲できた大型動物であっただろう。狩猟活動は遺跡周辺のローカルな領域内でおこなわれていたと考えてよい。

　オジロジカの年齢構成には時代差があり、パコパンパⅠ期から出土する個体は、性成熟する前の幼獣が3個体、成獣が5個体であるのに対し、パコパンパⅡ期では幼獣が17個体、成獣が7個体、老獣が1個体などとなっている。パコパンパⅠ期では成獣を中心に捕獲していたものが、パコパンパⅡ期には幼獣の割合が増加することに注目したい。

　各地の狩猟民の行動を調べた研究によれば、ハンターが食料として動物を捕獲する場合、身体に栄養を蓄えた成獣を狙う共通した特徴がある（Stiner 1995: 302–303）。幼獣は摂取した栄養を自分の成長に使ってしまうため脂肪の蓄えが少ない。肉は軟らかいものの、身体も小さく、1頭あたりからえられるタンパク質やカロリーという視点からすると実入りが悪いのだ。加え

て、仔を産む前の幼い個体を捕獲することで、将来の個体数減少をまねく恐れもある。狩猟民は資源管理のために幼獣の捕獲を意図的に避けることも知られている。

　幼獣よりも成獣を多く捕獲しているパコパンパⅠ期のオジロジカの年齢構成は、食糧の獲得を目的とする一般的な狩猟活動の特徴と対応するものといえるだろう。一方、パコパンパⅡ期では幼獣の捕獲に重点が置かれるようになった背景が問題となる。捕獲する動物の年齢構成に変化を及ぼす要因には、狩猟の方法と捕獲対象となる獲物の個体数（資源量）の変化、あるいは狩猟の目的の変化が想定される。1頭ずつを選びながら捕獲するのではなく、群を追い込んで捕獲する集団猟の場合、群れのなかで相対的に数が多い幼獣を多く捕らえてしまうことになる。また環境の劣化や狩猟圧の高まりによって獲物の個体数が減少した場合にも、本来は避ける幼獣まで捕獲の対象になるだろう。そしてもちろん、幼獣を必要とする神殿の活動が生じた場合には、意図的に幼獣をねらって猟をおこなうことになる。

　現在のところ、いずれの要因が影響したかは明らかでないが、少なくとも形成期中期から後期にかけてオジロジカの個体数に影響を与える環境の変化が生じたことを示すデータはえられていない。むしろ社会は複雑化に向かう局面にあり、食糧資源は安定的に供給されていたとみなすのが合理的だ。したがって、年齢構成の変化は、狩猟方法と動物利用の目的のいずれか、あるいはその両方による人為的な選択の結果であったと考えられる。動物利用の目的の変化があったと考える場合、パコパンパⅡ期において幼獣が選好されるようになった背景には、饗宴など儀礼的な利用を理由にあげることができるかもしれない。これは後述することにしよう。

　さて、年齢構成の変化をのぞけば、パコパンパ遺跡で出土するオジロジカの出土状況はパコパンパⅠ期、Ⅱ期に違いはみられない。出土個体は例外なく身体の各部位がばらばらに切り離されており、骨の大半は骨髄を取り出すために破砕されているか、骨細工の原材として加工される途中にある。つまり、オジロジカは解体され、可食部分がくまなく利用され、骨を道具の生産のために残して廃棄されている。

第 8 章　パコパンパ遺跡の動物利用

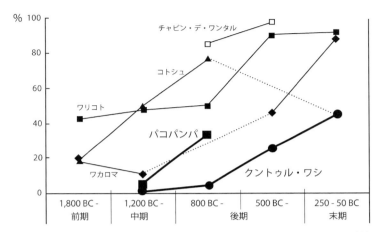

図 8-2　形成期におけるラクダ科構成比の時代変化。偶蹄類に占めるラクダ科の割合が増加していくことに注意。

　パコパンパ遺跡では、パコパンパⅡ期の終わりに神殿としての利用が停止するまで、シカ狩猟が継続しておこなわれていた。このことは北部高地の地域的特徴として重要である。筆者はパコパンパ遺跡の調査に着手する前に、その南方に位置するクントゥル・ワシ遺跡においても動物考古学調査を実施している。形成期中期から末期（前250年から後50年）に至る大規模な神殿遺跡だ。このクントゥル・ワシ遺跡でも形成期末期に神殿としての機能が停止するまでシカ狩猟が継続的におこなわれていたことを確認している（鵜澤 2007）。ペルーのアンデス山地のなかでも、中央高地以南（つまり高緯度で標高の高い地域）に位置する神殿では、ラクダ科動物の利用が急激に高まり、偶蹄類に占めるラクダ科動物の割合が卓越することが知られており、北部高地の2つの神殿とは対照的だ（図 8-2）。農耕による食料生産力が高まり、地域間交流が活発になる社会の変革期にあって、狩猟というローカルな自然に依存する資源収奪型の生業が北部高地の形成期社会を支え続けていたことに注意したい。

229

（3）ラクダ科——家畜化の起源と導入

　つぎにパコパンパ遺跡で利用されたもうひとつの中核的な動物であるラクダ科に話を移そう。先述した通り、パコパンパⅡ期になるとラクダ科の出土量が顕著に増加するのであった。これはラクダ科家畜が本格的に導入された結果だと考えられる。ラクダ科家畜の起源と拡散は、アンデス考古学上の大きなテーマとなっているので、議論の背景について説明しておく。

　現在、南アメリカ大陸にはグァナコ（*Lama guanicoe*）、ビクーニャ（*Vicugna vicugna*）、リャマ（*Lama grama*）、アルパカ（*Vicugna pacos*）の、いずれも背中にコブを持たない4種のラクダが生息する。このうちグァナコとビクーニャは野生種で、リャマとアルパカは家畜である。ラクダの仲間は、乾燥地や高地など一般に過酷な環境に適応しており、南米産の4種も高地で繁殖、飼育される。とくにアルパカは高地適応が強く、3000m以下の標高では繁殖が難しい。

　ペルー中央高地以南のアンデス山脈では、ラクダ科家畜を利用することにより、高度差を活かした生業が営まれており、その伝統は少なくとも先スペイン期まで遡る。4種のなかで最大の体格を持つリャマはおもに荷運びに用いられ、丈夫な毛は強度を必要とする織物にも利用される。一方のアルパカは細くしなやかな毛をもち、高い商品価値を持つ織物の原料を供給する。両種とも、その肉と血が牧畜民の食料として重視されるが、ミルクは利用されない。農耕ができない高地に暮らす牧畜民は、リャマとアルパカを飼育し、季節的にリャマのキャラバンを組んで低地に下り、自らの畑や農民を訪れて耕作や交易をおこなってきた。

　アンデス高地に展開した社会にとって、おそらくラクダ家畜はもっとも重要な動物であったが、動物考古学者にとってはもっともやっかいな研究対象でもある。4種の由来に関してチャールズ・ダーウィンに遡る長い議論があり、生物分類学上の位置や家畜化の過程をめぐって、1世紀にわたる紆余曲折の研究史を残した。近年になってようやく、グァナコからリャマが、ビクーニャからアルパカが家畜化されたことが遺伝子解析によって明らかにさ

れたものの（Kadwell et al. 2001）、家畜化の具体的過程や起源地については現在も議論がくすぶっている。

現在のところもっとも有力視されているのはジェイン・フィーラーが提唱した、ペルー中部のフニン高原を起源地とする説である（Wheeler 1984）。前7000年から前1800年まで、5000年以上にわたって利用されたテラルマチャイ洞窟遺跡からは、45万点に及ぶ動物骨資料が出土している。これを分析したフィーラーは、ラクダ科動物の構成比が前4000年を境にして急増し、同時にアルパカ（家畜）にのみ特徴的に認められる歯牙形態を持った個体が現れることを見出した。さらにこの時代以降、ラクダ科動物の年齢構成にも変化が認められ、飼育による人の管理を受けたことが原因だと主張したのである。

フィーラーの主張が正しければ、パコパンパ遺跡の南方約600km付近が家畜化の起源地であったことになる。しかし、テラルマチャイ洞窟遺跡の研究によって確認されたのはアルパカの出現であって、アンデス文明の発展により大きな貢献を果たしたリャマの発生については決定的な証拠は見つかっていない。その起源は出土量と年齢構成の変化という間接的な情報に基づいて主張されるにとどまったのである。

最近では、アルゼンチンやチリなどからもラクダ科家畜の証拠が見つかり始め、複数の地域で多発的に家畜化が生じたのではないかとする説も登場している。また、家畜化が生じた年代を見直す動きもあり、従来よりも1000年程度遅い前3000年頃とする見解が有力となっている（Goñalons 2008）。今後もラクダ科家畜の起源をめぐる問題はかんたんには決着しないだろう。

南米産ラクダについての研究を難しくしている原因は、4種の骨形態がよく似ていて、アルパカの切歯をのぞくと破片化した出土骨から各種を区別する標徴がないことだ。4種のサイズには大小があって、大型のリャマ、グァナコと、小型のアルパカ、ビクーニャに分けることは可能であるが、それぞれのサイズグループに野生種と家畜が含まれるため有効な判別法とはいえない。家畜化初期の骨資料には、狩猟によって捕獲された野生種が混在しているため、家畜の出現時期を特定できないのだ。祖先種とその派生種が現在も

第2部　遺物から読み解く権力生成

同所的に生息するがゆえに研究が混迷する皮肉な状況が生じている。

このような研究状況のなかで、パコパンパ遺跡から出土したラクダ科の骨からはなにを読み取ることができるのであろうか。じつは、ペルー北部高地にはラクダ科家畜の祖先種となったグアナコ、ビクーニャが分布しない。標高が低く温暖な北部高地は、野生ラクダの生息に適さなかったのであろう。したがって、考古資料においてラクダが出土する時期を特定すれば、それは家畜ラクダ、すなわちリャマあるいはアルパカの伝播を示すものと見なしてよい。家畜の起源地についてはなお議論があるものの、北部高地はいずれの起源候補地からも北に遠く離れており、南方から伝播したことは確実である。クントゥル・ワシ遺跡での調査結果も踏まえて、ペルー北部高地へのラクダ科家畜の拡散過程について検討しよう。

パコパンパ遺跡、クントゥル・ワシ遺跡とも、形成期中期にはほぼラクダがみられない（図8-2）。出土する偶蹄類のほとんどはオジロジカであり、肉の獲得を目的としたシカ狩猟が重要な生業であったと推定される。その後、形成期後期になるとラクダ科動物が資料の中に明確に現れるようになる。これらは南方からもたらされた家畜とみてよい。

骨計測の結果、北部高地の2つの神殿に現れたラクダは、大型のサイズグループに対応する個体群であった。したがって導入された家畜はリャマと推定される。リャマはアルパカに比べて環境耐性が強く、荷運び、毛の生産など汎用性も高い。形成期後期以降、時代が進むに従ってラクダの出土量が増え、前250年頃には主要な動物としての地位を占める。シカ狩猟によって動物の肉を手に入れていた人々が、前800年頃にラクダ科家畜を導入し、次第にその重要性が増していったことが推定される。

ここで問題となることが2点ある。第1に、パコパンパ遺跡とクントゥル・ワシ遺跡でのラクダ科家畜利用の進み方に、想定とは逆転した現象が見られるのである。起源地から遠いパコパンパ遺跡において急速に家畜導入が進み、クントゥル・ワシ遺跡では導入の進行はゆっくりしている。ラクダ科家畜の拡散は起源地に近いところで早く進み、遠いところでは遅れるという単純な地理的勾配モデルでは家畜の拡散の過程を説明できないようだ。

第 2 の問題は、リャマを導入した目的が今ひとつ不明瞭なことである。現代の牧民は、農耕が不可能な 4000m 以上の高地に暮らし、自らが温暖な丘陵、低地で栽培する農作物を運んだり、農民の荷運びを手伝うことによって食料を入手している。リャマは、農作物の運搬のために用いるのである。パコパンパ遺跡やクントゥル・ワシ遺跡が立地する北部高地一帯は、中央高地以南に比べて低緯度な上標高が低いため温暖である。神殿周辺で農耕ができるから農作物の入手にリャマを頼る必要はない。

　もちろん自らの手で動物を飼育すれば、必要に応じて肉を手に入れられ、食糧供給の安定には役だっただろう。しかし動物を育てるには食料を与え、繁殖を管理し、捕食動物などの外敵から守ってやる必要がある。必要な肉が狩猟によって安定的に供給されているのなら、あえて家畜を持つ必要はない。先述した通り、ラクダ科家畜を導入した形成期後期にシカ資源が枯渇したという証拠は見つかっていない。

　生業レベルでの必要性が明らかでないとすれば、ラクダ科家畜導入の背景として、なんらかの社会文化的要因を考える必要があるだろう。ここで、クントゥル・ワシ遺跡でおこなわれた土製品の研究に注目したい。遺跡の中核部にあたる大基壇から出土した土製品は 750 点あり、このうち 527 点が繊維から糸を紡ぐための紡錘車であった（西澤 2015）。紡錘車には素朴ではあるが文様が施され、神殿で紡がれた糸に特別の用途があったのではないかとの推測がなされている。織物につかわれる糸は獣毛であるとは限らず、紡錘車は木綿を紡ぐのに使われた可能性はもちろんある。分析者の西澤は、紡錘車の形態と繊維の対応関係について調査を継続しており、その結果を待ちたい。しかしながら、大量の紡錘車が神殿の中核部で出土していることは、糸あるいは織物の生産が神殿で盛んにおこなわれていたことを示しており、綿花よりも繊維が長く、しなやかな光沢を持つ獣毛は、潜在的に高い需要があったことを推測させる。

　野生のラクダ科が分布しない北部高地では、獣毛は交易に頼るか、自らラクダ科家畜を飼育する以外に手に入れる方法はなかっただろう。毛織物の生産を目的のひとつとしてラクダ科家畜を導入するのであれば、より質の高い

毛を供給するアルパカが望ましいが、標高3000mに満たないクントゥル・ワシ遺跡やパコパンパ遺跡周辺では、繁殖が難しかったのかもしれない。獣毛の入手と毛織物の生産は、北部高地において高い付加価値を生む行為だったと想定できる。ラクダ科家畜の導入は、それがリャマであったにしても、毛の生産が目的であった可能性を考慮する必要があるだろう。この推定が正しいとすると、もともと北部高地では入手が難しかった獣毛を自ら生産し、その流通を管理することは、権力者による資源コントロールの側面を持っていたのかもしれない。権力の発生という観点からも注目するべき点である。

（4）人と動物の関係性と自然認識

　さて、神殿で利用されたもっとも重要な動物である偶蹄類について知見をまとめてきた。ここで、狩猟活動に加えて家畜飼育が開始されたことによって、人間と動物の関係に変化が生じたとみる筆者の視点について論じておきたい。また、そのことが人間同士の関係、すなわち形成期社会のあり方にも影響を与えた可能性についても触れておこう。

　出土動物骨を整理する過程で、ひとつ気がついたことがあった。狩猟の獲物であるオジロジカと、飼育されたリャマでは、出土状況が異なっているのである。オジロジカの場合、脚や胴体など骨格部位はばらばらに切り離され、個々の骨も大半が打ち砕かれていることはすでに述べた。解体・消費されていたことは明らかで、神殿でシカを食べること自体が儀礼的な意味を持っていたのかもしれない。リャマについても、オジロジカと同様の出土状況を示し、食べられた後に廃棄されているものは多いが、全身が解剖学的な位置関係を保って出土する例がある。頭部が切り離され、頭のない首から下の骨格や、あるいは頭部だけが検出される個体は、本章の冒頭に述べたように犠牲獣と考えるべきだろう（図8-3）。

　インカ期以降には、ラクダの犠牲に関する報告が豊富に存在する。とくにリャマはインカにとって重要な犠牲動物であり、定期的におこなわれる儀礼において大量に殺され供えられたという。植民地時代の記録文書クロニカの

記述によれば、インカ時代、10月の終わりになると、黒いリャマを柱にくくりつけ、飢え苦しませることによって雨乞いをおこない、2月には雨を止めるために100頭の黒いリャマが殺された（Zuidema 1992）。リャマの内臓によって作物

図8-3　犠牲として捧げられたリャマ　©パコパンパ考古学調査団

の吉凶を占うこともおこなわれ、血を放牧地に捧げて、牧草と、そこに放たれる群れの豊穣が祈願されたという（シエサ・デ・レオン 1989［1553 他］、Kolata 1996）。

　これらの観察は、農耕と牧畜の安定的な継続を祈る儀礼の中で、ラクダ科家畜が犠牲に供されたことを示している。ここからパコパンパ遺跡においてリャマのみが選択的に犠牲に供され、オジロジカが犠牲とされる事例が存在しないことの意味を読みとりたい。儀礼において、野生種と家畜が異なる扱いを受けるのは、人と動物の関係性の違いに起因するのだろう。多くの文化において、狩猟者の動物儀礼は捕獲した動物への敬意の表明としておこなわれ、次なる獲物が再び与えられることが祈願される。かりに獲物の身体の一部が儀礼に用いられるとしても、これは供えることを目的として殺すという、犠牲とは異なるものだ。一方、家畜として動物を管理する社会では、その生殺与奪を人が握っており、動物は人間に従属する存在とみなされる。だからこそ、人間の目的のために家畜が犠牲としてその命を奪われることも受容されるのだろう。インカの雨乞いでリャマが殺されるケースを考えてみれば、その論理が狩猟民の動物儀礼と大きく異なることに気がつく（Zuidema 1992）。本来、農作物の豊穣と、動物の死の間には関係がないはずだ。これを論理的に結びつけるのは、殺される家畜が自らに属する所有物であるとい

う意識であろう。

　パコパンパ神殿のリャマの供犠が農耕儀礼であったかどうかはわからない。しかし、その目的がなんであれ、動物の犠牲はその所有者が祈願するところの事象を、現実のものたらしめるために差し出される対価であったと理解できる。つまり形成期後期において、人々あるいはその一部が、生物を所有するという意識をめばえさせたことはたしかだろう。

（5）家畜化と人間の社会関係

　家畜の所有は、ほかの生物の生殺与奪を人間がにぎることが可能であるという思想をもたらした点で、動物と人間の関係を大きく変化させる出来事であった。では、ほかの生物を支配することを許された人々は、その不平等で非対称的な関係性を、動物だけでなく人間にも向けることを着想しなかっただろうか。

　かつて、アンドレ・オドリクールは地中海沿岸におけるヒツジ牧畜の高度な発達が、この地域における社会の階層化を促進し、奴隷制を生じさせたと主張した（Haudricourt 1962）。またゴードン・ブラザーストンは、インカやこれに先行するアンデス諸国家がラクダ牧畜を国家運営のモデルとしたと述べ、そのことが新大陸のどこよりもアンデスにおいて中央集権的で階層性の高い社会を形成することにつながったと結論づけている（Brotherstone 1989）。イアン・ホダーはこれらを一般化して、動物の家畜化により野生を馴化したことは人の支配につながる最初の出来事となったと指摘している（Hodder 1990）。これらの主張は机上の連想ゲームに感じられなくもない。しかし、ティム・インゴールドがより穏やかに主張する、動物と人の関係が観念的にも物質的にも人の社会関係と密接に結びついているという視点は、形成期社会を理解する上でも有効ではないだろうか（Ingold 1980）。

　形成期後期におけるラクダ家畜の出現は、動物を所有し、群れを管理する経験を人々に与え、人間の社会関係にも階層性を受容させる観念的な基盤が用意された可能性を想定できるだろう。

料金受取人払郵便

左京局承認

4016

差出有効期間
平成30年4月
30日まで
（切手不要）

郵 便 は が き

| 6 | 0 | 6 | 8 | 7 | 9 | 0 |

（受取人）

京都市左京局区内
　　田中下柳町八番地

株式会社 臨川書店

愛読者係 行

6068790　　　　　　　　　　10

本書をお買い上げいただきまして、まことにありがとうございました。
このハガキを、小社へのご意見またはご注文にご利用ください。

書 名

＊本書のご感想

＊新刊・復刊などご希望の出版企画がありましたら、お教え下さい。

| お買上書店名 | 区市町 | 書店 |

本書お買上げの動機

1. 書店で本書をみて
2. 新聞広告をみて（　　　　　新聞）
3. 雑誌広告をみて（　　　　　　）
4. 書評を読んで（　　　　　　　）
5. 出版目録・内容見本をみて
6. ダイレクトメールをみて
7. ウェブサイト、ブログ、ツイッターをみて
8. その他（　　　　　　　　　）

注 文 書

＊ご用命の際はご記入くださいませ。

平成　　年　　月　　日

書　　　　名	冊数	定　　価

（公費で直接注文の際はお知らせ下さい）　・ご必要書類について　　　　　・書類の御宛名
　　　　　　　　　　　　　見積書　通　納品書　通
　　　　　　　　　　　　　請求書　通

ご住所　　（〒　　　－　　　　）

TEL　　　　　　　　　　　　　FAX
e-mail

（　　歳）

フリガナ
お名前

ご勤務先　　　　　　　　　　ご専攻

ご所属
学会名

◇小社へ直接ご注文の場合は、代金引替宅配便でお届けします。

◇ご指定の書店がありましたら、このご注文書を書店にお渡しください。

ご入用の目録・内容見本などがありましたら、ご記入ください。

□小社出版図書目録
□内容見本（分野：　　　　　）
□和古書目録（分野：　　　　　）
□洋古書目録（分野：　　　　　）
□送付不用

帖合・書店名
（書店様記入欄）

※お客様よりご提供いただいた上記の個人情報は法に基いて適切に取り扱い、小社の出版・古書情報のご案内に使用させていただきます。お問い合わせは臨川書店個人情報係（075-721-7111）まで

8-3 | 儀礼に見る動物と人、人と人の関係

(1) 饗宴のタフォノミー

　動物と人間の関係が人間の社会関係にも影響を与えたとする仮説について、犠牲や供犠とは異なる文脈からえられた骨資料の分析を通じてさらに考察を進めてみたい。

　パコパンパ神殿の中核部、第3基壇の北側に方形の半地下式パティオがある。その一角で、大量の土器の破片と動物骨が床面に集中して出土している（図8-4）。詳細な発掘調査によって、これがパコパンパⅡ期におこなわれた饗宴の痕跡であると同定された。饗宴は、複数の参加者が飲食をともにすることによって結びつきを強めるとともに、その主催者が参加者に対して卓越した立場を手にするための戦略的な行為であるとも指摘される（Hayden 2014:4）。形成期における社会統合、権力の発生を考える上で重要な資料だ。

　これまでにも饗宴は多くの研究者の関心をひきつけてきたが、最近、新しい研究の方向性が模索されている。饗宴は、単に飲食をともにするだけでなく、そこで使われたモノを廃棄することまでが意図しておこなわれたと考え、モノそのもののライフヒストリーの復元を通じて饗宴行為を包括的に理解しようとする研究である（松本 2015）。神殿で繰り返しおこなわれる人々の行動そのものが、彼らの世界観を形成することに寄与したとする、実践論に基礎をおく考え方がこうした研究の背景にあり、遺構・遺物の形成過程に関する研究は古代アンデスの研究において重要な視点となっている（関 2015）。

　じつは、骨を研究の対象とする動物考古学や古生物学には、動物遺体が化石資料となるまでの過程そのものを専門に研究する、タフォノミー（Taphonomy）と呼ばれる分野がある。死体が腐って分解し、堆積物のなかに埋まっていく過程、そして堆積中に生じる物理的・化学的変質の過程を包括的に検討するものだ。具体的には、骨の部位の偏り、骨表面の微細な傷や破砕パ

第2部　遺物から読み解く権力生成

図8-4　パコパンパ遺跡。方形半地下式パティオの饗宴遺構
©パコパンパ考古学調査団

ターン、風化の痕跡など、さまざまな視点から骨資料を検討することで、生物の身体が骨資料になるまでの過程をたどることができる。饗宴に供された動物たちはどこから集められ、どう利用されたのか、さらに廃棄後はどのような過程を経たのか。ここでは、饗宴における具体的な行動と、その後の廃棄に至る過程についてタフォノミーの手法を用いた動物骨の分析から復元してみよう。

　饗宴の遺構から回収された動物骨は、同定標本総数2411点であった。資料中には少なくとも9種の哺乳動物が同定され、パコパンパ遺跡で見つかる種の大半が含まれていることになる。同定標本数の構成比で見るとオジロジカとリャマがもっとも多く、これら2種の偶蹄類が80％を占める点でも、遺跡全体から出土する動物骨資料と対応している。そのほかにはモリウサギとテンジクネズミがめだつ。さらにヒト、イヌの骨が検出され、尾のないリスのような姿をしたアグーチ（*Cuniculus*）や、南方の低地に生息する齧歯類の一種であるチンチラ（*Chincilla*）、オポッサムはいずれも下顎骨が1点のみ検出されている。野生種と家畜をとりまぜて、多様な種を饗宴に供するのは、事前の準備に手間のかかることだっただろう。異なる生態環境に生息する動物を捕獲し、その肉を腐らせずに保存することは容易ではなかったはずだ。おそらく小動物や家畜は当日まで生かしておいたと想像される。そうだとすると、饗宴はあらかじめ期日を周知して、準備に時間をかけて開かれたはずだ。

　つぎに偶蹄類の年齢構成についてみてみよう。オジロジカでは生後間もない当歳獣を含む幼獣8個体、成獣1個体、リャマでは幼獣が3個体にたいし

て成獣1個体と推定された。2種そろって同じような齢構成を示していることに加え、オジロジカには当歳獣までが含まれていることを考慮すると、意図して若い個体を選好していたと考えられる。パコパンパⅡ期の骨資料全体においてもオジロジカの年齢構成が幼獣に偏ることを先述したが、その背景には饗宴のような儀礼的利用において若い個体が必要とされたことが影響しているのかもしれない。

次に骨格部位の出現頻度を見ると、オジロジカでは上腕骨や大腿骨など肉付きのよい部位が多く出土しているようにみえる。ただし、骨の強度との相関を見ると、頑丈な骨の出現頻度が高くなっており、必ずしも人為的な部位の選択がおこなわれていたとはいえない。頻度は低いながら足先まで全身の骨がひととおり見つかっていることを考慮すると、個体全身が持ち込まれ、饗宴に供されたと推定される。

骨資料には解体痕を留める資料の頻度が高く、小さなモリウサギの寛骨臼周辺にも鋭利な刃で股関節を断ち切った切創（cut mark）が観察された。丁寧に解体されている一方で、饗宴の文脈で見つかる動物の消費パターンは、神殿のほかの文脈で出土する動物と比べて、やや贅沢な食べ方がされていることも指摘できる。饗宴以外の文脈で見つかる骨はかなり細かく破砕され、骨髄を残さず取り出していたことをうかがわせるのだが、饗宴の残滓では骨の破砕が軽度で、骨の周経、全長の残存率とも、遺跡資料全体の平均よりも高かった。また当然というべきか、骨細工製作にかかわる加工の痕跡を持つものも存在しなかった。もっぱら食料として贅沢に動物を利用した残滓が集積したことが確認される。

さて、饗宴に供された動物の入手と準備に関わる上記のような特徴に加えて、饗宴が終わった後の、廃棄に関わる過程でも骨資料は特徴的な経過をたどったようだ。饗宴の廃棄物には、イヌやネズミなど、ゴミをあさる動物がかじった食痕が遺跡全体の平均よりも高い頻度で観察された。イヌの咬痕は遺跡全体では5%であるのにたいし、饗宴資料では20%を超えている。ネズミの咬痕も遺跡資料全体では2%にとどまるが饗宴資料では11%に検出される。いずれも統計的に有意な違いだ。骨資料がゴミ漁りをする動物に食い荒

らされるということは、骨の周りに食べ残しが付着していたこととも整合するが、同時に饗宴が終わった後も動物骨が埋められることなく地表面に放置されていた可能性を示唆する。

そこで、骨が地表に放置されることによって生じる骨表面の風化による損傷を調べた。古生物学者のアナ・ベレンスマイヤーは、地表に放置された動物骨が、時間の経過とともに崩壊していく過程を観察し、損傷を5つの段階に分類している（Behrensmeyer 1978）。パコパンパ遺跡の饗宴にともなう骨資料は、風化の初期段階である第1段階にすべての標本が分類された。アフリカのサバンナでの実験例では、第1段階の風化は1年以内に起こる。骨の崩壊速度は環境によって異なるため、この放置時間をアンデス高地にそのまま適用することはできない。ここでは、軽度とはいえ風化を生じる程度の時間にわたって饗宴の残滓が放置されていたことに注意しておきたい。

広場という人目に触れる場所で饗宴がおこなわれ、その残滓がしばらくの間埋められることなく人目にさらされていたことは、ほかの形成期神殿でも確認されている。カンパナユック・ルミ遺跡で饗宴の遺構を検出した松本雄一は、饗宴が神殿更新にともなう儀礼の一部としておこなわれ、その行為がその後の廃棄を含めて人々と神殿との関係を再生産し、集団の記憶の維持を促したと想定する（松本 2015）。饗宴行為が終わってゴミの集積になった後も、社会的記憶を呼び起こすための装置として利用されつづけたという解釈は、パコパンパ遺跡の事例を考える上でも有効な視点であろう。

（2）饗宴に見る世界観

パコパンパ神殿における饗宴行為の復元から、古代社会についてどのような知見をえることが可能であろうか。まず動物同士の関係、すなわち生物の食物連鎖に注意したい。アンデスのみならず中南米に生じた諸文化では、ジャガーなど捕食動物を神格化する宗教観念がある。アンデスではこれに加えてワニ、ヘビ、クモなど、いずれもほかの生物を殺し、捕食する動物に特別な意味を見いだしていた。食べるものと食べられるものという食物連鎖を

観察した人々は、捕食動物に対する恐怖と畏敬を抱き、ジャガーに代表される肉食獣に特別な地位を与えたのだろう。

動物の間の補食関係に敏感な人々にとって、饗宴はどのような意味を持っただろうか。多様な動物を食べることによって、饗宴の参加者が擬似的に捕食者の立場に置かれていることを、当然、意識したのではないか。饗宴に供された動物のなかにジャガーやピューマなどネコ科動物が含まれていないことは、単にそれらが希少で入手できなかっただけではなく、積極的にメニューから排除されていた可能性も考えたい。すなわち、捕食者の地位は饗宴参加者あるいはそのうちの一部が擬似的に担うことになることがあらかじめ想定されていたのではないだろうか。

動物の食物連鎖を象徴的な意味において人間社会にも導入することにより、権力者がほかの人々の上位に立ったとする想定は単純すぎるかもしれない。動物の骨を離れ、動物と人の関係に関する、考古学・文化人類学の知見を参照して、この想定の妥当性について検討しよう。

2013年のパコパンパ遺跡発掘調査において、第1基壇と第2基壇をつなぐ階段付近で1体の石彫が発見された（口絵4）。石彫に刻まれた男性の図像は口に牙をはやし、人間と超自然的なものとの融合を示していた。関雄二は、こうした人間と動物の合体について、権力者が霊的な存在との交流あるいは変身することによって宗教的な力を発揮し始めたとものとの解釈を示している（関 2015）。その解釈の根拠として、関は、権力の発生が顕在化する形成期後期以前には動物の身体の一部が図像化されていたこと、形成期後期になって動物と人間が一体化する現象が認められることを踏まえている。

形成期における図像表現は高度に様式化され、その意味を解釈することが難しい。しかし形成期に後続する地方発展期になると、図像表現はより具体的でストーリー性に富むものとなる。モチェ文化の土器に描かれた図像から王権の成立を論じた加藤泰建は、モチェの人々が形成期において存在していた動物観を明らかに継承していることを指摘し、現実の政治体系の頂点としての王を架空の超人間社会と擬人動物との関係において位置づけたと主張する（加藤 1992）。

動物の擬人化あるいは人の動物化は民族誌的現在における伝承のなかにも見いだされる。アマゾンに拡がるジェ諸族の神話には、ジャガーが代理父となって少年を育て、村人が動物に変身して火を盗みにジャガーの村におもむくといった語りが現れる（木村 1992）。

形成期から民族誌的現在まで共通するのは、「動物の世界と人間の世界がまざりあう」こと、そして超自然の世界のなかでの儀礼や物語が現実の人間社会に影響を与えるという構造である。

この理解をパコパンパ神殿における饗宴にあてはめると、権力者がジャガー人間として動物を食べてみせることの意味が了解される。また饗宴の残滓にヒトが含まれることを積極的に評価すれば、食べられる人間も用意され、シカやオポッサムなどと同列の被捕食者のなかに組み込まれたものとみなすことができるかもしれない。すなわち、動物の擬人化ではなく人の動物化によって、超自然の世界と現実の世界が連結されるのである。

8-4 おわりに

考古学調査のなかで、動物の骨資料がはたす役割として期待されることは、過去の人類集団がどのように環境を利用していたのか、人を含む生態系がどのように営まれていたのかについて情報を提供することだろう。具体的にいえば、動物を入手する範囲や季節、それぞれの種の利用方法など、おもに食糧資源の獲得と消費パターンに関する事柄に焦点がおかれるのがふつうである。

私たちの調査でもこうした具体的情報の収集は重視している。しかし分析の過程で感じることは、その動物がなぜ神殿に持ち込まれたのかを理解することの難しさである。古代アンデスの人々がなんらかの目的を持って神殿に運び、廃棄した動物の遺存体を、3000年以上の時間を経て、私たち研究者は手に取る。そこから、できうる限り情報を引き出し、古代の人々の生活、社会、文化に迫れることは、かえがたい意味を持つ。しかし、私たちがその

標本に学名の書かれたラベルをつけ、私たちの認識の体系に基づいて整理することで、形成期の人々がそれぞれの動物に仮託していた意味をくみ取ることができるのであろうか。たとえば、私たちは生物分類学の知識をもって、オジロジカとリャマを同じ偶蹄類に分類するが、形成期の人々もそれらを同じ分類群にあてはめることに同意するだろうか。野生種と人間が飼い慣らした生き物は、私たちが考える以上に異なる生物として受け止められていた可能性はあるのではないか。

本章では、図像に描かれた人間と動物が混沌として入り交じる世界観に着想して、いささか大胆なモデルを提示した。今後、これらの仮説を検証していく作業が必要になる。たとえばラクダ家畜の導入は、生き物の生殺与奪をにぎる不平等な関係を受容させ、人間同士の関係にもそれを敷衍する道をひらいたとする想定は妥当であろうか。たしかにパコパンパ遺跡ではラクダ家畜が導入されるパコパンパII期に権力者の存在が顕著になるが、より早い時期にラクダ家畜を導入した地域では権力の発生、あるいは社会の非対称性も先行して生じるのだろうか。家畜飼育と権力の発生を単純に結びつけることはもちろん飛躍だろう。しかし群居性の動物を管理するさまざまな技術のなかには、後世において権力が包含することになる軍事や労働の管理と親和性がたかい要素を見いだすことができるのも事実である。

また饗宴では、神殿周辺の環境から計画的に集められた多様な動物を食べることにより、参加者を擬似的に捕食者の立場におくことになったことを指摘した。饗宴行為を広場でおこなって、人々にこれを見せることを意識していたことに注意すれば、動物を食べることは、単に食事を楽しむということにとどまらない、社会的な意味が付与されていた可能性が考えられる。動物界の食物連鎖が社会の階層化にも拡張され、権力者の出現は生態系の頂点に立つ捕食動物の地位を擬したものとして受け入れられていったとする解釈は、検証するべき仮説となるだろう。

神殿における動物利用は権力の形成を媒介する行為として形成期社会において重要な意味を担っていた可能性が高い。動物骨資料の分析は、単に生業の復元をこえた意味を持ちうるのである。

引用文献

Behrensmeyer, A. K. 1978　Taphonomic and Ecologic Information from Bone Weathering. *Paleobiology* 4(2): 150-162.

Brotherstone, G. 1989　Andean Pastoralism and Inca Ideology. In J. Clutton-Brock (ed.), *The Walking Larder: Patterns of Domestication, Pastoralism, and Predation*, pp. 240-55. London: Unwin Hyman.

Goñalons, G. L. M. 2008　Camelids in Ancient Andean Societies: A Review of the Zooarchaeological Evidence. *Quaternary International* 185(1): 59-68.

Haudricourt, A. G. 1962　Domestication des animaux, culture des plantes et traitment d'autrui. *Homme* 2(1): 40-50.

Hayden, B. 2014　*The Power of Feasts: From Prehistory to the Present*. New York: Cambridge Universtiy Press.

Hodder, I. 1990　*The Domestication of Europe: Structure and Contingency in Neolithic Societies*. Oxford: B. Blackwell.

Ingold, T. 1980　*Hunters, Pastoralists, and Ranchers: Reindeer Economies and Their Transformations*. Cambridge: Cambridge University Press.

Kadwell M., M. Fernandez, H. F. Stanley, R. Baldi, J. C. Whweeler, R. Rosadio and M.W. Bruford 2001　Genetic Analysis Reveals the Wild Ancestors of the Llama and Alpaca. *Proceedings of the Royal Society B: Biological Sciences* 268(1485): 2575-2584.

Kolata, A. L. 1996　*Valley of the Spirits: A Journey into the Lost Realm of the Aymara*. New York: John Wiley & Sons.

Stiner, M. C. 1995　*Honor among Thieves: A Zooarchaeological Study of Neandertal Ecology*. Princeton: Princeton University Press.

Uzawa K. 2012　La difusión de los camélidos domesticados en el norte del Perú durante el Período Formativo. *Boletín de Arqueología PUCP* 12: 249-259.

Wheeler, J. C. 1984　On the Origin and Early Development of Camelid Pastoralism in the Andes. In J.Clutton-Brock and C. Grigson(eds.), *Early Herders and Their Flocks* (BAR International Series vol.202, Animals and Archaeology vol.3), pp. 395-410. Oxford: BAR.

Zuidema, R. T. 1992　Inca Cosmos in Andean Context. In R. Dover, K. Seibold, and J. McDowell(eds.), A*ndean Cosmologies through Time*, pp. 17-45. Bloomington: Indianapolis University Press.

鵜澤和宏　2007　「クントゥル・ワシ遺跡出土哺乳類遺体」『先史アンデス社会の文明形成プロセス』pp. 169-181、平成14-18年度科学研究費補助金基盤研究(S)研究成果報告書。

加藤泰建　1992　「牙と王冠―モチェの図象表現と王権」友枝啓泰・松本亮三 編『ジャガーの足跡―アンデス・アマゾンの宗教と儀礼』pp. 153-175、東京：東海大学出版会。

木村秀雄　1992　「構造と時間：北ジェ社会とジャガー伝承」友枝啓泰・松本亮三 編『ジャガーの足跡―アンデス・アマゾンの宗教と儀礼』pp. 1-25、東京：東海大学出版会。

シエサ・デ・レオン、ペドロ・デ　1989［1553］　『インカ帝国史』（大航海時代叢書第II期、第15巻）増田義郎訳、東京：岩波書店。

関　雄二　2015　「古代アンデスにおける神殿の登場と権力の発生」関雄二編『古代文明　アンデスと西アジア　神殿と権力の発生』pp. 125-166、東京：朝日新聞出版。

西澤弘恵　2015　「クントゥル・ワシ遺跡出土の土製品から見たアンデス文明」『Chaski』51：16-17。

松本雄一　2015　「第4章　神殿・儀礼・廃棄　聖なるモノとゴミの間」関雄二編『古代文明アンデスと西アジア　神殿と権力の発生』pp. 167-208、東京：朝日新聞出版。

第 9 章　埋葬人骨が語る社会

長岡朋人・森田　航

9–1　はじめに：生物考古学とは何か

人骨の生老病死へのアプローチ　古人骨とは遺跡から出土した古い人骨のことである。ヒト以外の霊長類はおおよそ熱帯から温帯に生息域が限定されるが、ヒトは極地から熱帯、太平洋の諸島まで分布する。ヒトは広い分布域ゆえに、世界中に過去に人々が生きた痕跡が残り、それはアメリカ大陸でも例外ではない。

自然人類学者は、解剖学や生物学の方法で考古遺跡から出土した骨を調査することによって、どのように生きて死んでいったのか、過去の人々の生老病死を明らかにしようと試みる。ヒトは地理的にも時間的にも幅広く変異を持って現在に至るため、ヒトの生老病死の地理的変異や時代的変異を調べることはヒトが過去にどのように生きてきたかを解明する有力な手がかりである。この分野はかつて骨考古学と呼ばれたが、研究対象は骨以外の組織まで広がりを持つものであるため、生物考古学と呼ばれる。生物考古学といえば、動植物遺存体も対象に入るが、ここではもっぱら考古学の現場から出土したヒトの遺体の研究を対象とする。

アリゾナ州立大学のクラーク・ラーセンの『生物考古学』によると、生物考古学が発展した背景は三つあるという（Larsen 1997）。第一に、資料が充実してきたということである。遺跡から出土した人骨は人類学の研究機関（大学や博物館）に所蔵されていることが多い。たとえば、アメリカのスミソニアン自然史博物館には3万点以上の人骨が所蔵されており、日本においても、人類学の研究を担う大学や博物館に数千に及ぶ古人骨が所蔵されている。生物考古学者にとって、人骨は過去の人々の生活様式を解釈するときの

重要な情報源である。第二に、理論や方法論が発達したことも重要である。人骨の鑑定法として、スタンダードとなる年齢推定、性別判定、身長推定などの分析法が考案されてきた。過去に生きた人体の一部を分析の対象とする実証的な研究により、現代の医学的水準で骨病変の同定や人骨の鑑定が可能になった。第三に、古人骨の集団研究が可能になったことが挙げられる。これまで、1体1体の人骨に見られる珍しい症例に、医師等が古人骨の病理学や病気の診断をおこなう研究が重視されてきた。しかし、この研究はケーススタディーとしてはすぐれているが、過去の人々の生老病死に十分にアプローチできない。多くの資料が蓄積されている中でも、集団としてのパターンや傾向が見逃されてきた。集団としての傾向とは、たとえば縄文時代人の齲蝕はどのくらいの頻度なのかというように、集団の中でどの程度の割合で病気を持っているかという傾向のことで、これまで注目されなかった。その点、生物考古学は、集団として古人骨を見ることで、複雑な社会政治的背景や異なる生業のもとで生活をする人骨集団どうしを比較することができる。ここでいう集団とは、たとえば「採集民」や「農耕民」などを指す。単純すぎる分類ゆえに、ヒトの適応様式の複雑さを十分に伝えられないという危惧があるものの、それでもなおこのようなカテゴリーは異なる集団の行動や適応の理解を助け、過去の生活様式を復元・解釈しやすくする利点がある。

いずれにせよ古人骨から古代人の病気や人口を探る試みによって、近代的な医学が発展する以前のヒトの生老病死にアプローチが可能であり、考古学や歴史学だけではなく医史学等の隣接領域に有用な知見を提供できる。本章では、ペルー北部高地の遺跡を舞台に、古人骨の生物考古学的研究の成果を紹介し、古代文明における権力生成の考察に向けた一助としたい。

9-2 パコパンパ遺跡の調査

パコパンパ遺跡は、ペルー北部高地、カハマルカ州チョタ郡に位置する形成期（前3000年〜前50年）の祭祀遺跡である。2005年から開始された国立

民族学博物館とペルー国立サン・マルコス大学の学術交流協定に基づく共同調査では、考古学、生物考古学、動物考古学、同位体生態学の分野横断的な体制がとられ、アンデス文明の成立過程が追究されてきた。形成期は神殿を中心に社会統合が図られていた時代で、パコパンパ遺跡は北部高地を代表する大規模神殿の一つである。形成期にはペルー北部高地にラクダ科家畜やトウモロコシに代表される農耕が拡散した。前述のラーセンのように、集団を単純に生業によって分類するならば、パコパンパの人々はアンデスの「農耕民」である。本章の目的は、2005〜2014年度のパコパンパ遺跡の発掘で出土した人骨を調査し、過去の人々の姿かたちや由来を明らかにするだけではなく、骨病変、殺傷痕、人口現象など、古人骨の生活論的な側面に着目し生活復元をおこなうことにある。なお、本章で扱う人骨は、第10章でとりあげる埋葬人骨に限定せず、埋土から出土した散乱人骨も含む。

9-3 パコパンパ遺跡出土人骨の死亡年齢・性別の構成 ——子どもの死をめぐって

　遺跡から出土した人骨は、性別、年齢が不明である場合がほとんどである。人骨から性別や年齢という生物学的な情報をえれば、古病理学・古人口学の基本的な情報になる。人骨の性別判定は、寛骨や頭蓋が残っていれば、およそ80〜90％の精度で分けることができる。頭蓋骨による性別判定は、男性の頭蓋骨の方が女性よりも大きく頑丈であることによって可能である。男性の頭蓋は眼窩上隆起や眉間がより発達し、側頭線、項線、乳様突起などの筋がつく部位が明瞭で頑丈である。また、男性と女性では、骨盤の解剖学的構造に機能差があり、女性の寛骨の大坐骨切痕は男性よりも広く恥骨が幅広い。一方、死亡年齢推定の指標としてもっともよく使われている指標は恥骨結合面や腸骨耳状面の形態変化である。若い成人では関節が滑らかで横線があるが、加齢とともにテクスチャーが荒くなるため、形態の観察から死亡年齢を推定できる。また、未成年の骨の年齢推定は、歯の形成・萌出の程度

第 2 部　遺物から読み解く権力生成

表 9-1　死亡年齢構成と性構成

死亡年齢（歳）	個体数			
	男性	女性	不明	合計
0	0	0	20	20
1–4	0	0	1	1
5–9	0	0	2	2
10–14	0	0	1	1
15–34	10	8	7	25
35–54	5	10	1	16
55＋	0	5	0	5
合計	15	23	32	70

表 9-2　簡易生命表

x	$_nD_x$	l'_x	l_x	$_nd_x$	$_nq_x$	$_nL_x$	$_nT_x$	e_x
0–4	21	70	1093.8	328.1	0.3	4648.4	27343.8	25.0
5–9	2	49	765.6	31.3	0.0	3750.0	22695.3	29.6
10–14	1	47	734.4	15.6	0.0	3632.8	18945.3	25.8
15–34	25	46	718.8	390.6	0.5	10468.8	15312.5	21.3
35–54	16	21	328.1	250.0	0.8	4062.5	4843.8	14.8
55＋	5	5	78.1	78.1	1.0	781.3	781.3	10.0
Total	70							

x, 年齢（歳）; Dx, x における死亡数 ; l'x, x における生存数 ; lx, 出生時を 1000 としたときの x における生存数 ; dx, 出生時を 1000 としたときの x における死亡数 ; qx, x における死亡率 ; Lx, Tx, x における定常人口 ; ex, x における平均余命。

や骨端軟骨の癒合の観察に基づく。

　パコパンパ遺跡から出土した人骨の最小個体数は、もっとも多く残存する頭蓋、下顎骨、歯から算出すると 70 体となる。その年齢構成は、46 体（65.7％）が 15 歳以上の成人、24 体（34.3％）が 14 歳以下の未成年であった（表 9-1）。46 体の成人のうち、性別判定ができた 38 体の男女比は 15：23 であり、性比は女性に偏っていた。そして、死亡年齢構成を男女で比較すると、55 歳以上の個体はすべて女性であり、男性より女性で高齢の個体が多

い傾向があった（$P = 0.06$）。また、未成年のうち、24体中20体が0歳以下で、その内訳は、胎齢8ヵ月が2体、胎齢9ヵ月が10体、胎齢10ヵ月が4体、0歳が4体であり、出生前後に死亡が集中した。表9-1の死亡年齢分布に基づき簡易生命表を算出した結果、出生した子どもが5歳に至るまでに23.4%、15歳までに28.1%死亡し、0歳時平均余命は25.0歳、15歳時平均余命は21.3歳であった（表9-2）。

　この推定値を見るとパコパンパの人々の短命傾向が読み取れる。平均寿命が80歳を超える現代に生きるわれわれから見るとその短命傾向は顕著である。しかし、古人口学のデータを使って過去の人口現象にアプローチするときには、いくつかの前提が必要である。まず、古人骨標本がその地域に当時居住していた人々の人口構造を反映しているということ、次に、死亡年齢や性別の推定方法が信頼に足るものであるかということである。古人骨から人口分析をする場合には、これらが十分に満たされているものと仮定する必要がある。今回、70体という個体数で形成期の人口構造に言及するのは難しいが、パコパンパ遺跡出土人骨のように未成年の個体が集団全体の約3割を占めることは近代以前の人類集団には珍しいことではない。たとえば1960〜1970年代の狩猟採集民のDobe !Kung（クン）や宗門改帳に記録された江戸時代人でも未成年、とくに乳児の高い死亡率を認める。ペルーの古人骨の先行研究からも南海岸のプエブロ・ビエッホ遺跡のナスカ期（前400年〜後550年）、ワリ期（後600年〜後1100年）、チンチャ期（後1100年〜後1412年）で胎児や乳児の死亡が集団全体の3〜4割を占める（Drusini et al. 2002）。その点では、この結果は当時の姿を反映していると考えても無理はない。

9-4 ｜ パコパンパ遺跡出土人骨に見られた齲蝕
　　　　　──生業と齲歯率との関係

　生物考古学において、生業復元との関連で齲蝕ほど研究されているものはない。齲蝕は、炭水化物の発酵によって生じた酸によって歯の硬組織が局所

第 2 部　遺物から読み解く権力生成

表 9-3　永久歯の齲歯率の集団比較

遺跡	時代	歯数	齲歯数	齲歯率（％）[1]	有意差[2]
パコパンパ遺跡	形成期	738	137	18.6	
クントゥル・ワシ遺跡	形成期	826	139	16.8	ns
クントゥル・ワシ遺跡	カハマルカ期	566	183	32.3	**

1. 齲歯率＝齲歯数 / 歯数 × 100
2. パコパンパ遺跡との有意差検定の結果である。ns: 有意差なし、**: $P < 0.01$

的に脱灰されていく過程である。ラーセンによると、齲歯率は生業と相関がある（Larsen 1997）。狩猟採集民の齲歯率は 1.7％、農耕民は 8.6％、両者の混合は 4.4％である。ウッドランド東部では 16〜17 世紀にトウモロコシの栽培と消費が集中的におこなわれたが、齲歯が増えた原因はおもにトウモロコシに含まれるスクロースである。スクロースは単糖類であり、口腔内の細菌で代謝されやすい。また、栽培植物以外による齲歯率の増加も報告されており、テキサス中央部の狩猟採集民は農耕民に匹敵するほどの齲歯率を示した。これは、粘着質の高い炭水化物より構成される野生植物を消費したことによるものである。その意味で、農耕民であるパコパンパの人々の口腔衛生はどうであったのかは興味深い課題である。

　パコパンパ遺跡から出土した永久歯は 738 点あり、そのうち 137 点（18.6％）に齲蝕を認めた。そのうち男性は 339 点中 63 点（18.6％）、女性は 399 点中 74 点（18.5％）に齲蝕を認め、男女間には頻度に有意差がなかった（$P > 0.05$）。齲歯が現れる部位は男女とも上下顎とも隣接面に多く、複数部位の齲蝕や歯冠全体の齲歯が続いた。この齲歯率は、ラーセンが報告した農耕民の 8.6％よりもはるかに高く、パコパンパの人々の生業が農耕であったことを裏づける結果である。

　パコパンパ遺跡の齲歯率（18.6％）を、ほぼ同時代の遺跡と考えられるクントゥル・ワシ遺跡と比較した（表 9-3）。クントゥル・ワシ遺跡は、パコパンパ遺跡の南およそ 90 キロに位置する形成期の祭祀遺跡である。日本調査団による発掘調査が 1988 年より 2002 年まで実施され、形成期もイドロ期

（前950年〜前800年）、クントゥル・ワシ期（前800年〜前550年）、コパ期（前550年〜前250年）、ソテーラ期（前250年〜前50年）の4期に細分される。このうち、クントゥル・ワシ期、コパ期にあたる金製品を副葬した墓が多数発見されている。クントゥル・ワシ遺跡は、形成期以外にもカハマルカ前期（後200年〜後450年）〜カハマルカ中期（後450年〜後900年）の人骨が出土しており、比較するには最適といえる。クントゥル・ワシ遺跡出土の人骨については、2010年の8月から9月にかけて、クントゥル・ワシ調査団の許可をえて、パコパンパ遺跡のデータとの比較に限定した再分析を森田が実施した。分析の結果、クントゥル・ワシの形成期人骨は826点中139点に齲蝕を認め、齲歯率は16.8％であった。カハマルカ期人骨は566点中183点に齲蝕を認め、齲歯率は32.3％であった。フィッシャーの直接確率検定では、パコパンパ遺跡とクントゥル・ワシ遺跡の形成期人骨との間には有意差は認められなかったが、クントゥル・ワシ遺跡のカハマルカ期とは1％水準で有意差が認められた（$P<0.01$）。結論として、パコパンパ遺跡の人骨は、クントゥル・ワシ遺跡の形成期と同様に10％を超える齲歯率を示し、それはクントゥル・ワシ遺跡のカハマルカ期には及ばないものの北米の農耕民をはるかに超える高い水準であることがわかった。また、この結果は形成期からカハマルカ期に栽培植物への依存がさらに高まったことを示唆するものである。

9-5 貴人墓の発見——階層社会の始まり

　古代アンデスの社会が複雑化する過程において、人々の間に社会階層が現れた場合、古人骨からどのようにアプローチが可能であろうか。これまで社会の階層と骨の形態・病理は深い関わりがこれまで示唆されてきた。
　前述した齲蝕についても、階層が高いほど齲歯が多い事例やその逆の事例が報告されてきた（Larsen 1997）。エジプトの王国期や日本の江戸時代では、階層が高いほど齲歯が著しかったが、一方、ハンガリーの中世人や中米マヤ

第 2 部　遺物から読み解く権力生成

図 9-1　人工頭蓋変形が施された頭蓋（成人女性、上面観）　撮影　長岡朋人

文明の古典期では階層が高い人々が低階層の人々よりも齲歯率が低かったとされ、上位階層が植物性食料よりも肉を食していたことにその理由が求められている。

階層と齲歯の関係はわかりにくいが、人工頭蓋変形との関係は明瞭である。人工頭蓋変形は世界各地で認められ、とくにペルーやチリではインカ帝国期以前に多数の事例がある。頭蓋は乳幼児期に板や布などで圧迫することで人工的に形態を変化させることができる。頭蓋の前後に板をはさんで紐で結んで頭を前後につぶしたり、頭蓋にぐるりと布を巻きつけて頭蓋を上後方に突出させて円錐型にしたり、意図的に頭の形を変形させる。人工頭蓋変形は社会的な地位の高さの象徴としておこなわれるものである（Ortner 2003）。

パコパンパ遺跡の発掘でもっとも大きな発見の一つは貴人墓の発掘である。2009 年の発掘は神殿の中央部におよび、祭祀を担ったと思われる女性の墓が発見された（図 1-12）。年代は前 800 年頃と考えられる。被葬者の頭蓋には赤色顔料として硫化水銀、青色顔料として藍銅鉱がかけられていた。副葬品として、貝製装飾品、極小の管玉やビーズ玉、金製の耳輪や板状耳飾りが目を引くものである。ビーズ玉を貫く紐のような繊維も残っており、右の大腿骨の周りに沿うように一巡していた。金製品は乳様突起や外耳孔の近くに位置し、耳飾りと考えられる。これらはアメリカ大陸で最古級の金製品である。さらに注目を集めたのは、頭蓋が生前に人為的に変形した痕跡である。被葬者の後頭骨は扁平につぶれ、頭蓋冠は前後に短く、内外側に広い形

を呈する（図9-1）。脳頭蓋最大長は154mm、脳頭蓋最大幅は182mm、脳頭蓋の長さと幅の比率（脳頭蓋長幅示数＝脳頭蓋最大幅/脳頭蓋最大長×100）は118.2で、きわめて幅広い頭蓋冠であった。また、身長は160cmを超え、男性の平均身長すらも上回るものである。本例はパコパンパ遺跡における人工頭蓋変形の最初の事例である。

　その後、2010年以降のパコパンパ遺跡の発掘では金銀の金属製品をともなう人骨がさらに2体出土した。これまでパコパンパ遺跡から発掘された金属製品をともなう人骨はいずれも女性であった。そのうち2体は人工頭蓋変形が施されており、パコパンパの人工頭蓋変形は社会階層の高さを反映するものと考えて矛盾はない。

　同様の事例はペルー北高地に位置する同じ形成期のクントゥル・ワシ遺跡でも認められた（Matsumura et al. 1997）。しかも人工頭蓋変形が認められた被葬者は、いずれも金製品を伴った墓に埋葬されていた。これらの墓の年代は前1000年頃から前250年頃にあたる。副葬品や人骨の形質から見て、本例の人工頭蓋変形は社会階層の高さを反映するものと推察され、形成期のアンデスにおいて人工頭蓋変形は当時の社会階層を反映した特徴と想定することができる。

　驚くべきことに、人工頭蓋変形は頭の骨が成長している子ども期に施されるため、すでに子どものときに社会階層が決定していた可能性が示唆される。また、パコパンパ遺跡から出土した人骨のうち、成人男女1体ずつと胎齢9ヵ月児の3体に顔料の痕跡を認めたが、顔料は貴人墓の女性に施されていただけではなく、出生前後の個体にも認めた。顔料もまた社会的地位を反映するものならば、人工頭蓋変形からも示唆されるように出生前後にすでに社会階層が分化していた可能性が高い。

9–6 古代アンデスの推定身長——高身長なパコパンパの人々

　次に身長からパコパンパの人々の特徴を探ってみたい。古代人の姿かたち

第 2 部　遺物から読み解く権力生成

表 9-4　推定身長の遺跡間比較

遺跡	年代	男性 個体数	男性 平均(cm)	女性 個体数	女性 平均(cm)	文献
パコパンパ	1200-500BC	6	160.2	14	150.0	本研究
クントゥル・ワシ	1000-250BC	4	157.4	2	142.0	Matsumura et al.（1997）
ワカロマ	1500-550BC	1	151.7	2	135.0	Matsumura et al.（1997）
ナスカ	400BC-550AD	3	161.3			Drusini（1991）
ワリ	600-1100AD	15	158.7	17	145.4	Drusini（1991）
チンチャ	1100-1412AD	2	155.1	2	146.7	Drusini（1991）

（注）ナスカ、ワリ、チンチャの年代は Drusini による

を復元する手がかりとして、長骨から身長を推定する方法がある。今回、パコパンパ遺跡出土人骨の身長推定をおこなったが、Genovés の式に基づいたパコパンパ遺跡出土人骨の推定身長は、6 体の男性の平均が 160.2cm、14 体の女性の平均が 150.0cm であった。

　パコパンパ遺跡から出土した人骨の推定身長をペルーのほかの遺跡から出土した人骨の身長（長岡他 2011 を参照）と比較してみた（表 9-4）。ペルー北高地のクントゥル・ワシ遺跡の形成期人骨の男性 157.4cm、女性 142.0cm、そしてやはり同時代の遺跡と考えられるワカロマから出土した形成期人骨の男性 151.7cm、女性 135.0cm と比較しても、男女ともに数 cm 高身長であった。また、ペルー南海岸のプエブロ・ビエッホ遺跡のナスカ期（前 400 年～後 550 年）の男性 161.3cm、ワリ期（後 600 年～後 1100 年）の男性 158.7cm、女性 145.4cm、チンチャ期（後 1100 年～後 1412 年）の男性 155.1cm、女性 146.7cm と比較してもパコパンパ遺跡出土人骨は男女ともに高身長であった。また、貴人墓から出土した女性の身長が男性と比べても高身長であるということは人工頭蓋変形と並んで興味深い知見である。

9-7 パコパンパ遺跡出土人骨に見られた外傷
―― 形成期における暴力行動の証拠

　ではパコパンパの人々がとった行動について生物考古学の視点から迫ってみたい。ここで注目するのは暴力である。考古学的証拠から戦争や闘争を復元する場合には、要塞、防御施設、セトルメント・パターン、武器、図像、シンボルが重要な証拠である。古代アンデスにおいても、外傷や暴力行動の復元は重要である。たとえば、形成期以後の地方発展期になると、土器や壁画に軍事的な側面の表現が増大し、戦闘や供儀に供せられる場面が描かれた。また、直接の証拠としては、人骨に見られる槍傷、斬首、切断、変形、頭皮剥離、陥没骨折の痕跡がある。これらの症例を見つけることができれば、確実に外傷や暴力行動の存在を実証できる。

　生物考古学の大きなトピックとして、外傷の罹患率や死亡率は環境、文化、社会が古代人の行動にどのように影響を与えたかを評価する手がかりになる。骨に残された傷が人為的なものであるか同定することは過去の暴力行動の理解には必要である。しかし、直接の死因となった死亡直前の武器の損傷と、死亡後の損傷を肉眼で区別するのは難しい。それは、死後しばらく放置されていた人骨にはイヌやネズミによる咬み傷が残ることも珍しくない。発掘時にシャベルなどで傷がつけられることもある。人為的な傷だと思っていたものがネズミの咬み痕であれば、人骨に残された傷の解釈が大きく異なる。人骨の外傷の痕跡は亀裂、風化、根の汚れ、食肉類やげっ歯類の嚙み傷と混乱しやすい。生物考古学者は、まず骨が埋蔵される過程で起こる分断、分解、損傷、移動、集積などの要因を外傷と区別することによって傷を解釈する。

　外傷のうち、古病理学でもっともよく研究されている事例は骨折である。現代でも交通事故などによって骨折は容易に起きるためわれわれにとっても身近な病気である。骨折は、骨の連続性が完全もしくは不完全に絶たれた状態、つまり、骨が一部もしくは全体で折れたり、つぶれたりした状態のこと

をいう。骨折は骨折方向や外力のかかり方によって分類される。螺旋骨折・斜め骨折は骨がねじれたときに骨折線が螺旋状もしくは斜めに起こる骨折、横骨折は骨折線が長軸に対して垂直方向の骨折である。若木骨折は、若い個体に起こりやすい骨折で、骨に弾力があるために骨が完全に壊れない骨折である。剥離骨折は筋の急な引っ張りによって骨の一部が引き離される骨折であり、粉砕骨折は交通事故など非常に強い外力が加わったとき骨が破砕する。圧迫骨折は圧縮応力が骨に加わることによって起こる骨折であり、椎骨の骨梁構造が疎になっているときに起こる。古人骨の骨折の場合、骨折部位がずれたまま仮骨形成し、転位した治癒痕が観察されることがある。運よく大きなずれがなく癒合する場合があるが、重度の骨折の場合は骨端線のずれが離れたまま偽関節を作る。

　骨折の傾向は年齢や性別によっても異なり、古代と現代と比較しても異なる様相を呈する。ラーセンは、古代から現代までの骨折の傾向を以下のようにまとめた（Larsen 1997）。まず、中石器時代以後の人骨と現代のヨーロッパ系アメリカ人では、成人男性が成人女性よりも骨折が多かった。これは成人男性が外傷要因に接することが多いためである。次に、老年女性が老年男性よりも骨折が多かったが、これは女性が閉経後に骨量が減少するためである。第三に、現代人では大腿骨頸部の骨折が多かったが、これは自動車、階段などの技術や都市生活に頼っていることによって起こりやすいためである。

　また、生業によっても階層によっても骨折の傾向が異なる（Larsen 1997）。北米東ウッドランド、南西部、テキサスでは、狩猟採集から農耕に移行すると骨折は減少した。骨折の多くは低階層の個体であり、高階層の女性では骨折は皆無であった。定住は事故が少ない生活様式であり、高地位のエリート女性は事故の原因となる活動とは無縁であったと考えられる。ときには、高い地位の男性が低地位の男女よりも頻度がはるかに高い場合もあるが、ほとんどの骨折は暴力によるものである。

　ここで、パコパンパ遺跡から出土した人骨を資料として、外傷や暴力行動の痕跡を探した結果、7体の人骨に興味深い所見がえられた。このうち骨折

第 9 章　埋葬人骨が語る社会

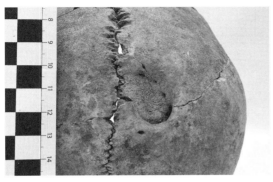

図 9-2　右頭頂骨に陥没骨折を認めた頭蓋（成人男性、上面観）　撮影　長岡朋人

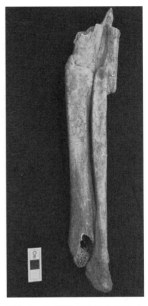

図 9-3　治癒痕がある右脛骨と右腓骨の骨折（成人男性、前面観）　撮影　長岡朋人

は 5 体、脱臼は 1 体、斬首にともなうカットマークが 1 体に認めた。

　まず、骨折は 3 体で頭蓋の陥没骨折、2 体で下腿骨の骨折である。頭蓋の陥没骨折は 2 体の成人女性頭蓋と 1 体の成人男性頭蓋に認めた。1 例目では女性の右頭頂骨の後ろに径 1cm 程度の陥没骨折を、2 例目では女性の左頭頂骨の後ろに径 2cm 程度の楕円形の陥没骨折を、3 例目では男性の右頭頂骨の矢状縫合外側に径 2cm 程度の楕円形の陥没骨折を認めた（図 9-2）。いずれの骨折も陥没部に骨新生により周囲と滑らかな境界を呈するため受傷後しばらく生存し治癒した症例である。陥没骨折の原因は不明であるが、骨折が後頭部に集中していることから、偶発的よりもむしろ人為的な損傷を想定することが可能である。

　次に、2 体の成人男性の下腿骨の骨体部の骨折を認めた。1 例目は左腓骨の遠位端が前外側に骨折し、位置がずれた状態で骨塊形成した痕跡である。2 例目は左脛骨と左腓骨の骨体の上下で骨体軸がずれ、骨折下部が前方転位しながら脛骨と腓骨が同時に骨塊形成した痕跡である（図 9-3）。いずれも偽関節の形成がないため、受傷後に骨折部位の上下が離れないように固定され

259

第 2 部　遺物から読み解く権力生成

図 9-4a　脱臼の痕跡がある右上腕骨、右橈骨、右尺骨（成人女性、前面観）　撮影 長岡朋人

図 9-4b　脱臼の痕跡がある右上腕骨、右橈骨、右尺骨（成人女性、後面観）　撮影 長岡朋人

たものである。これは、生活に支障があるほどの障害を抱えていた個体が周囲の手助けをえながら生きながらえた証拠である。

　さらに、脱臼の症例もまた著しい。成人女性の右肘関節に著しい脱臼の痕跡を認めた（図 9-4a、9-4b）。右上腕骨の外側上顆の後ろには骨棘・小孔をともなう新たな関節面、右上腕骨滑車や肘頭窩には骨棘の発達を認めた。また、右橈骨の橈骨粗面の外側には小孔を伴った窪み、右尺骨尺骨粗面には小孔を伴った新たな関節面と滑車切痕・肘頭には骨棘を認めた。肘関節の変形は、回内屈曲位で前腕に強い力が加わって上方に転位・固定したためであり、治癒後にも右の肘関節の可動性を大きく制限した。このような脱臼は、前腕を曲げた状態で大きな荷重が加わったために生じたことが示唆される。この症例は、当時のパコパンパの尋常ならぬ生老病死の一端を示唆する貴重な症例である。

　特筆すべき所見として、後頭骨の右後頭顆、下顎骨の左右左下顎枝後縁、

260

下顎体下縁、環椎の左上関節突起、左上関節突起より後方の付け根、右下関節突起より前方の付け根、そして右下関節突起後方の椎弓にカットマークを認めた事例があげられる（図9-5）。これらのカットマークは環椎を境に刃物が当てられた痕跡であり、生前であれば椎骨動静脈などの軟組織を損傷した致命的な傷であった。これらのカットマークは頭蓋の離断にともなうものと推察され、いずれも治癒痕がなく、また色調も周囲と同一であるため、死亡前後に受傷した傷であると推察される。

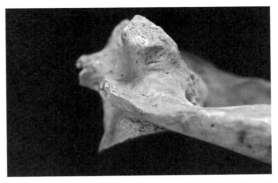

図9-5 左上関節突起にカットマークを認めた頸椎（成人男性、後面観） 撮影 長岡朋人

　以上、これまでパコパンパ遺跡から出土した人骨からは、骨折、脱臼、殺傷痕が認められており、外傷を持つ7体は出土した成人骨全体の1割強の頻度を占める。骨折や脱臼はいずれも治癒痕をともなうもので致命傷にはならなかったが、正常な人体構造の障害によって生活に支障をともなうものであったと想像するに難くない。

　パコパンパの外傷の頻度は後の時代のワリ期（後700年～後1100年）（約10～30％）（Tung 2008）と同程度かやや低かった。ワリ期になると、帝国の勃興によってペルー全土で暴力行動が頻繁になるが、形成期の暴力行動がワリ期ほどではないもののそれに匹敵しうる凄惨さを持つ実証例は貴重である。パコパンパにおける証拠は、先史時代の比較的初期に暴力があったことを示すが、外傷に至る闘争は後に頻度が増大し、地方発展期（後1年～後700年）やワリ期（後700年～後1100年）には人口増大、定住、社会の複雑さの増大によっていっそう社会的緊張が増した。農耕民は、北米では外傷が少ないと考えられたが（Larsen 1997）、アンデスの形成期ではすでに著しい症例を呈しており北米と対照的である。これらが神殿から出土した人骨に認められたこと

から、儀礼的な暴力行動と神殿活動との関連が興味深いが、今後類例をペルーのほかの遺跡に求め、パコパンパ遺跡の暴力行動の意義を議論することも意義深い。

9-8 パコパンパ遺跡から出土した人骨に見られるクリブラ・オルビタリア

　最後に、上述の暴力の問題を栄養状態と結びつけながら考察してみたい。生物考古学におけるストレスは、劣悪な生活環境に起因する生理的破綻と定義される（Larsen 1997）。栄養障害に関する古病理学的な指標は、たとえばクリブラ・オルビタリア、エナメル質減形成、ハリス線が挙げられる。今回、パコパンパ遺跡から出土した人骨に見られたストレスの痕跡を探るため、クリブラ・オルビタリアに焦点を絞って、彼らを取り巻いた身体的なストレスを明らかにしたい。

　クリブラ・オルビタリアは眼窩上壁に篩状の小孔を呈する病変である。その原因として、地中海貧血や鎌状赤血球貧血のような遺伝的な疾患も考えられるが、マラリアが流行していない地域にも幅広く分布していることが多い。病的疾患ではない場合、想定できる要因としては、栄養障害を原因とした骨髄の代謝性過形成があげられ、鉄の欠乏が関連している。たとえば、食べ物自体に含まれる鉄の不足、フィチン酸塩（ナッツ、穀物、豆に含まれる）、タンニン酸塩（植物性タンパク質、茶やコーヒーに含まれる）などの鉄の吸収を阻害する食べ物の過剰摂取、住血吸虫症や鉤虫などの寄生虫感染による消化管出血、成長スパートにおける鉄の需要の増大などである。クリブラ・オルビタリアは一般に子どもの頻度が大人よりも高く、子どものときに貧血になることで症状が現れるが大人になると治癒することが多い。

　クリブラ・オルビタリアは生業や生活環境とも関わりがある（Larsen 1997）。その発症頻度は、定住、人口増大、海洋資源、トウモロコシ農耕によって増大するとされる。たとえばカリフォルニア州サンタバーバラの先史

時代後期の狩猟採集民はトウモロコシ農耕への依存を高めることによってクリブラ・オルビタリアが増大し、ペルーでも高地よりも海岸の集団で高頻度のクリブラ・オルビタリアが見られた（Larsen 1997）。この場合、鉄の欠乏性貧血の原因を栄養不足に求めることもできるが、生魚や調理が不十分な食べ物の摂取による寄生虫感染がもたらしたと考えることもできる。

　今回、パコパンパ遺跡におけるクリブラ・オルビタリアを調べたが、成人27体中3体に認められ、その頻度は11.1％であった。この頻度は、先行研究（Blom et al. 2005）によって発表された海岸部の頻度23.1％よりも低い傾向があった。いいかえれば鉄欠乏性貧血に罹る人が少なかったことになり、その疾患の具体的要因とされるトウモロコシへの依存や寄生虫感染も少なかったことが予想されるのである。実際に同位体生態学による分析でも、パコパンパの形成期のトウモロコシ利用は徐々に増大しているものの、後の時代には及ばない程度であったことが報告されている（瀧上 2015）。また海洋生物資源の不適切な処理や利用も鉄欠乏性貧血の要因としては排除できそうである。パコパンパでは、海水性の魚の出土はあるもののわずかであり、貝も装飾品としての利用がおもであったと考えられる。さらに冷水刺激によって外耳道に形成され、水夫やサーファーに症例が多いとされる外耳道骨腫の症例がパコパンパで皆無である点もこれを裏づけるものであろう。その意味で、外耳道骨腫の事例報告があるクントゥル・ワシ遺跡においてもクリブラ・オルビタリアの分析をおこない比較することは新たな研究の展開につながると思われる。将来の課題としておきたい。

　このようにパコパンパではクリブラ・オルビタリアの頻度は低いのだが、発症している個体を個別にみていくと興味深い点が明らかになった。クリブラ・オルビタリアを認めた3体中2体には前節で考察した外傷を伴っていたのである。ここには明らかな相関関係が認められる。これまで述べてきたように、クリブラ・オルビタリアは鉄欠乏性貧血で起こると考えられてきた。その意味でこの2例もそこに原因を求めてもよいのかもしれないのだが、これでは暴力の背景を説明できないのが難点である。そこで最近注目される、巨赤芽球性貧血をクリブラ・オルビタリアの要因としてあげる説を紹介して

おきたい（Walker et al. 2009）。

　巨赤芽球性貧血のおもな要因として考えられるのはビタミン B_{12} の不足である。具体的には、肉の摂取不足、植物食に偏った食生活、そして不衛生な環境による寄生虫感染などが考えられる。この説が興味深いのは、巨赤芽球性貧血によって骨髄の代謝性過形成だけではなくうつ、せん妄、錯乱などのさまざまな神経症状が引き起こされるという点である（Walker et al. 2009）。仮にパコパンパのクリブラ・オルビタリアの原因を鉄欠乏性貧血ではなく、巨赤芽球性貧血に求めるとするならば、暴力の原因を神経疾患と結びつけることも可能となる。もちろん最初に紹介した鉄欠乏性貧血によるクリブラ・オルビタリアを否定することは難しいが、巨赤芽球性貧血を引き起こすビタミン B_{12} の不足の原因として、トウモロコシに偏った食生活や寄生虫感染があると想定するならば、鉄欠乏性貧血を原因とする解釈とも矛盾は生じない。巨赤芽球貧血に原因を求める説をとるにしても、ビタミン B_{12} には不足し、神経症状が発症する可能性がある。ただし、こうした神経疾患を発症した人物が好戦的になり、暴力行為および相手からも暴力を受けたと単純に解釈するつもりはない。古今東西、宗教的職能者が現代医学でいうところの神経疾患に罹っているケースが数多く報告されていることからも、神経疾患を社会がどのように受け入れたかを慎重に考察する必要があるからだ。いずれにしても、アンデスにおける暴力行動は社会の複雑化の過程と栄養の摂取不良とを関連させることで、新たな知見を導き出すことが可能となると考えている。

9-9 結論——パコパンパの人々の生活の実像

　パコパンパ遺跡から出土した古人骨に基づいて、当時の生老病死の復元を試みた。彼らの生活の実像は、以下の通りにまとめられる。アンデス文明の形成期の人々の生老病死の全体像を明らかにした研究は今回が最初である。

　(1) 階層化の始まり：人工変形した頭蓋、顔料、そして金製品の副葬から

見て、形成期に階層の分化が始まったことが示唆された。
(2) 姿かたち：パコパンパの人々は、同時代のほかの遺跡に比べて身長が高い傾向があった。ときには階層が高い人には人工的に変形した頭蓋を認めた。
(3) 人口構造：近代以前の社会として子どもの死亡率が高いという一般的な傾向を呈していた。
(4) 病気：齲蝕が多く、2割の歯が齲蝕に蝕まれていた。また、クリブラ・オルビタリアの頻度から、寄生虫感染やトウモロコシへの依存は少なかったことが示唆された。さらに、1割強の人々には骨折や脱臼、ときには殺傷痕を認めたが、大怪我をしてもほとんどは治癒に至った。

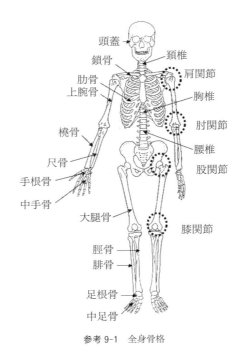

参考 9-1　全身骨格

引用文献

Blom, D. E., J. E. Buikstra, L. Keng, P. D. Tomczak, E. Shoreman and D. Stevens-Tuttle 2005 Anemia and Childhood Mortality: Latitudinal Patterning along the Coast of Pre-columbian Peru. *American Journal of Physical Anthropology* 127: 152-169.

Drusini, A. G. 1991 Skeletal Evidence of Three Pre-Columbian Coastal Peoples from Nasca, Peru. *Homo* 42(2): 150-162.

Drusini, A. G., N. Carrara, G. Orefici and M. Rippa Bonati 2002 Paleodemography of the Nasca Valley: Reconstruction of the Human Ecology in the Southern Peruvian Coast. *Homo* 52(2): 157-172.

Larsen, C. S. 1997 *Bioarchaeology. Interpreting Behaviour from the Human Skeleton*. Cambridge: Cambridge University Press.

Matsumura, H., Y. Onuki, Y. Kato, R. Matsumoto, T. Ushino, Y. Seki, K. Inokuchi and H. Hashimoto 1997 Human Remains from the Kuntur Wasi, Huacaloma, Loma Redonda and Kolgitin Sites in the Cajamarca Region, Peru. *Bulletin of the National Science Museum, Tokyo, Series D, Anthropology* 23: 1-28.

Nagaoka, T., Y. Seki, W. Morita, K. Uzawa, D. Alemán P. and D. Morales C. 2012 A Case Study of a High-status Human Skeleton from Pacopampa in Formative-Period Peru. *Anatomical Science International* 87: 234-237.

Ortner, D. J. 2003 *Identification of Pathological Conditions in Human Skeletal Remains*. New York: Academic Press.

Tung, T. A. 2007 Trauma and Violence in the Wari Empire of the Peruvian Andes: Warfare, Raids, and Ritual Fights. *American Journal of Physical Anthropology* 133: 941-956.

Walker, P. L., R. R. Bathurst, E. Richman and T. Gjerdrum 2009 The Causes of Porotic Hyperostosis and Cribra Orbitalia: a Reappraisal of the Iron-deficiency-anemia Hypothesis. *American Journal of Physical Anthropology* 139: 109-125.

瀧上舞 2015 『先スペイン期のアンデス地域における食資源の活用とその時代変遷に関する同位体生態学的研究』東京大学博士論文。

長岡朋人、森田航、関雄二、鵜澤和宏、井口欣也、フアン・パブロ・ビジャヌエバ、ディアナ・アレマン、マウロ・オルドーニェス、ダニエル・モラーレス 2011 「ペルー、パコパンパ遺跡から出土した人骨の生物考古学的研究」『古代アメリカ』14: 1-27。

第 10 章　パコパンパ遺跡の埋葬からみた権力生成

関　雄二

10-1 はじめに

　考古学において埋葬は、被葬者の生前の社会的地位を示す証拠として古くから分析の対象となってきた。また近年では、被葬者よりも埋葬を指揮した人物や社会のあり方に注目する論考も目立ってきた。とくに後者は、埋葬が、残された人たちの問題であることを考えれば自然な見方ともいえる。本章でも、この双方の観点からパコパンパ遺跡の埋葬を通じた社会、とくに権力生成について論じてみたい。

　パコパンパ遺跡の埋葬については、これまで論文の中で部分的に触れてきた（関 2010, 2015; Seki 2014; Seki et al. 2010）。そこで扱われたのは、金製品などの副葬品をともなった埋葬に限られた。具体的には、2009 年に遺跡の中核部である中央基壇の内部で発見されたパコパンパ II 期にあたる「パコパンパ貴婦人の墓」である。以下に述べるようにほかの埋葬と比べて特異な形態、副葬品の質と量からみても、注目に値する埋葬である。

　一方でパコパンパ遺跡では、2005 年の調査以来、数多くの埋葬が検出されており、登録数は「パコパンパ貴婦人の墓」（以下「貴婦人の墓」と記す）を含めて 75 を数える。現在、これらの資料について、形態的特徴、同位体分析による食性解析など可能な限りの分析を進め、その成果の一部は本書にも収められているが、考古学的考察となると本章が初めてとなる。ここで埋葬を総合的に考察することで、これまで漠然としていた「貴婦人の墓」の特異性もより顕在化すると考えられる。

　なお本章では、死体を土中に葬る行為を「埋葬」、被葬者が葬られた空間を「墓」と呼ぶことにする。また埋葬においては、一定期間後に取り出し、

別の場所に葬る二次埋葬の例が知られているが、パコパンパにおいては報告されていない。

10-2 埋葬の全体的特徴

　分析対象となるのは、パコパンパ遺跡において 2005 年から 2015 年までに出土した埋葬すべてである。まず埋葬を時期別に表にまとめてみた（表 10-1）。表には時期、埋葬の登録番号、被葬者の性別、年齢、頭位方向、人工頭蓋変形の有無、埋葬姿勢、墓の形態、朱（硫化水銀）の有無、副葬品を分析項目としてつけ加えた。このうち、時期については、I 期と II 期の区分のみならず、IA、IB、IIA、IIB のサブフェイズまで細分した。また性別と年齢、また頭蓋変形の有無については、自然人類学者である長岡朋人の分析結果を使用した。

　まず墓の総数であるが、全体で 75 基を数え、被葬者は 113 体にのぼる。墓の数と被葬者数とが一致しないのは、一つの墓に複数の被葬者が葬られている合葬が認められるためである。合葬墓は 18 例を数え、墓の総数の 24％を占める。

　つぎに全体的な特徴として性別に注目してみよう。骨に性的特徴が発現する前の胎児や子どもが被葬者の場合、もしくは骨の保存状態が悪いために性別が同定できなかったケースは 61 体にのぼり、被葬者数全体の半数以上を占める。同定が可能な被葬者は、男性で 22 体、女性で 28 体というように女性がやや多いものの、統計的有意差はない。

　年齢別でみると図 10-1 でわかるように、15 歳以上の成人の割合は、不明個体を含む被葬者全体で 58.6％と高い。これに対して胎児と子どもをあわせた被葬者数は 38 体、34.2％となっている。成人の被葬者のうち、もっとも割合が高かったのが 15〜34 歳であった。

第 10 章　パコパンパ遺跡の埋葬からみた権力生成

表 10-1　パコパンパ遺跡で出土した埋葬（2005 年〜2015 年）

時期	墓の登録番号	性別	年齢	頭位方向	頭蓋変形	姿勢	墓の形態	朱	金製品	銀製品	銅製品	ビーズ玉	土器	その他
IA	11PC-C-Ent 01	女？	成人	W		屈葬	土坑							
IA	11PC-C-Ent 02	？	？	？		？	土坑							
IA	12PC-C-Ent 12-03	？	胎児 9ヵ月	W		？	土坑	○				○		
IIA	07PC-C-Ent 01	女	55+	W		屈葬	土坑							
IIA	09PC-B2-Ent 508	男	15 歳	N		屈葬	土坑						○	
IIA	09PC-B2-Ent 509	男	15-34 歳	NW		屈葬	土坑	○					○	○
IIA	09PC-C-Ent 09-01	女	15-34 歳	E		屈葬	土坑				○			
IIA	09PC-C-Ent 09-02	女	15-34 歳	SW	○	屈葬	地下式	○	○		○	○		
IIA	11PC-A-Ent 04	？	胎児 9ヵ月	？		？	土坑							
IIA	11PC-A-Ent 05	？	胎児 9ヵ月	？		？	土坑							
IIA	11PC-A-Ent 06	？	胎児 8ヵ月	W		？	土坑							
IIA	11PC-B2-Ent 517	女	35-54 歳	NW		屈葬	土坑							
IIA	11PC-B2-Ent 518	女	35-54 歳	S		屈葬	土坑							○
		？	？	？		？								
IIA	11PC-C-Ent 03	？	胎児	S		？	土坑							
		？	胎児											
IIA	11PC-C-Ent 05	？	胎児 9ヵ月	？		？	土坑							
IIA	12PC-B2-Ent 531	男	35-54 歳	S		屈葬	土坑				○			
		女	55+ 歳	S		屈葬					○		○	
IIA	12PC-B2-Ent 532	女	55+ 歳	NE	○	屈葬	土坑	○		○		○		
		女	15-34 歳	SE								○		
IIA	13PC-B2-Ent 504	？	胎児 10ヵ月	？		？	土坑							
		女	35-54 歳	S							○			
IIA	13PC-D-Ent 04	女	35-54 歳	W		屈葬	土坑						○	○
		？	子ども	？										
IIB	05PC-A-Ent 01	？	胎児 9ヵ月	W		？	土坑							
IIB	06PC-A-Ent 01	女	55+ 歳	W		屈葬	土坑							
				？										
IIB	06PC-B2-Ent 500	？	子ども	SE		屈葬	土坑							
IIB	06PC-B2-Ent 501	？	胎児 8ヵ月	W		屈葬	土坑							
IIB	06PC-B2-Ent 502	？	胎児 10ヵ月	？		？	土坑							
IIB	06PC-B2-Ent 503	？	？	？		？	土坑							
IIB	06PC-B2-Ent 505	男？	成人？	？		？	土坑							
IIB	06PC-C-Ent 01	男	15-34 歳	？		？	土坑							
		男	成人	？										
IIB	09PC-B2-Ent 506	？	成人	？		？	土坑							
IIB	09PC-B2-Ent 507	？	胎児 10ヵ月	SE		？	土坑							
IIB	09PC-C-Ent 09-03	？	15-34 歳	？		？	土坑							
IIB	10PC-A-Ent 03	女？	35-54 歳	？		？	土坑							
IIB	10PC-B2-Ent 510	女	35-54 歳	S		屈葬	土坑						○	
IIB	10PC-B2-Ent 511	女	35-54 歳	E		屈葬	土坑						○	
		男？	15-34 歳	？		？								
IIB	10PC-B2-Ent 512	男	35-54 歳	E		屈葬	土坑						○	
IIB	10PC-B2-Ent 513	男	15-34 歳	SW		屈葬	土坑				○		○	○
		女	15-34 歳	SW		屈葬								
IIB	10PC-B2-Ent 514	女	35-54 歳	E		屈葬	土坑							
IIB	10PC-B2-Ent 515	男	35-54 歳	E		屈葬	土坑						○	
IIB	11PC-B2-Ent 516	男	35-54 歳	E		屈葬	土坑						○	
IIB	11PC-B2-Ent 519	？	6ヵ月	？		？	土坑							

第 2 部　遺物から読み解く権力生成

		?	15-34歳	?								
		?	15-34歳	?								
		?	15-34歳	?								
		?	成人	?								
		?	成人	?								
		男	15-34歳	?								
		女	35-54歳	?								
		女	35-54歳	?								
IIB	12PC-B2-Ent 520	未	未	W	屈葬	土坑						
IIB	12PC-B2-Ent 521	?	新生児	?	?	土坑						○
IIB	12PC-B2-Ent 522	女	55+歳	S	屈葬	土坑						○
IIB	12PC-B2-Ent 523	?	1-1.5歳	NE	?	土坑						
IIB	12PC-B2-Ent 524	?	0-6ヵ月	?	?	土坑						
		?	0-6ヵ月	?								
		?	胎児9ヵ月	?								
		?	胎児9ヵ月	?								
IIB	12PC-B2-Ent 525	女	35-54歳	N	半屈葬	土坑						
IIB	12PC-B2-Ent 526	女	35-54歳	N	屈葬	土坑					○	
IIB	12PC-B2-Ent 527	男	15-34歳	SE	○	屈葬	土坑					
IIB	12PC-B2-Ent 528	?	胎児10ヵ月	SE	?	土坑						
IIB	12PC-B2-Ent 529	?	胎児9ヵ月	N	?	土坑						
IIB	12PC-B2-Ent-530	女	15-34歳	S	屈葬	土坑	○		○		○	
IIB	12PC-B2-Ent 534	男	15-34歳	S	屈葬	土坑						
IIB	12PC-C-Ent 12-01	?	5歳	SW	屈葬	土坑						
IIB	12PC-C-Ent 12-02	?	成人	?	?	土坑						
IIB	13PC-B2-Ent 536	?	子ども?	E	?	土坑						
IIB	14PC-A-Ent 07	男	55+歳	N	屈葬	土坑					○	
IIB	14PC-A-Ent 08	男	15-34歳	NW	屈葬	土坑					○	
IIB	14PC-A-Ent 09	?	成人	S	屈葬	土坑						
		?	胎児	?								
		男	15-34歳	W	屈葬							
IIB	14PC-B2-Ent 537	男	35-54歳	S	屈葬	土坑				○	○	
		女	55+歳	NE	屈葬		○		○			
		女	35-54歳	W	屈葬							○
IIB	14PC-B2-Ent 538	女	15-34歳	?	?	土坑						
		?	?	?								
		女	15-34歳	?	?								
		?	子ども	?								
		?	?	?	?							
		?	子ども	?								
		?	成人	?	?							
		?	?	?								
		?	子ども	?								
IIB	14PC-B2-Ent 539	?	胎児10ヵ月	SW	?	土坑						○
IIB	15PC-A-Ent 10	男	15-34歳	SE	○	屈葬	土坑					
IIB	15PC-A-Ent 12	?	0歳	NW	?	土坑						
IIB	15PC-B2-Ent 540	?	胎児9ヵ月	E	?	土坑						
IIB	15PC-B2-Ent 541	女	35-54歳	W	屈葬	地下式	○				○	
		男	15-34歳	E	屈葬		○	○				
IIB	15PC-B2-Ent 542	男	35-54歳	W	屈葬	土坑					○	
IIB	15PC-B2-Ent 543	?	胎児9ヵ月	SW	?	土坑						
IIB	15PC-B2-Ent 544	?	0歳	SW	?	土坑						
CAJ	10PC-D-Ent 01	?	15-34歳	?	?	土坑						
		?	15-34歳	?								
		?	15-34歳	?								
		?	5歳	?								

第 10 章　パコパンパ遺跡の埋葬からみた権力生成

CAJ	10PC-D-Ent 03	未	未	?	?	土坑					
CAJ	11PC-D-Ent 01	?	成人	?	?	土坑					
CAJ	13PC-B3-Ent 13-01	?	6 歳	NW	座位屈葬	土坑				○	
CAJ	13PC-B3-Ent 13-02	? ?	成人 7-8 歳	? ?	屈葬 ?	土坑	○			○	○
CAJ	13PC-G-Ent 01	男	35-54 歳	S	屈葬	土坑					
CAJ	14PC-B4-Ent 01	?	4 歳	S	屈葬	土坑					
CAJ	15PC-B4-Ent 02	?	?	W	屈葬	土坑					

未：未分析資料　　CAJ はカハマルカ期を指す

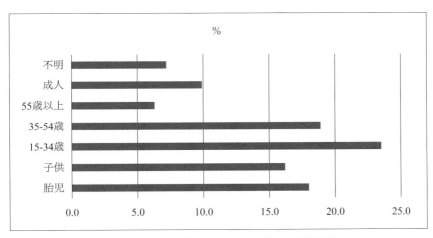

図 10-1　パコパンパ遺跡の墓における被葬者の年齢構成比

10 - 3　特殊な埋葬

(1) 特殊な埋葬の指標

　全体的な傾向をつかんだところで、今度は特殊な埋葬に注目したい。その判断基準となるのは墓の形態・構造であり、金製品などの副葬品、朱などの希少な物質の儀礼的使用であり、人工頭蓋変形といった被葬者の形質的特徴である。
　死者を埋葬するにあたり、被葬者の生前の社会的地位、あるいは埋葬する

271

人間にとっての被葬者の重要性を反映し、通常とは異なる形態・構造を持つ墓を築くことは世界中で知られている。たとえば日本における前方後円墳はその一つであろう。政権中枢の大和盆地とそれ以外の地域との間にも規模の格差が認められ、また一つの地域内でも規模に序列が見られる（福永 2005）。日本の古墳ほどの大規模でないにせよ、アンデス地帯における墓も、規模や構造の上から、集団内での社会的差異を示す指標として扱われてきた。

また副葬品についても、金製品のような希少価値の高い製品は、どの墓からでも出土するようなものではない。原材料の砂金を大量に集めるために必要な労働力と時間、また製作に必要な特殊な技術や知識を考えれば、金製品についても副葬の有無から社会内部での成員の差異を読み取ることは可能である。

施朱も同様である。その行為の背景にあるイデオロギーそのものに迫ることは難しいが、朱、すなわち硫化水銀の入手方法を考えてみると興味深い。パコパンパ周辺にその産地は存在せず希少性がきわめて高いのである。実際に、イェール大学のリチャード・バーガーらは、パコパンパ遺跡の「貴婦人の墓」の被葬者に付着していた朱の同位体分析をおこない、ペルー中部高地のワンカベリカ地方であることを突き止めている（Burger et al. 2016）。同じ時代の遺跡であるクントゥル・ワシ遺跡や、海岸に降りていくヘケテペケ谷中流域の遺跡から出土する朱についても、ペルー中部高地のワンカベリカ地方であることがわかっている（Cooke et al. 2013）。このようにペルー北部で出土する朱の多くが、遠隔地からもたらされた可能性がきわめて高いのである。その希少性、入手の困難さから判断すれば、被葬者ならば誰にでも撒いたり、塗ったりするような物質ではなかったことがわかる。

人工頭蓋変形は、長岡が第9章で指摘しているように、乳児期の子どもに処置を施されねばならず、仮にその事例が少ないならば生まれながらにして処置をする対象者が限定されていたことになる。そしてこれが社会的地位の確保と関係する場合もある。

以上の指標を用いた分析は、すでに日本調査団が以前調査をしたクントゥ

ル・ワシ遺跡においておこなわれている（関 2002）。形態・構造でいうならば、2m以上も地中深く堅坑を掘り、底部近くの横穴を墓室とする地下式墓（堅坑墓）と、単純かつ浅い土坑墓の2種類がクントゥル・ワシ遺跡で確認されている。また金製品や施朱、そして人工頭蓋変形についてもその有無は、社会階層もしくは社会的地位の差を示すことも指摘されている。しかも、クントゥル・ワシ遺跡の場合、こうした指標すべてを満たしたケースが認められている。形成期後期前葉にあたるクントゥル・ワシ期の地下式墓である。地下式墓に埋葬された人物には、必ず金製品が副葬され、施朱、人工頭蓋変形も認められた。ではパコパンパの場合でも、同じような傾向は認められるのであろうか。

（２）パコパンパ遺跡における特殊な墓

表10-1が示すように、墓の構造については、クントゥル・ワシ遺跡同様に、大きく二つに分けられる。一つは堅坑を深く掘って底部に被葬者を葬る地下式墓であり、もう一つは浅い穴を掘って埋葬する土坑墓である。ただし、地下式墓といっても、クントゥル・ワシ遺跡の地下式墓のようなブーツ形の墓は検出されていない。ブーツ形とは、女性が履くロングブーツのように、深

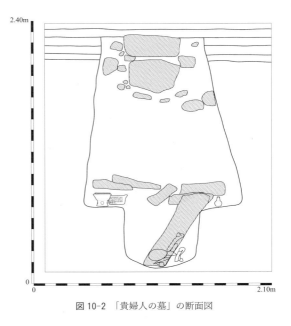

図10-2 「貴婦人の墓」の断面図

第 2 部 遺物から読み解く権力生成

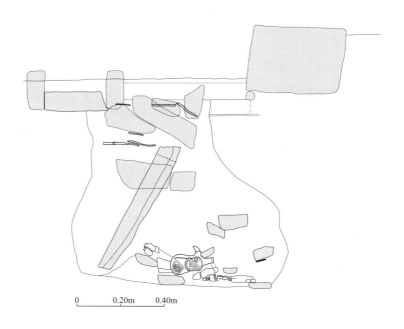

図 10-3 「ヘビ・ジャガー神官の墓」の断面図

い竪坑を持ち、ブーツでいえばかかとからつま先部分に墓室が設けられた墓をいう。パコパンパ遺跡の場合、「貴婦人の墓」では竪坑の先端が、幅を狭めながらさらに深くなっており、「ヘビ・ジャガー神官の墓」でも竪坑の口に比べて底部が広がる巾着袋状であるため、ブーツ形とはいえない（図10-2、10-3）。とはいえ地下式墓は、パコパンパ遺跡の墓のなかでわずか2例であり、特殊な墓の構造といえよう。

金製品についても、副葬された墓は、現在までのところ、わずか3例が確認されているにすぎず、これについても、先述した特殊性が認められるといえる。

施朱についても、全体で4例にとどまっており、特殊であることは間違いない。

最後の人工頭蓋変形についても、全被葬者113体のうち、4例で確認され

274

第 10 章 パコパンパ遺跡の埋葬からみた権力生成

表 10-2 パコパンパ遺跡における特殊な墓

時期	登録番号	通称	被葬者 性別	被葬者 年齢	頭蓋変形	墓の形態	朱	副葬品 金製品	副葬品 土器
IA	12PC-C-Ent 12-03		？	胎児9か月		土坑	〇		
IIA	09PC-B2-Ent 509		男	15-34歳		土坑	〇		〇
IIA	09PC-C-Ent 09-02	貴婦人の墓	女	15-34歳	〇	地下式墓	〇	〇	〇
IIA	12PC-B2-Ent 532	シャーマンの墓	女	55＋歳	〇	土坑	〇		〇
IIB	12PC-B2-Ent 527		男	15-34歳	〇	土坑			
IIB	12PC-B2-Ent-530	金製ペンダントの墓	女	15-34歳		土坑	〇	〇	
IIB	15PC-A-Ent 10		男	15-34歳	〇	土坑			
IIB	15PC-B2-Ent 541	ヘビ・ジャガー神官の墓	男	15-34歳	？	地下式墓	〇	〇	
IIB	15PC-B2-Ent 541	ヘビ・ジャガー神官の墓	女	35-54歳		地下式墓			〇

ているにすぎず、かなり数が少ない。このように、着目した指標を確認できる墓は限られており、クントゥル・ワシ遺跡と傾向を一にしている。では、クントゥル・ワシ遺跡で析出された指標の組み合わせについても似たような傾向を示すのであろうか。

表 10-2 は、上記のい

図 10-4 「シャーマンの墓」（12PC-B2-Ent 532）。左の被葬者の顔面脇には銀製の針、孔雀石の紡錘車、ビーズ玉が、頭部脇にはサボテンを象った黒色磨研鉢が副葬されていた。

ずれかの指標を持つ墓を抜き出したものである。これによれば、地下式墓のうち「貴婦人の墓」がすべての指標を満たしている。同じ地下式墓の「ヘビ・ジャガー神官の墓」では、頭骨の保存状態が悪いために人工頭蓋変形の有無を同定することはできなかったものの、それを除くほぼすべての指標の

275

第 2 部　遺物から読み解く権力生成

図 10-5　「金製ペンダントの墓」(12PC-B2-Ent 530) 被葬者の下顎下には金製リング、周辺には黒色土器が副葬されていた。口蓋からは珪孔雀石の管玉が発見された。

確認ができている。すなわちクントゥル・ワシ遺跡で析出された地下式墓の傾向とよく似ていることになる。

一方で単純な土坑墓の場合、人工頭蓋変形、施朱、金製品は部分的に確認できるにとどまり、地下式墓ほど複数の指標を満たす事例はない。たとえば施朱と人工頭蓋変形双方が確認できる墓 12PC-B2-Ent 532 では金製品は副葬されておらず（図10-4）、逆に金製品が副葬された墓 12PC-B2-Ent 530 の場合では（図10-5）、人工頭蓋変形や施朱は見当たらない。地下式墓がいかに特殊であるかがわかる。

とはいえ一般に土坑墓の場合、表10-1 が示すように頭蓋変形、施朱、金製品のいずれも確認できないものが大半であることを考えれば、どれか一つしか指標があてはまらないような墓であっても特異であることはある程度いえよう。すなわち人工頭蓋変形、施朱、金製品のいずれかを一つないしは二つを持つような墓については、地下式墓の被葬者に次ぐ地位の人物であったことが推測されるのである。結論としていえば、単純な土坑墓の被葬者を含め、少なくとも三つの階層もしくは地位の存在がうかがわれることになる。

こうした社会的リーダーの中での序列の可能性というのは、クントゥル・ワシ遺跡より出土した金製品の組成からエリート間の序列の存在を推定した本書第 7 章の論にも通じる。

276

10-4 埋葬の通時的変化

これまでの考察により、埋葬に差異が存在し、それが社会的地位の差を反映した、あるいは、建築同様に実践論の立場（第1章）からするならば、社会的地位の差を生み出そうとした証と読み取ることができる。では、こうした社会的差異がいつ誕生し、どのように変化したのかを埋葬から考察することにしたい。そのためには、墓の編年的位置づけを考慮しながら、もう少しミクロな変化に注目したい。

表10-1に戻って見ると気づく点がいくつかある。一つは埋葬がパコパンパII期に偏っている点である。II期には全体の約85％を占める64基の墓が築かれている。被葬者数でみても、約88％を占める。これに対してI期の墓の数は全墓数の4％にすぎない。II期の埋葬が多い点については、I期との発掘面積や発掘体積の差が影響している可能性がすぐに想起されるが、実際にはI期の建築の調査はII期同様に広範囲にわたって実施されており、この疑問点は排除することができる。むしろ文化的な要因を考えるべきであろう。これについては、後段で考察することにする。

いずれにせよ、同じ形成期でもI期の墓の数は少ないため、I期からII期にかけての墓や埋葬についての質的な変化を示すことが難しい。そこで墓の報告がもっとも多いII期に絞り込み、その時期内において通時的な変化が認められるかどうかに論点を絞ることにする。すなわちIIA期からIIB期にかけての変化である。

第1章で述べたように、IB期の建築軸を踏襲し、左右対称的に建造物を配置したIIA期と、建築軸を否定し、大幅な改修をおこなったIIB期とでは空間の使い方に大幅な変化が認められる。したがって、II期内部での埋葬にも変化が生じた可能性は否定できない。事実、量的にはIIA期に16基の墓、22人の被葬者が報告されているのに対して、IIB期では48基の墓と76人の被葬者が認められるなど、埋葬数が増加していることが表10-1から読み取れる。変化は起きているように見える。では質的な変化は生じているのであ

ろうか。ここでいう質とは、墓の構造、被葬者の性別や年齢構成比、人工頭蓋変形、施朱や副葬品の有無などを指す。

なおパコパンパ遺跡では、神殿としての本格的活動が停止した後のカハマルカ期に、空間を部分的に再利用し、墓も設けられたが、形成期社会における権力生成を語るという本書の趣旨から外れるため、ここでは考察の対象外とする。

(1) 通時的に見た墓の構造

地下式墓は IIA 期に 1 基、IIB 期に 1 基というように計 2 例認められるだけで、残りはすべて土坑墓となる。すなわち基本的に II 期を通して墓の形態・構造に大きな変化は見られない。

土坑墓の場合、IIA 期の墓 16 基のうち、11 基に不定型な石灰岩が多数詰め込まれ、うち 5 基に安山岩の板石が認められた。IIB 期になると、48 基の墓のうち、石を詰め込まれた例が 29 基、うち板石を含む墓が 5 基確認されている。このように土坑墓においては、IIA 期、IIB 期ともに、その半分以上の墓で、被葬者が多数の石によって覆われていることが確認されている。これは一つの埋葬パターンであり、変化よりも継続性が認められるといってよい。

なお被葬者の姿勢は基本的には屈葬であり、IIA 期から IIB 期を通じてその傾向に変わりはない。

(2) 通時的に見た被葬者の男女比 (図 10-6)

つぎに性別を考察に加えてみる。一般に乳児、幼児、小児などいわゆる子どもの場合、形質的特徴から性別を判断することはきわめて困難であることから、男女の区分は成人骨のみを対象とした。これによれば IIA 期から IIB 期にかけて判別不能な骨の割合が増えると同時に、女性の割合が減少することがわかる。

第 10 章　パコパンパ遺跡の埋葬からみた権力生成

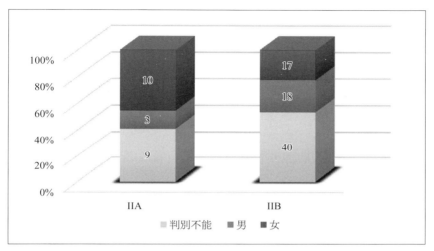

図 10-6　パコパンパ IIA 期〜 IIB 期の墓における被葬者の男女比。グラフ上の数字は個体数。

（3）通時的に見た被葬者の年齢比（図 10-7）

　年齢に関しては、長岡朋人による自然人類学的分析により、胎児、未成人、15 歳〜 34 歳、35 歳〜 54 歳、55 歳以上という区分が設けられている。これに出土する骨の保存状態がきわめて悪く年齢同定ができないもの、あるいは年齢同定は難しいが成人骨であることは判定できるものという二つのカテゴリーを加えて、グラフにしてみた（図 10-7）。これによると、IIA 期で 3 割程度を占めていた胎児が IIB 期になって半分程度の割合に減ることがわかる。代わって未成人の骨が急増する。とはいえ、胎児と未成人の割合を合算すると、IIA 期と IIB 期には差がほとんど認められない。この点では時期差はないということになる。また成人内部の年齢構成についても、IIA 期から IIB 期にかけての変化はほとんど認められない。

279

第2部　遺物から読み解く権力生成

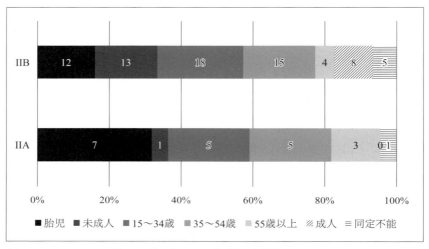

図10-7　パコパンパ IIA 期〜 IIB 期の墓における被葬者の年齢構成比。グラフ上の数字は個体数。

（4）通時的に見た被葬者の頭位方向（図10-8a、10-8b）

　被葬者が墓に納められたときに、身体全体を置く方向にパターンが存在するのかどうかは、当時の人々の宗教観を知る上でも重要になる。ここでは頭位方向と呼んでおき、被葬者の身体の軸のうち、頭部側が指す方向を観察した。

　図10-8aと図10-8bを比べると、未同定のものを除くと、IIA 期では、南を向いた事例が若干多いが、IIB 期になると各方角がおしなべて出現しているように見受けられる。

　しかしこの相違は、単に方角だけの要素を考慮しての傾向である。実際には、埋葬は周囲の建築との関係で頭位方向が決定される場合がある。そこで、墓の位置と頭位方向との相関関係をさぐってみた。

　図10-9 は IIA 期における北基壇上の墓の位置を示した図である。II 基の墓の大半は北基壇から報告されているので、ここでは頭位方向が建築と関係しているのか見てみたい。図10-9 によれば、被葬者の多くが、パティオ周

第 10 章　パコパンパ遺跡の埋葬からみた権力生成

辺に埋葬されていることがわかる。続く IIB 期になっても、埋葬の大半はパティオ周辺部に偏っている（図 10-10）。パティオの内側に埋葬が認められるようにみえる場合でも、実際にはパティオ内に小基壇が築かれ、そこに埋葬しているケースばかりである。このようにパティオ周辺部に埋葬するという

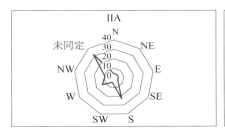 

図 10-8　a（左）、b（右）　パコパンパ IIA 期〜 IIB 期の墓における被葬者の頭位方向

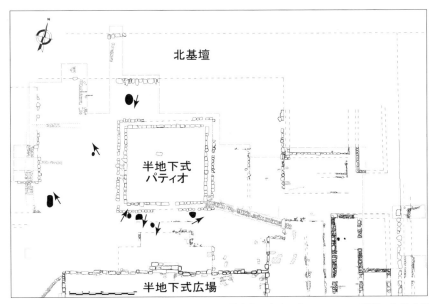

図 10-9　パコパンパ IIA 期の墓における被葬者の頭位方向と半地下式パティオとの関係。矢印は頭位方向を示す。

281

第 2 部　遺物から読み解く権力生成

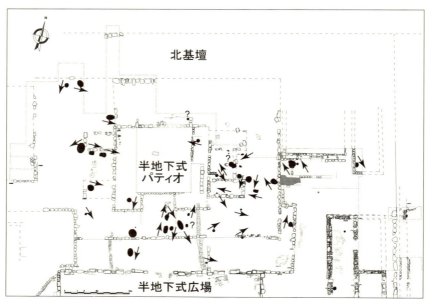

図 10-10　パコパンパ IIB 期の墓における被葬者の頭位方向と半地下式パティオとの関係。矢印は頭位方向を示す。

パターンが II 期全体を通じて存在したことがわかる。また、パティオ周辺部でも、北側ではほとんど埋葬は発見されていない。

　頭位方向と建築物との関係に目を向けると、IIA 期では、パティオに向かって被葬者が置かれたものは 2 例しかなく、特段の傾向は認められない。IIB 期の場合、パティオ周辺部にあたる北基壇上の埋葬に限ると、38 基の埋葬のうち、パティオ方向に頭を向けているケースが 13 基あり、20 基はそれ以外の方向を向き、方向が不明なものが 5 基を数えた。パティオ方向に安置されたのは、35％と決して高い数値ではないことからするならば、頭位方向と建築物との関連を指摘することは難しい。全体として、パティオを意識し、その周辺に埋葬した事例が多いとだけいっておこう。

（5）通時的に見た頭蓋変形の割合

人工頭蓋変形の同定が4例にとどまることはすでに述べた。内訳はIIA期が1体、IIB期が3体となっており、数が少ないため、量的な変化を観察することはできない。性別は男性2体、女性2体であり、有意差はない。

（6）通時的に見た施朱の有無

II期の施朱4例のうち、IIA期では3例、IIB期では1例報告されているにすぎず、これもまた変化を読み取ることは困難である。なお朱をともなう被葬者の男女比は半々である。

（7）通時的に見た墓の副葬品の構成

最後に副葬品についても見てみよう。表10-1が示すように、おもな副葬品は土器、玉飾りなどの石製装飾品や貝製装飾品、針などの金属製品、あるいは首飾りや耳輪、イヤリングなどの金属製装飾品などである。

まず単に副葬品をともなうものに注目すると、IIA期の墓で9基、IIB期で14基報告されている。相対比からすればIIA期における約56%の副葬の頻度が、IIB期で29%まで落ちていることになる。

このうち、金製品が副葬された墓は、3基報告されている（表10-2）。IIA期の女性被葬者の墓が一つ（貴婦人の墓）、残りの2例はIIB期にあたる。IIB期の墓の被葬者は男女一体ずつであった。このほか銀製の針が副葬された墓が1基、IIA期で報告されている。

銅製品については、副葬品として報告されているものは1例しかない。これについては、金や銀製品とは別に考える必要がある。パコパンパ遺跡では、希少価値のあるものというよりも、墓以外の包含層から多量に出土しているからである。すなわち副葬例が少ないことは、希少性、特殊な価値があった品と考えるよりも、むしろ銅製品自体を権威の象徴として利用するこ

とが少なかった可能性の方が高い。

　石製、あるいは貝製のビーズ玉、その玉からつくられた首飾り、ブレスレット、あるいは足首飾りといった副葬品も予想以上に出土例が限られている。IIA 期においては 6 基、IIB 期は 2 基の報告がある。相対比からいえば、38％から 4％と著しい減少傾向にある。この場合 IIA 期では女性が 5 例（複数の被葬者の墓がある）、IIB 期では男女 1 例ずつとなっている。

　もっとも一般的な副葬品は土器である。完形土器あるいは半完形土器に限れば、IIA 期で 6 基、IIB 期で 9 基の報告がある。副葬品としての共伴頻度は 38％から 19％に落ちている。

（8）権力の強化か衰退か？

　これまでの通時的分析を総合してみるならば、まず墓の形態・構造、被葬者の年齢構成、人工頭蓋変形、施朱、頭位方向において、IIA 期から IIB 期にかけての変化はとくに起きていないことがわかる。唯一の変化は、女性被葬者の減少であり、副葬品をともなう墓の減少であった。

　とくに副葬品をともなう墓の事例が IIA 期から IIB 期にかけて減少し、ビーズ玉や土器を副葬した墓の出現頻度についても減少傾向にある点は、エリートやリーダー自身の権力の衰退と結び付けたくなる。しかし金製品を副葬した墓が依然として築かれていることも忘れてはならない。その点から考えれば、むしろ稀少価値の高い副葬品がごく一部のエリートやリーダーにのみ許されるようになったため、副葬品の出現頻度が減ったとも考えられるのである。どちらの解釈をとるかは難しいところだが、第 1 章の建築で示したように、IIA まで機能していた儀礼空間が IIB で大幅に変更され、しかもその改変は建築の改良というよりも、秩序だった空間構造の崩壊ともいえる内容であった。第 2 章の景観考古学的分析でも指摘されるように、IIA 期で保持されていたエリートのイデオロギーが否定されたのが IIB 期だとするならば、副葬品の減少は、前者、すなわちエリート権力の衰退と結びつけた方がわかりやすい。

その点でいえば、女性被葬者の減少という点も、IIA 期の「貴婦人の墓」に代表されるリーダーの女性性が次第に薄れていくことを暗に示しているのかもしれない。

10-5 祖先崇拝の痕跡

(1) 権力と系譜関係

　以上のように、埋葬の分析からは、IIA 期において地下式墓に代表される社会的リーダーの埋葬が顕在化し、そのリーダーの中でも多少の序列化が成立していたことがうかがえる。そして、IIB 期に入ると、全体的な埋葬の性格についての変化はなかったものの、副葬品の減少などリーダーの権力の減退を示唆する証拠が増えているようにみえた。

　最後に、冒頭で触れながらまだ答えていない問題に言及しておきたい。それはなぜⅠ期にわずかしか築かれなかった墓が、Ⅱ期以降増え続けるのかという点である。これについては、複数の分析の視点が必要である。まず地下式墓同士の比較から考察を始めたい。

　第 1 章で詳しく述べたように、「貴婦人の墓」と「ヘビ・ジャガー神官の墓」の間には、相違と類似とが共存している。同じ地下式墓とはいえ、2m という深さで、竪坑底部にさらに狭い墓室を持つ「貴婦人の墓」と、巾着袋形で深さも 1m にとどまる「ヘビ・ジャガー神官の墓」とでは構造的に違いがある。また副葬品としての土器にしても、被葬者から離れた場所に置かれ、しかも火の儀礼に用いられた痕跡を持つ「貴婦人の墓」と、被葬者の身体に添えるように置かれた「ヘビ・ジャガー神官の墓」とでは、相違が目立つ。

　一方で、竪坑の埋め方には類似性を見出すことができる。被葬者の身体を守るかのように、細長い板石を斜めに立てかけ、土を詰め、最後に大型の石で封をする方法が双方で認められるのである（図 10-2、10-3）。ほかの土坑墓

では、被葬者の上に板石も不定形な石も乱雑に置く傾向があることを思えば、大きな違いがあるといわざるをえない。二つの地下式墓だけに認められるこの共通性は、特別な被葬者に対しては、特別の埋葬方法があったことを示唆している。墓を埋める行為は葬送儀礼の一部であることを思えば、儀礼上の約束事が遂行されたことになる。

　しかも重要な点は、この二つの墓の時間的前後関係が明確である点である。「貴婦人の墓」がIIA期の中央基壇の改築に際して、その作業途中に埋め込まれた墓であることは第1章で説明した。墓を築き、被葬者を埋葬した後、その上に部屋の床面が丁寧に張られ、儀礼空間が出来上がっているのである。すなわち、IIA期の建造物が完成したときには、その墓は目視できなかったことになる。おそらく、IIA期のリーダーらが新たな祭祀空間を築くにあたり、すでに死亡し、どこか別の場所で祭られていた人物の遺体を建物に埋め込むことで、祭祀空間に力を持たせたのだろう。同じような墓の存在は、クントゥル・ワシ遺跡でも確認されており、パコパンパ遺跡における解釈を裏づけることができる（第12章参照）。

　ところが、「ヘビ・ジャガー神官の墓」はII期の後葉、すなわちIIB期にあたる。すなわち「貴婦人の墓」を埋め込んだ祭祀空間が完成し、リーダーを中心にした祭祀活動がある程度展開した後の時代に位置づけられる。その意味で、IIA期の祭祀空間を最後に使用した人物、あるいはIIB期における建築の改変を指揮した人物である可能性が高いことになる。この点で時間差があるというわけだ。

　これが実際にどの程度の時間的な差であるのかを示すことは難しい。というのも、「貴婦人の墓」の被葬者の人骨から得られた較正年代は2420±40、土器を使った火の儀礼に由来する炭化物の較正年代は2430±40の値を示し、「ヘビ・ジャガー神官の墓」の被葬者の人骨から得られた2490±30（女性被葬者）、2460±30（男性被葬者）という値との差がほとんどないように見受けられるからである。

　ともかくも層位的に明らかに差が存在することから考えるならば、時間的差はあったと考えておきたい。それが一世代なのか、それ以上であったのか

は不明だが、少なくとも墓の築き方については、知識が継承されていたことになる。これは、どのような意味を持つのであろうか。

　二つの墓が社会的地位の高い人物の墓であることから、「ヘビ・ジャガー神官の墓」を築いた人々、おそらくはリーダーは、「ヘビ・ジャガー神官の墓」の被葬者と「貴婦人の墓」の被葬者との関連性を示そうとしたと考えられる。そしてその行為は、自らが「ヘビ・ジャガー神官の墓」の被葬者と、そして遠くは「貴婦人の墓」の被葬者と関係していることを誇示することにもつながったのであろう。実態はDNA解析などによって科学的に検証する必要があるが、この関連性が血縁であることは十分に考えられる。序章でとりあげたティモシー・アールは、権力の源のひとつとして、有力者との系譜関係をとりあげている（Earle 1997:5,6）。こうした証拠から推測されるのは、系譜に基づくリーダーの権力の継承が形成期後期には確立したという点であろう。

（2）祖先崇拝と墓の建設

　このことと、II期における墓の急増はどのように関連しているのであろうか。I期に墓が3基しか発見されていないのは、墓を祭祀空間に設けるという概念自体が希薄であったことを意味する。II期になってその墓が増加するのは、先に述べた「貴婦人の墓」と「ヘビ・ジャガー神官の墓」の系譜的連続性が示されたことと関係していると思われる。II期における墓の大半が土坑墓とはいえ、すでに述べたように、金製副葬品や施朱、人工頭蓋変形など社会的差異を示すような証拠をともなうものがいくつか確認されており、下位のリーダーの存在も示唆される。その意味では、リーダーにとって、祭祀空間に埋葬され、社会的地位を示すことが重要であったのだろう。そしてその背景には先に述べた系譜関係があると考えられるのである。

　また副葬品、施朱、人工頭蓋変形のいずれの証拠も認められない土坑墓も、全墓数の中では高い割合を占めるとはいえ、その数は限られている。巨大なパコパンパの建造物の建設や改修に携わり、祭祀活動に参加をした人々

の数は墓の数をはるかに超える規模であったと想定できるからである。いいかえれば、単なる土坑墓といえども選ばれた人々の墓である可能性が高いことになる。いずれにしても、パコパンパ遺跡の祭祀空間において発見された墓は、被葬者が、そこにすでに埋葬された人々との紐帯を結ぼうとした証、すなわち祖先崇拝の痕跡と考えるのが妥当ではないだろうか。この点は、土坑墓が北墓壇上の半地下式パティオ周辺に集中していることとも関係している。パティオの東には「ヘビ・ジャガー神官の墓」がⅡA期の末に築かれ、これと関連した饗宴儀礼がパティオ内で3回執りおこなわれたことが判明している。うち1回はⅡA期末、残りはⅡB期にあたるため、饗宴儀礼は、「ヘビ・ジャガー神官の墓」の被葬者を繰り返し追想する目的を持っていた可能性がある。祖先崇拝的な性格を示す儀礼がおこなわれたⅡB期に、その儀礼の舞台となったパティオ近くで多くの墓が設けられていることはやはり同じ祖先崇拝の脈絡で考えるべきであろう。

　もちろん、副葬品をともなわない土坑墓については、上述したような社会的地位を示すというよりも、たとえば不自然な死を遂げた人々を埋葬した痕跡としてとらえることもできる。不自然な死を遂げた者を、通常の埋葬空間ではなく、祭祀空間に埋めることにより、社会や成員の精神的安定を図った可能性も否定できないからだ。

　たとえその解釈をとるにしても、上記の仮説に合致しないことはない。すでに述べたように、ⅡA期からⅡB期においては、大きな社会変動があり、それに呼応するかのように、副葬品の減少が起きると述べてきた。それをリーダーの権力の衰退とする見方も示した。そうであるならば、副葬品をともなわない単純な土坑墓の増加というのは、権力の縛りから解き放たれたリーダー以外の人々が、自由に祭祀空間を使い、祖先との紐帯を通じて、その不自然な死を処理しようとした結果としてとらえることもできる。リーダーはリーダーとして引き続き、血縁などの系譜関係を示そうとする一方で、リーダー以外の人々もまた自立的な行動をとり始めた時期だったのかもしれない。

引用文献

Burger, R. L., K. E. Lane and C. A. Cooke 2016 Ecuadorian Cinnabar and the Prehispanic Trade in Vermilion Pigment: Viable Hypothesis or Red Herring? *Latin American Antiquity* 27(1): 22–35.

Cooke, C. A., H. Hinterlmann, J. J. Ague, R. Burger, H. Biester, J. P. Sachs and D. R. Engstrom 2013 Use and Legacy of Mercury in the Andes. *Environment Science and Technology* 47:4181–4188.

Earle, T. K. 1997 *How Chiefs Come to Power: The Political Economy in Prehistory*. Stanford: Stanford University Press.

Seki, Y. 2014 La diversidad del poder en la sociedad del Período Formativo: Una prespectiva desde la sierra norte. In Y. Seki (ed.), *El Centro Ceremonial Andino: Nuevas Perspectivas para los Períodos Arcaico y Formativo* (Senri Ethnological Studies 89), pp.175–200. Osaka: National Museum of Ethnology.

Seki, Y., J. P. Villanueva, M. Sakai, D. Alemán, M. Ordóñez, W. Tosso, A. Espinoza, K. Inokuchi and D. Morales 2010 Nuevas evidencials del sitio arqueológico de Pacopampa, en la sierra norte del Perú. *Boletín de Arqueología PUCP* 12: 69–95, Lima: Pontificia Universidad Católica del Perú.

関雄二 2002 「クントゥル・ワシ遺跡の埋葬と人骨」加藤泰建（編著）『アンデス先史の人類学的研究―クントゥル・ワシ遺跡の発掘―』pp.81-122、平成 11～13 年度科学研究費補助金 基盤研究(A)(2)研究成果報告書。

―――― 2010 「形成期社会における権力の生成」大貫良夫・加藤泰建・関雄二編『古代アンデス　神殿から始まる文明』pp.153-202、東京：朝日新聞出版。

―――― 2015 「古代アンデスにおける神殿の登場と権力の発生」関雄二編『古代文明アンデスと西アジア　神殿と権力の生成』pp.126-166、東京：朝日新聞出版。

福永伸哉 2005 「倭の国家形成過程とその理論的予察」前川和也・岡村秀典編『国家形成の比較研究』pp.39-60、東京：学生社。

第 11 章　食料へのアクセスと権力生成

瀧上　舞・米田　穣

11-1　アンデス地域の生態資源

(1) さまざまな食物

　日本を発って丸二日、飛行機と車を乗り継いで到着したその村は、農耕牧畜が盛んな山間に位置していた。トウモロコシやイモ、さまざまな種類の豆の畑が広がり、丘には放牧された馬や牛がゆったりと草を食んでいる。まだ青い実がたくさん付いた家の脇のバナナの木の下には、雛を連れた鶏が餌をついばんでいる。そんなのどかな光景を眺めながら、遺跡に眠る3000年前の人々が見ていた風景と同じものを見ているのだろうかとロマンチックな想像をしてみる。しかし、彼らの目に映っていた光景は少し違っていただろう。現在のペルーで見られる家畜や農作物と当時の人々の食べ物は、植民地時代以降（1532年以降）にもたらされた食物の影響で、だいぶ様変わりをしている。現在のアンデス地域では小麦や米が主食となるが、先スペイン期に炭水化物源とされていたのは、トウモロコシと、イモやマニオクなどの塊茎類である。ほかにも、ピーナッツを含む豆類やキヌアなどの雑穀、ラカチャ、カボチャ、アボカド、グアバ、ルクマ、トウガラシなどが栽培されていた。

　また、とくに家畜は大きく変化している。ブタやウシ、ウマは植民地時代に持ち込まれた家畜である。先スペイン期にアンデス地域で飼育されていたのは、リャマやアルパカなどのラクダ科動物と、クイと呼ばれるテンジクネズミ、イヌである。シカやトリ、ヘビなどの野生動物の狩猟もおこなわれていた。先スペイン期に存在していたさまざまな食物の中で、何がエネルギー

源となってパコパンパ社会の発展を導いたのだろうか。本章では、パコパンパ遺跡の人々の食料から農耕牧畜の状況を探り、形成期における生態資源活用と権力生成について考えてみた。

（2）狩猟採集から農耕牧畜へ

　アンデス地域では、形成期以前に農耕牧畜が導入され始め、形成期を通して狩猟採集から農耕牧畜へと生業活動が変化していった。アンデス地域に人類が到達したのは、遅くとも14000年前から12000年前頃と考えられている（Dillehay et al. 2008; Dillehay et al. 2012; Dillehay et al., 2015; Fraser 2014; Rademaker et al. 2014）。北アメリカにいた狩猟採集民が中米を通って南下してきたため、アンデス地域でも初期の頃の生業は狩猟採集をおこなっていた。しかし、中米で栽培化されたトウモロコシの伝播や、ペルーとボリビアの高地で栽培化されたジャガイモの拡散、高地で飼育化されたラクダ科動物の利用の普及、10000年前から5000年前にかけて徐々に栽培化されたカボチャやピーナッツ、キヌア、マニオク、トウガラシ、豆類などの導入にともない、生業活動は次第に農耕牧畜へと変わっていった。

　食料の獲得方法が狩猟採集から農耕牧畜に変わると、より安定した食料供給が確保されるためさまざまな変化が生じる。たとえば、活動領域の集中化や出産間隔の短期化などから、人口増加につながる。人口増加は、集団間の交渉の機会を増加させ、またアンデス文明においても、神殿の建設や儀礼の執行を促したと考えられる。やがてこうした宗教面での変化が、階層など集団の差異化を生みだし、これが再び、食料生産の統御に結びついていった。

　一方家畜については、肉としての用途以外にも、毛織物や荷駄獣などにも利用できるため、とくに大型家畜は大きな経済的寄与をもたらした。穀物と同じく、より多くの家畜を有する者が経済的に有利となる。このように、狩猟採集から農耕牧畜への生業活動の変化は、社会の発展に大きな影響を与える。その意味で形成期の神殿を中心とした社会の変遷と生業活動の変化の関連性が注目される。本書でとりあげるパコパンパ遺跡でも、パコパンパⅡ

期に社会が大きく変化したことが明らかになってきていることから、この変化が生業活動の変化と結びつくものであるのか検討する意義は大きいと考えられる。以下では、農耕と牧畜に分けて調査結果を紹介したい。

11 – 2 　農耕の影響

（1）トウモロコシの重要性

　トウモロコシとジャガイモは、デンプン質が多く、大量栽培と長期保存が可能なことから、アンデス地域で主食として利用されてきた。またトウモロコシの実を潰して発酵させたチチャと呼ばれる酒は、日常的にも利用されたが、とくに祭祀やさまざまな人生のイベントにおいて多く飲まれていた（Rowe 1946: 292; 1973: 398）。トウモロコシは日本における米のような存在であるといっても過言ではない。そのため、神殿遺跡を中心とした社会の変遷が議論されてきた形成期においては、トウモロコシの利用がとくに注目される。

　トウモロコシを含む食物利用の検証にはさまざまな方法がある。調理方法や使用状況を知るには文字記録が重要となるが、残念ながらアンデス文明は文字のない社会であったため、文字記録にはスペインによる植民地支配後の状況しか記されておらず、16〜17世紀までしか遡れない。一方で、土器や織物などに描かれた図像や、遺跡から出土する植物残渣からは、どんな食物が存在していたのかを推定できる。また、雨が多くて遺物が残りにくい地域や、食物の図像表現が乏しい時代については、微小な植物遺存体の検出が有効となる。たとえば、トウモロコシ利用の開始時期については、古期（前5000年〜前3000年頃）から形成期早期（前3000年〜前1800年頃）の遺跡でさまざまな報告がある。果穂などの遺存体のほか、石器から残存デンプン粒やプラントオパールが検出されている（Bonavia 2013; Grobman et al. 2012; Haas et al. 2013; Perry et al. 2006; Zarrillo et al. 2008）。さらに、ヒトと動物の糞石から

もトウモロコシの果皮やデンプン粒が見つかっていることから（Bonavia 2013; Haas et al. 2013; Weir and Bonavia 1985）、古期から形成期早期においてトウモロコシの調理と摂取がおこなわれていたことはほぼ間違いない。しかし、遺存体だけでは、そこにその食物が存在していたことは示せても、各個人の摂取量や、食物全体で見たときの重要性が評価できない。そこで炭素・窒素同位体分析による「何をどのくらい食べたのか」という食性推定が必要になる。

（２）同位体分析による食性推定

　一般的に元素は少しだけ重さの違う複数のメンバーから構成されており、それらを同位体と呼ぶ。同位体は電子と陽子の数は一緒であるが、中性子数が異なっているため、同じ元素でも僅かに重さが違っている。たとえば、炭素元素と呼ばれるグループでは、安定して天然に存在している同位体に炭素12（^{12}C）と炭素13（^{13}C）がある。炭素12は陽子数が6、中性子数が6で合わせて12となる。一方、炭素13は陽子数が6、中性子数が7で合わせて13になるため、炭素13の方が僅かに重くなっている。このような重い同位体と軽い同位体の割合を同位体比と呼ぶ[1]。

　食物はタイプによって炭素同位体比と窒素同位体比に差があり、いくつかのグループに分けられる（図11-1）。植物は光合成の際の炭素固定システムの違いから、C_3植物とC_4植物で炭素同位体比が大きく異なっている。C_4植物はC_3植物に比べて、高い炭素同位体比を示す。アンデスの農作物では多くがC_3植物であり、C_4植物はトウモロコシとアマランサス（*Amaranthus* sp. 一般的にはキウイチャと呼ばれる）のみである。また、多くの植物は土壌中の硝酸塩またはアンモニウム塩を吸収しているが、豆類は窒素固定菌を共生させているため、大気の窒素同位体比0‰に近くなる。さらに、食物連鎖が進むと重い同位体が濃縮していく現象は、動物利用の指標となる。とくに海の中は食物連鎖が長いため、海生哺乳類は陸生動物に比べてより窒素同位体比が高くなる。一方、陸生草食動物では、C_3植物とC_4植物のどちらを食べ

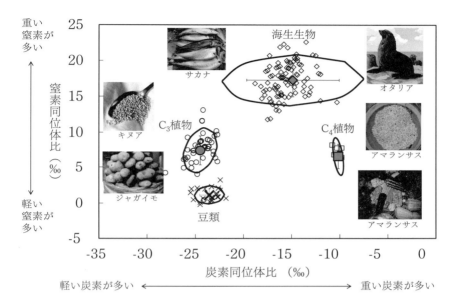

図 11-1 アンデス地域の食物の炭素・窒素同位体比（DeNiro and Hastorf 1985; Szpak et al. 2013; Turner et al. 2010）

たかによって、炭素同位体比に差が生じる。

　ヒトが食べた物は、胃や腸を通ることで小さく分解され、肝臓や血液中に貯えられる。そして、必要に応じて血管を通じて体内の各組織に運ばれて、新しい組織を形成していく。食べ物が持つ同位体比は、消化・吸収を経て体組織を形成する際にも保持されていく。ヒトは植物や動物をさまざまに取り混ぜて摂取するため、同位体比も混合した値になるが、その中でもより多く摂取した食物の値に近づく。たとえば、トウモロコシやトウモロコシを食べた動物を多く食べたヒトの体組織の値は、高い炭素同位体比と低い窒素同位体比を示す。

　また、海産物を多く食べているヒトの体組織は、高い炭素・窒素同位体比を示すようになる。豆類を多く食べれば、炭素・窒素同位体比はともに低い値を示す。この手法を用いて、古人骨の炭素・窒素同位体比を分析すれば、

第 2 部　遺物から読み解く権力生成

図 11-2　骨から抽出したコラーゲン

当時の人々が食べていた物を大まかに見積もることができる。

ただし、同一個体の体組織でも、部位によって同位体比に違いがある。その要因は複数あるが、一つには体内での働きによる食物のタイプの違い、すなわち栄養素の違いが影響している。食物の栄養素の違いとは、炭水化物やタンパク質、脂質といった役割の異なる食材のことである。体組織は部位によって反映する栄養素が異なっている。たとえば、さまざまな同位体比を示す炭水化物やタンパク質、脂質などをラットに与え、各組織の同位体比を調べる実験によれば、骨のコラーゲン組織には摂取した食物のうち、タンパク質源の同位体比が強く影響していることが示されている（Ambrose and Norr 1993; Tieszen and Fagre 1993）。一方、骨のハイドロキシアパタイト組織では、食物の栄養素による違いは影響せず、摂取した食物の平均的な同位体比が反映されていることも同じ実験で明らかになっている。この組織による違いを利用すると、タンパク質源の同位体比の影響を推測することができ、より詳細な食性推定が可能となる。

筆者らは、パコパンパ遺跡の人々の食性を推定するために、遺跡から出土した人骨と動物骨を用いて炭素・窒素同位体比を分析した。地中に 3000 年間埋まっていた骨は、気温変化や湿気によって物理的・化学的風化作用を受けている。しかし、骨の中のコラーゲン組織はアミノ酸構造が比較的強固なため、続成作用の影響を受けにくい。そこで、古人骨と古獣骨中にあるコラーゲンだけを取り出して、炭素・窒素同位体比を分析することにした。

まずは夏期調査に参加し、動物考古学の鵜澤和宏、形質人類学の長岡朋人

第 11 章　食料へのアクセスと権力生成

と森田航に相談して、なるべく保存状態の良い骨片を選びだした。さまざまな専門家が参加している調査は、こういうときに現地で話し合いながら作業を進められるのでとても効率が良い。サンプリングした試料はペルー文化庁（現文化省）に輸出申請をおこなう。待つこと約半年、許可が出た試料を日本に持ってきて分析をおこなった。日本の研究室では、試料についた汚れを落とし、酸性溶液に浸して無機物を除去した後、有機物中のゼラチンコラーゲンを抽出した（図 11-2）。一方、ハイドロキシアパタイトの分析には、高い結晶性と配向性で続成作用の影響を受けにくい歯のエナメル質を用いた。骨と同様に、現地で適切な歯を選び、輸出申請をおこなった。1～2mg ほど削り取ったエナメル質から外来有機物を除去して、炭素同位体比を分析した。

（3）パコパンパ遺跡における食性の変化

　55 個体分の人骨からコラーゲンを抽出して分析した結果、パコパンパ遺跡では時代によって食性が変化していることが明らかになった。パコパンパ I 期（前 1200 年～前 800 年、以下 I 期と記す）では C_3 資源に依存した食性だったが、パコパンパ II 期（前 800 年～前 500 年、以下 II 期と記す）になると、C_4 資源の摂取割合が増えていたのだ（図 11-3）。もっと詳細に見てみよう。図 11-3 の横軸にある炭素同位体比に注目すると、I 期の人々は、C_3 植物や C_3 植物を摂取した動物の肉、また豆類を多く摂取してい

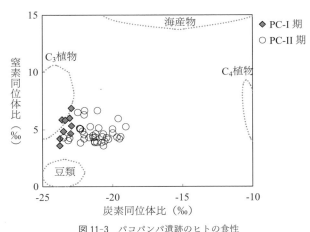

図 11-3　パコパンパ遺跡のヒトの食性

たことが示されている。しかし、II期になると、一部の個体では高い炭素同位体比が示され、C₄資源、すなわち、C₄植物とC₄植物を摂取した動物の肉を食べていたことがわかる。ただし、C₄資源の利用量は個体によって異なっており、I期と同様に、C₃資源の摂取の割合が高い個体もいた。また、C₄資源を利用できた個体でも、食料のすべてがC₄資源に変わったのではなく、依然としてC₃資源も食べていたと推測される。次に、窒素同位体比に注目すると、両時代ともに植物の値に似た低い同位体比を示しており、海産資源の摂取量は低かったと推測される。パコパンパ遺跡では、クジラの骨や海生貝類の工芸品が見つかっているが、食料全体から見ると食資源としての海産物の割合はきわめて少なかったのだろう（第5章参照、Vásquez and Tham 2010）。

　II期に摂取量が増加したC₄資源は具体的には何だったのだろうか？　アンデス地域で栽培化されたC₄植物にはトウモロコシとアマランサスの2種類がある。その2種のうちのどちらが利用されたのかを考えるときに参考となるのが、デンプン粒分析である。デンプン粒は光合成によって合成される炭水化物の一種で、微小な天然高分子である。種子や果肉、茎、葉肉、地下茎などに蓄積される。デンプン粒は植物の種類によって、形や大きさ、組成、性質が異なっているため、古人骨の歯や土器片中に付着している極小のデンプン粒を観察することで、利用された植物を同定できる。パコパンパ遺跡の土器と歯のデンプン粒分析からは、マニオクとジャガイモ、ラカチャ、トウモロコシの利用が報告されているが、アマランサスは検出されなかった（Vásquez and Tham 2007; 2009; 2011; 2013）。したがって、栽培化されたC₄植物の中では、トウモロコシが炭水化物源として摂取されていたと考えられる。パコパンパ遺跡はアンデス山脈の東側斜面にかかる標高2500mの高地に位置しており、遺跡周辺はケチュア帯の生態環境となっている。現在もそうだが、先スペイン期にはトウモロコシ農耕に適した地域だったと推測される。

　C₄植物を食べて育った動物の同定には、動物の食性推定をおこなう必要がある。そこで筆者らは、パコパンパ遺跡で多く出土するシカとクイ、ラクダ科動物の骨を用いて、炭素・窒素同位体分析をおこなった（図11-4）。シ

第 11 章 食料へのアクセスと権力生成

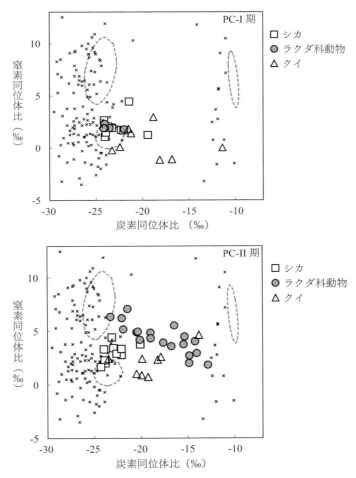

図 11-4 パコパンパ遺跡の動物の食性。上段はⅠ期、下段はⅡ期。楕円は図11-1で示した栽培化された植物の同位体比、×印は野生の植物の同位体比（Szpak et al. 2013）を表す。

カはⅠ期とⅡ期を通して、C_3 植物を中心とした食性を示した。一方、家畜であるラクダ科動物は食性に時代差が見られた。Ⅰ期は C_3 植物を中心とした食性だったが、Ⅱ期には C_3 植物と C_4 植物を混合した食性に変化している。

299

しかし、II期のC₄植物の摂取量は個体によって異なっていた。また、C₃植物中心の食性を示す個体でも、I期とII期では窒素同位体比に差が見られ、同じC₃植物でも時代によってその種類が異なっていた可能性が示唆される。

　クイはI期とII期の両時代で、C₃植物とC₄植物を混合した食性を示した。クイは草食性の動物である。16〜17世紀にはヒトの居住域で飼育されて、緑色の植物や、植物性の残飯などを与えられていたことが記録されている（Rowe 1946: 219）。形成期のクイの飼育状況は定かでないが、ヒトの食物残渣を与えられていた可能性は否定できない。その場合、クイが食べていたC₄植物は、いったいどのような植物であったのだろうか。C₄植物には野生のものもあるので、これを与えられていた可能性は否定できない。しかし、アンデス地域の野生のC₄植物の多くは海岸地域で生育しており、2000m以上の高地では2種類しか存在していない。そのため、クイ用に存在量の少ない野生のC₄植物を採集したとは想定しにくい。やはり栽培化されたC₄植物、すなわちトウモロコシを与えていたと推測するのが妥当であろう。とはいえクイのエサのためだけにトウモロコシを栽培していたとは考えにくい。ヒトもI期からC₄植物を食べていた可能性が示唆される。そうなるとクイのエサとなった植物性残飯の中にトウモロコシが混じっていた可能性を考えたくなる。また現在のパコパンパの村では、肉の味を高めるためにクイにトウモロコシの若葉を与える習慣があり、仮にこのような飼育法が当時採用されていたとするならば、C₄植物の値が検出された点も理解できる。

　いずれにしてもI期には、ヒトもクイもトウモロコシを摂取していたものの、クイは植物性食物しか摂取しないためにトウモロコシの影響が強く反映されていたのだろう。一方ヒトは、シカなどのタンパク質も摂取することから、C₄植物の同位体比はC₃植物を食べた動物の肉（シカの肉）の同位体比に隠されてしまい、ヒトのコラーゲンはC₃資源の摂取を強く反映する結果となったと推測される。パコパンパ遺跡から出土する動物骨には偶蹄類（シカやラクダ科動物）が多く、クイやほかの動物の数は限られる。一頭から取れる肉の量を考えても、偶蹄類の摂取量が多かったと考えられる。そのため、I期のヒトは、わずかながらトウモロコシを食べていたものの、シカ肉を含

むC₃資源の影響が強く、II期にはC₄資源、すなわちトウモロコシそのものの摂取、あるいはC₄植物を摂取したラクダ科動物の肉の摂取量が増加した可能性が想定される。

（4）トウモロコシか、ラクダ科動物の肉か？

I期のクイの同位体比から、ヒトもトウモロコシを摂取していた可能性が推定されるが、それではII期にヒトでC₄資源の摂取量増加が見られるのは、トウモロコシ利用量の増加ではなく、C₄植物を食べた動物を利用するようになったことが大きく影響しているのだろうか？　コラーゲンにはタンパク質源の同位体比が強く反映されるため、トウモロコシ摂取の影響を見積もるのは難しい。そこで、栄養素の違いによらず摂取した食物の同位体比を平均的に反映しているハイドロキシアパタイトの炭素同位体比を分析することで、炭水化物源の同位体比を推定してみた。

炭水化物源とタンパク質源はハイドロキシアパタイトとコラーゲンの炭素同位体比差から大まかに推定できる。その目安として4.4‰の指標が提案されている（Ambrose and Norr 1993)[2]。2つの組織の同位体比差が4.4‰以上の場合、タンパク質源の炭素同位体比は摂取した全食物よりも炭素同位体比が低いと考えられ、炭水化物としてC₄植物を直接摂取した可能性が示唆される。反対に、その値が4.4‰以下の場合は、タンパク質源の炭素同位体比の方が全食物よりも炭素同位体比が高いことを示しており、タンパク質としてC₄植物を食べて育った動物を摂取したと推測される。われわれが分析したのはパコパンパ遺跡のII期の一部の個体だが、ハイドロキシアパタイトとコラーゲンの炭素同位体比の差は、いずれの個体も4.4‰より大きい値を示した（図11-5）。したがって、II期のヒトも直接トウモロコシを摂取していたと考えられ、II期のコラーゲンで見られたC₄資源摂取量の増加は、C₄植物を食べたラクダ科動物の肉利用が増加しただけでなく、直接トウモロコシを摂取していたことも影響していたと考えられる。また、2組織間の同位体比差は個体によってさまざまな値を示していることから、トウモロコシやラ

第2部　遺物から読み解く権力生成

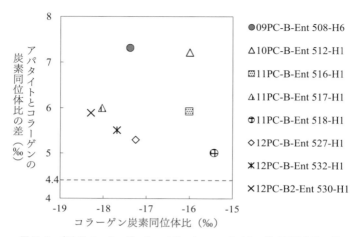

図11-5　古人骨のコラーゲンとハイドロキシアパタイトの炭素同位体比の差

クダ科動物の肉の寄与には個体差があったと考えられる。残念ながら、I期の個体からは分析に適した試料をえることができなかった。ハイドロキシアパタイトから食性の時代差を調べるためには、さらなる古人骨の発見や、ほかの遺跡での時代差の検証などが必要になるだろう。

（5）食性の階級差

　次に、社会構成員の間で食性に違いが存在したのかどうかについて考察してみたい。パコパンパ遺跡では、金属製品をともなう墓に入っていた特別な個体（第7章参照）や、生まれながらに特別な立場だったことを示す人工頭蓋変形をともなう個体が存在しているが（第9章参照）、彼らのようなエリートと非エリートとの間に、食性の違いはあったのだろうか[3]。図11-5に示された個体のうち、金属製品をともなっていた個体は12PC-B2-Ent 530-H1と 12PC-B-Ent 532-H1 である。横軸のコラーゲンの炭素同位体比に注目すると、エリートの2個体と同程度の値を示しているのは11PC-B-Ent 517-H1と12PC-B-Ent 527-H1 である。これらのエリートの2個体と非エリートの2個

302

体は、ハイドロキシアパタイトとコラーゲンの炭素同位体比の差も似ており、いずれも5〜6‰の値を示している。このことから、エリートと非エリートの間に食性の差は見られず、トウモロコシの摂取量に差はなかったと推測される。

一方、ほかの非エリートの個体の中には、コラーゲンの炭素同位体比がエリートと同程度にも関わらず、2組織間の炭素同位体比の差が大きい個体（09PC-B-Ent 508-H6）や、コラーゲンの炭素同位体比も2組織間の炭素同位体比の差も大きい個体が見られる（10PC-B-Ent 512-H1）。これらの個体はともに、エリートよりもトウモロコシを多く利用していたことを示している。前者は相対的にC_4植物の利用量が少ないため、タンパク質を反映するコラーゲンではその寄与が見えないが、炭水化物も含めた同位体比を示すハイドロキシアパタイトではC_4植物であるトウモロコシの摂取が確認された。後者では、コラーゲンの炭素同位体比が高い個体においても、ハイドロキシアパタイトの炭素同位体比がコラーゲンと比べても高い傾向が見いだされており、この時期のトウモロコシは家畜肉を経由して間接的に摂取されただけではなく、直接的な摂取も多かったと推定される。

これらの結果から、パコパンパ遺跡では、トウモロコシ利用を含む食性において階級差はなかったと考えられる。神殿を中心に発展した形成期社会ではエリートは宗教的指導者も兼ねていたと想定され、祭祀においてチチャを多用していたならば、C_4植物の摂取量に変化があると期待された。しかし、同位体分析からは、祭祀にともなうチチャの摂取量において、エリートと非エリートで差があったことを示す結果は得られなかった。

11–3 牧畜の影響

（1）大型家畜：リャマとアルパカ

アンデス地域で先スペイン期の大型家畜として活用されていたリャマとア

ルパカは、食肉としての利用や、毛の織物や衣服への活用、また荷物を背負わせて移動する荷駄獣として利用されていた。リャマとアルパカは、ラクダ科の野生種であるグァナコとビクーニャが家畜化された動物である。ラクダ科動物がそれぞれの野生祖先種から家畜化された過程について、単一起源と多地域並行起源の両方が提唱されているが、一般的には6000年～4000年前頃に3000m以上の高地高原で生じたと考えられている（Goñalons 2008; Wheeler 2012）。高地で始まったこの有益な大型動物の飼育は、瞬く間に山間部や海岸地域へ伝播していったのだろう。経済的な寄与の大きいラクダ科動物の利用はアンデス社会の発展に大きく影響していると考えられ、その拡散過程はつねに研究者の間で注目されてきた（Dufour et al. 2014; Goñalons and Yacobaccio 2006; Izeta et al. 2009; Szpak et al. 2014）。

　動物考古学的研究によると、パコパンパ遺跡では、I期のラクダ科動物の出土割合は低いが、II期には高くなるため、大型動物の利用は狩猟による野生のシカから家畜化されたラクダ科動物へと変化したと推測されている（第8章参照）。しかし、ラクダ科動物の飼育方法自体が伝播したのかどうかは明らかになっていない。別の地域で飼育された個体が生贄や荷駄獣として短期間だけ遺跡に訪れていた場合と、誕生から老いるまでを遺跡周辺で管理していた場合では、ラクダ科動物による経済的寄与も異なってくる。そこで筆者らはII期のラクダ科動物が交易によって遠隔地からパコパンパ遺跡にもたらされたのか、あるいは遺跡周辺での飼育が開始されたのかを同位体分析で検証することにした。

（2）ストロンチウム同位体比と酸素同位体比

　まず注目したのは、ストロンチウム同位体比である。同位体には、時間が経っても変化しない安定した原子核を持つ安定同位体と、ある一定時間で放射壊変を起こして異なる原子核に変化する不安定な原子核を持つ放射性同位体がある。放射性同位体が放射壊変を生じる速度はそれぞれの同位体で異なっており、元の原子核が半分量になるまでの時間を半減期と呼ぶ。ストロ

ンチウムは4つの安定同位体（^{84}Sr, ^{86}Sr, ^{87}Sr, ^{88}Sr）を持っている。4つの安定ストロンチウム同位体自体には変化がない。しかし、放射性同位体である^{87}Rb（ルビジウム87）が約490億年の半減期で^{87}Srに変化していく。すなわち、^{87}Srは時間が経つほど量が増えていくことになる。地層を形成している岩石中にはストロンチウムもルビジウムも含まれているが、各岩石によってストロンチウム同位体の割合とルビジウムの割合、岩石形成後の経過時間は異なっている。そのため、地域によって^{87}Srと^{86}Srの同位体比が異なっている。

このストロンチウム同位体比の記録は、歯に残されている。歯のエナメル質は、その90％がハイドロキシアパタイト（$Ca_{10}(PO_4)_6(OH)_2$）によって構成されている。水を通じて植物などの有機物内に入っていくストロンチウムは、カルシウムと挙動が似ているため、動物のハイドロキシアパタイトのCa部分に組み込まれてしまう。その際に、岩石由来のストロンチウム同位体比が維持されたまま、体組織に組み込まれる。そのため、動物が摂取したストロンチウム同位体比は、食物が生産された場所の地質の値を反映しており、異なるストロンチウム同位体比を有する地域で食物を食べた個体は、異なる同位体比が体組織に記録される。また、ある一個体が、成長の過程で異なる同位体比の地域に移動すれば、歯の成長にともなって移動前後の同位体比が記録される（図11-6）。このように、地域によってストロンチウム同位体比が異なっていることを利用することで、ラクダ科動物の移動を検証することができる。もし遺跡から離れた地域で飼育されたラクダ科動物ならば、遺跡周辺のストロンチウム同位体比とは異なる値を示すと予想される。また、遠隔地から連れて来られた後に遺跡周辺で飼育されていた場合は、一個体内で成長過程におけるストロンチウム同位体比の変化として表れると期待される。ただし、似た値を示す個体が、同一地域で生育していたとは限らないため、注意が必要である。地質構造や地形などの条件が重なれば、複数の地域で似た同位体比を示す場合もある。そのため、科学的に正確にいうならば、異なる同位体比を示す個体は出身地が異なるといえるが、類似した同位体比を示す個体は、厳密には同じ地域で飼育されていた可能性があるとしかいえないのである。

第 2 部　遺物から読み解く権力生成

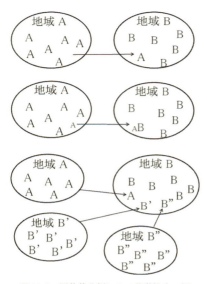

図 11-6　同位体分析による移動推定の例
A という同位体比を示す地域と、B という同位体比を示す地域があったと仮定すると、ある成獣が A 地域から B 地域に来た場合、B 群の中では異なる値として検出されるため、遠隔地で生育していた個体として区別できる（上図）。また、幼少期を A 地域で過ごした個体が成長の過程で B 地域へ移動し、その後しばらく B 地域で飼育された場合は、同一個体内に 2 つの地域の同位体比が記録される（中図）。一方、遠隔地にも似た同位体比を示す地域が存在している可能性があるため、ある地域の動物の同位体比が近い値を示していても、同一地域内での生育を保証することにはならない（下図）。

そのため酸素同位体比を考察に加えることでより説得力のある解釈がえられる。酸素同位体比も地域による同位体比の違いがあることから、移動の検証に用いられる。ハイドロキシアパタイトに含まれる酸素は、おもに飲み水と食物に含まれる水から供給されている。飲み水や食物に含まれる水は、降水（雨水や雪など）の同位体比の影響を強く受ける。降水の酸素同位体比は、雲の由来となった海域の違いや高度、気温によって変化するため、地域によって同位体比が異なっている。そのため、ストロンチウムと同様に、動物の生育地域の違いを反映している。とくに、酸素同位体比は、地域内多様性がストロンチウム同位体比よりも小さく、高度によって値が異なるので、山地と低地を複合したアンデスでの研究には有用だ。対象地域内が複雑な地質構造で、一地域内に多様なストロンチウム同位体比を有している場合でも、酸素同位体比では共通した値が示されることになり、誤った地域差判定を防ぐことができる。また反対に、ストロンチウム同位体比では遠隔地に同じ値を示す地層が存在した場合に差異を検出することができないが、酸素同位体比では異なる環境として区別できる可能性が高くなる。したがって、ストロンチウムと酸

素同位体比の両方を分析すれば、地域差の検証をより高精度でおこなえることになる。

（3）パコパンパ遺跡のラクダ科動物はどこで飼育されたか？

われわれはこれらの手法を利用して、パコパンパ遺跡から出土したラクダ科動物の移動の有無を検証した。分析には形成期後期（前800年～前500年頃）のシカとラクダ科動物計26個体の歯を用いた。一般的にシカは飼育に向かない動物であるため、野生の個体を狩猟で入手していたと想定される。また、成獣のシカはオスが70kg、メスでは50kgほどになるため、長距離を輸送するのは困難だったと思われる。そのため、シカ狩猟は遺跡周辺でおこなわれていたと推測され、シカの同位体比はパコパンパ遺跡周辺の地質や環境の同位体比を反映していると考えられる。遺跡周辺由来と考えられるシカと比較することで、ラクダ科動物がシカ狩猟範囲内に生息していたのか、あるいはシカ狩猟範囲外から来たのかを検証できる。

また、ラクダ科動物の成長過程での移動を調べるために、同一個体内での異なる歯種の同位体比を比較した。動物の歯の生える時期は歯種によって異なっているため、反映している同位体比の時期も異なっている。先行研究で報告されているラクダ科動物の歯種の萌出時期の推定によると、Pd4（脱落性の第四小臼歯）は誕生時には萌出しており、M1（第一大臼歯）は生後6～9ヵ月、M2（第二大臼歯）は1歳5ヵ月から2歳、M3（第三大臼歯）は2歳9ヵ月から3歳8ヵ月で萌出し、一番遅いのは3歳5ヵ月から5歳頃に生えるP4（第四小臼歯）である（Wheeler 1982）。ただし、先行研究で明らかになっているのは萌出時期であり、歯冠の形成は萌出の数ヵ月前から生じていると考えられるため、各歯種に反映されている同位体比はもう少し前の時期になる。それを考慮すると、Pd4には母体が摂取した植物と飲み水の値が反映されていると考えられる。また、授乳期間は生後6～8ヵ月まで続くことから、M1にも母体の食物と飲み水が反映されていると推測される。一方でM2、M3、P4は個体自身が摂取した植物と飲み水の同位体比が反映される。歯冠部の

第 2 部　遺物から読み解く権力生成

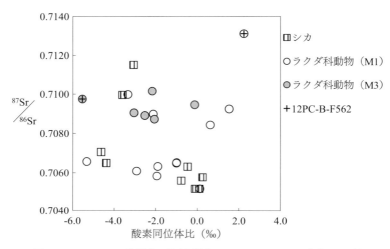

図 11-7　シカとラクダ科動物の酸素同位体比とストロンチウム同位体比の比較

エナメル質は一度形成されると体内に吸収されることがないため、虫歯や摩耗による損失を除けば、形成時期の同位体比がそのまま保存されているからである。そこで異なる歯種を比較することで、成長過程における同位体比変化を検証することにした。ラクダ科動物、おもにリャマの荷駄獣としての使役は 2 歳頃から始まり、10 歳あるいは 12 歳頃まで利用される。もし長距離移動があれば、同位体比の変化は 2 歳以降に記録されていると考えられ、M2、M3、P4 で検出できることになる。

　分析の結果では、シカとラクダ科動物の酸素同位体比とストロンチウム同位体比には差が見られなかった（図 11-7）。いいかえれば、シカ狩猟範囲外から来たラクダ科動物の存在を示すことができないということになる。とくにラクダ科動物の M1 の分析結果に注目すると、胎児期もしくは授乳期に形成される M1 には、妊娠中もしくは授乳中の母個体がいた地域の同位体比が反映されていることから、母個体のラクダ科動物がシカと似た地質構造で、かつ似た環境の地域に生息していたことを示していると考えられる。これはシカが狩猟された範囲内でラクダ科動物も生息していた可能性を含んでい

第 11 章　食料へのアクセスと権力生成

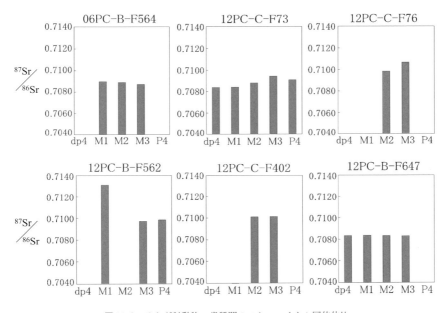

図 11-8　ラクダ科動物の歯種間のストロンチウム同位体比

る。妊娠中の母個体や授乳期の幼少個体をともなう母子個体は長距離移動に向いていないため、この時期の個体がシカの狩猟範囲内で生息していたということは、逆にヒトによる家畜動物の管理が遺跡周辺でおこなわれていた可能性を示唆するものである。

　さらに、ラクダ科動物については、同一個体内での歯種間のストロンチウム同位体比の比較をおこなった。そこでも、ほとんどの個体で歯種の間に大きな差異は見られず、成長過程での長距離移動の証拠は示されなかった（図 11-8）。唯一、12PC-B-F562 と登録された個体では、M2 と M3 の間に大きな同位体比の差が見られ、この個体は成長過程で異なる地域から移動してきた可能性が示されている。この個体については、図 11-7 のシカとラクダ科動物の比較図において、M1 と M3 が離れた位置にプロットされている。とくに 12PC-B-F562 の M1 はストロンチウム同位体比だけでなく、酸素同位体比

第 2 部　遺物から読み解く権力生成

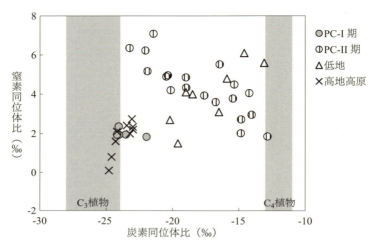

図 11-9　パコパンパ遺跡のラクダ科動物の食性と、先行研究で報告されている低地と高地高原に生息したラクダ科動物の食性の比較（Dufour et al. 2014; Thornton et al. 2011; Verano and DeNiro 1993）

もほかの個体よりも高い値を示しており、シカ狩猟範囲外の地域出身であることが示唆される。とはいえ、M3 はほかのサンプルに近い値が示されているので、M3 が形成される頃には遺跡周辺の地域に移動してきていたのだろう。以上の結果から、パコパンパ遺跡周辺では、ラクダ科動物の出産から成獣までの管理、他地域からの移動個体の飼育など、大規模なラクダ科動物管理が確立されていたと推測される。

　ここで、これまで説明した動物の食性と移動について合わせて考えてみたい。図 11-4 の I 期では、シカもラクダ科動物も C_3 植物に依存した食性だったが、II 期になると、ラクダ科動物は C_3 植物と C_4 植物を混合した食性に変化していた。II 期にはヒトによって管理された植物を餌として与えられていたと考えられる。

　さらに、ラクダ科動物の食性に注目して、先行研究で報告されているさまざまな地域のラクダ科動物の同位体比と比較すると面白い結果が見えてくる（図 11-9）。4000m 以上の高地高原のラクダ科動物は、C_3 資源に依存した食性

310

を示している。この食性はⅠ期のラクダ科動物の食性と非常に良く似ている。また、低地のラクダ科動物の同位体比は右肩上がりに分布し、低い炭素・窒素同位体比を示すC_3植物と、高い炭素・窒素同位体比を示すC_4植物を混合した食性であることが報告されている。一方、Ⅱ期のパコパンパ遺跡では、右肩下がりのグラフを示し、低い炭素同位体比と高い窒素同位体比を示すC_3植物と、高い炭素同位体比と低い窒素同位体比とを示すC_4植物を利用していたようである。パコパンパ遺跡では、先行研究で報告されている高地高原のラクダ科動物とも、低地のラクダ科動物とも異なる食性を示していることから、遺跡周辺で生育した植物を摂取していたと推測され、ヒトによって栽培化されたC_4植物、すなわち、トウモロコシを何らかの形で与えられていたと考えられる。

　パコパンパ遺跡では、Ⅰ期には高地高原で飼育されたラクダ科動物が連れて来られていたが、Ⅱ期になると遺跡周辺でのラクダ科動物の飼育が始まったのだろう。パコパンパ遺跡での家畜飼育の伝播はⅡ期に起こっており、交易の活性化やエリート層の出現など、社会の変化が起こった時期と一致している。ただし、Ⅱ期は前800年〜前500年と時代幅を持っているため、Ⅱ期の初期からラクダ科動物の飼育が始まっていたのか、あるいはⅡ期に徐々に導入されていったのかは定かでない。今後はより細かい年代軸で検証していく必要があるだろう。

11-4　農耕と牧畜がパコパンパ社会に与えた影響

　パコパンパ遺跡における農耕と牧畜の変化をまとめると、以下のような食生態資源へのアクセスにおける変化が浮かび上がってくる。まず、Ⅰ期にも、おそらくトウモロコシは多少なりとも栽培されていたと考えられる。ヒトはトウモロコシを収穫し、調理して食べる。そして余ったトウモロコシの穎果あるいは若葉などを、クイの餌として与えていたと推測される。おそらく毎年ある程度のトウモロコシが収穫されていたと想像されるが、全体の食

第 2 部　遺物から読み解く権力生成

物の中では割合が低く、マニオクやジャガイモ、また狩猟によって得たシカなど、相対的には C_3 資源を多く食べていたと考えられる。

　ところが、II 期には、大きく様相が変わってくる。トウモロコシを育て、ヒトやクイがそれを食べるところまでは同じである。しかしここで考えなくてはならないのは、ラクダ科動物がどのように C_4 植物を摂取したのかである。最も可能性があるのは、ラクダ科動物の飼育にともない、餌として収穫後のトウモロコシ畑を利用したという見方である。葉や茎、粒を取った芯の部分などが残された畑に、ラクダ科動物が放牧される。それらを食べたラクダ科動物は、畑に糞を落とす。そうすると糞が肥料となり、次のトウモロコシの収穫量の増加が期待される。この好循環が何度も繰り返されていき、マニオクや、ジャガイモ、シカの利用量が減って、相対的に C_4 資源の利用が増加していったと想像されるのである。

　このように、II 期には、トウモロコシ栽培を中心に、農耕と牧畜を組み合わせた新しい生態資源利用が導入されたのだろう。無駄のない効率的な農耕牧畜システムにより、安定した食料供給が確立され、II 期の社会変化につながったのかもしれない。II 期の社会の変化については、ほかの章で報告されているが、大規模な神殿更新やエリート層の出現に加え、金属器生産が最盛期を迎え、土器も作り方や使い方、性質などに変化が生じている（第 1 章と第 4 章、第 6 章参照）。

　パコパンパ遺跡では、I 期からトウモロコシ栽培が始まっていたと推測されるものの、権力の発生は萌芽程度に留まっている。また、I 期末から II 期のエリートがトウモロコシをより多く利用している傾向も見られず、意図的なトウモロコシの価値づけによるエリートと非エリートの線引きが行われたようには見えない。したがって、トウモロコシ栽培の導入だけでは、大きな社会の変化にはつながらなかったと考えられる。一方、II 期の農耕牧畜システム導入と合わせたように、社会の変化が生じている。トウモロコシ農耕とラクダ科動物飼育の導入により、安定した食料供給が確保されることで、より多くのヒトがパコパンパ遺跡に集まったのだろう。また、余剰生産物の増加と人口増加は社会の複雑化をもたらし、パコパンパにおける宗教的活動を

支えたと考えられる。金属器や土器製作の生産や発展にもつながったと考えられる。さらに、それらの製品の輸出や、外来の奢侈品の輸入などには、ラクダ科動物が荷駄獣として活躍した点も推測される。栽培植物や鉱物、粘土などの資源輸送も、ラクダ科動物によって潤滑になる。自前の荷駄獣を有することで、輸送のコントロールが可能になったのだろう。さらには第8章で指摘されたように、ラクダ科動物については獣毛の利用も視野に置くべきであろう。これらのことから、北部高地の形成期社会では、トウモロコシ農耕とラクダ科動物飼育の両方の導入が、権力生成につながったと考えられる。

　同様の社会変化は、同時代のほかの遺跡でも想定される。たとえば、北部高地のクントゥル・ワシ遺跡では、形成期後期のクントゥル・ワシ期に、神殿建築の拡大やエリートの出現、土器様式の変化などが報告されている（第12章参照）。人骨を用いたコラーゲン分析でも、クントゥル・ワシ期にC_4資源利用が示されており、農耕牧畜システムの導入が推測される（関・米田 2004）。また、南部高地のクスコ北西地域では、形成期後期にラクダ科動物のキャラバンの増加とトウモロコシ栽培の開始が報告されている（Chepstow-Lusty 2011）。さらに、南部高地のティティカカ盆地はトウモロコシの栽培に適さない環境であるにもかかわらず、この地域でも形成期後期にトウモロコシの利用が報告されており、トウモロコシの輸送の活性化や、あるいは難しい環境での栽培を可能にするようなトウモロコシ農耕の技術的革新が推測される（Logan et al. 2012）。これらの報告例を合わせて考えると、形成期後期にはアンデス社会全体で農耕牧畜に質的量的な変化が起こり、食料変化にともなう社会変化が生じて権力生成につながった可能性が示唆される。この農耕牧畜の革新的変化が多地域同時に始まったのか、あるいは先駆的な地域からの技術の伝播によるのかが注目されるが、今後の課題としてさらなる調査を進めていきたい。

注
1）同位体比は以下の計算式で求められ、δX と表される。
　　　δX ＝（Rs / Rst － 1）× 1000
　　Rs は試料 S の同位体比、Rst は標準試料 ST の同位体比、X は重い同位体を示す。

たとえば炭素では、
$$\delta^{13}C = \{(^{13}C/^{12}C) \text{ sample} / (^{13}C/^{12}C) \text{ standard} - 1\} \times 1000$$
となる。
　この式で求められる『δ値（デルタ値）』は、「もっとも天然存在量の多い同位体に対する二番目に天然存在量の多い同位体の比率」について、標準物質に対する試料の千分偏差を示す。ストロンチウムの安定同位体の天然存在量は、^{88}Sr がもっとも多く、次いで ^{86}Sr、^{87}Sr の順になっている。また、標準物質に対する偏差として表さないため、厳密にはほかの元素とは『同位体比』の意味が異なっている。本章では混乱を避けるためδの記号を用いず、炭素、窒素、酸素、ストロンチウムのすべてで共通して〇〇同位体比と記述している。

2）4.4‰の指標は、以下の式から計算された。
　　9.4‰ − 5‰ = 4.4‰
　9.4‰：同じ炭素同位体比を示すタンパク質と炭水化物を摂取した個体におけるコラーゲンとアパタイトの炭素同位体比の差
　5‰：摂取された食物からコラーゲンが形成されるときの同位体分別の補正係数
（Ambrose and Norr 1993; Ambrose et al. 1997; Ambrose et al. 2003）。

3）本章では便宜的に金属製品の副葬品をともなう個体をエリート、ともなわない個体を非エリートと呼ぶ。ただし、金属製品をともなわない個体でも、第三基壇の神殿遺構内に埋葬されているため、ほかの一般的な人々とは異なっていた特別な個体であった可能性も想定される。将来的には、神殿遺構外で発掘される個体と神殿遺構内の個体で比較をおこなう必要があるだろう。

引用文献

Ambrose, S. H. and L. Norr 1993 Experimental Evidence for the Relationship of the Carbon Isotope Ratios of Whole Diet and Dietary Protein to Those of Bone Collagen and Carbonate. In J. B. Lambert and G Grupe (eds.), *Prehistoric Human Bone: Archaeology at the Molecular Level*, pp. 1-37. Berlin: Springer Berlin Heidelberg.

Ambrose S., B. M. Butler, D. B. Hanson, R. L. Hunter-Anderson and H. W. Krueger 1997 Stable Isotopic Analysis of Human Diet in the Marianas Archipelago, Western Pacific. *American Journal of Physical Anthropology* 104: 343-361.

Ambrose, S. H., J. Buikstra and H. W. Krueger 2003 Status and Gender Differences in Diet at Mound 72, Cahokia, Revealed by Isotopic Analysis of Bone. *Journal of Anthropological Archaeology* 22: 217-226.

Bonavia, D. (ed.). 2013 *Maize: Origin, Domestication, and Its Role in the Development of Culture*. Cambridge: Cambridge University Press.

Chepstow-Lusty, A. 2011 Agro-Pastoralism and Social Change in the Cuzco Heartland of Peru: A Brief History Using Environmental Proxies. *Antiquity* 85: 570-582.

第 11 章　食料へのアクセスと権力生成

DeNiro, M. J. and C. A. Hastorf 1985   Alterration of $^{15}N/^{14}N$ and $^{13}C/^{12}C$ Ratios of Plant Matter during the Initial Stages of Diagenesis: Studies Utilizing Archaeological Specimens from Peru. *Geochimica et Cosmochimica Acta* 49: 97–115.

Dillehay, T. D., C. Ramírez, M. Pino, M. B. Collins, J. Rossen and J. D. Pino-Navarro 2008   Monte Verde: Seaweed, Food, Medicine, and the Peopling of South America. *Science* 320: 784–786.

Dillehay, T. D., D. Bonavia, S. L. Goodbred Jr., M. Pino, V. Vásquez and T. R. Tham 2012   A Late Pleistocene Human Presence at Huaca Prieta, Peru, and Early Pacific Coastal Adaptations. *Quaternary Research* 77: 418–423.

Dillehay, T. D., C. Ocampo, J. Saavedra, A. O. Sawakuchi, R. M. Vega, M. Pino, M. B. Collins, L. S. Cummings, I. Arregui, X. S. Villagran, G. A. Hartmann, M. Mella, A. González and G. Dix 2015   New Archaeological Evidence for an Early Human Presence at Monte Verde, Chile. *PLoS ONE* 10(12): e0145471.

Dufour, E., N. Goepfert, B. Gutiérrez L., C. Chauchat, R. Franco J. and S. Vásquez S. 2014   Pastoralism in Northern Peru during Pre-Hispanic Times: Insights from the Mochica Period (100–800 AD) Based on Stable Isotopic Analysis of Domestic Camelids. *PLoS ONE* 9(1): e87559.

Fraser, B. 2014   The First South Americans: Extreme Living. *Nature* 514: 24–26

Goñalons, G. L. M. 2008   Camelids in Ancient Andean Societies: A Review of the Zooarchaeological Evidence. *Quaternary International* 185: 59–68.

Goñalons, G. L. M. and H. D. Yacobaccio 2006   The Domestication of South American Camelids: A View from the South-Central Andes. In M. A. Zeder, D. G. Bradley, E. Emshwiller and B. D. Smith (eds.), *Documenting Domestication: New Genetic and Archaeological Paradigms*, pp. 228–244. California: University of California Press.

Grobman, A., D. Bonavia, T. D. Dillehay, D. R. Piperno, J. Iriarte and I. Holst 2012   Preceramic Maize from Paredones and Huaca Prieta, Peru. *Proceedings of the National Academy of Sciences of the United States of America* 109: 1755–1759.

Haas, J., W. Creamer, L. H. Mesia, D. Goldstein, K. Reinhard and C. V. Rodriguez 2013   Evidence for Maize (*Zea mays*) in the Late Archaic (3000–1800 BC) in the Norte Chico Region of Peru. *Proceedings of the National Academy of Sciences of the United States of America* 110: 4945–4949.

Izeta, A. D., A. G. Laguens, M. B. Marconetto and M. C. Scattolin 2009   Camelid Handling in the Meridional Andes during the First Millennium AD: A Preliminary Approach Using Stable Isotopes. *International Journal of Osteoarchaeology* 19: 204–214.

Logan, A.L., C. A. Hastorf, D. M. Pearsall 2012   "Let's drink together": Early Ceremonial Use of Maize in the Titicaca Basin. *Latin American Antiquity* 23, 235–258.

Perry, L., D. H. Sandweiss, D. R. Piperno, K. Rademaker, M. A. Malpass, A. Umire and P. de la Vera 2006 Early Maize Agriculture and Interzonal Interaction in Southern Peru. *Nature* 440: 76–79.

Pulgar Vidal, J. (ed.) 1996 *Geografía del Perú: Los ocho regiones naturales, la regionalización transversal, la microregionalización. Décima edition.* Lima: PEISA.

Rademaker, K., G. Hodgins, K. Moore, S. Zarrillo, C. Miller, G. R. M. Bromley, P. Leach, D. A. Reid, W. Y. Álvarez and D. H. Sandweiss 2014 Paleoindian Settlement of the High-Altitude Peruvian Andes. *Science* 346: 466–469.

Rowe, J. H. 1946 Inca Culture at the Time of the Spanish Conquest. In J. H. Steward (ed.), *Handbook of South American Indians, Vol. 2: The Andean Civilizations* (*Bureau of American Ethnology Bulletin 143, vol. 2*), pp. 183–330. Washington, D. C.: Smithsonian Institution.

―――――― 1973 Rite and Crop in the Inca State. In D. R. Gross (ed.), *Peoples and Cultures of Native South America*, pp. 393–407. New York: Natural History Press.

Szpak, P., C. D. White, F. J. Longstaffe, J. F. Millaire and V. F. Vásquez S. 2013 Carbon and Nitrogen Isotopic Survey of Northern Peruvian Plants: Baselines for Paleodietary and Paleoecological Studies. *PLoS ONE* 8(1): e53763.

Szpak P., J. F. Millaire, C. D. White and F. J. Longstaffe 2014 Small Scale Camelid Husbandry on the North Coast of Peru (Virú Valley): Insight from Stable Isotope Analysis. *Journal of Anthropological Archaeology* 36: 110–129.

Thornton, E. K., S. D. Defrance, J. Krigbaum and P. R. Williams 2011 Isotopic Evidence for Middle Horizon to 16th Century Camelid Herding in the Osmore Valley, Peru. *International Journal of Osteoarchaeology* 21: 544–567.

Tieszen, L. L. and T. Fagre 1993 Effect of Diet Quality and Composition on the Isotopic Composition of Respiratory CO_2, Bone Collagen, Bioapatite, and Soft Tissues. In J. B. Lambert and G Grupe (eds.), *Prehistoric Human Bone: Archaeology at the Molecular Level*, pp. 121–155. Berlin/Heidelberg: Springer.

Turner, B.L., J. D. Kingston and G. J. Armelagos 2010 Variation in Dietary Histories among the Immigrants of Machu Picchu: Carbon and Nitrogen Isotope Evidence. *Chungara, Revista de Antropología Chilena* 42: 515–534.

Vásquez, V. and T. R. Tham 2007 Análisis microscópios de granos de almidón antiguos en fragmentos de cerámica de Pacopampa. Report prepared for the Pacopampa Archaeological Project. Trujillo: Arqueobios: Centro de Investigaciones Arqueobiológicas y Paleoecológicas Andinas.

―――――― 2009 Análisis microscópios de granos de almidón antiguos en fragmentos de cerámica de Pacopampa, temporada 2008. Report prepared for the Pacopampa Archaeological Project. Trujillo: Arqueobios: Centro de Investigaciones Arqueobiológicas y Paleoecológicas Andinas.

――――― 2010　Análisis e identificación taxonómica de muestras de moluscos de Pacopampa. Report prepared for the Pacopampa Archaeological Project. Trujillo: Arqueobios: Centro de Investigaciones Arqueobiológicas y Paleoecológicas Andinas.

――――― 2011　Análisis microscópios de suelo contenidos dentro de vasijas de Pacopampa. Report prepared for the Pacopampa Archaeological Project. Trujillo: Arqueobios: Centro de Investigaciones Arqueobiológicas y Paleoecológicas Andinas.

――――― 2013　Análisis microscópio de almidones antiguos del calculo dental de entierros humanos del sitio Pacoapmpa. Report prepared for the Pacopampa Archaeological Project. Trujillo: Arqueobios: Centro de Investigaciones Arqueobiológicas y Paleoecológicas Andinas.

Verano, J.W. and M. J. DeNiro　1993　Locals or Foreigners? Morphological, Biometric and Isotopic Approaches to the Question of Group Affinity in Human Skeletal Remains Recovered from Unusual Archaeological Contexts. In M. K. Sandford (ed.), *Investigations of Ancient Human Tissue: Chemical Analysis in Anthropology*, pp. 361-386. Langhorne, PA: Gordon & Breach Science Publishers.

Weir, G.H. and D. Bonavia　1985　Coprolitos y dieta del Precerámico Tardío de la costa peruana. *Bulletin de l'Institut Français d'Études Andines* 14: 85-140.

Wheeler, J. C.　1982　Aging Llamas and Alpacas by their Teeth. *Llama World*, Summer: 12-17.

――――― 2012　South American Camelids: Past, Present and Future. *Journal of Camelid Science* 5: 1-24.

Zarrillo, S., D. M. Pearsall, J. S. Raymond, M. A. Tisdale and D. J. Quon　2008　Directly Dated Starch Residues Document Early Formative Maize (*Zea mays L.*) in Tropical Ecuador. *Proceedings of the National Academy of Sciences of the United States of America* 105: 5006-5011.

関雄二・米田穣　2004「ペルー北高地の形成期における食性の復元―炭素・窒素同位体分析による考察―」『国立民族学博物館研究報告』28(4): 515-537。

第三部　比較の視座

第 12 章　クントゥル・ワシ神殿の変容過程と権力の形成
―― 形成期後期の神殿革新は社会に何をもたらしたのか

井口欣也

12 – 1　クントゥル・ワシ神殿遺跡の発掘調査

（1）調査の歴史

　クントゥル・ワシ遺跡は、ペルー共和国カハマルカ州、サン・パブロ郡クントゥル・ワシ村にある。アンデス山脈の西斜面を太平洋へと流れるヘケテペケ川の上流域、海抜 2300m の丘に築かれており（図 12-1、12-2）、パコパンパやチャビン・デ・ワンタルとともに、北部山地において形成期を代表する神殿遺跡のひとつといえる。ここから東側に分水嶺を超えると山間のカハマルカ盆地があり、そこには日本調査団が発掘したワカロマ遺跡やライソン遺跡をはじめとする多数の形成期遺跡がある。

　1946 年、地元住人から昔の石彫があるとの情報を受けたペルー人考古学者のフーリオ・C・テーヨは、クントゥル・ワシに考古学者を派遣し、小規模な発掘がおこなわれた。そこではたしかに建築物の石壁や石彫などが発見されたが、その後は集中的な発掘はおこなわれず、1988 年に大貫良夫と加藤泰建を中心とする日本調査団によって、初めて本格的な調査研究が開始された。筆者もこの調査プロジェクトに、その開始当初から参加する機会を得た。

　第一回の調査では、建築の広がりと基本的な層位をつかむために、長いトレンチを設定して発掘がおこなわれたが、そこでまず注目されたのは、この遺跡に予想以上の長い時間にわたる建築物の重なりがあること、また、山地にありながら、ペルー北海岸地方に特徴的な磨研の良い土器片が出土することだった。さらに、こうした海岸的な土器が出る時期よりも後の時代の層で

第 3 部　比較の視座

図 12-1　クントゥル・ワシ遺跡の遠景　©クントゥル・ワシ調査団

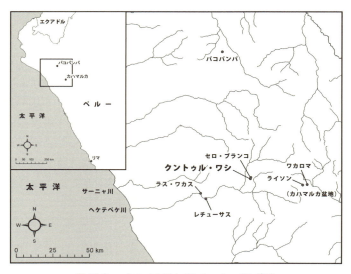

図 12-2　ヘケテペケ川とクントゥル・ワシ遺跡

は、また別の特徴をもった土器片が大量に出土することも目を引いた。この遺跡では、長いタイムスパンでの神殿と社会の変化を分析することが可能であるとの見通しが得られたと同時に、海岸社会との関係が重要な鍵になると予想された。

　1989 年の発掘調査では、アメリカ大陸で最古の部類に属する金製品を副葬品とした特別な墓が 3 基発見され、大きな注目を集めることになった。それ以後も金製品をともなう墓の発見は続き、現在に至るまで、その数は 8 基となる。神殿の中に特別な墓がつくられたことを、どのように解釈すべきなのか。また、改修や改築が繰り返された神殿の変容と、時期を通じて変化する遺物の特徴の変化から、何が読み取れるのだろうか。

　現地の住人から構成される 20 人ほどの作業員とともに始まった発掘は、神殿の全貌とその複雑な重なりを明らかにするため徐々に拡大され、ピーク時には、日本、ペルーの研究者・学生が 20 人以上と、100 人を超える作業員からなる大調査チームによって発掘がおこなわれ、2013 年までに合計 14 シーズンにもわたる長期の調査となった。遺構と遺物が豊富に出土するクントゥル・ワシでは、その分析作業にも多くの研究者が関わり、神殿の変容と社会展開の関係について、徐々に重要な知見が得られることとなった。さらに、2005 年から開始されたパコパンパ遺跡の調査で得られた研究成果と比較することによって、新たに見えてきたことも多い。

（2）編年

　発掘調査によって、クントゥル・ワシでは、イドロ期（前 950 年～前 800 年）、クントゥル・ワシ期（前 800 年～前 550 年）、コパ期（前 550 年～前 250 年）、ソテーラ期（前 250 年～前 50 年）の四つの時期が設定された（加藤・井口 1998; Inokuchi 2010）。日本調査団の編年との対応でいえば、最初のイドロ期は形成期中期の後半、クントゥル・ワシ期とコパ期が形成期後期、ソテーラ期が形成期末期ということになる。また、パコパンパ遺跡の編年と比較すると、イドロ期がパコパンパ IB 期、クントゥル・ワシ期はパコパンパ II 期

表 12-1　形成期におけるクントゥル・ワシの編年と他遺跡との対応（関 2015:153 を加工）

年代紀元前	時期	各遺跡の時期名		
		パコパンパ	ワカロマ	クントゥル・ワシ
50 / 250	末期		ライソン	ソテーラ
500	形成期 後期	パコパンパⅡ	EL	コパ
800			後期ワカロマ	クントゥル・ワシ
1000	中期	パコパンパⅠ		イドロ
1200		パンダンチェ	前期ワカロマ	
1500 / 1800	前期			

※「クントゥル・ワシ」と「イドロ」の間に「神殿革新」の注記

に対応する（表 12-1）。この基本的な四つの時期は、土器の特徴の変化を指標としているが、神殿建築の変化では、さらに九つのサブフェイズに分けることができる（井口他 2007）。

　先に述べた海岸の特徴を持った土器は、おもに 2 番目のクントゥル・ワシ期のものであり、このとき同時に神殿建築にも大きな変化が生じていたことがわかった。また、その上層から出土する大量の土器片はコパ期に対応していた。金製品を副葬品とする 8 基の墓のうち、6 基がクントゥル・ワシ期、残る 2 基はコパ期につくられたものである。クントゥル・ワシ期のこれら特別な墓の副葬品には、ペルー北海岸の形成期に発展したクピスニケと呼ばれる様式の祭祀土器が含まれていた。また、形成期の金製品は、クントゥル・ワシでの発見以前に学術調査で明らかになった例はなかったものの、北海岸地方で見つかったとされるものがいくつか報告されている。

　クントゥル・ワシにおいて重要な画期となったのは、形成期後期の初めに起こった神殿の刷新であった。この前後で神殿はその姿を大きく変え、同時に、新しい神殿のあり方そのものが、その後の社会展開を大きく左右することになったのである。形成期後期の始まる前 800 年前後には、パコパンパ、チャビン・デ・ワンタルなどほかの神殿でも注目すべき変化が生じたことが

わかっている。この頃に、神殿の変化だけではなく、社会発展過程における重要な画期があり、とりわけ、リーダー層の権力生成や社会複雑化において大きなうねりが生じたのであった。クントゥル・ワシでは、どのような過程を経てこの変革に至ったのであろうか。まずは、最初の神殿から順を追ってみていこう。

12 - 2　形成期中期のイドロ期神殿

（1）イドロ期の神殿建築と神殿更新

　緩やかな丘の頂上部が平坦に整形され、この地に最初の神殿が築かれたのは前950年頃のことである。以後、およそ900年間にわたる異なる時期の建築物が複雑に重なっているクントゥル・ワシの発掘調査では、そのいちばん下にあるイドロ期の地層まで完全に掘り下げることは簡単ではない。そのため、最初の神殿の全貌については不明な点も多いが、調査では、少なくとも主要な基壇と広場がそれぞれ四つずつ確認できた。この時期の土器は、ワカロマ遺跡の後期ワカロマ期やパコパンパ遺跡のパコパンパⅠ期など、基本的には形成期中期のペルー北部山地の土器に共通する特徴を有している。ただし、わずかではあるが、海岸地方や河川中流域の特徴的な土器もある。灰色で表面が良く磨研されている胎土の緻密な鐙形壺や、赤色の地に黒鉛を塗布した土器などである。

　イドロ期の建築を特徴づける要素の一つは、白く固い漆喰で塗り固められた床面であるが、その広がりからすると、建築活動は丘の頂上部の広範囲にわたっていたと考えられる。そのほぼ中央部には、東西に幅10mほどの基壇と、隣接する広場が建設されていた。この基壇から西側4mほどのところには別の低い基壇があり、その上から、二つの部屋状構造の仕切り壁を装飾していた多彩色の土製レリーフ像（スペイン語でイドロ）が倒れた状態で出土した。像は高さ75cmほどで、顔の特徴はジャガーだが、2本足で立つ胴体

第 3 部　比較の視座

図 12-3　イドロ期の壁を装飾していた土製レリーフ像　©クントゥル・ワシ調査団

は人間のようでもある（図 12-3）。

発掘調査では、イドロ期の具体的な建築活動のひとつも明らかになった。それは神殿更新である。頂上部の東側に位置する基壇は、最初は 9m × 14m ほどであったが、その後少なくとも 2 回にわたって拡張され、約 12m × 19m の大きさとなっている。神殿更新はパコパンパの同じ時期、すなわち I 期にも見られ、さらにカハマルカ盆地のワカロマ遺跡では、より大規模な更新があったことがわかっている。ここでは、後期ワカロマ期の三回にわたる神殿更新によって、最終的には 130m × 115m の大規模な三段の基壇へと拡大されている。

（2）セロ・ブランコの神殿とクントゥル・ワシ

イドロ期の神殿は、突如としてこの地に現れたのではない。その成立の背景には、クントゥル・ワシから北東 1.5km ほどの位置にあるセロ・ブランコが関係していた。この遺跡では、クントゥル・ワシの調査開始に先立つ 1985 年に、大貫と加藤によって短期間の発掘が実施された。調査の結果、セロ・ブランコには形成期前期（ラ・コンガ期）、形成期中期（セロ・ブランコ期）、形成期末期（ソテーラ期）の建築の重なりがあることがわかった。クントゥル・ワシとの対応でいえば、イドロ期以前から活動があり、クントゥル・ワシ期とコパ期に対応する形成期後期は機能していない空白期間であり、最後のソテーラ期には再び建築活動がありクントゥル・ワシと併存していたことになる。

問題は、形成期中期における両遺跡の時期的関係である。この時期、セロ・ブランコでは石造の基壇建築が確認されており、小規模ながらも地域社会の公共祭祀場として機能していたと考えられる。土器は、たしかにイドロ期と共通した特徴がある一方で、器形や装飾を詳しく比較すると両者にはいくつかの違いがある（Inokuchi 1995: 28-29）。また、年代測定によって、セロ・ブランコ期の方が古く、イドロ期がそれに続くという時期差があると想定された（鶴見他 2007: 50）。これらのことから、セロ・ブランコの神殿がいったん放棄されたのちに、場所をクントゥル・ワシの丘に移し、規模を大きくして新しい神殿を築いたと考えられる。先に紹介したような、ジャガーの具象的図像によって建築物が装飾された例はセロ・ブランコにはなく、新しい神殿の建設によって地域社会における求心力を高めようとした意図がうかがえる。

12-3　クントゥル・ワシ期の神殿革新
　　　　　——形成期後期に誕生した大神殿

（１）神殿革新

　形成期後期の初め、前800年頃のことである。クントゥル・ワシでは、神殿に大きな変化をもたらす出来事が起こった。イドロ期の神殿に取って代わり、まったく新しい神殿が建設されたのである。この大事業を神殿革新と呼ぶことにしよう。これをもってクントゥル・ワシ期の始まりとする。
　これを神殿の更新ではなく、革新と呼ぶのには理由がある。イドロ期で観察された神殿更新は、もともとあった建築物を原型としてそれを拡張するものであった。ワカロマのように、神殿更新が結果的に大きな変化をもたらすことはあっても、元からある神殿建築を尊重することがその出発点にあり、反復的な作業の累積がその結果となっていた。しかし、クントゥル・ワシ期の最初におこなわれたのは、イドロ期の神殿をことごとく埋め、部分的にさ

第3部　比較の視座

え再利用することなく、その上にまったく新しい神殿建築群を築くという行為である。さらに、これに対応する層からは、イドロ期にはなかった特徴の土器や特殊な素材の加工品も出土する。重要なことは、こうした物質上の変化だけでなく、この神殿革新を契機として、形成期後期のクントゥル・ワシでは社会複雑化への大きな動きがあった点である。以下に、その具体的な内容をみていくことにしよう。

（2）新しい大神殿の建設

　神殿革新によって築かれた新しい神殿建築とはどのようなものだったのか。まず、この丘の頂上部全体を支える3段の擁壁が大石によって築かれ、一つの大きな基壇となった。これを大基壇と呼ぶことにする。大基壇は高さが 8.7m、東西方向に約 140m、南北方向に約 160m にも及ぶ。その北東側の擁壁の中央には、幅 11m の中央階段がつくられた（図12-4）。この階段を下りたところには、奥行き約 42m の平坦なテラス（第一テラス）が設けられ、そこに一辺が 33m ほどもある方形の大型広場が作られた。さらにそのテラスの北東側には、少なくとも三段のテラスが設けられた。神殿域が丘の下方まで広がったことによって、大基壇上の神殿建築群はいっそう際立ち、自然の地形と相まって、視覚的にもその中心性を高めることになったといえる。

　大基壇上では、あらかじめ定められた東西・南北方向の方向軸上に新しい建築物が配置された（図12-5）。この2本の方

図12-4　修復されたクントゥル・ワシ期の大基壇と中央階段
　　　　©クントゥル・ワシ調査団

第 12 章　クントゥル・ワシ神殿の変容過程と権力の形成

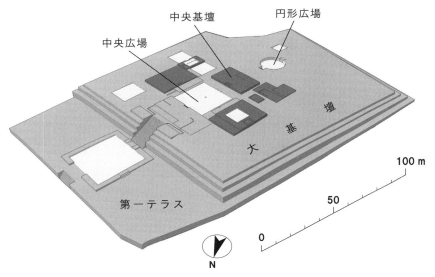

図 12-5　クントゥル・ワシ期（第 1 サブフェイズ）の神殿復元図

向軸が交わる位置には、一辺が約 24m の方形半地下式広場がつくられ、神殿の中心的な祭祀空間となった。広場の三方は基壇によって囲まれており、形成期の神殿にしばしば見られる U 字型の基壇配置となっている。そのひとつが、幅 24.5m、奥行き 15.5m、高さ 1.5m の中央基壇で、さらにその南西側には、直径約 15.6m の円形半地下式広場がつくられた。山地の神殿で円形広場を有するのは、クントゥル・ワシのほかでは、チャビン・デ・ワンタルに限られている。

　新しい神殿の建設は計画性の高いものだった。それは、石彫の設置と地下水路システムの構築に現れている。形成期の神殿遺跡で石彫の存在が報告されている遺跡は数少なく、北部山地では、チャビン・デ・ワンタルに 100 点を超える石彫があるが、そのほかで複数の目立った石彫を有する神殿は、ほぼクントゥル・ワシとパコパンパに限られる。クントゥル・ワシでは、発掘調査前からわかっていたものを含め、十数点の石彫があるが、いずれもジャガー、ヘビ、人間などの要素を組み合わせた具象的な図像を有しており、宗

329

第3部　比較の視座

図12-6　クントゥル・ワシ期に設置された石彫　©クントゥル・ワシ調査団

教的なメッセージを伝達したものと考えられる（図12-6）。これらの石彫は、中央階段を大基壇上に上りきった場所や、中央広場の階段のステップなど、建築複合の一部として埋め込まれている。加藤（2010: 131-136）が指摘するように、主要な石彫は南北方向の建築軸上に位置しており、この神殿を訪れた人々の移動経路とその目に映る効果を十分に考慮した配置となっている。このことは、イドロ期の重要なシンボルであった土製レリーフ像が、小さな部屋状構造の壁に装飾されており、必ずしも多くの人の目に触れる配置になっていないこととは対照的である。

　また、新しい神殿の建設過程では儀礼の際に使用する水路もつくられた。中央広場には、そのほぼ真ん中に二つの水路の入り口が設けられ、そこから

先は床下を走る暗渠となっている。水路の一つは広場北東側の基壇内部へと続き、さらに大基壇の擁壁に設けられた出口へと続く。また別の水路は、中央階段の脇を走る側溝を通って下のテラスへと流れ出る仕組みになっている。暗渠という構造上、建築物をつくる過程で設置する必要があり、あらかじめ設計された建築プランに基づくものだったといえる。イドロ期にも部分的には床下の水路が確認されているが、神殿建築と一体化したシステムとして構築されたのは、この神殿革新においてであった。

生まれ変わったクントゥル・ワシ神殿は、多くの人が集まることを可能にした規模の拡大と、石彫配置の工夫などに現れる宗教的メッセージの視覚的な伝達の重視に、その特徴がみてとれる。また、土器をはじめとする祭祀工芸品の洗練、石彫に代表されるジャガーやヘビなどをモチーフとする図像の高度な洗練も際立っている。

神殿建築がある時期に変貌する過程は、パコパンパ神殿でも観察されている。ここでは、IB期に神殿建築の大きな改変があり、やはり最上段の基壇上に一辺が約30mの方形半地下式広場が築かれた。また、頂上部から一段下のテラス（第2基壇）にはさらに大きな一辺が50mの広場が作られたことも、クントゥル・ワシと共通する点である。ただし、こうした変化はIB期の出来事であるから、クントゥル・ワシよりやや早く、形成期中期の後半に起こったことになる。さらにクントゥル・ワシがパコパンパと大きく異なるのは、先にも述べたように過去の神殿建築を完全に埋めてしまっていることである。それは、イドロ期の神殿において重要な社会的実践であった神殿更新と、そこに込められた価値をも覆い隠すかのような行為であったといえる。

（3）神殿革新時の儀礼——特別な墓との祭祀品の埋納

神殿革新時におこなわれたのは新しい神殿の建設だけではなかった。発掘調査では、そのときにおこなわれた儀礼の具体的な内容も明らかになった。そのひとつが、中央基壇の建設過程における特別な墓の設置である。イドロ

第 3 部　比較の視座

図 12-7　中央基壇に埋葬された特別な墓の副葬品の一部　© 義井豊

期にはその同じ場所に幅 10m ほどの小さな基壇が建てられていたが、神殿の刷新に際してこの基壇を埋め、新しい基壇を築く過程で墓を中に埋め込んでいた。

　その手順は以下の通りである。まず、イドロ期の基壇上の床から 2m あまり、自然の岩盤までも掘りこんで、さらにそこから横穴を掘って墓室として遺体と副葬品を納めたのちに石で閉じる。そして、墓穴を埋めると同時にイドロ期の基壇全体を土砂で覆い、ひとまわり大きい中央基壇を築いたのである。墓は一つではなく、四つの墓が東西方向に 1m ほどの間隔で並んでいた。いずれも金製品の装飾品を副葬品として含む特別な墓で、被葬者は男性が 3 人、女性が 1 人であった。

　金製品は、十四人面金冠（図 12-7 : a）、五面ジャガー金冠（図 12-7 : b）、双子ジャガー胸飾り（図 12-7 : c）などを始め、いずれもジャガーやヘビ、鳥、人間などをモチーフとしながら象徴的図像が表現されている。そのほかにも、北方のエクアドル産のウミギクガイ（*Spondylus* sp.）とカブトソデガイ

(*Strombus galeatus*) の装飾品や、南方のボリビア産出の方ソーダ石など、遠隔地で産出する貴重資源の加工品が納められていた。また、副葬品の土器には、北海岸地方に特徴的な注口部の形状を持つ鐙形壺があった。また、被葬者にはいずれも朱（硫化水銀）がかけられていた。

層位的な状況から、これらの墓が新しい基壇建設の過程で同時につくられたことは間違いない。したがって、建設を始める時点で被葬者4人の遺体と副葬品がすべて用意されていたことになる。このことをどのように考えればよいのだろうか。

副葬品の中に海岸地方の特徴的な土器が含まれることや、洗練度の高い金製品がペルー北海岸地方に存在していたとされることなどからすると、特別な墓は、海岸ですでに埋葬されていた被葬者と副葬品を、クントゥル・ワシに運んで埋葬し直した二次埋葬であった可能性が高い。人骨の形質人類学的分析で確認された海岸地方特有の病変や、被葬者人骨による年代測定結果に年代差があることもその傍証となる。

すなわち、新しい神殿の建設は、イドロ期の神殿を埋め尽くすことに始まり、金製品を副葬品とする特別な墓の設置をともなう一連の儀礼活動であったといえるのである。儀礼的に埋葬されたという証拠は、この四つの特別な墓から西方向にやや離れた場所にあったひとつの墓にも現れている。ここでは、頭部への打撃が致命傷となった男性を被葬者とする墓が発見された。その副葬品は海獣骨と銅の円盤など、明らかに質の異なる装身具であり、墓のつくりも浅い土坑で施朱もなかった。おそらく、特別な被葬者の埋葬儀礼に際して犠牲とされた人物が同時に埋葬されたのであろう。

さらに、中央基壇のすぐ前にあった中央広場でも、やはりその建設時に儀礼がおこなわれていた。その発掘過程で、広場の最初の床下から東西方向に並ぶ三つの穴が見つかり、その中から祭祀装飾品やその素材が出土したのである。これらの穴には人骨はなかったので墓ではない。層位的な状況からすると、中央広場の建設時にこれらの祭祀品を納めて埋めたのち、床を敷いて封印したと考えられる。新しい広場をつくるにあたり、重要な祭祀装飾品を床下に埋納するという儀礼をおこなったのである。

第 3 部　比較の視座

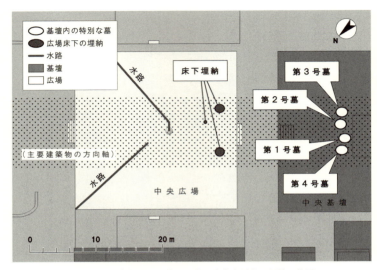

図 12-8　中央基壇内の特別な墓と中央広場床下埋納の位置

　三つの穴のうち、東側の穴には珪孔雀石製のビーズ玉 113 点、未加工のウミギクガイや破砕された同じ素材の玉が 10 点、西側の穴には未加工のウミギクガイの破片が納められ、いずれも埋納品が石組みによって丁寧に囲まれていた。これら二つの間にある小さな穴には珪孔雀石製のビーズ玉が 894 点も納められ、中央基壇内の墓と同様に朱がかけられていた。また、注目すべきは、この三つの穴と中央基壇内の特別な墓が、主要な石彫の配置と同様に、主要建築物の南北軸上に位置していることである（図 12-8）。
　神殿革新時の儀礼が持つ意義とは何だったのであろうか。基壇内の特別な墓にしても広場床下の埋納品にしても、神殿の完成後は人目に触れることはない。しかし、その儀礼は、神殿の建設活動に参加した人々や、その場で儀礼を目の当たりにした人々の中に深く刻み込まれ、さらに伝承によって次の世代に継承されることで社会的な記憶として残ったと同時に、新しい神殿の権威を大いに高めることになったと考えられる。

第 12 章　クントゥル・ワシ神殿の変容過程と権力の形成

（4）神殿革新はどのようにして実現したのか？

　ここで、クントゥル・ワシの神殿革新の背景を考えるために、ほかの遺跡と比較してみよう。クントゥル・ワシで神殿革新が起こった前800年頃、カハマルカ盆地のワカロマ神殿では依然として神殿更新の実践が継続しており、形成期中期の北部山地に共通する特徴の土器も引き続き使われていた。また、パコパンパではちょうどⅡ期の始まりに対応するが、先に述べたように建築上の大きな変化はすでにⅠB期に生じており、Ⅱ期の建築物には、むしろⅠ期からの連続性が目立つ（第1章参照）。クントゥル・ワシ期には、墓以外のコンテクストから出土する祭祀土器にも大きな変化があり、やはり海岸地方に特徴的な様式の土器が現れるが、パコパンパⅡ期の土器では海岸的要素は限定的である。こうして比較すると、クントゥル・ワシの神殿革新は、突発的に起こった特殊な出来事であったかのような印象を受ける。

　クントゥル・ワシで起こった神殿革新は、イドロ期の神殿更新のように習慣化された反復作業ではなく、それまでにはなかった種類の特別な儀礼とともに、多大な労働力を動員して計画的におこなわれた新しい神殿の建設であった。さらに、広場の大きさや石彫の配置方法からすると、それまでよりも神殿としての求心力を高め、より大勢の人を集めることを意図していたといえる。このような大事業が、人々の自主的な協同作業によるものであったとは考えにくい。そこには、計画に基づく建設作業や特殊な儀礼の内容を指示して人々を動かしたリーダーの存在があったと見るべきだろう。それではいったい、神殿革新はどのような人々が主導し、その背景には何があったのだろうか？　この問題を考えるためには、神殿革新がおこなわれた後、すなわち新神殿の完成後におけるクントゥル・ワシで何が起こっていたのかということを併せて考える必要がある。

第3部　比較の視座

（5）新神殿の完成後のクントゥル・ワシ
——サンガル土器と特別な墓の意味

　新しく生まれ変わった神殿における活動について、まずは建設活動からみてみよう。じつは、クントゥル・ワシ期の初めに新築された神殿建築群は、その後は大きな改修は加えられず、イドロ期のような神殿更新もおこなわれなかった。新しい神殿に込められた権威と価値が尊重され、神殿建築は固定化されたと見られる。

　建設活動以外ではどうだろうか。これには、円形広場の埋め土から出土した遺物が手がかりのひとつとなる。話を先取りすることになるが、この円形広場は、次のコパ期の始めに中央部分が1.5mほど掘り込まれ、周囲から土砂を集めて一気に埋められた。したがって、その埋め土には、クントゥル・ワシ期が終わった時点でその周囲にあった祭祀品やそのほかの廃棄物など、新神殿完成後のクントゥル・ワシ期における活動にともなう遺物が含まれていることになる。

　埋め土から出土した遺物には、骨製品が多く、その内容は、針、錐、へらなど、紡織関連の道具が目立っている。また、イドロ期にはまったくなかった黒曜石を素材とした加工品と、加工にともなう砕片があわせて90点近く出土した。新しい神殿において、貴重な資源を使用した製作加工がおこなわれ始めたと見られる。

　注目されるのは、この埋め土から出土する土器である。そこで多数を占めていたのは、クントゥル・ワシ期に典型的な海岸地方の様式ではなく、山地の特徴をもった土器片であった。焼成後に施した刻線で幾何学的文様を描いた褐色や赤色の椀型土器、赤色のスリップをかけた短頸壺、磨線文様の鉢や壺である。これらは、すでにイドロ期からあった土器の装飾要素であり、同時に次のコパ期にも継承される特徴を含んでいるため、海岸的特徴を持つ土器とは区別して「サンガル土器」（サンガルは遺跡近くの地名）という別のグループを設けた。調査が進展するにつれ、このサンガル土器群は、クントゥル・ワシ期の最下層に至るまで出土していること、また海岸様式の土器と混

じって出土する場合が多いことがわかってきた。つまり、海岸的な土器と山地のサンガル土器との間に時期差があるわけではなく、クントゥル・ワシ期ではその両方を祭祀用土器として使用していたということになる。

　ここで、神殿革新の背景の問題にもどろう。先に述べたように、中央基壇内の特別な墓が、海岸にあった墓の被葬者を二次埋葬してつくられたものである可能性が高いこと、また、クントゥル・ワシ期にクピスニケ様式の土器が多く出土することなど、神殿革新にはたしかに海岸的な要素が目立つ。しかし、そこから、神殿革新が海岸地域のリーダーの主導によって実現されたというシナリオを単純に描くことはできない。そうだとしても、なぜ海岸の人々が主導する神殿革新を山地のクントゥル・ワシが受け入れたかという疑問が残る。また、サンガル土器に見られる山地様式の祭祀土器だけでなく、新しい神殿建設には、大石の建造物や石彫など、山地特有の素材や技術が含まれている。

　山地にあるクントゥル・ワシの社会に主体性を見いだす視点をとるならば、むしろ、クントゥル・ワシの人々が、現状よりも上位にある権威を外部の海岸地方の神殿に求め、そのリーダー層を招き入れ協働して神殿革新を実現したという可能性も考えてよいだろう。その場合には、山地と海岸の社会の相互交流の新しい局面として神殿革新が起こったということになる。実際、クントゥル・ワシでは、先に述べたように、イドロ期から海岸との交流があったことが一部の土器に現れており、それは限定的だったとはいえ、海岸との交流のチャンネルは形成期中期にはすでに開かれていた。一方、形成期中期の終わり頃に、北海岸地方や河川中流域では、それまでにあった大規模な神殿の多くが何らかの理由であいついで放棄されたことがわかっている(Onuki 1994: 90-91; 鶴見 2007)。このことは、海岸と山地のそれまでの地域間交流にも大きな打撃を与えることになったと思われる。その際に、場所を移して新しい洗練度の高い神殿を築くことによって局面を打開しようとする海岸社会のリーダーの選択と、先に述べたようなクントゥル・ワシの人々の意図とが一致して、この大神殿建設が実現したのかもしれない。

　いずれにしても、なぜクントゥル・ワシで神殿革新が起こったかについて

は、他地域を含めて状況的な証拠を総合するほかはなく、今後の研究に多くの課題が残されている。一方で、この神殿革新の結果として、社会にどのような変化が生じたのかについては、より実証的に見ていくことが可能である。そこからわかるのは、完成した神殿の権威と洗練度の高い神殿に集まる外部地域の人々や社会との交流を活用することによって、クントゥル・ワシのリーダーたちが徐々にその権力を形成していったという点である。

その重要な権力基盤のひとつは、先に見た黒曜石やウミギクガイといった遠隔地産出の資源や加工品入手のための交易のコントロールであり、また、石彫などを媒体とする洗練された図像に見られる祭祀観念の操作であった。このように考えれば、神殿革新とは、すでに形成されていた権力行使の結果というよりも、権力基盤の条件を潜在的なリーダーに与えることになった神殿の変貌であったと解釈することができる。

それでは、この新しい神殿によって権力を形成していったリーダーの姿は、考古学的証拠にどのように現れているのだろうか。その際には、神殿革新時の埋葬だけではなく、神殿完成後の特別な墓に注目する必要がある。

クントゥル・ワシ期の金製品を副葬品とする特別な墓は、先に述べた中央基壇内につくられた4基以外にも2基発見されている。一つは中央基壇の西側に位置する基壇において、やはりその建設時に埋葬された墓である。したがってこの墓は、中央基壇内の墓と同じく神殿革新と同時に埋葬されたと考えられる。一方で、大基壇上南東隅の水路のそばに埋葬されていたもう一つの特別な墓（蛙象形土器の墓）がある。この墓は、のちのコパ期の別の墓によって一部が壊されていたが、層位的状況からすると明らかに新神殿が完成した後の改築時の埋葬であった。被葬者に朱がかけられているのはほかの墓と同じであるが、副葬品の内容は少し違う。金製品は1点だけで、直径が27cmほどの円盤状の胸飾り（図12-9:a）であり、ジャガーなどの具象的図像はない。また、土器は蛙をモチーフとした鐙形壺（図12-9:b）であるが、表面の橙と赤色の組み合わせ自体はイドロ期からあり、山地的な装飾要素を持つ土器である。この墓の存在は、新しい神殿完成後における社会複雑化の証拠であり、それが持つ意味は、外部の被葬者が二次的に埋葬された中央基

第 12 章　クントゥル・ワシ神殿の変容過程と権力の形成

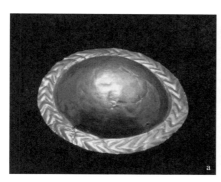

図 12-9　「蛙象形土器の墓」の副葬品。クントゥル・ワシ期の新神殿完成後に埋葬された。
　　　　 © 義井豊

壇内の特別な墓とは異なる。新神殿の完成後に、たしかに、社会的に差異化されるべき人物がクントゥル・ワシに出現していたのである。

12 – 4 ｜ コパ期神殿の変容——多様な神殿での活動と社会の複雑化

（1）神殿建築の継承と新しい要素——活発な建設活動

　形成期後期の初めに完成し、その権威のもと固定化されていた神殿建築では、コパ期になると再び活発な改修と新築がおこなわれるようになった。

　大基壇上の北東側では、コパ期においても神殿革新時に築かれた主要な祭祀建築物の配置が踏襲された。ただし、配置は同じでも建築物の壁は据え直され、また床もすべて張り替えられており、かなり大がかりな改修工事があったことがわかる。

　一方、大基壇の南西側では神殿の様相が一変する。円形広場を完全に埋め、その上にそれまでとは違う方向軸の建築物が建てられた。さらに、中央階段とは反対側に、幅2mほどの新しい階段（南西階段）が設けられた。コ

339

第 3 部　比較の視座

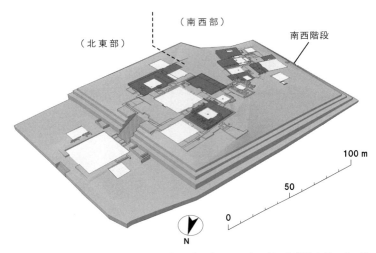

図12-10　コパ期（第 2 サブフェイズ）の神殿復元図。南西部に建築軸を異にする建物群が築かれた。

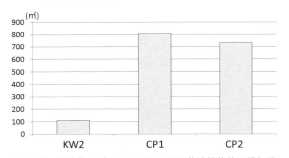

図12-11　各建築サブフェイズにおける基壇総体積の増加量
（KW2：クントゥル・ワシ期第 2 サブフェイズ、CP1：コパ期第 1 サブフェイズ、CP2：コパ期第 2 サブフェイズ）

パ期における建築サブフェイズは三つに分けられるが、その第 2 サブフェイズには、大基壇の南西部に新しい方向軸の建築物が、さらに多く建てられている（図12-10）。

ここで、建築活動に費やされた労働量を計るひとつの目安として、各建築サブフェイズの全基壇の総体積が、その直前のサブフェイズと比べどれくらい増えているのかに注目してみると、興味深いことがわかる（図12-11）。先に述べたように、クントゥル・ワシ期の始めに大規模な神殿の新築がおこなわれた後、同時期の第 2 サブフェイズでは目立った改修や建設活動はなかったため、基壇総体積の増加量もわずかであ

第 12 章　クントゥル・ワシ神殿の変容過程と権力の形成

る。一方、コパ期では総体積が格段に増えると同時に、第 1、第 2 サブフェイズを通じて継続的な増加が見られる。

さらに、コパ期には建築物の維持補修も継続的におこなわれた。そのひとつが広場の床の更新で、中央広場の場合は少なくとも 5

図 12-12　コパ期の北基壇正面を装飾していたヘビ・ジャガーのレリーフ　©クントゥル・ワシ調査団

回、そのほかの区域でも複数回の床の張り替えがあった。さらに、コパ期の建築物を支える石壁表面の多くには白い漆喰が施され、また具象的な図像を表現したレリーフ（図12-12）や壁画なども多く出土している。クントゥル・ワシ期にも壁画はあったが、コパ期にはその数が増え、宗教的観念を表象する重要な媒体になったと考えられる。石彫と違い、土製の建築装飾を維持するためには継続的な補修や塗り直しが必要である。こうしたことから、コパ期になると、神殿の建設活動や維持・補修活動が活発になり、そのために持続的な労働力の投下がおこなわれるようになったことがわかる。

(2)　儀礼空間の変化と神殿内の活動

改修と改築を重ねたコパ期の神殿では、どのような活動がおこなわれていたのであろうか。まず、神殿建築物の配置や形態の変化に注目してみよう。

壁で区切られた広場と部屋状構造を活動空間の単位としてとらえ、まずは単純にその数の変化を見ると、クントゥル・ワシ期では 13 であったが、コパ期の初めには 22 となり、さらにその第 2 サブフェイズでは 78 にもなる。その内容を見ると、コパ期で増加したのは大型の広場ではなく、数メートル

341

第 3 部　比較の視座

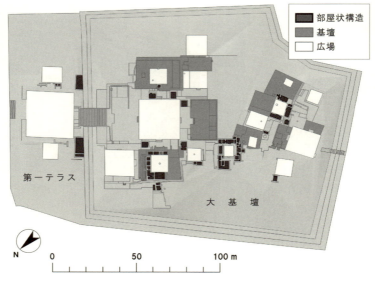

図 12-13　コパ期第 2 サブフェイズにおける空間配置。部屋状構造が 60 あまりもある。

四方の小さな部屋であったことがわかる。広場と部屋をあわせた空間の総面積には目立った増加がないので、活動空間が細分化したことになる。同時に、コパ期には神殿革新時に設定された主要建築軸上から外れる空間が増加しており、その配置が分散化したともいえる（図 12-13）。

　このような特徴を持つ神殿の空間でおこなわれた具体的な活動について、二つの区域に注目してみよう。中央基壇の西側では、コパ期の第 2 サブフェイズに、約 6.5m 四方の方形の広場を取り囲むようにして、両面壁で仕切られた正方形や長方形の 10 あまりの部屋ができた。このうち、少なくとも五つの部屋には、石組みの炉が設けられており、また、小広場の東側に接する一つの部屋では、その床下に敷き詰められたかのように散らばった土器片が出土した。また、小広場の中心には水路の取水口があり、床下を走る構造になっている。これらの施設はそこでおこなわれた儀礼の内容と関連していると見られる。

第 12 章　クントゥル・ワシ神殿の変容過程と権力の形成

図 12-14　広場に埋め込まれた大型壺の痕と、部屋の周囲から出土した大型壺の破片　a, b, d, e: © 義井豊、c: © クントゥル・ワシ調査団

　さらにここで特徴的なのは、床に埋め込まれた大型壺の痕跡である。壺には胴部上部にジャガーや人間らしき顔が表現されていることが多い。小広場には、壺自体は除去されて残っていなかったが、壺を埋め込んだと思われる穴の跡が九つ残っており（図 12-4: a）、それ以外にも広場に接する東側の長方形の部屋では、二つの大型壺が床に埋め込まれた状態で出土した。部屋状構造の周囲もあわせて見ると、10 もの大型壺が発見されている。これらの壺は、おそらくチチャを入れたもので、部屋や広場でおこなわれる儀礼の際に使用されたのであろう。
　次に、北側の基壇上の広場とその周辺の部屋状構造をみてみよう（図 12-15）。ここでは約 10.5m 四方の方形広場がつくられ、やはりコパ期の第 2 サブフェイズにおいて、その周りに部屋状構造が作られた。その広場と部屋からは、メノウ、ウミギクガイなどの加工品や加工時の破片・未成品、さらに加工道具の石器が集中して出土しており、神殿のなかに設けられた祭祀品の工房であったと考えられる。
　以上のことからわかるように、コパ期の神殿では、建設活動のほか、さま

343

第 3 部　比較の視座

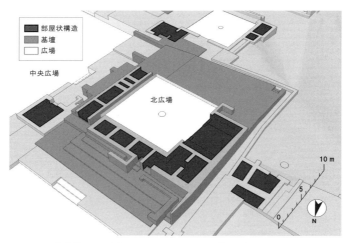

図 12-15　北広場とその周りにつくられた部屋状構造（コパ期第 2 サブフェイズ）。祭祀用装飾品の工房だった。

図 12-16　コパ期に連結された水路　©クントゥル・ワシ調査団

ざまな種類の儀礼や生産活動が、細分化されたそれぞれの空間でおこなわれるようになったと指摘することができる。

　さらに注目したいのは、コパ期における水路システムの複雑化である。神殿革新の際に構築された水路システムは、コパ期になると、増加した広場や部屋の中に新たな取水口を設け、クントゥル・ワシ期の水路にも連結をしてさらに複雑なものとなった（図12-16）。興味深いのは、細分

化された儀礼空間の多くが、コパ期の水路網によって互いに連結される構造になったことである。それは、コパ期で多様化した神殿内のさまざまな儀礼と生産活動が、水路によって互いに関連づけられたかのようにみえる。

（3）神殿と資源利用

　クントゥル・ワシ期に重要な権力基盤となった遠隔地資源やその加工品の交易コントロールは、コパ期にはどうなったのであろうか。この点について、もう一度最初のイドロ期まで遡り、コパ期に至る形成期後期までの変化を追ってみよう。

　先にも述べたように、最初のイドロ期には、一部に海岸や河川中流域の特徴を持つ土器や、わずかながらウミギクガイや方ソーダ石の加工品が出土していた。しかし、総じていえば、その量は非常に限られている。

　ところが、クントゥル・ワシ期になると、遠隔地の特殊な資源やそれを加工した祭祀品の範囲は一気に広がる。これまで見てきたように、海岸地方の様式の土器をはじめ、金製品、朱（硫化水銀）、ウミギクガイ、方ソーダ石、珪孔雀石、黒曜石などがある。また、鵜沢和宏による遺跡から出土した動物骨の同定分析によれば、遺跡周辺には生息しないアンデス東斜面のアマゾン地方から持ち込まれた大型ネコ科動物やメガネグマなどの動物も出土する（鵜沢 2007:173）。クントゥル・ワシ期初めの神殿革新にともない、地域間交流による交易のネットワークは急速に広がったといえる。

　しかし、長距離交易のコントロールとその意味を考える場合には、神殿革新の際に一度に搬入されたものと、新神殿完成後に継続的に供給されたものとを分けて考える必要がある。クントゥル・ワシでは、ボリビアのセロ・サポ産出の方ソーダ石や珪孔雀石のビーズ玉が出土している（坂井・清水 2002; 清水他 2007）が、そのほとんどは、神殿革新時の埋葬や埋納儀礼のためにまとめて搬入されたものであり、その後は継続的に供給されていた証拠が見られない。

　一方、黒曜石は、先に述べたようにクントゥル・ワシ期のサンガル土器と

第 3 部　比較の視座

共伴して円形広場から 90 点近くの出土があり、神殿内での製作の原料となっていたと考えられる。その大部分は、ペルー南部高地のキスピシサ産出のものであることがわかっている (Burger and Glascock 2009: 25)。黒曜石はイドロ期には出土せず、クントゥル・ワシ期になって初めて出土する石材資源であり、新神殿完成後の交易ネットワークによって獲得されたと考えてよい。ただし、次のコパ期では黒曜石の出土点数は激減する。

　さらに、北方のエクアドル海岸で産出するウミギクガイをみてみよう。形成期後期のクントゥル・ワシでは、大量のウミギクガイが出土するが、とくにコパ期にはその出土点数が増え、時期同定が確実なものだけでも 2300 点を超える。また、未製品や加工途中で壊れたと考えられる破砕玉の割合が増えることから、神殿内でのウミギクガイを素材とした生産加工が活発になったことがわかる。また、コパ期にはウミギクガイ製品の儀礼的用途も広がり、墓の副葬品以外にもさまざまなコンテクストで出土している。たとえば、建築の改修に際して、壁の漆喰内や床下にウミギクガイの玉を埋納していた状況が、三ヵ所で確認されている。

　以上のことから、次のように考えることができるだろう。すなわち、神殿革新時に搬入された多くの遠隔地資源やその加工品は新しい神殿の権威を高めることになったが、神殿革新後も、求心力を高めた神殿を背景にして、ウミギクガイや黒曜石、またアマゾン由来の動物などは新しく開拓したネットワークによって入手されるようになり、そのコントロールがリーダー層の重要な権力基盤となった。続くコパ期では、黒曜石をはじめいくつかの遠隔地資源とその加工品は減るか入手されなくなったが、ウミギクガイは、儀礼と生産加工のために継続的に供給する必要があり、リーダーによって重点的に供給するという選択がとられたと考えられる。

　ここで、全時期を通じてもっとも出土量が多い遺物である土器を、原材料と生産加工の視点からみてみよう。イサベル・ドルック（ウィスコンシン大学マジソン校）との共同研究によって、土器原材料のうち混和材（砂粒などの混ぜ物）の岩石学的分析をおこなった。ペルー文化省から破壊分析の許可を得た上で、土器破片を切断してその断面を観察し、遺跡周囲のサンプル資料や

第 12 章　クントゥル・ワシ神殿の変容過程と権力の形成

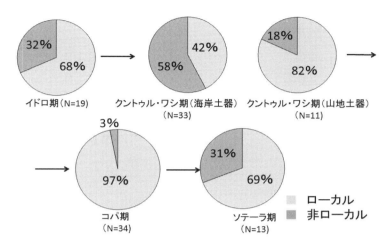

図 12-17　土器原材料（混和材）の推定採取地の傾向（ローカルは混和材産地推定地がクントゥル・ワシ遺跡から 8km 圏内、非ローカルは 8km 圏外）

岩石分布の地質学的情報と照合し、その採取地の傾向を分析するという方法をとった。分析結果から想定される混和材の採取地が神殿から 8km 圏内のものをローカル、圏外を非ローカルとして大まかに分類をすると、クントゥル・ワシ期の海岸的な土器では非ローカルの土器が多く、しかも推定される産地に多様性が見られる。一方、コパ期には、大部分の原料採取地は神殿周辺である可能性が高いということがわかった（図 12-17）。また、コパ期では、同時に粘土や混和材の大きさに明らかな標準化が観察された。これらのことから、コパ期には、一定の製法技術を共有するいくつかの限定された土器工房が存在したと推測される。また、土器胎土全体の元素分析においても、ほかの時期に比べてコパ期の土器は高いまとまりをみせる。神殿内に土器の製作所や窯は発見されていないが、おそらく神殿の周辺に共通の原材料採取地があり、また土器の工房が置かれたのであろう。このことから、コパ期では交易のコントロールとともに、祭祀儀礼で多用する土器の生産過程にもリーダーによる一定の管理があったと推測されるのである。

第3部　比較の視座

（4）神殿の墓と被葬者

　神殿革新後のクントゥル・ワシで展開した社会複雑化を考える別のデータとして、再び墓に注目してみよう。クントゥル・ワシでは、金製品を副葬品とする特別な墓以外にも、100基に近い墓が出土した。

　最初のイドロ期では、副葬品のない単純なつくりの土坑墓が一つ見つかっているだけであるが、クントゥル・ワシ期には約20基の墓が発見されており、さらにコパ期の墓は50基あまりにも及ぶ。つまり、形成期後期になって、神殿で多くの埋葬がおこなわれたのである。ただし、クントゥル・ワシ期の20基の墓は、そのほとんどが神殿革新時に中央基壇内につくられた墓であった。一方、コパ期では、神殿域を広く利用して墓をつくっている。両時期を通じて、被葬者や埋葬方法にどのような変化があったのだろうか。関雄二（2002）による分析を参照してまとめてみよう。

　被葬者の年齢構成を見ると、クントゥル・ワシ期には20基中3基しかなかった若年以下（20歳以下）の人物を埋葬した墓が、コパ期においては全体の半数近くにも及ぶことがわかる。とくに目を引くのは、金製品こそなかったものの、人物やジャガーを象った4点の土偶や、ヘビを表現した骨製のピンなどの副葬品をともなう3歳前後の幼児の墓である（図12-18）。被葬者は子どもでありながら、入念な埋葬の対象として明らかに区別された人物であった。社会的差異が系譜によって決められる社会階層化が進展した証拠かもしれない。

　一方で、コパ期では副葬品の内容や墓の形態が多様化する。コパ期にも金製品を含む特別な墓が

図12-18　「土偶の墓」の副葬品（一部）。コパ期の幼児埋葬の墓であった　©クントゥル・ワシ調査団　撮影 Alvaro Uematsu

2基発見されており、その被葬者はたしかに傑出した地位にあったといえるが、そのほかの墓を見ると、副葬品が土器のみ、土器と装身具、装身具のみなど実に多様であり、副葬品がまったくない墓も3割に及ぶ。墓のつくりも同様で、半数近くは単純な土坑墓であるが、横穴によって墓室を設けた墓も5基あり、そのほかにも蓋石で穴を覆ったもの、縁を平石で取り囲んだもの、墓穴に石を詰めたものなど実に種類が多い。

　また、被葬者の人工頭蓋変形の有無に注目してみよう。頭蓋変形は、乳幼児のときから頭部を板で強く押し当て固定することが必要であるため、生まれによって社会的地位が決定するような社会構造の反映であったと考えられる。クントゥル・ワシ期では、合計20体の被葬者のうち4人に頭蓋変形が確認されたが、これらはすべて男性の被葬者で、金製の副葬品をともなっていた。一方でコパ期では、6個体で頭蓋変形が確認されているが、これらの墓はすべて副葬品に金製品を含まず（金製品を副葬品とする2人の被葬者は、人骨の保存状態が悪く頭蓋変形の有無は不明）、しかもそのうち三つには副葬品自体がまったくなかった。また、これらのうち3人が女性であった。つまり、コパ期では、頭蓋変形によって傑出した少数のエリートだけを区別するのではなく、さまざまな階層や社会的役割を担っていた人物を差異化するために施された可能性がある。

　以上のような墓と被葬者の多様化は、コパ期神殿における活動の多様化とも符合するのではないだろうか。すなわち、コパ期では、建設、儀礼、生産など、個別の神殿関連活動の管理者、すなわち中間的なリーダー層が出現し、それによって社会的差異化のし方も多様化した可能性がある。

12-5｜神殿革新から神殿放棄へ——大神殿の行方と形成期の終焉

（1）神殿革新と形成期後期の社会展開

　ここで、クントゥル・ワシにおける神殿の変容と社会の展開をまとめてみ

第 3 部　比較の視座

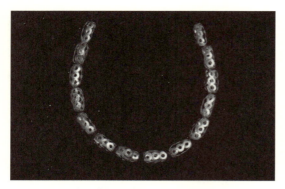

図 12-19　コパ期の「金製髭抜きの墓」の副葬品の一部で、金製の飾り玉。パコパンパの「ヘビ・ジャガー神官の墓」から出土した金製副葬品と同じ構造を持つ。©クントゥル・ワシ調査団　撮影 Alvaro Uematsu

よう。

　形成期中期後半に最初に築かれたイドロ期の神殿は、神殿更新のような実践活動を通じて緩やかに統合される地域社会の拠点として存在し、強固な権力基盤をもった傑出したリーダーは存在せず、明確な階層化が見られない社会だった。ところが、形成期後期の始めに起こった神殿の革新によって、権力の形成や社会組織の複雑化は大きく進展することになる。新しい大神殿は、その祭祀的洗練度の高さによってアンデスの広い地域から人々を集めることが可能となり、それを背景として、リーダーは遠隔地の特殊資源や奢侈品交易の制御と、洗練された図像や儀礼による祭祀観念のコントロールを通じて権力基盤を獲得した。神殿完成後に作られた特別な墓の存在は、イドロ期には存在しなかった傑出したリーダーの存在を示している。

　コパ期には、神殿の変化と関連してさらに大きな社会展開があった。リーダー層は、それまで尊重され保持されていた基本的な建築配置にも手をつけ、過去に確立された神殿の権威よりも、人々を動員して持続的・反復的な活動をおこなうことに神殿の新たな意味を見いだした。コパ期に見られる建設・儀礼・生産活動の多様化は、地域社会のより多くの人々が、より密接に神殿に関与するようになったことを示している。その多様な活動を統括するために、傑出した少数のリーダーだけでなく、中間的なリーダー層も現れた。コパ期の神殿は、地域社会の人々が集まる儀礼や労働の媒体として重要な意味を持つようになり、同時にそこでリーダーの権力が行使されたのであ

る。

　コパ期でも、ウミギクガイの供給に見られるように、地域間交流を主導し交易をコントロールすることは重要な権力基盤であった。また注目されるのは、コパ期の特別な墓のひとつから副葬品として出土した金製品である。それは、金の帯が交差して蛇が絡み合うかのような、連続した円を湾曲させて作った14個の飾り玉で、パコパンパで発見された「ヘビ・ジャガー神官の墓」の副葬品として出土した32点の飾り玉（うち1点は中空のペンダントトップ）とほぼ同じ構造を持つ（図12-19）。年代的にはパコパンパの方が古いとみられるが、山地の両神殿のリーダーの間で、交流のネットワークがあったことは間違いないだろう。

（2）形成期末期のクントゥル・ワシ——神殿はなぜ放棄されたのか？

　クントゥル・ワシでは、形成期中期から後期にかけてのダイナミックな神殿の変貌と、それに連動する社会複雑化のプロセスが明らかになった。しかしそれだけではなく、調査ではこの神殿が形成期末期にかけて放棄されていく過程も具体的にわかってきた。

　神殿放棄への動きは、コパ期の第3サブフェイズに始まる。このとき、中央広場や北東のテラス上にあった大広場など、主要な儀礼空間が埋められて使用されなくなった。また神殿の重要な祭祀上のシンボルであった石彫も埋められてしまう。もはや、多くの人を集めて儀礼や建設活動をおこなう場として機能しなくなったのである。さらに形成期末期のソテーラ期になると、神殿建築は全面的に土に埋められて、部屋状構造がわずかに観察されるのみとなる。ここに、クントゥル・ワシの神殿は完全に放棄された。

　なぜ、神殿は放棄されたのであろうか。おそらく原因は一つではなく、さまざまな要因が複合的に作用した結果だったと思われる。その要因を考えるには、二つの視点を設けることが有効だろう。ひとつは、社会内部で進行していた変化に起因する要因であり、もうひとつは、外部社会との関係において生じた変化による要因である。

まず、社会の内的要因についてみてみよう。放棄される以前の神殿や社会展開そのものに、神殿放棄の萌芽につながる要因はなかったか。先に述べたように、コパ期においては、神殿が継続的な社会的活動の場として機能するようになった。だとすれば、それは同時に、地域社会内部のさまざまな緊張やコンフリクトの原因を生み出す場にもなった可能性がある。先に述べたように、傑出した少数のリーダーだけでなく、さまざまな活動を統括する複数の中間的なリーダーが存在感を増し、その間に緊張関係が生じたのかもしれない。コパ期の神殿のあり方は、逆にそれによって神殿の中だけでは収まらない社会的局面を生む結果となり、やがて社会全体が一枚岩で神殿を維持していくことが困難となった可能性が考えられる。

　もっとも、社会内部の葛藤はつねにあったはずであり、それだけでは神殿が放棄に至るとは考えにくい。しかし、さらに別の要因が加わることで、神殿の維持が困難になった可能性がある。ここで思い起こされるのは、この時期に進行した生業戦略の変化である。これまで触れてこなかったが、形成期には徐々に栽培化と家畜化が進行しており、クントゥル・ワシもその例外ではない。このような生業戦略の変化は、無論、食糧基盤を強化するためのものだったが、同時に、ひとたび予期せぬ気象異常や病虫害などが起これば社会は決定的な打撃を被ることもある。いわば、そのメリットとリスクは表裏一体である。このような深刻な社会的危機に対して、神殿でおこなわれる儀礼が無力であったとすれば、祭祀やリーダー層への信頼は失墜することになっただろう。

　外部社会との関係はどうだろうか。これまで見てきたように、形成期後期のクントゥル・ワシでリーダーが依拠していた重要な権力基盤のひとつは、貴重資源やその加工品など、奢侈品流通のための地域間交流のコントロールであった。このためのネットワークが、何らかの理由で失われたとしたら、神殿の権威は失墜することになる。一つの地域や遺跡だけでなく、アンデスの広い範囲で神殿放棄という過程がほぼ同じ頃に起こったことからすれば、こうした地域間の交流ネットワークの変化と神殿放棄とは関係していた可能性がある。先に述べた社会内部に起因する危機に対応するために、リーダー

たちは、奢侈品や特殊資源の流通よりも、食糧を中心とする社会の基盤的生産力の向上にコストを投じるという選択をし、神殿を中心としたそれまでの祭祀品にかかわる交流ネットワークをあえて放棄したのかもしれない。

したがって、形成期末期の神殿放棄は社会の衰退を意味するのではない。関雄二の調査研究によれば、カハマルカ盆地では形成期末期において遺跡の数が形成期後期に比べ3倍近くに急増し、さらに外部集団との緊張関係のたかまりを反映してか、その立地は盆地を取り囲む山の尾根に集中する傾向へと変化する（関 2006: 180, 202）。そこでは、むしろ、進行した栽培化、家畜化を背景に、安定した食糧基盤の獲得へ大きく前進し拡大した社会の存在がうかがえる。すなわち、形成期末期に神殿を中心にした発展は終わり、社会はその方向性を大きく変えて別の段階にはいったのである。形成期より後の地方発展期に北海岸に成立したモチェでは、複合的で強力な権力基盤を獲得し、地域を越えて権力を行使する王を中心にした国家が形成された。そのなかで再び登場する神殿は、形成期の神殿とはまったく違う意味を持つものであったといえる。

形成期の社会展開は、その後の国家や都市を中心とする社会発展に直線的につながるものではなかった。それは、神殿を中心とした一連の社会展開によって特徴づけられる、アンデスにおける文明初期のユニークな時代であったといえる。しかし同時に、神殿での活動を通じて得られた技術や生産力の向上が、次の時代につながる基盤を形成したのもたしかである。アンデスの形成期における神殿の調査研究は、ほかの諸文明初期との比較の視座を提供する重要な事例となるのである。

引用文献

Burger, R and M. D. Glascock 2009 Intercambio prehistórico de obsidiana a larga distancia en el norte peruano. *Revista del Museo de Arqueología, Antropología e Historia* 11: 17–50.

Inokuchi, K 1995 La cerámica de Kuntur Wasi. In Y. Onuki (ed.), *Kuntur Wasi y Cerro Blanco: Dos sitios del formativo en el norte del Perú*. pp. 23–45. Tokio: Hokusensha.

―――― 2010 La arquitectura de Kuntur Wasi: Secuencia constructiva y cronología de un

centro ceremonial del Período Formativo. *Boletín de Arqueología de PUCP* 12: 219–247.
Onuki, Y. 1994 Las actividades ceremoniales tempranas en la cuenca del alto Huallaga y algunos problemas generales. In L. Millones and Y. Onuki (eds.), *El mundo ceremonial andino*, pp. 71–95. Lima: Editorial Horizonte.
井口欣也・鶴見英成・伊藤裕子 2007 「クントゥル・ワシ神殿の構造」加藤泰建（編著）『先史アンデス社会の文明形成プロセス』pp.21-48、平成14-18年度科学研究費補助金 基盤研究（S）研究成果報告書。
鵜澤和宏 2007 「クントゥル・ワシ遺跡出土哺乳類遺体」加藤泰建（編著）『先史アンデス社会の文明形成プロセス』pp.169-181、平成14-18年度科学研究費補助金〔基盤研究（S）〕研究成果報告書。
加藤泰建 2010 「大神殿の出現と変容するアンデス社会——形成期後期のクントゥル・ワシ神殿」大貫良夫・加藤泰建・関雄二（編著）『古代アンデス 神殿から始まる文明』pp. 105-152、東京：朝日新聞出版。
加藤泰建・井口欣也 1998 「コンドルの館」加藤泰建・関雄二（編著）『文明の創造力：古代アンデスの神殿と社会』、東京：角川書店。
坂井正人・清水正明 2002 「クントゥル・ワシ神殿における石器と石材——海岸との交流と疎遠、石器工房をめぐって——」加藤泰建（編著）『アンデス先史の人類学的研究——クントゥル・ワシ遺跡の発掘——』pp. 175-190、平成11〜13年度科学研究費補助金 基盤研究（A）（2）研究成果報告書。
清水正明・加藤泰建・清水マリナ 2007 「クントゥル・ワシ遺跡より出土したソーダライト製品の原産地同定」加藤泰建（編著）『先史アンデス社会の文明形成プロセス』pp. 159-168、平成14-18年度科学研究費補助金〔基盤研究（S）〕研究成果報告書。
関雄二 2002 「クントゥル・ワシ遺跡の埋葬と人骨」加藤泰建（編著）『アンデス先史の人類学的研究——クントゥル・ワシ遺跡の発掘——』pp. 81-122、平成11〜13年度科学研究費補助金 基盤研究（A）（2）研究成果報告書。
──── 2006 『古代アンデス 権力の考古学』、京都：京都大学学術出版会。
関雄二（編）2015 『古代文明アンデスと西アジア 神殿と権力の生成』、東京：朝日新聞出版。
鶴見英成 2007 「ヘケテペケ中流域における形成期社会の動態」加藤泰建（編著）『先史アンデス社会の文明形成プロセス』pp. 215-239、平成14-18年度科学研究費補助金〔基盤研究（s）〕研究成果報告書。
鶴見英成・吉田邦夫・米田謙 2007 「クントゥル・ワシ遺跡の年代的位置」加藤泰建（編著）『先史アンデス社会の文明形成プロセス』pp. 49-58、平成14-18年度科学研究費補助金〔基盤研究（S）〕研究成果報告書。

第 13 章　神殿がそこに建つ理由
—— ヘケテペケ川中流域における社会の変遷

鶴見英成

13 – 1　はじめに

（1）「神殿」とは何を指すか

　日本のアンデス考古学における「神殿」は、英語 temple、スペイン語 templo の訳語である。日本調査団が最初に組織された頃、影響力の大きい研究者たちが多用していた。ペルー考古学の父フーリオ・C・テーヨは、多数の基壇や広場の集合体であるチャビン・デ・ワンタル遺跡などについて、特定の部分ではなくその全体を Templo と呼んでいる（Tello 1943）。アメリカ考古学界の重鎮ゴードン・ウィレーは、北部海岸ビルー谷に分布する遺跡を体系的に分類するにあたり、形成期の共同体建築（community building）の中に規模や形態から temple と見なせるものをあげているが（Willey 1953）、その代表格であるグァニャペ遺跡内の基壇建築「リャマの神殿（Temple of the Llamas）」は広さ約 19m × 約 16m、高さ約 1m とさして大きくない。本書の構成にも取り入れられている「遺物」「遺構」「遺跡」という考古資料の三つのスケールから整理するなら、基壇や広場など多数の建築物から構成される前者は「遺跡」であり、後者は単一の基壇建築という意味において一つの「遺構」である（階段や壁など、さらに下位の「遺構」群を含む）。このように temple/templo という語は柔軟で、規模の大小や建築プランの規格性によらず用いられる語であり、「共同祭祀場のようなものも含めた少し広い意味」での「祭祀建造物」（関 2015: 20–21）、という定義が本質を突いているといえるかもしれない。岩絵（山野の自然の岩に図像を施したもの）に関心を持つ考古学者たちは、岩絵が密集した地点を「templo al aire libre（屋外神殿）」と呼

第 3 部　比較の視座

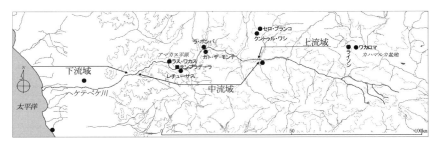

図 13-1　ヘケテペケ川の主要な形成期遺跡

ぶこともあり、その場合は建築ですらない。字義通りにとらえるなら「祭祀」という活動そのものに重点を置いた語といえる。そして、考古学者でない相手、考古学者でも専門地域がアンデスでない相手、アンデス考古学者だが日本人でない相手に「神殿」という語を使うと、しばしば字義通りに受け取られる。つまり、こちらがもっぱら祭祀について話題にしているのだと思われてしまう。

　後段で詳述するが、ヘケテペケ川（図序-8、13-1）中流域にて筆者の調査したラス・ワカス遺跡は、およそ南北 160m、東西 150m の範囲の中に多数の基壇と二つの方形半地下式広場が接続された形態で、大規模・祭祀的・公共的な建造物であり、本書で扱うところの「神殿」の一例である。調査の成果について今から 10 年以上前、ペルーにて人生初のスペイン語の口頭発表をした際、筆者はなんの疑念もなく「神殿」を templo と直訳した。「このラス・ワカスという templo は〜」「ほかにも templo が数百メートルおきにありまして〜」という具合に連発したところ、「templo というからには、その建物での具体的な祭祀行動についてお考えがあるのですか？」と質問され、少なくとも当時は祭祀についてそこまで深く考えていなかったため、返答に困った。実際、「神殿」とわれわれが呼んでいるものは多義的な人工物であり、本書で明らかにされたように、パコパンパ遺跡にも工房・墓地・天体観測所・食堂・ゴミ捨て場など多様な側面が見て取れる。現在では多くの考古学者が、祭祀活動そのものだけに注目するのではなく、さまざまな人間の活

356

第 13 章　神殿がそこに建つ理由

動が展開される求心的な施設として関心を寄せ、そのようなニュアンスで「祭祀センター（スペイン語で centro ceremonial、英語で ceremonial center）」と呼ぶのが一般的である。完全に同義語というわけではなく、より巨視的なレベルで「センター」という機能に着目する立場からは、地域内で突出した規模・洗練を見せる「神殿」のみが「祭祀センター」と見なせる、という意見もある（Onuki 2014: 120）。しかし当時の筆者も、あえて祭祀を論点としないのならばとりあえずは「祭祀センター」を選ぶべきであった。

　日本語の「神殿」はどのように使われてきたのであろうか。1958 年の広域踏査の報告において、コトシュ遺跡は発掘される前から「コトシの神殿址（ruin of buried temple, Kotosh）」と紹介されていた（石田他編 1960: 294）。しかし 1960、63 年に考古学の専門家として発掘主任を務めた曾野寿彦にいわせれば、その根拠は「なんとなく神秘的な雰囲気をただよわせているにすぎなかった」（曾野 1964: 64）。調査団は「神殿」の裏づけを求めて一般住居とは異なる特徴を探し、とくに石彫を期待していたが、代わりに出土した「交差した手」のレリーフからようやく確信を得て、「交差した手の神殿（Temple of the Crossed Hands）」を初めとするコトシュ・ミト期の部屋状構造物群は「神殿」であると結論づけた。またコトシュ・チャビン期（形成期後期）の基壇上にある、壁の上塗り・ニッチ・小児埋葬などをともなう一つの部屋も「神殿（temple）」と言及されている（泉 1961; Terada 1972: 309）。このようにコトシュ遺跡での「神殿」とは特定の遺構、とくに部屋を指しており、それらを載せる基壇の部分を積極的に「神殿」と呼んだ事例はなかった。70～80 年代のカハマルカ盆地の発掘では、ワカロマ遺跡の前期ワカロマ期（形成期前期）の部屋状構造は低いながらも基壇の上に載っていたとみられ、炉の作りなどから祭祀と関係すると考えられるため、「神殿」と呼ばれることがある（大貫 1989: 183）。続く後期ワカロマ期の巨大な基壇建築は、上部に多彩色の壁画で彩られた部屋などの「上部構造」があったと考えられ、それが「神殿」と呼ばれた（大貫 1989: 185）。しかしその「上部構造」は壁画の破片を残して打ち壊されており、遺構として残ってはいなかった。それよりも、「神殿」を埋めてさらに大きな基壇が築かれるという反復的な現象が注目さ

れた。上部の「神殿」を支える「下部構造」の基壇について、「神殿の基壇」という表現がとられ、上部・下部の線引きはコトシュの記述ほどには明示されなくなった。続くクントゥル・ワシ遺跡の発掘では、山頂を改変した巨大な「主基壇」の上にさらにいくつもの基壇や広場が載り、その基壇の多くが部屋状構造を支えているという重層的な建築プランが見いだされ、特定の遺構を「神殿」と呼ぶことはなかった。その発掘のさなか、1998年出版の論集『文明の創造力　古代アンデスの神殿と社会』において、40年に及ぶ日本調査団の形成期研究の成果として「神殿更新」が理論化された（加藤・関編 1998）。上部の構造物が狭い意味の「神殿」だとしても、それを覆って築かれる基壇は次の「神殿」を載せるためにあるので、神殿更新の過程においてそれらは連続しているのである。

　学生時代にリアルタイムで「神殿更新」議論に触れた筆者は、「神殿」という語が具体的にどんな情報を指し示すのか問い直すことなく、盲従的にその語を使うようになっていた。その結果が先述の失敗談である。実際には日本のアンデス研究者たちはこれまで、議論の趣旨に添ってその都度遺跡をとらえ直し、「モニュメント、祭祀構造物、祭祀センター、公共建造物、神殿などと呼びながら、研究の対象としてきた（関 2014: 192）」のである。本書は「神殿」についての論集であるが、筆者の考えるところの「神殿」とは何なのか、指し示す内容を明確にしなくてはならない。以上、妙な書き出しとなったが、本書を含めてこれから自分はますます「神殿」の語を発信していくことになるので、自戒を込めて振り返ってみた次第である。

（2）本章の目的

　本章はヘケテペケ川中流域で収集したデータに基づき、筆者なりに形成期の「神殿」の特徴を描き出すことを大きな目的としている。独自の視点は、以下2点のようなデータの特性に支えられている。第1に考察する年代が古い点である。「神殿」が大きく変質した形成期末期を除いても、形成期の「神殿」は前3000年～前250年まで、きわめて長期間にわたって造られてい

た。形成期中期〜後期に相当するパコパンパ遺跡を中心に編集された本書において、本章は形成期前期〜中期というより古い時期に主眼を置いている。第2にデータの幅広さである。ヘケテペケ谷の調査地には多数の「神殿」遺跡が密集し、また「居住域」と分類されるような遺構群のデータもあるなど、多面的な検討が可能なのである。

　具体的には以下2点を論じていく。第1に、形成期の中でも古い時期の「神殿」に着目することにより、「神殿」の成立した背景を探り、神殿の本質的な特徴を解明することである。「神殿更新」に見るように、神殿は既存の神殿を意識しつつ増改築されていく。したがって、「アンデス最古の神殿を特定し分析する」とまでいってしまうと現実的でないが、なるべく古い時代のデータへと遡って検討することで、「神殿」を成立せしめた背景が明らかになるだろうと筆者は考えている。第2に、権力資源の操作について多面的に論じられている、形成期後期のパコパンパのような社会を念頭に、通時的に変化していく権力のあり方を「神殿」の変遷から読み取ることである。

　本章ではこれ以降しばらく基本的に「神殿」という語を用いない。コトシュの「交差した手の神殿」のような限定的な祭祀空間や、それを載せる下部の基壇や、集会場である広場など、祭祀に関係する大規模・公共的な建造物のそれぞれを「神殿建築」、それらが多数連なった全体を「神殿建築複合」と呼ぶこととする。「神殿」の語に立ち返ってその本質的な特徴を論じるのは結論部になる。

13−2 先行研究：ヘケテペケ川中流域アマカス平原

（1）モンテグランデ遺跡

　土の中から、同じく土を掘りくぼめた竪穴式住居を検出する日本の考古学者から見たら手ぬるいであろうが、石や日干し煉瓦、ときに植物性の材すら残っているアンデスにおいて、建材が検出できないような建築の発掘はハー

第 3 部　比較の視座

図 13-2　モンテグランデ遺跡北複合

ドルが高く、省みられることが少ない。1980 年代初頭、ドイツからやってきた考古学者ミヒャエル・テーレンバッハは厳しい観察眼でモンテグランデ遺跡（図 13-2）を吟味し、地面に残った柱穴や溝など、かつて有機性の材で建てられていた住居の痕跡を詳細に記録した。大規模な形成期の居住域の実態が解明された点で画期的、かつ今日に至るまで例外的な成果であり、のちにその付近で調査をおこなうこととなった筆者の「神殿」観もそれに大きく影響された。

　カハマルカ盆地の近くに水源を持ち、上流域にクントゥル・ワシ遺跡を擁するヘケテペケ川を標高約 450m まで下ると、北岸にテンブラデーラというやや大きな村があり、一般的にその村の周辺を中流域と呼ぶ。テンブラデーラの名は、1960 年代に形成期の見事な土器が多量に盗掘された土地として、考古学界と古美術市場で有名であるが、実際にそれらが出土したのはさらに 5km ほど川を下った、北岸のアマカス平原である。1977 年にアメリカ人リチャード・キーティングがアマカス平原を踏査し、形成期の土器をともなう

基壇建築が多数密集していることを突き止めたが、その時には 80 年代後半に貯水池が建設されることがすでに決まっており、多くの遺跡が水没を免れない状況にあった（Keatinge 1980）。80〜83 年に事前調査が実施されることとなり、その一環が先述のドイツ隊によるモンテグランデ遺跡の調査である（Tellenbach 1986; Ulbert 1994）。

　アマカス平原は北側の山から南側のヘケテペケ川へと広がる扇状地で、川沿いに東西約 3km の幅がある（図 13-3）。西半分は平坦で標高が低く、現在もわずかに水が通っている。東半分はそれよりぐっと標高が上がるが、細い谷が南北方向にいくつも刻まれ、南北に細長い丘陵が東西方向に多数連なった地形である。モンテグランデ遺跡は平原の東半分の、細長い丘陵のひとつの上を占めている。遺構の分布は北端の「北複合」、南端の「南複合」に大きく分かれ、前者は 2 基、後者は 1 基の大規模な基壇すなわち神殿建築を抱えている。それらの周囲を住居址が取り囲んでいるのであるが、北複合の発掘範囲内だけで 164 基が発見されている。北複合と南複合の間の斜面もテラス状に整形されているようで、発掘されてはいないが、そこにも住居が並んでいたのであろう。モンテグランデの遺構群はすべて形成期前期に対応し、さらに土器と神殿建築に見られる変化から大きく 2 時期に分けられる。北複合では最初の時期にワカ・アンティグアという基壇が、次の時期にその南側にワカ・グランデという基壇が築かれ、いずれも神殿建築と考えられるのであるが、周囲の住居群もそのタイミングで造り替えられている。すなわち、これらの住居はすべてが同時に機能したわけではないのである。住居は基本的に方形で、内部に炉を持っている。内部をさらに壁で仕切った 6m 四方ほどのものなどは核家族で住めそうであるが、約 2〜3m 四方の手狭なワンルーム──というよりベッドルームか──も多い。きわめて大雑把な見積もりであるが、発掘区外に埋もれているものも含めて、モンテグランデ遺跡には常時 200 基ほどの住居があり、500 人程度が起居していたというイメージを筆者は持っている。

　この住居群は、権力の萌芽に関して興味深いデータである。北複合の 2 基の基壇は高さ約 3〜4m とかなり周囲から持ち上がっているが、2 時期とも

周囲に高さ1mほどの低く広いテラス状の基壇を巡らせており、住居群のうち10基ほどはその上にある。その建材や間取りなどは、テラス外のほかの住居と大きく変わってはいない。しかし、エル・ニーニョ現象が豪雨をもたらした年には違いが現れる。北側の山から下ってくる鉄砲水が何度もモンテグランデ遺跡を襲ったことが確認されているが、基壇の上に載った一握りの住居は水害に耐え、地表に直接建てたその他大勢の住居は破壊されて立て直しを余儀なくされたのである。神殿の内部で土器や赤色顔料をともなう墓が発見されているが、それらの被葬者は神官であり、テラス上の住居に住むという形でそれ以外のメンバーとの社会階層の差が現れていたと考えられるのである。最初の時期の住居はワカ・アンティグア基壇の壁の向きと平行に建てられていたが、次の時期に新設されたワカ・グランデ基壇はわずかに壁の方向が異なっており、周囲の住居もそれにあわせて一斉に軸を変えて建て替えられている。神殿建築と居住域の建設において、神官はきわめて高い統率力をふるったと見られるのである。

（2）アマカス平原の遺跡群

　社会階層がこのような形で神殿建築に反映されていたということは、ほかのほとんどの遺跡においては、居住域の発掘がなされていないために確認しえないことである。しかしこの現象が、形成期前期というかなり早い時期に見られるという点は重要である。社会階層化はどのように発生し、そしてどのような変化を経て、パコパンパやクントゥル・ワシのような強力な権力者たちの時代へとつながっていくのであろうか。

　モンテグランデ遺跡に関する上記の考察は大変興味深く、またほかの研究者に引用されることも多いのだが、大きな違和感を禁じえない。ドイツ隊の研究報告は一貫して、まるでそこにモンテグランデしか遺跡がないかのような書き方なのである。先述の通りアマカス平原には形成期遺跡が密集しており、モンテグランデはその一つに過ぎない。社会の階層化の萌芽が見られるのは良いとして、ほかの神殿建築複合にもモンテグランデの神官と同格の社

会的エリートがいたのだろうか？　それともモンテグランデの神殿建築の傍らに起居する神官だけが、アマカス平原のすべての神殿建築複合をコントロールしていたのだろうか？　またそもそもモンテグランデは形成期前期のデータしかなく、時間幅が短すぎて社会変化をとらえるには心許ない、という問題もある。

　ドイツ隊の活動と並行して、ロッヘル・ラビーネスの率いるペルー文化庁の調査団、通称 PRAJ は水没予定地の詳細な遺構分布地図を作り（Ravines 1981）、またいくつかの地点で小規模な発掘を実施し（Ravines 1982）、とくに形成期の基壇建築群について形態的な分類を試みて、それぞれにともなう土器を編年に照らして記述している（Ravines 1985）。PRAJ の刊行物はモンテグランデ遺跡の成果報告より早く出版されているので、モンテグランデの研究成果とのすり合わせはおこなわれていない。またドイツ隊のように一地点を重点的に発掘したわけでないので、社会の性質についての考察は深められていない。しかし形成期前期だけに対応するモンテグランデ遺跡とは違い、PRAJの調査した遺跡には形成期中期の土器がともなっている事例もあり、長期的な視点から神殿建築間の関係を考察するためには見逃せないデータである。

　それぞれ一長一短な両プロジェクトの成果は統合されるべきであったが、時間切れとなってしまい、1985 年に一帯は水没した。その後しばらくこの地を訪れる考古学者はいなかった。1999 年、クントゥル・ワシ遺跡の発掘と並行し、将来海岸部の調査を開始したいと考える日本調査団員が北部海岸の複数の河谷を踏査したが、その際に貯水池のほとりに水没を免れた遺跡がいくつかあるのを確認した（坂井他 2000）。筆者もその一人である。村人が案内してくれたのは、アマカス平原最大の建築としてキーティングが報告していたラス・ワカス遺跡で、かなりの部分が無傷で残っていた。モンテグランデ遺跡とは、谷ひとつはさんで距離わずか 300m ほどに位置する。こちらは形成期前期のみならず中期の土器も散布しており、大規模に発掘すれば層位の裏づけのもとに長期的な社会変化を論じられるだろうと見込まれたため、筆者は 2003 年より自身で発案した発掘調査を開始した（鶴見 2008; 2009）。

13-3 | アマカス平原

(1) アマカス期とテンブラデーラ期

　ラス・ワカスの神殿建築複合は、二つの方形半地下式広場を囲んで基壇群が配置され、それぞれ階段で接続された形である。しかし発掘の結果、モンテグランデと同時代である形成期前期にまず小さな建築群があり、モンテグランデが機能を失った後にそれが大規模に拡張され、巨大な神殿建築複合となったことがわかった。この発掘によってアマカス平原全体における形成期の土器の変化を把握し、平原内のほかの地点で採取された土器片についても時期を同定できるようになった。

　形成期前期のモンテグランデ遺跡では先述の通り、神殿建築の増設と同時に土器の特徴が変化したと論じられていたが、同じ現象がラス・ワカスでも確認できた。そこでモンテグランデ遺跡だけでなく、平原全体を視野に入れた時期名称として、筆者はこの地における形成期前期を「アマカス期」と呼び、土器を手がかりに前半をアマカス1期（前1500年〜前1350年）、後半をアマカス2期（前1350年〜前1250年）と区別することにした。また続く形成期中期を「テンブラデーラ期」と名づけ、やはり途中で土器の特徴が大きく変化することがラス・ワカスで確かめられたため、前半をテンブラデーラ1期（前1250年〜前1000年）、後半をテンブラデーラ2期（前1000年〜前800年）と区別した。

(2) 九つの神殿建築複合

　ラス・ワカスの発掘と平行して、筆者はアマカス平原に残された形成期遺跡の痕跡を追った（図13-3）。貯水池の建設時、水を満たす前にかなりの面積の地表面が削られている。土砂をダムの壁を建設する材料とするため、かつ貯水池の容積を増すためである。また水没をまぬがれた遺跡も無傷ではす

第 13 章 神殿がそこに建つ理由

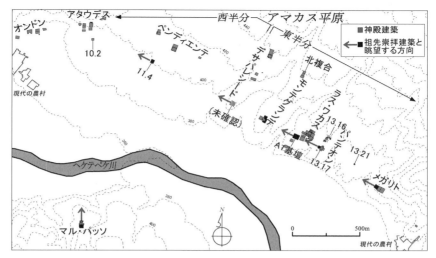

図 13-3　アマカス平原とその対岸の神殿建築複合

まなかった。貯水池から離れた遺跡のいくつかは、土砂採りのためにえぐられていた。また水没する旧道に代わる新たな車道がアマカス平原を突っ切って作られ、遺跡の各所が切り崩されている。多くの遺構が永遠に失われてしまった一方、皮肉なことに、貯水池の水で適度に土が洗われて石壁が露出し、PRAJ の地図以上に建築プランが明確になった地点もある。また PRAJ は断片的ながら土器の情報を記述していたので、さらに遺構の表面に残っていた土器の情報も加え、各神殿建築複合の編年上の位置を考察することができた。形成期前期の土器についてはモンテグランデの詳細な分析を適応してアマカス 1 期と 2 期の差が識別できたし、テンブラデーラ期の土器はラス・ワカスから出土した豊富な資料と比較できた。

　神殿建築群が成立した過程を解明するにあたり、平原の西の端近く、「10.2」という名で PRAJ が登録した基壇は重要なヒントとなった。貯水池に水没していたが、2004 年に水位が下がって再び地表に現れたチャンスを逃さず発掘した。表面は湖水で浸食されていたが、基壇に上り下りする階段を基壇の北面で発見することができた。この 10.2 基壇のさらに北の方に

第 3 部　比較の視座

は、四つの神殿建築複合が東西方向に並んでいる。いずれも南北方向、谷側から山側へと基壇が連なった形で、そこを上り下りする階段は 10.2 基壇とは逆方向、南面にある。つまり北側の 4 基と南側の 1 基、合計 5 基の神殿建築複合が、中央の空間をはさんで向かい合っている。このことから、これら五つはばらばらの施設ではなく、機能的に相互関係があるということに気づいたのである。PRAJ はそれぞれ別の遺跡として登録していたが、筆者はあわせて一つの神殿建築複合と考え、「アタウデス遺跡」と命名することにした。

　すると遺跡群の見え方が変わった。かつて PRAJ は、一見して独立して建っているように見える基壇建築は、それぞれ単一の遺跡として登録した。しかし実際には、別々の遺跡とされていたモンテグランデの北複合と南複合は約 300m も離れていながらテラスで接続されていたし、ラス・ワカスなどは大規模なので四つの遺跡としてカウントされていた。百数十メートル程度の距離を隔てた基壇や広場は、一連となって神殿建築複合を構成しうるのである。PRAJ が 30 以上の遺跡と数えていたものが、急速に 8 単位の神殿建築複合にまとまって見えてきた。うち二つはモンテグランデとラス・ワカスであるが、それ以外は筆者が命名することになった。西から順に紹介しよう。アタウデスの西側、4 基の建築複合から構成される神殿建築複合がオンドン。アタウデスの東側にはペンディエンテ。その東側から平原東半分の丘陵が始まるが、そこにまず広がっているのがデサパレシード、谷を隔ててさらに東がモンテグランデである。モンテグランデの東にラス・ワカス、その東にパンテオン、さらに東にメガリトが続く。これらの 8 単位の神殿建築複合のうち、モンテグランデ以西はアマカス期の土器のみを、ラス・ワカス以東はアマカス期とテンブラデーラ期の両方の土器をともなっている。さらにヘケテペケ川をはさんだ南岸で発見されたマル・パッソは、テンブラデーラ期に対応すると考えられる神殿建築複合で、北岸の遺跡群と浅からぬ関係にある。各神殿建築複合の成立の背景について、アマカス期から順に説明しよう。

（3）アマカス期の建築の変遷

　アマカス期に機能したオンドンからモンテグランデまでの五つの神殿建築複合は、いずれもアマカス1期の土器をともなうが、東側の二つデサパレシードとモンテグランデだけがアマカス期2期のものもともなっており、より遅い時期まで機能したことがうかがわれる。また広場などの神殿建築の形態が、西から東へと次第に姿を変えていくように見受けられるため[1]、西端のオンドン神殿がもっとも古く、東に向かうにつれ成立時期が新しい、ということが見えてきた。その大きな要因はおそらく水害である。ラス・ワカスでの有機遺物の分析によると、アマカス期にはすでにマニオクなどの耕作がおこなわれていた。オンドンやアタウデスの位置する平原西端は標高が低く、水が集まりやすいため耕作に適した地点である。おそらくこれらの神殿建築複合は、豊穣を祈念する役割が持たされていたのであろう。しかしエル・ニーニョ現象の際には鉄砲水による被害も大きい地点である。PRAJ はこれらの基壇複合の周囲に数多くのテラスを登録しており、モンテグランデ同様に周囲に住居を巡らせていたと考えられるので、水害の被害は甚大であっただろう。神殿建築や住居を建て直す努力はあったかもしれないが、何らかのきっかけで断念したようである。標高の高い東側の丘陵へと神殿建築を移した直接的な動機は、水害の回避であったと考えられる。

　またアマカス期の神殿建築複合は、次第に使用頻度が下がって放棄に至ったのではなく、それぞれある時点で意図的に機能を停止させられていたようである。その鍵になるのは墳墓である。モンテグランデの発掘では、南複合の神殿建築の上に直径2m ほどの石造の「塔状墳墓」が設けられ、それらに占拠されて部屋や広場などが建築として機能しなくなったことが指摘されていた。神殿建築に塔状墳墓を添えること、それは機能を停止させる儀礼だったのではないか。それをふまえてほかの四つの神殿建築複合を見ると、いずれも神殿建築の上やすぐ隣に同じような塔状墳墓がともなっているのである。神殿を移す行為は、水害の回避という差し迫った脅威への対策であるが、それだけではなく儀礼的な要素も見て取れるのである。

筆者が発掘したラス・ワカス遺跡の、アマカス期における様子を述べておこう（図13-4）。アマカス1期の頃のラス・ワカスには広場もなく、小規模な基壇が散在する姿だった。遺跡北端近くに一辺8mほどの方形のD4基壇が、そこから150mほど斜面を下った遺跡南端近くにごく小さなA1基壇が生まれた。A1基壇は南北幅約2m、東西幅は不明だがせいぜい5m程度と見込まれ、高さは石一段を積んだだけで約0.5mという小ささだが、続くアマカス2期に広さも高さも拡張されたようである。ただし損壊がひどく正確な規模・形はわからない。遺跡の北部のD4基壇は鉄砲水で壊され、その跡地にD1基壇など低いテラス群が造られた。テラスの上には柱の跡がたくさん見つかっており、プランは不明瞭であるものの木造の建造物が並んでいたと考えられる。また20mほど南側にC1基壇という、約20m四方のやや大きい基壇が現れた。高くはないが面積だけならモンテグランデの神殿建築に匹敵しており、祭祀的な性格があったのかもしれない。祭祀建築のそばに居住テラスというと、モンテグランデと似た配置ともいえるが、広場は確認されていない。神殿建築複合の祖型かもしれないが、西側の五つの神殿建築複合に比べていかにも未熟である。

（4）テンブラデーラ期の建築の変遷

しかし形成期中期、モンテグランデを含めてアマカス期の神殿建築複合がすべて機能を失った後、ラス・ワカスは飛躍的に拡張される（図13-4）。テンブラデーラ1期、C1基壇の南に接して一辺約22mの方形半地下式広場であるB広場が登場した。南のA1基壇には広場がないものの、急激に大規模になる。B広場とA1基壇の間の距離はだいぶ縮まったが、まだ約6mの高低差と約70mの距離があり、別々の神殿建築という趣である。なおD1基壇など北部のテラスには依然として木造建造物が載っていた。続くテンブラデーラ2期に、A1基壇はおよそ40m×50mとこの地にかつてない巨大な基壇へと拡張され、その東側に一辺約33mと大規模なA広場が設けられた。A広場はB広場南側の基壇群に接するように設計され、ラス・ワカス

第 13 章　神殿がそこに建つ理由

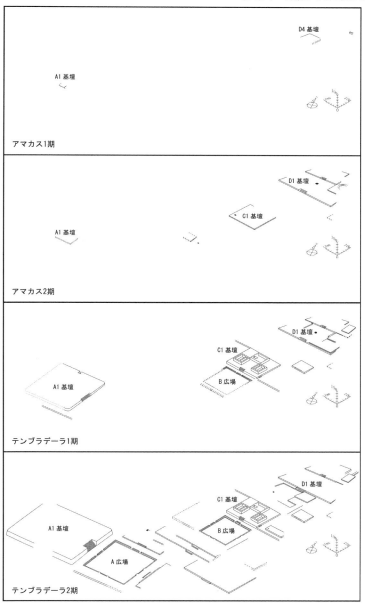

図 13-4　ラス・ワカス遺跡の更新過程

第 3 部　比較の視座

はA1基壇からC1基壇まですべての神殿建築が階段で接続された、まぎれもなく単一の神殿建築複合となった。なおその頃D1基壇とC1基壇との間、従来は空いていたスペースに小さな基壇や木造建造物が造られている。

　ラス・ワカス以外の遺跡を概観しよう。ラス・ワカスのすぐ東側、谷を挟んで位置するパンテオンは、南側に方形広場を抱えた「13.17」という神殿建築複合、北側に円形の石造建築群からなる「13.16基壇複合」という、二つの建築複合から成る（図13-3）。さらにその東側は、谷で分断されない開けた平野となり、東に進むにつれて北側の山が迫ってきて、アマカス平原は狭まり、閉じる。この平原東端の高台の上に、神殿建築複合メガリトがある。広場は未確認だが、巨石を使った大規模な基壇群が東から西へと下りながら連なっており、アマカス平原のすべてを見渡す。なお両者の中間、開けた平野部にはパンテオンの13.16基壇複合のものに似た、直径約9.5mの円形の「13.21石造建築」がぽつんと配置されている。この内部でPRAJが未盗掘の墓を発見し、テンブラデーラ期のボトル型土器をともなう1体を含む、計4体の人骨が出土している。さらにヘケテペケ川を挟んでアマカス平原の対岸にマル・パッソという神殿建築複合があり、地理的に離れているものの、これまで述べた神殿建築複合群ときわめて縁の深い遺跡である。詳しくは後述しよう。

　以上の4遺跡はいずれもおそらくアマカス1期から限定的な土地利用、つまりラス・ワカスに見られたように小規模な基壇の建設などが始まり、ラス・ワカスとパンテオンとメガリトはテンブラデーラ1期から神殿建築複合へと成長したと見られる。アマカス期の最終期のモンテグランデが機能を停止し、これらが神殿建築複合となった後は、いずれも同時に機能し、神殿更新を重ねた。ただしラス・ワカスの増改築の頻度と規模はほかを圧倒していたと見られ、やがて規模に大きな差が生じた。なおマル・パッソはテンブラデーラ2期に神殿建築複合になったと見られるが、ラス・ワカスなどが機能を停止したわけではなく、並行して機能した。このようにアマカス期からテンブラデーラ期にかけて、神殿造営の活動は大きく変容している。

　居住域についても触れておこう。筆者はこれまで、ラス・ワカスのD1基

壇などの低いテラス群は、アマカス期に引き続きテンブラデーラ期にも神官の住居が載っていたと論じてきたが、近年考えを改めた。そこは石器の出土が多いことから工房の機能があったと考えられ、また食物残滓の出土も多いので調理や飲食の場であったとも考えられるが、それとは別に、より明確な住居建築があることに気づいたのである。そのきっかけは、ラス・ワカスより5kmほど上流の、レチューサスという形成期後期の神殿建築複合の発掘で発見した、テンブラデーラ期の直径10m超級の円形構造物である。アマカス平原の13.21石造建築と同じく墓が発見されると想定して注意深く発掘したが、そこに埋葬はなかった。一方この構造物の内部には堅く平らな床面があり、炉や柱穴など生活の痕跡が多く見つかり、家屋としての機能が明らかに見て取れたのである（Tsurumi and Morales 2012）。このためアマカス平原の13.21石造建築、そしてパンテオンの13.16基壇複合などの円形構造物は、本来は墳墓ではなく円形の住居であり、何らかの条件を満たせば死者を床下に埋葬することがあったが、最後まで埋葬しないこともあった、と考えたほうがよいようである。モンテグランデの居住テラスにも円形の建造物は1例だけあったが、これらのように大規模な石造建築ではなかった。神官用の住居として新たにテンブラデーラ期に成立した建築様式なのであろう。

13-4 考察

（1）アマカス期の塔状墳墓

　アマカス平原に多数見られる塔状墳墓であるが、ほかの地域で確認された希少な例であるビルー川中流域のものは、その可視性、すなわち目立つこと自体が重要な役割であったと論じられている（Zoubek 1998）。墓の所在が記憶にとどめられていた可能性はパコパンパでも指摘されたが、筆者は形成期には墓に何かの「墓標」を据えることが珍しくなかったと考えている。墓坑に長い石を突き立てた「墓石」はヘケテペケ川下流域の形成期中期の墓で多

数発見されている（Alva 1986）。またクントゥル・ワシ遺跡においては、クントゥル・ワシ期の「蛙象形土器の墓」に重なるように、コパ期の「金製首飾りの墓」「金製ひげ抜きの墓」など計4基の墓が設けられていた事例がある。発掘の際には次から次へと墓が現れて面食らったものだが、おそらく当時は何らかの墓標によって先人の墓をピンポイントに表示していたのであろう。そしてアマカス期のアマカス平原においては塔状墳墓こそ墓標に相当する目印だったのである。

　神殿建築は建てられ、何かをきっかけとして塔状墳墓を添えられて、使用されなくなる。それが墳墓であることを考えれば、特定の人物の死がきっかけかもしれない。ただし60年代に盗掘行為が猛威をふるったこの地では、塔状墳墓は一つとして無傷でなかったため、実際には死後ミイラとして長期間保存されたのちに二次埋葬された例もあったかもしれず、確証は持てない[2]。すべての神官が塔状墳墓に葬られたわけではなく、モンテグランデ北複合では基壇の中に埋め込まれた死者もいるし、塔状墳墓の中には神殿建築から離れた地点に設けられたものもある。テンブラデーラ期の円形住居の床下に埋葬があったり、なかったりという上述の現象とも通じることだが、当時の埋葬のルールはわれわれが単純に見て取れるようなものではなかったようである。複雑な条件に合致した死者が、神殿建築の至近の塔状墳墓に葬られた。いえるのはそこまでである。そして塔状墳墓は神殿建築の上部もしくは南側・東側に据えられており、東側から眺めやすい配置を意識しているようである。基壇の西側に置かれ、東から見ると基壇の影に隠れてしまうような例はない。以下、墳墓と神殿建築複合の関係についてさらに掘り下げて考えてみたい。

（2）移転型神殿更新

　機能停止した神殿建築と、塔状墳墓をセットにし、東から眺める。おそらく祖先崇拝の意味を持つこの行為に、神殿建築複合群の成立の背景が見て取れる。窪地に造られたオンドンは例外になってしまうのだが、アタウデスを

東から眺望するという行為は明らかに重要な儀礼的行為であった（図13-3）。アタウデスの東に建てられたペンディエンテは、四つの基壇複合のうち三つが斜面にならって南北方向に昇降する階段を持つが、遺跡南部の11.4基壇という小さな基壇は東西方向の階段だけを持っている。東側から階段を登って11.4基壇の上に立つと、眼前にアタウデスおよびその周囲の塔状墳墓が広がる。11.4基壇はアタウデスをほぼ正面に眺望するために造られた基壇だと考えられるのである。ペンディエンテの東側のデサパレシードでは、アタウデスとペンディエンテ11.4基壇の延長上におそらく同様の施設があったと考えられる（ただしPRAJが測量した際にはその地点は後世の建築で覆われており、現在では一帯は破壊されたため検証も不可能なのであるが）。さらにそこから東への延長線上にモンテグランデの南複合があり、その小さな広場の階段は東西方向に沿っている。これらの施設はいずれも過去の神殿建築アタウデスに向けて建てられており、結果的に地図上ではほぼ一直線に並ぶ。またラス・ワカスのA1基壇もこの延長線上にあり、アマカス1期におけるその最初の姿は家屋1軒が載る程度の小ささだが、偶然ここに配置されたのではなく、眺望を念頭に置いて設置されたのであろう。どうやら祖先崇拝の儀礼が、神殿建築複合の成立に大きな役割を果たしているようである。なお標高の低すぎるオンドンも、アタウデスとの間では相互に眺望可能であり、眺望は神殿建築の立地・プランの決定に重要な要素であることがうかがわれる。

　すべてのケースにおいて祖先崇拝が動機となっているのかどうかはわからないが、筆者はこのように神殿建築を別の地点に移しながら建て続けるという建築活動を「移転型神殿更新」と呼んでいる。多くの神殿遺跡における神殿更新のイメージは、次第に高くなっていくコトシュ・ミト期の基壇や、高さも広さも飛躍的に増大していくワカロマ遺跡など、基本的に単一地点で神殿が拡張していくものである。テンブラデーラ期のラス・ワカスもそれに相当する。そのような中で、移転するような神殿更新もあるのだという仮説を主張するのは、アマカス平原の事例だけでは脆弱であろう。しかし形成期の神殿遺跡が互いに視認可能な距離をおいて複数分布するとき、「移転型神殿更新」によってその成立背景を説明できる事例が多いのではないかと筆者は

考えている。同じヘケテペケ川流域の事例を二つあげよう。第1にクントゥル・ワシ遺跡と、その至近のセロ・ブランコ遺跡の関係である。セロ・ブランコ遺跡は機能を停止した後にイドロ期の埋葬が設けられ、隣の山頂に作られたイドロ期のクントゥル・ワシ神殿建築はそれに軸を向けている。もう1例は筆者が中流域の踏査の際に発見した、形成期中期の神殿建築複合、名づけてガト・デ・モンテ遺跡である。U字型の基壇配置を持っているが、U字の中心軸はまさに、形成期前期の埋葬が発見されている対岸のラ・ボンバ遺跡 (Seki 1997) に向けられていた。ラ・ボンバにあったのは墓だけかも知れず、神殿の移動とはいいがたいが、祖先の墓を眺望する建築プランという発想は共通である。

　この「移転型神殿更新」は2点の重要な示唆を含んでいる。第1に神殿更新とは、特定の神殿建築を際限なく拡大していくことが目的とは限らなかった、むしろその本質は「建て続ける行為」であった、ということである。神殿更新を年中行事ととらえる見方があるが (Burger 2014)、反復的に手を動かすこと自体が目的であったのならば、サイクルがあったと想定するのはきわめて自然であると筆者も考える。先述のような特定の人物の特別な死も、神殿更新の作業内容に影響を及ぼしうるであろうが、それ以前に周期的な活動がベースになっているのである。第2の重要な示唆は、墓と神殿建築の密接な関係である。ひとつの神殿建築をひたすら更新する場合はそこだけで建築が拡張するが、何らかの理由でその地点を離れることになったとき、彼らはそこに墓を残して、それが見えるような地点に新たな神殿建築を造った。それは彼らにとって納得のいく形で、儀礼のサイクルが途切れず継続されたことを意味する。開始当初の移転は鉄砲水からの避難を契機としていたが、予期せぬ結果として、アマカス期の人々は移転にともなう墳墓の造営と、それを眺望する祖先崇拝の儀礼自体を重要視するようになったのであろう。

第 13 章　神殿がそこに建つ理由

（3）神官の権力の強化

　祖先崇拝に注目することで、アマカス平原の遺構・遺跡の配置に説明が付くようになる。アタウデスを正面に眺望するように造られた施設を「祖先崇拝建築」と呼ぶことにする。アマカス期後半の三つの神殿建築複合であるペンディエンテ、デサパレシード、モンテグランデはいずれも南部に祖先崇拝建築を持つ（図 13-3）。一方、それぞれが北部により大規模な神殿建築を持っており、南北 2 地点に拠点的な建築が分散しているという特徴がある。アタウデス自体が北側に 4 基、南側に 1 基の神殿建築が、向かうように配置されていたので、それが原形なのかもしれない。また北部の建築のほうが大規模、かつ方形広場が備わっていることから、周囲に居住する神官やその他のメンバーが集う、もっとも求心力のある施設は北部であったと考えられる。入り口のない部屋を載せたモンテグランデ北複合のワカ・グランデ基壇は、出入りにはしごを要する、厳密に管理された貯蔵庫ではないかと筆者は考えており、経済活動においても集団内の中核であったかもしれない。それに比べ、南部に配置された祖先崇拝建築は周縁的な設備に見える。祖先崇拝はこれらの神殿建築複合の役割ではあるが、あくまで副次的な儀礼だったのではないか。

　これがテンブラデーラ期に入ると一変する。モンテグランデからラス・ワカスへと移転が起こり、ラス・ワカスの南部には従来の並び方を延長するかのように、祖先崇拝建築として A1 基壇が設置・拡張されていくが、そこにかつてなく大規模な A 広場が附設されるようになる。遺跡の北部には B 広場などの神殿建築があるが、アマカス期最終期のモンテグランデなどと比べると北部と南部の距離が近いのみならず、テンブラデーラ 2 期には両者は完全に接続されているなど、従来とは様相が異なる。このことからラス・ワカス全体において、祖先崇拝こそがもっとも壮麗な儀礼として位置づけられたと考えて良いだろう。また B 広場はより小規模で、約 6m 高いところにあるため A 広場からも見ることができない。B 広場に接続する C1 基壇の北側のテラス群は、先述のように少人数の集団が活動をする閉鎖的な場所である。

第3部　比較の視座

　これらラス・ワカス北部の施設は、少数の神官たちだけが活動する空間で、それ以外の人間は垣間見ることもできなかったのであろう。
　また東側のパンテオンは、ラス・ワカスと機能的に強固に結びついていると考えられる。B広場と同じ標高に13.16基壇複合の円形住居群があり、ラス・ワカスの神官たちはそこに私的な空間を保有しつつ、日常的に谷を渡ってラス・ワカスのB広場やC1基壇北側で活動し、必要に応じてA広場で大規模にアマカス期の祖先たちに向けた祭祀をおこなった。同時にパンテオンには「13.17」という神殿建築複合がある。これは歴代の祖先祭祀建築の延長線上に位置していて、方形広場の四辺を4基の基壇が囲む形であるが、広場の西側すなわちラス・ワカスやアマカス期の神殿建築複合群の方角と、北側すなわち神官の住居である13.16基壇複合の方角、これら二つの基壇がとくに大きい。検証は困難であるが筆者の仮説では、パンテオン13.17神殿建築複合の西側の基壇はアマカス期の祖先崇拝のための場で、北側の基壇では13.16基壇複合の円形住居の床下に埋葬されていた何人かのテンブラデーラ期の死者へ向けた儀礼がおこなわれたのではないか。パンテオン13.17神殿建築複合の南側に孤立した「13.19石造建築」という円形住居は、ことによると13.17神殿建築複合における儀礼だけに特化した神官の拠点ではなかったか…などと建築プランからさまざまな想像が膨らむが、検証不能なのでこれ以上はやめておこう。重要なのはラス・ワカスおよびパンテオンは、アマカス期という遠い過去と、テンブラデーラ期の直近の過去の死せる神官たちを祀りながら、生ける神官たちが活動する場であったという点である。メガリトについての詳細は省くが、祖先崇拝建築の延長線上に位置し、13.21石造建築の円形住居の床下の死者を含めて、やはり死せる神官の記憶を眺望する立地・建築プランを特徴としていると考えられる。
　もう一つ重要なことがある。ラス・ワカスには、モンテグランデでドイツ隊があれほど多数検出した、地面に直接柱を立てた簡素な住居址が見つからない。一握りの神官の家屋や活動の場所はあっても、その他大勢のメンバーの住居がない、ということになる。アマカス平原においてテンブラデーラ期の土器片が散布する地点は、平原東半分の丘陵上の神殿建築群に限られてお

り、神殿建築から距離をおいて多数の住居が設けられているという証拠はない。そのため神殿建築の周囲に起居・活動するのは神官だけとなり、ほかの住民はヘケテペケ川の谷底に住むようになったのでは、と筆者は考えている。そもそも20世紀の農村も谷底の耕作地と一体となって広がっていたので、谷底に人が住むことはおかしくない。アマカス期のモンテグランデでも居住域の分離が指摘されていたが、それがさらに進展して、景観自体に階層の差異が現れるに至ったのである。谷底の住民たちは、段丘のはるか上にラス・ワカスの神殿建築のいくつかを仰ぎ見るだけであった。

(4) テンブラデーラ期のマル・パッソの分裂

　テンブラデーラ2期にアマカス平原の対岸に成立したマル・パッソは、その規模はごく小さいが、ラス・ワカスと共通の要素を持つ点が興味深い。マル・パッソはアタウデスのほぼ真南に位置し、建築の軸をそちらに向けている。またラス・ワカスの広場は二つとも周壁が二重になった特殊な形態で、アマカス平原にはほかに例がないのだが、マル・パッソはそれと同じ形を採用している。アタウデスを眺望するという祖先崇拝の理念を共有しつつ、ラス・ワカスと同じ広場を持つということから、筆者は北岸の集団から独立した一派がここに新たな拠点を作ったものと考えている。成立から日が浅く、更新の回数が少ないためにごく小規模な神殿建築であるが、ラス・ワカスと対等であると主張しているかのようである。集団が分裂した理由は定かでないが、人口増加にともなうストレスが集団の分裂を招くことは知られており、その可能性が大きいように思われる。

第 3 部　比較の視座

13 − 5　結論：「神殿村落」と神官

（１）「アマカス複合」という「神殿村落」

　以上、形成期前期～中期という比較的古い時期を対象に、アマカス平原とその対岸の九つの神殿建築複合について、その成立の背景と、神官のあり方について概観してきた。この先は改めて「神殿」という語を使い、その特徴について筆者の見解をまとめていく。

　アマカス平原のデータを解釈し、筆者なりに「神殿」の特徴を考えると、もっとも重要なのは「神殿とは村落である」という点である。ラス・ワカスなど個々の遺跡を「神殿遺跡」と言及するのはもちろんだが、これまで述べてきた「神殿」間の密接な関係から、それらの全体を一連の遺跡とみなす視点が必要となったため、筆者は「アマカス複合」遺跡という呼び名を使うようにしている。アマカス平原では八つ[3]の神殿建築複合、住居、墳墓、耕作地などが地理的に接して配置され、連携しながら機能していた。よってその全体が遺跡であり、その実態は形成期前期から中期にかけて様変わりしながら存続した村落であった。

　この地では祭祀建築のみならず、神官とその他の住民の居住域や墓域も定められ、食料生産や防災・復興といった活動を展開していた。このような「神殿」のあり方を「神殿村落」と呼ぶことにする。そのまま適応できる日本語はないので造語となったのだが、寺を単に宗教施設と見るのでなく、壮麗な寺院建築とその周囲の住宅街・商工業地のすべてが境内に含まれているとして、より包括的に「境内都市」と定義する日本中世史の論考がある（伊藤 2008）。アンデス形成期にそのまま使える語ではないが、筆者の「神殿村落」はそれに近い。

　「神殿村落」はアンデス形成期においてどの程度普遍的なのであろうか。その検証に欠かせない居住域のデータは、一般に海岸部に比べて遺構の保存状態が悪い山地では検出が難しいとされるが、チャビン・デ・ワンタルを始

め報告例は着実に増加している。逆に至近に居住域がないと明確に論じられた「神殿」遺跡としては、海岸部では形成期中期のガラガイ（Ravines and Isbell 1976）、山地では形成期中期〜後期のライソンがあり（大貫 1989）、いずれも地理的にやや離れた諸集団が関与していたと解釈されている。これらは「神殿村落」とはいえないが、改めて筆者の論考の方針について強調しておくと、筆者は「神殿村落」を原初的な「神殿」のあり方と考えており、形成期の中でも時代が下れば村落としての性質が希薄な事例が生じて良いと考えている。実際、古い時代のデータには居住域が明確に現れている事例が多い。形成期前期のパンパ・デ・ラス・リャマス遺跡の公共建築群の周縁には数百基の住居址が併設されている（Pozorski and Pozorski 1992）。さらに遡って形成期早期については、大規模な調査が展開されたカラル遺跡（Shady et al. 2014）、ビチャマ遺跡（Shady et al. 2015）などで居住域が検出されており、「神殿」の近くに居住域がともなうという見方が優勢である（Benfer 2012）。つまり形成期早期・前期には「神殿村落」は一般的であり、中期以降はその限りではない、ということである。

（2）「神殿村落」における権力の萌芽

　人口3000人と計算されるカラル遺跡（Shady et al. 2014）が、調査者たちが主張するように「都市」といえるほどの「神殿村落」であるかどうかは慎重に臨みたいが、遺跡内に多数配置された建築群の中で、神殿建築群に囲まれた遺跡中央部の居住用建築は造りがよく、周縁部に向かうほど簡素になる、という現象は興味深い。形成期前期のモンテグランデと同様に、神官とそれ以外のメンバーとで居住域に差異があったことを示すデータかもしれない。そして「神殿」における居住域のあり方と変遷は、権力が萌芽する過程として重要であるということは、すでに本論で示した通りであるが、もう少し具体的に掘り下げておきたい。

　今更ながらアンデス考古学における居住域（zona residencial）のとらえ方について補足すると、公共的な建築以外の遺構群を包括する曖昧な概念であ

り、住居とは何かという定義もない。筆者はアマカス平原の事例を概観し、ベッドルームの規模しか持たない建築が多数あったことから、アンデス形成期の住居に求められる機能を敢えて特定するなら、主として寝室の役割であろうと考えている。そしてラス・ワカスの神殿建築に併設されたテラスで食物残滓が多く出土したことなどを考慮するならば、広場などでの大規模な饗宴とは別に、おそらく神官は神殿建築の内部や周辺で比較的少人数で飲食することも多かったのであろう。極端な例だが、「コトシュ宗教伝統」の「神殿」、すなわち内部に炉を設けた部屋は、モンテグランデの住居と似ているので、じつはそれらはもともと住居だったのが転用されたのでは、という論考が提示されたことがある（Siveroni 2006）。コトシュ遺跡の層位からして炉を設けた部屋の使用が不連続だったことはありえず、この説は成り立たないと考えるが、「神殿」と住居とを必ずしも形態的に区別できないということを気づかせてくれる指摘である。「交差した手の神殿」で食事を、あるいは睡眠をとることも不自然ではない。「神殿」と「住居」、いわば聖と俗という二分法は、形成期の「神殿」の現実と必ずしも合致しないのではないか。神殿建築は神官にとっては生活の場でもあったからである。近くに寝室を構えた神官が、日常的に神殿建築で活動すること、それ自体に意味があるという認識が、「神殿村落」のメンバーに共有されていたと筆者は考えている。

　神官はいかなる理由で選ばれた人間であろうか。インカ帝国期における神官の選出制をふまえ、また「神殿」の周囲の居住域が分散的であるという仮定に立って、歴代神官の間に非血縁関係を想定する議論もある（渡部2013）。しかし筆者は、「神殿村落」における神官は、祭祀を司る職能のみならず村落のリーダーという側面を持つことから、基本的に血縁に基づく単純な世襲制ではなかったかと考えている。それゆえアマカス期には墳墓を媒介する移転型神殿更新が成り立ち、やがてテンブラデーラ期には祖先崇拝を壮麗化してリーダーシップを強化していくというように、アマカス平原の歴史がよりよく理解されるのではないか。テンブラデーラ期の円形住居の床下に死者を埋葬する習俗は、住人と被葬者の血縁を示唆しているように考えられる。時代が古すぎて人骨の遺存状態が悪く、分子生物学の手法からの形成期

の親族集団の研究は遅れているのが問題であるが、状況証拠から筆者は形成期中期以前の神官について以上のようなイメージを持っている。

　最後に神官が権力を強化していく過程を、「神殿村落」のあり方および美術表現[4]との関係から推論しておきたい。形成期早期・前期の美術には、超常的な外見や行為を見せる人物像が見られない。すなわち明確に神官の姿を描いたといえるような作品がない。当時の神官たちは、祭祀を執りおこなう能力を期待されていたのはもちろんであるが、食料生産・治水・災害復興などの局面で現実的なリーダーシップを発揮する、等身大の人間として社会的に受け止められていたのではないか。やがて形成期中期、「クピスニケ様式」などの名で知られる複雑な宗教美術が隆盛し、猛獣と融合した人物像などが頻繁に描かれるようになる。アマカス複合で祖先崇拝の儀礼が強化されたテンブラデーラ期から、神官は自らの権威を高めるために、祖先と自分自身を超常的な存在と定義し、谷底の住民から見ることの出来ない神殿建築の内奥を拠点として活動するようになったのではないか。形成期後期、パコパンパやクントゥル・ワシで黄金製品を身にまとったような強力な神官が活動する前に、神官の位置づけはそのように変化してきたと考えられるのである。

（3）むすびに：「神殿村落」研究の大きな可能性

　既存の「神殿」を意識しながら、次の建築活動がおこなわれる。だからなるべく古い時代に遡り、「神殿」がなぜそこに成立したのか解明することが、文明形成過程の重要な研究課題であると筆者は考えている。「神殿」の成立の背景を探る上で、「神殿村落」がその祖型であるという筆者の仮説からは、多様な研究戦略の可能性が開けている。それは「神殿」の成立条件の一部として、村落の成立条件を研究することである。経済重視でない文明論の確立が本書の、あるいは今日の日本のアンデス考古学の課題であるが、村落の成立条件については、食料生産・交易などの経済的側面が大きな役割を果たしたと考えられる。考古資料から検証できる点が多いので、経済はもと

第 3 部　比較の視座

もと考古学が得意とする研究テーマなのである。

　筆者は古い「神殿」のデータを求め、2009 年よりアマカス平原の対岸のモスキート平原で発見した形成期早期の「神殿」を発掘しており、2016 年からはコトシュ遺跡でコトシュ・ミト期の再調査に着手した。また「神殿村落」の立地条件を探るべく踏査を重ねるなど、多様なフィールドワークを通じて仮説を検証中である。とくに注目しているのは、食料生産と交易を支える生態資源の分布と、「神殿村落」の分布の対応である。その詳細については別の機会にまとめて提示することとしたい。

謝辞
本研究は JSPS 科研費 JP23222003, JP25300036, JP15H00713 により実施された。

注
1）たとえば広場について西から東へと見ていくと、西端のオンドンには広場に相当する空間がないが、その東側のアタウデスでは 5 基の神殿建築複合に囲まれた広場が現れ、デサパレシードには周囲を堤で囲んだような方形の広場が設けられた。モンテグランデにも同様のものが見られるが、さらに東側のラス・ワカスでは形状が複雑になり、周壁が二重になった半地下式広場となる。このように建築の形態が西から東へと少しずつ変化したと見られるのである。
2）テンブラデーラ期の事例であるが、13.21 石造建築で発見された 4 体の被葬者のうち 2 体は頭骨だけであり、二次埋葬と解釈されている（Ravines 1982: 136-137）。
3）過去の著作では、南岸のマル・パッソも機能的に関連しているのでアマカス複合に含めていたが、アマカス複合を村落としてとらえ直す中で、地理的に隔絶しているので、本稿では別の村落、別の遺跡として扱うことにした。
4）形成期早期の宗教美術は、多様な動物を混合するような表現は少なく、比較的自然主義的に動物を描いたものが多い一方、人物像の事例は少ない。続く形成期前期は、動物や人物の具象的な表現がほとんど描かれない時代である。アンデス文明史においてカハマルカ文化やインカ文化など、具象的な文様以上に幾何学文様を特徴とする文化はあったが、形成期前期はそれと似た現象が見られるのである。

引用文献
Alva, W. 1986　*Frühe keramik aus dem Jequetepeque-Tal, Nordperu/ Cerámica temprana en el valle de Jequetepeque, norte del Perú*. München: Verlag C.H. Beck.

Benfer Jr., R. A. 2012　Monumental Architecture Arising from an Early Astronomical-Religious Complex on Perú, 2200–1750 bc. In R. L. Burger and R. M. Rosenswig（eds.），

Early New World Monumentality, pp. 313–363. Gainesville, University Press of Florida.
Burger, R. L.and L. C. Salazar 2014 ¿Centro de qué? Los sitios con arquitectura pública de la cultura Manchay en la costa central del Perú. In Y. Seki (ed.), El Centro Ceremonial Andino: Nuevas Perspectivas para los Períodos Arcaico y Formativo (Senri Ethnological Studies 89), pp. 291–314. Osaka: National Museum of Ethnology.
Keatinge, R. W. 1980 Archaeology and Development: The Tembladera Sites of the Peruvian North Coast. Journal of Field Archaeology 7(4): 467–477.
Onuki, Y. 2014 Una reconsideración de la fase Kotosh Mito. In Y. Seki (ed.), El Centro Ceremonial Andino: Nuevas Perspectivas para los Períodos Arcaico y Formativo (Senri Ethnological Studies 89), pp. 105–122. Osaka: National Museum of Ethnology.
Pozorski, S. and T. Pozorski 1992 Early Civilization in the Casma Valley, Peru. Antiquity 66:845–870.
Ravines, R. 1981 Mapa arqueológico del valle del Jequetepeque. Lima, Instituto Nacional de Cultura/ Proyecto Especial de Irrigación Jequetepeque-Zaña.
—————— 1982 Arqueología del valle medio del Jequetepeque. Lima, Proyecto de Rescate Arqueológico Jequetepeque/ Instituto Nacional de Cultura.
—————— 1985 Early Monumental Architecture of the Jequetepeque Valley, Peru. In C. B. Donnan (ed.), Early Ceremonial Architecture in the Andes, pp. 209–226. Washington, D.C.: Dumbarton Oaks Research Library and Collection.
Ravines, R. and W. Isbell 1976 Garagay: Sitio ceremonial temprano en el valle de Lima. Revista del Museo Nacional 46:253–275.
Seki, Y. 1997 Excavaciones en el sitio La Bomba, valle medio de Jequetepeque, dpto. Cajamarca. Boletin de Arqueologia PUCP 1: 115–136.
Shady S., R., M. Machacuay, P. Navoa and E. Quispe 2014 Caral 20 años, recuperando la historia de la Civilización Caral para el Perú y el mundo, con responsabilidad social. Lima: Zona arqueológica Caral/ Ministerio de Cultura.
Shady S., R., M. Machacuay, E. Quispe, P. Navoa and C. Leyva 2015 Vichama; Historia social de la civilización en Végueta; 3800 años de memoria colectiva de nuestros ancestros de Vichama ante el cambio climático. Lima: Zona arqueológica Caral/ Ministerio de Cultura.
Siveroni, V. 2006 Mi casa es tu templo: Una visión alternativa de la arquitectura de la Tradición Kotosh. Arqueología y Sociedad 17:121–148.
Tellenbach, M. 1986 Die ausgrabungen in der formativzeitlichen siedlung Montegrande, Jequetepeque-Tal, nord-Peru (Materialien zur Allegemeinen und Vergleichenden Archaologie Band 39). München: Verlag C.H.Beck.
Tello, J. C. 1943 Discovery of the Chavin Culture in Peru. American Antiquity 9(1): 135–160.

Terada, K. 1972　Conclusions. In S. Izumi and K. Terada (eds.), *Excavations at Kotosh, Peru, 1963 and 1966*. Tokyo: University of Tokyo Press.

Tsurumi, E. and C. A. Morales C. 2012　Proyecto arqueológico Tembladera: Valle medio de Jequetepeque, provincia de Contumazá, Depto. de Cajamarca -Temporada 2011-. Informe final presentado al Instituto Nacional de Cultura.

Ulbert, C. 1994　*Die Keramik der formativzeitlichen siedlung Montegrande, Jequetepequetal, nord-Peru*（Materialien zur Allegemeinen und Vergleichenden Arcäologie, Band 39）. Mainz: Verlag Philipp Von Zabern.

Willey, G. R. 1953　*Prehistoric Settlement Patterns in the Viru Valley*（Smithonian Institution Bureau of American Ethnology Bulletin 155）. Washington D. C.: United States Government Printing Office.

Zoubek, T. A. 1998　Archaeological Evidence of Preceramic/ Inicial Period Ancestor Worship and Its Relevance to Early Andean Coastal Social Formations. *Journal of Steward Anthropological Society* 26(1-2): 71-112.

石田英一郎・泉靖一・寺田和夫他編 1960　『アンデス—東京大学アンデス地帯学術調査団 1958 年報告書』東京：美術出版社。

泉靖一 1971　「コトシュ遺跡の発掘—アマゾン川の源流に埋ずもれていた新大陸最古の文明—」『アンデスの古代文化（泉靖一著作集 4）』東京：読売新聞社（初出は 1961 年、学士会会報 675 号）。

伊藤正敏 2008　『寺社勢力の中世　無縁・有縁・移民』東京：筑摩書房。

大貫良夫 1989　「ペルー北高地カハマルカ盆地の形成期文化」『東京大学教養学部人文科学科紀要・文化人学研究報告』5: 145-255。

加藤泰建・関雄二編 1998　『文明の創造力—古代アンデスの神殿と社会』東京：角川書店。

坂井正人・徳江佐和子・鶴見英成・芝田幸一郎 2000　「ペルー北海岸における考古学遺跡の一般調査」『山形大学歴史・地理・人類学論集』1: 51-91。

関雄二 2014　「古代アンデス文明におけるモニュメントと社会」『21 世紀の古墳時代像（古墳時代の考古学 9）』pp. 192-210、東京：同成社。

─── 2015　「アンデスと西アジア　揺れ動く古代文明への眼差し」関雄二編『古代文明アンデスと西アジア—神殿と権力の生成』pp. 3-39、東京：朝日新聞出版。

曾野寿彦 1964　『発掘　遺跡をして語らせる』東京：中央公論社。

鶴見英成 2008　『ペルー北部、ヘケテペケ川中流域アマカス平原における先史アンデス文明形成期の社会過程』東京大学大学院総合文化研究科超域文化科学専攻、博士論文（甲）。

─── 2009　「そして 9 つの神殿が残った—ペルー北部、アマカス複合遺跡の編年研究—」『古代アメリカ』12: 39-64。

渡部森哉 2013　「アンデス文明形成期の神殿社会」『人類学研究所研究論集』1: 33-52。

第 14 章　ペルー海岸部の神殿と権力生成

芝田幸一郎

14-1　はじめに

　日本の調査団が大規模かつ精緻な発掘調査を長年にわたって重ねたアンデス山地における成果を中心に本書は綴られてきた。本章では、比較の視座を提供することを目的として、同時期における海岸部の様相を紹介する。クントゥル・ワシやパコパンパの例と同様に居住区に関する発掘データが乏しいこともあり、おもに神殿遺跡に関する資料から権力形成の状況を探ることになる。一方で、雨季のある山地とは異なり、海岸は一年を通じてほとんど雨の降らない乾燥した気候である。そのため遺構・遺物の良好な保存状態に恵まれることが多い。筆者がペルー北部中央海岸のネペーニャ川下流域で実施してきた発掘調査は、比較的小規模ではあるが、山地では失われていたであろうデータに基づいた仮説へと結びつく（図序-8）。それを、広くアンデス形成期全体の文脈に位置づけながら、より包括的な議論の土壌としたい。

　なお、先スペイン期における文化的特徴から、ペルー海岸地方は伝統的に極北海岸、北海岸、北部中央海岸、中央海岸、南部中央海岸、南海岸、極南海岸に 7 分割される（Willey 1971）。本章で扱うのは、この中でもとりわけ規模の大きな神殿が集中し、調査・研究も比較的進んでいる北海岸、北部中央海岸、中央海岸である。北はランバイェケ川およびレチェ川流域から南は首都リマ近辺までの範囲となる。

第 3 部　比較の視座

14 – 2　海岸における神殿群繁栄の変遷

　本書が焦点をあてているのは形成期中期から後期にかけての変化であるが、ここではその前後の時期にも軽く触れることで、海岸における形成期の特徴をあぶり出してみよう。各時期において神殿群がもっとも繁栄した地方を中心に既述する。

（1）形成期早期：北部中央海岸ノルテ・チコ

　形成期早期に関しては、20世紀末から重要な発見が相次ぎ、それにともなって研究者の理解も漸次塗り替えられていった。したがって、現時点での解釈はあくまで予備的なものであることを断っておく必要がある。前3000年頃には、スーペ川、パティビルカ川、フォルタレサ川の下流域、別名ノルテ・チコ地方に、大規模な神殿群が築かれた。その代表格が、ユネスコの世界文化遺産にも登録されたカラル遺跡である。まだ土器製作も始まっていない時代ではあるが、南北150m、東西170m、高さ30mの「大ピラミッド建築」をはじめとする大規模基壇建築や広場が多数連なり、ところどころに大小精粗様々の住居址も散りばめられている。「都市」と表現されることもあるほど大規模かつ複雑な遺跡である（Shady and Leyva 2003）。カラルでもほかの遺跡でも、大型の円形半地下式広場と同じ中心軸上に複数段の基壇建築が組み合わされており、基壇最奥部に向かって次第にアクセスが制限されていく構造に特徴がある。このような祭祀用建築物の共通性は、北部中央海岸伝統（NCC伝統）とも呼ばれる（Vega-Centeno 2005）。

（2）形成期前期：北部中央海岸カスマ

　やがて紀元前1800年頃にはNCC伝統の神殿群は放棄されてしまう。しかしこれと連動するかのように、すでに小〜中規模の神殿が散在していたカ

スマ川下流域などに、アンデス形成期を通じてもっとも大規模な神殿群が建立されていく（Pozorski and Pozorski 1987）。なかでも全長1km以上にさまざまな建造物が展開し、最大のもので高さが40mを超えるセチン・アルト遺跡は、群を抜いている。形成期早期のノルテ・チコ地方よりいっそう明確な形で、円形半地下広場が神殿の主軸上に複数配置される傾向が見られる。

（3）形成期中期：北海岸と中央海岸

　前1200年〜前1000年頃には、カスマ下流域の巨大神殿群もまた放棄されてしまう。中央海岸では、広場を囲んでU字形に複数の基壇建築を配置する大型神殿が、遅くとも形成期前期にはすでに存在していたが、形成期中期になるとよりいっそう大型化した。またそれまでこの地方に存在しなかった円形半地下広場が、神殿の主軸上ではなく神殿周縁部に取り込まれていく（Burger and Salazar 1991）。こういった建築特徴が、ノルテ・チコやカスマの神殿群衰退と連動して中央海岸に受け継がれた背景には、中央海岸において北方の古い伝統の権威を利用する動きや、一部宗教的指導者の移住があったのかもしれない（Shibata 2004）。同じ頃、北海岸では、建築そのものは小規模ながらも洗練された壁面装飾をともなう神殿群が築かれた（Pozorski 1976）。後述するネペーニャ下流域のワカ・パルティーダ神殿遺跡は、北部中央海岸に位置するものの、この時期の北海岸神殿文化との結びつきが強く表れている。

（4）形成期後期および末期：北部中央海岸ネペーニャ

　紀元前800年頃を境に、海岸の広域に大きな変化が生じる。北海岸と中央海岸の大規模神殿群が放棄され、ほとんど新設されなくなる。大貫良夫は早くからこの形成期後期の特異な現象に着眼し、「海岸空白」と名づけ、その中心的要因を大規模なエル・ニーニョ現象に起因する災害に求めた（Onuki 2001）。「海岸空白」に関心を持った筆者は、2002年から北部中央海岸のネ

第 3 部　比較の視座

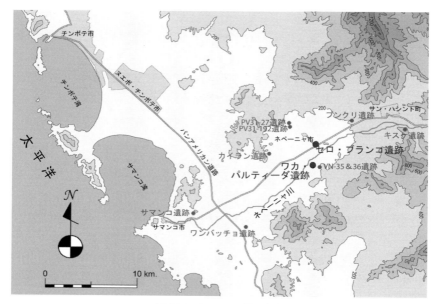

図 14-1　ネペーニャ川下流域

ペーニャ川下流域で発掘調査を実施してきた（図 14-1）。その結果、形成期中期に繁栄していたセロ・ブランコやワカ・パルティーダなどのおもだった神殿が、例外的に形成期後期にも継続して繁栄したことや、形成期後期に山地文化の影響が色濃く現れたことが判明した（Shibata 2010）。生き残ったセロ・ブランコやワカ・パルティーダといった神殿も、形成期後期から末期にかけてついに衰退してしまう。その一方で、これまでとは顕著に異なる構造の新しい神殿群が、ネペーニャを中心としてカスマなど周辺河川流域に続々と建立されている状況も見えてきた（Chicoine and Ikehara 2014; Helmer 2014; Pozorski and Pozorski 1987; Shibata 2014）。

　全体を通して見ると、形成期のペルー海岸部では、ある河川流域で神殿群の繁栄がしばらく続いた後に衰退すると、これと入れ違うように周辺の河川

流域が繁栄するといった、中心地の遷移があったことがわかる（図14-2）。興味深いのは、衰退した神殿群の主要な建築ユニットが、周辺の勃興する神殿群の付属的要素として組み込まれる現象である。形成期早期から前期に北部中央海岸の神殿において中心軸上に配置されていた円形半地下広場が、形成期中期の中央海岸では神殿の周縁部等に増築された事例などがあげられる。大胆に推測の歩を進めるならば、衰退した神殿群で指導的立場にあった人々が、そこで執りおこなわれた儀礼の知識を持って移住し、周辺の社会に組み込まれていったのかもしれない（Shibata 2004）。

図14-2　形成期における神殿群繁栄の遷移（HPはワカ・パルティーダの略）

14-3 | 大きな神殿と背後の社会

　これら海岸の神殿群は、山地と比べて規模が大きい傾向にある。とりわけ顕著なのが中央海岸から北部中央海岸にかけての一帯である（図14-3）。その中でも最大規模の建築が集中したカスマ川下流域には、エジプト古王国「クフ王のピラミッド」に比肩できる総体積の巨大神殿すらあった。ではこれら神殿群を支えた社会はどのようなものだったのだろうか？　じつは研究者の間でも見解が分かれている。巨大神殿の背後に中央集権的な古代国家の存在を想定する者と（Pozorski and Pozorski 1992）、それを否定する者がいる

第3部　比較の視座

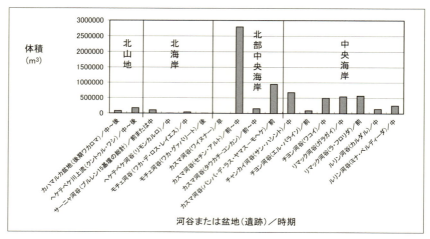

図 14-3　形成期における神殿の規模の地域差（芝田 2007　図 11-3）

（Burger 1992）。たしかに建築物の規模は投入された労働量と相関関係があるから、単純に考えれば大きな神殿の背後には相応の数の人口と、そこから抽出した労働者を適切に組織するシステムが想定される。また測量の知識・技術などを適切に用いることのできるエリートの存在も考えたほうが良さそうだ。しかし建造物の規模を、社会の規模や複雑さに結びつける議論にはさまざまな問題点が指摘されている。アンデス形成期の場合は、そもそもの前提を揺るがす慣習があった。日本の調査団が長年にわたって複数の遺跡を精緻に発掘する中で確認された「神殿更新」である。神殿は、一定期間の後に埋められ、その上により高く大きな神殿が築かれる。そしてこれが繰り返されることによって規模を増していく。この神殿更新を考慮に入れるとき、神殿の規模は、人口や社会の複雑さよりも、神殿の更新回数や存続期間、つまり神殿の歴史の深さと関係があることになる。

　建造物の規模・複雑さ・手の込み方などは、かねてから古代文明の指標とされてきたし、今日でも重要な手がかりの一つではある。しかし古代文明と不可分に結びついている階層性や「権力」の追跡に際して、現時点で神殿の

建築そのものから読み取れる情報には限界がある。そこで次は神殿に付随して出てくる遺構に注意を向けたい。

14-4 埋葬

　建造物とは異なり、特別に設えられ豪華な副葬品をともなう墓は、より確実に「特別な個人」と結びつけられる。遠隔地で生産された珍しい品々、製作に手間暇かかる工芸品などを入手し、それを個人的に所有・使用することができる人物である。そうした、北部高地のパコパンパとクントゥル・ワシで発見されたような、神殿の中心部にあって質・量ともに群を抜いた副葬品をともなう墓は、海岸にも存在するのだろうか？　残念ながら、少なくとも考古学者の手によって発掘され学術的に記録された例は皆無である。しかしそのような墓がまったく存在しないわけではなく、形成期後期のものと思われる盗掘品は北海岸などで確認されている（Lothrop 1941）。山地でも考古学者による発掘事例がきわめて少ないことを鑑みるなら、盗掘被害の深刻な海岸では、未盗掘の特別な墓を考古学者が発見してないだけという可能性もあるだろう。ただし、時期差は考慮しなければならない。少なくとも形成期中期までは、後期の北部高地の事例に相当するような海岸地方の副葬品は、盗掘品としても見つかっていない。あの巨大神殿群が栄えたカスマ川下流域も例外ではない。北部中央海岸や中央海岸にて、神殿の中心部や、やや外れた位置から、副葬品をともなう墓を考古学者が掘り出した事例はあるが（Burger and Salazar 1991; MAASM 2006）、いずれも富の集積は見られず、もちろん金製品はともなわなかった。さらなる証拠としての墓が考古学者によって掘り出されるのを待つ一方で、埋葬以外で特別な人物の存在を物語る資料はないのだろうか？

14–5 ワカ・パルティーダ壁画群

　この点で大きな足がかりとなるのが、ワカ・パルティーダ壁画群の発見である。ワカ・パルティーダは北部中央海岸のネペーニャ川下流域に位置し、形成期中期から後期にかけて栄えた神殿遺跡である。一部の考古学者にしかその存在を知られていない手付かずの遺跡だったが、筆者が2004年に発掘調査を開始して以来、重要な発見が相次いだ。

　今日地表に露出している南北60m×東西50m×高さ10m強の小山は、形成期後期の巨石積みの神殿外壁が一部崩落した姿である。その直下には、形成期中期の小ぶりの神殿がほぼ原型を留めながら埋もれている。神殿更新が確認されており、中期は少なくとも二期に細分されるが、古い方の建築に関して得られたデータは少ない。ここでは、形成期中期の新しい方の建築を扱う。往時は南北の幅がおよそ27～28m、高さが13～15mあったことが発掘によって明らかとなっているが、東西の長さは未確認である。三段の基壇それぞれの上に小部屋や列柱広間が載る、西側が高い雛壇状構造になっている。基壇そのものは三段であるが、地上から眺めると基壇の土留壁と小部屋の外壁は見分けがつきにくいため、東面（神殿正面）を除く急峻な三面は全高13mを超える四段の外壁がそそり立っているように見える（図14-4）。

　もっとも発掘の進んでいる南面が、本稿で紹介する解釈の鍵を提供してくれる。前述した四段の外壁のうち、最上段の小部屋南面には高度に様式化された猛禽類が鮮やかに彩色された粘土レリーフで表現されている（図14-4:A、14-5）。二段目の東方にある小部屋南面には、手足に鉤爪が生え有翼で宙に浮いた人物が刻線をともなう壁画として描かれている（図14-4:B、14-6）。三段目は中段基壇の土留壁であり、身体の各所に特殊な顔が散りばめられた高さ3m、幅4mもの巨大なジャガーが連なっている。これは白く塗られた牙や白目等を除いて無着色だが、きわめて重厚な粘土レリーフであり、その保存状態は奇跡的なほど良好であった（図14-4:D、14-7）。最後の四段目は、あまりに深い位置にあるため、基壇土留壁の頭を確認しただけで、壁

第14章　ペルー海岸部の神殿と権力生成

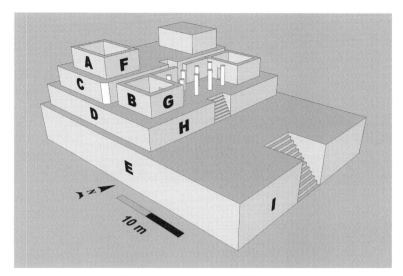

図14-4　ワカ・パルティーダ神殿復元図

画やレリーフの存在は未確認である（図14-4: E）。しかしながら、壁面の保存状態は三段目とほぼ同様であり、上記ジャガーのレリーフに匹敵する「何か」が遺されているものと推測できる。では何がこの最下段外壁に描かれ

図14-5　猛禽類の壁面装飾

ているのだろうか？　筆者は確信に近い予想を持っている。それは地下もしくは水面下を表象する肉食の生物であり、具体的には魚、ワニ、ヘビなどである。最上段は空の住民、三段目は陸上生物、それらに挟まれた二段目は唯一の人間的造形で、空と地上の仲介者的な立場が推察される。そして最下段

393

第 3 部　比較の視座

図 14-6　有翼仲介者の壁面装飾

図 14-7　ジャガーの壁面装飾

は前述の地下・水面下に対応するとなると、神殿南面に描かれていたのは、3層で構成された世界と、層と層をとりつなぐ仲介者ということになる。

　ワカ・パルティーダ壁画群は、今から3000年前に遡るほどの古さ、大きさ、複雑かつ精巧な作り、さらには奇跡的な保存状態の組み合わせにおいて、アンデス考古学史上まれにみる発見であった。一方で、そこに描かれた「三層の世界観」そのものは、これが最初の発見というわけではない。ワカ・パルティーダ壁画群よりずっと断片的な資料ではあるが、チャビン・デ・ワンタルやパコパンパの石彫の解釈も、アマゾニア民族誌やアンデス・エスノヒストリーの三層の世界観に当てはめられたことがある（Morales 2008; Roe 2008）。また、三層の世界という視点で再検討すると、当てはまりそうな事例はほかにも散見される（Maldonado 1992; Pozorski 1976）。つまり、

ワカ・パルティーダ周辺のみのローカルなものではなく、当時のアンデスで広く共有されていた世界観ということになる。ワカ・パルティーダ壁画群の中で筆者が注目したいのは、明確に猛禽類とジャガーの中間に配置された有翼人の存在である。天上と地上の仲介者すなわち何らかの宗教的能力者・指導者を想起させる位置と姿であり、神殿南面の巨大な階段状壁面に表現された三層の世界にあって、その仲介能力者としての地位を周囲の人々に知らしめていた。このような仲介者の描写は、少なくともワカ・パルティーダ壁画群以前には確認されていない。恐らく形成期中期に、ペルー北部および北部中央海岸のどこかで、すでにあった三層の世界観を修正する形で表現され始めた。形成期のアンデスでは、宗教的指導者の姿が三層の世界観に挿入される機会は無数にあった。神殿が新設されるときだけではない。ワカ・パルティーダでは壁画の塗り替えが観察されている。また、繰り返される神殿更新は、必然的に壁画の更新をともなうし、ときには基壇外壁の段数が増えることもあった。一般に神殿更新では古いものと細部までまったく同じ神殿が造られるのではなく、少しずつ新しい要素が加えられるなど、変化をともなうものである。したがって、神殿壁面を利用した世界観の修正は、人々に受け入れられやすい条件下にあったといえる。このように、既存の世界観を利用して能力や地位を誇示し始めた形成期中期の宗教的指導者は、形成期後期の初頭に各地で金製品などの奢侈品をともなう特別な墓が現れることと、つながりがありそうではないか。つまり宗教的指導者が台頭し、やがて世俗的な差異化も示し始めるプロセスということになる。

14–6 セロ・ブランコ遺跡の饗宴廃棄物集積遺構

　指導者が台頭する機会として利用可能だったのは、神殿更新だけではない。筆者が2002年と2004年に発掘調査をおこなったセロ・ブランコ遺跡では、決して人目を引くものではないが学術的に興味深い発見があった（Ikehara and Shibata 2008）。この遺跡はネペーニャ川下流域の北岸に位置し、南岸

第 3 部　比較の視座

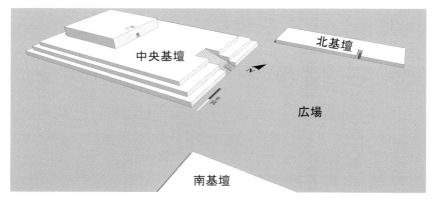

図 14-8　セロ・ブランコ神殿復元図

のワカ・パルティーダ遺跡との距離は 2km ほどである。おもに形成期中期から後期にかけて栄えていた神殿である。三つの基壇が中央の大広場を囲む形で配置されており、中央海岸にある同時期の諸神殿と似ている（図 14-8）。ワカ・パルティーダほど良好な保存状態ではないが、セロ・ブランコ遺跡の「南基壇」では形成期中期に属する壁画も確認されている。しかしここで注目したいのは、基壇の配置でも壁画でもなく「ごみ捨て場」である。もっとも小さな「北基壇」の南側に口を開ける形で、東西に 2〜3m、南北に 8m ほどの長方形の空間がある。ここにぎっちりと詰まっていたのは、焼けたものや解体痕のあるものを含むさまざまな動物の骨、貝殻、北海岸産と思われるものを含む上質の土器などであった（図 14-9）。神殿の大広場に面した位置、「ごちそう」と思われる食べ物の残滓、土器の内側から検出された醸造酒の沈殿物と思われるデンプン粒などから考えて、神殿の大広場ではたびたび饗宴がおこなわれ、その廃棄物が一ヵ所に集められたという結論に達した。

　われわれにとっての職場の忘年会や親族が集まる正月を思い出すとわかりやすいが、饗宴には参加者同士の結びつきを強め、集団としてのアイデンティティを確認させる側面がある。また、ふんだんに酒やごちそうが振る舞われるかわりに人々が積極的に労働奉仕するという習慣も、アンデス研究者らによって指摘されてきた（ロストウォロウスキ 2003）。つまり饗宴は、指導

者が人々をまとめあげ、集団として何かをさせるという政治性と強く結びついている。また饗宴を首尾よく開催することで、指導者はさまざまな食料・物品の調達、仕事の割り振り、調整、段取りなどを可能にする世俗的な地位と能力を高め、かつそれを大勢に誇示

図14-9　セロ・ブランコ遺跡北基壇出土土器

することにもなる。また、饗宴で使用された上質な土器の中に、遠い北海岸産のものが混じっていたことも興味深い。洗練された工芸品の数々、とりわけ遠隔地の産品も入手できるという指導者の能力が、饗宴の場で示されたことになるからである。こういった工芸品に関わる長距離交易が政治的リーダーシップと結びついている事例には事欠かない（Helms 1993）。

　セロ・ブランコ遺跡の例では、形成期の中期と比べて後期の方が、より盛んに饗宴をおこなっていたようである。遠隔地から持ち込まれた産品を見る限り、地域間の交流も後期の方が活発になっている。この間における指導者の地位上昇との関係は、一考に値するだろう。ただしここで注意しておくべきことがある。階層差のない社会でもおこなわれることからわかるように、饗宴が必ずしも権力者の台頭や社会の階層化などと結びつくわけではない。神殿更新と同様に、饗宴もまた、利用されうる「機会」とみなすべきであろう。

14-7 地域内の多様性

　壁画や饗宴廃棄物など、保存状態に恵まれた海岸部に特徴的な資料から、権力生成のあり方を探ってきたが、最後にその多様性について考えてみたい。先述したように、ネペーニャ川下流域では「海岸空白」が見られず、セロ・ブランコやワカ・パルティーダといった形成期中期までに建立された神殿群は、形成期後期にも存続した。神殿更新によって、山地の文化も取り込みながら基本構造は変えず、規模を大きく増し、この流域で最大の階段状基壇建造物へと変貌した。

　一方、同じ下流域に、カイラン、ワンバッチョ、サマンコといったまったく新しいタイプの大規模建造物群が、形成期後期に出現し、末期まで繁栄を続けた。これらは神殿としての側面もあるが、工房・居住区・外敵からの防御設備なども併せ持つようであり、かなり都市的・世俗的な側面が強調されているといえる（Chicoine and Ikehara 2014）。階段状の基壇建造物はほとんど見られず、多数の部屋・小道・広場などが平面的に広がる都市的構造となっている。壁面装飾もあるが、これまでの神殿とはまったく異なる幾何学文様のみである。特別な墓はまだ発見されていないが、そのような墓の有無や副葬品の特徴は気になるところである。詳細を論じるには今後の調査成果を待たねばならないが、少なくともネペーニャ川下流域では、二つの大きく異なる権力生成プロセスが進行していたと思われる。セロ・ブランコとワカ・パルティーダ神殿における、伝統的な世界観を利用する宗教的指導者とそれに付き従う集団、そしてカイランなどに見られるより世俗的な指導者とその支持者達である。これまでのように、山地と海岸、北海岸と中央海岸といった大まかな地域差だけでなく、分析の解像度を上げて地域内の遺跡（神殿）間の差異にも目を配る必要がある。

14 – 8 | 海岸から見える権力生成

　ノルテ・チコ地方などの事例が示すように、海岸部では大規模な社会が早くから出現していたことは間違いない。大規模な神殿の建立や更新には、それだけ多くの労働力が必要だった。ただし、神殿の規模がそれを支える社会の規模とある程度対応するとしても、必ずしも社会の複雑さや階層性と連動するわけではなかった。それが証拠に、形成期前期のカスマ川下流域や中期の中央海岸といった巨大神殿群が築かれた地方では、今のところ階層性を示すような豪華な副葬品をともなう特別な人物の墓の報告は皆無であり、また盗掘品の中にもそのような副葬品らしき物は見られない。しかし特別な人物についての手がかりは、墓以外の形で、ネペーニャ川以北の海岸部から報告された。乾燥した海岸部だからこそ良好な保存状態で発見されたワカ・パルティーダ壁画群や、一部の北海岸の遺跡からの断片的情報が物語るように、形成期中期には宗教的指導者の権威が、神殿建築を用いて広く持続的に広報され始めた。反復される神殿更新などの機会を利用することで、壁画という形で物質化された世界観は修正され、そしてそこに指導者像が挿入された。指導者の権威は世界を構成する次元間に介入できる能力と結びつけられていた。また、セロ・ブランコ遺跡で観察された饗宴は、指導者のより世俗的・政治的な力が、形成期中期から後期にかけて増強されていったことを伺わせた。こうして指導者達は台頭していった。そのプロセスは普遍的なものではなく、多様なもので、地域差もあったはずである。考古学的・実証的にアプローチするのはほぼ不可能かもしれないが、特定の指導者の「偉業」などによる個人差すらありうると筆者は考えている。神殿更新や饗宴といった「機会」は、誰かによって活用されることで大きな変化へと結びつくからである。いずれにせよ、形成期中期の諸遺跡で観察された各種の変化と、形成期後期に北山地などでかつてない質・量の副葬品をともなう特別な人物の墓が出現することのつながりの良さは、まったくの偶然ではあるまい。

　一方で、壁画にせよ墓にせよ、保存状態や盗掘被害に地域差・遺跡差があ

ること、発掘調査の成果に偏りがあることは否めない。とりわけ山地と海岸の地域差を論じる際は慎重になる必要がある。かつて壁画が存在していた証拠は、降雨によって壁画が傷みやすい山地の神殿遺跡でも発見されている（Mesía 2007）。逆に保存状態の良好な海岸では、盗掘の被害が著しいため、特別な墓が存在していたとしても、すでに徹底的に荒らされてしまった可能性がある。したがって、このような気候条件や盗掘による資料の偏りを考慮に入れながら、山地と海岸の比較、そして地域差や遺跡差についての考察を進めていく必要があるだろう。

引用文献

Burger, R. 1992 *Chavin and the Origins of Andean Civilization*. London: Thames and Hudson.

Burger, R. and L. Salazar 1991 The Second Season of Investigations at the Initial Period Center of Cardal, Lurin Valley. *Journal of Field Archaeology* 18: 275-296.

Chicoine, D. and H. Ikehara 2014 Ancient Urban Life at the Early Horizon Center of Caylan, Peru. *Journal of Field Archaeology* 39(4):336-352.

Helmer, M. 2014 The Archaeology of an Ancient Seaside Town: Performance and Community and Samanco, Nepeña Valley, Peru. Norwich: Dissertation, School of Art History and World Art Studies, University of East Anglia.

Helms, M. 1993 *Craft and Kingly Ideal: Art, Trade, and Power*. Austin: University of Texas Press

Ikehara, H. and K. Shibata 2008 Festines e integración social en el Periodo Formativo: Nuevas evidencias de Cerro Blanco, valle bajo de Nepeña. *Boletín de Arqueología PUCP* 9: 123-159.

Lothrop, S. 1941 Gold Ornament of Chavin Style from Chongoyape, Peru. *American Antiquity* 6(3): 250-262.

Maldonado, E.（ed.）1992 *Arqueología de Cerro Sechín - Tomo I: Arquitectura*. Lima: Pontificia Universidad Católica del Perú / Fundación Volkswagen.

Mesía, C. 2007 Intrasite Spatial Organization at Chavín de Huantar during the Andean Formative: Three Dimensional Modeling, Stratigraphy and Ceramics. Stanford: Ph.D.dissertation, Department of Anthropological Sciences, Stanford University.

Morales, D. 2008 The Importance of Pacopampa: Architecture and Iconography in the Central Andean Formative. In W. Conklin and J. Quilter（eds.）, *Chavin: Art, Architecture and Culture*, pp. 143-160. Los Angeles: Cotsen Institute of Archaeology, University of

California.
Museo de Arqueología y Antropología de San Marcos (MAASM) (eds.) 2006 *Arqueología del valle de Nepeña - excavaciones en Cerro Blanco y Punkurí* (Cuadernos de Investigación del Archivo Tello, Número 4) Lima: Universidad Nacional Mayor de San Marcos.
Onuki, Y. 2001 Una perstectiva del Período Formativo de la sierra norte del Perú. In G. Lohmann et al. (eds.), *Historia de la cultura peruana, Tomo I*, pp. 103–126. Lima: Fondo Editorial del Congreso del Perú.
Pozorski, T. 1976 Caballo Muerto: A Complex of Early Ceramic Sites in the Moche Valley, Peru. Austin: Ph.D. dissertation, University of Texas.
Pozorski, S. and T. Pozorski 1987 *Early Settlement and Subsistence in the Casma Valley, Peru*. Iowa City: University of Iowa Press.
―――― 1992 Early Civilization in the Casma Valley, Peru. *Antiquity* 66:845–870.
Roe, P. 2008 How to Build a Raptor: Why the Dumbarton Oaks "Scaled Cayman" Callango Textile is Really a Chavín Jaguaroid Harpy Eagle. In W. Conklin, and J. Quilter (eds.) *Chavín: Art, Architecture and Culture*, pp. 181–216. Los Angeles: Cotsen Institute of Archaeology, University of California.
Shady, R. and C. Leyva (eds.) 2003 *La ciudad sagrada de Caral-Supe: Los orígenes de la civilización andina y la formación del estado prístino en el antiguo Perú*. Lima: Instituto Nacional de Cultura.
Shibata, K. 2004 Nueva cronología tentativa del Período Formativo: Aproximación a la arquitectura ceremonial. In L. Valle (ed.), *Desarrollo Arqueológico Costa Norte del Perú - Tomo I*, pp. 79–98. Trujillo: Ediciones SIAN.
―――― 2010 El sitio de Cerro Blanco de Nepeña dentro de la dinámica interactiva del Periodo Formativo. *Boletín de Arqueología PUCP* 12:287–315.
―――― 2014 Centros de "Reorganización costeña" durante el Periodo Formativo Tardío: Un ensayo sobre la competencia faccional en el valle bajo de Nepeña, costa nor-central peruana. In Y. Seki (ed.), *El Centro Ceremonial Andino: Nuevas Perspectivas para los Períodos Arcaico y Formativo* (Senri Ethnological Studies 89), pp. 245–260. Osaka: National Museum of Ethnology.
Vega-Centeno, R. 2005 Ritual and Architecture in a Context of Emergent Complexity: A Perspective from Cerro Lampay, a Late Archaic Site in the Central Andes. Arizona: Ph.D. dissertation, University of Arizona.
Willey, G. 1971 *An Introduction to American Archaeology II: South America*. New Jersey: Prentice Hall.
芝田幸一郎 2007 「アンデス文明の形成と環境利用」坂井正人・鈴木紀・松本栄二編『朝倉世界地理講座――大地と人間の物語り――14：ラテンアメリカ』pp. 253-266、東京：朝倉書店。

第 3 部　比較の視座

ロストウォロフスキ、マリア．2003　『インカ国家の形成と崩壊』増田義郎訳、東京：
　東洋書林。

第 15 章　ペルー南高地の神殿と権力形成：「周縁」から見た形成期社会

松本雄一

15 – 1　はじめに：「中央と周縁」という視点

　平等主義的な社会から貧富の差をはじめとする社会階層の違いが生まれて権力者が出現する。このようなプロセスは、いわゆる古代文明といわれるものが形成される際に必ずといってよいほど見られるものだが、この変化の原因として遠隔地間の交流が果たした役割の重要性が指摘されることも多い。遠隔地からもたらされる希少な品物が、特定の人々の権力を支える威信財となり、その流通のコントロールそれ自体が権力の一つの源泉となったという考え方である。また、地域間交流というものを別の文脈から見ると、ある地域で社会の階層化が起こり巨大な神殿が建造されるなどの出来事があった場合に、すでにそのときに文明社会を成立させていた他地域との交流が存在していたという視点はある程度の説得力を持つ。つまり、すでに文明社会を成立させていた社会からの何らかの影響によって、それまでの平等主義的な社会組織が変化し、権力者が生まれ、神殿などのモニュメントの建造が可能となると考えるのである。

　このような場合の説明は、「中央と周縁」という 2 分法を用いて社会を区分し、高度な文明を有していた「中央」の社会が、文明形成の途上にある「周縁」の社会に宗教的影響力を行使したり、政治的に支配したりすることによって影響を与えるという形をとることが多かった。この背後には、文化を伝える側としての中央とそれを受ける側としての周縁の関係が一方向的なものであり、周縁は後進地域であるという前提が隠されている。しかし、この前提は必ずしも一般化しうるものではない。周縁とされる社会の側が中央とされる社会に影響を与えた場合もあれば、周縁が中央からの影響とされる

ものを、現状に合わせて積極的に改変した場合もあるだろう。また、中央との関係で「周縁」と定義されてきた地域が、独自の「中央」とは異なるあり方で繁栄していたとしても不思議はない（Burger and Matos 2002; Hall et al. 2011; Kardulias and Hall 2008; Peregrine and Feinman 1996）。つまり、この「中央と周縁」という枠組みは、異なる社会の間の複雑な関係を一方向的な「支配/被支配」「影響を与える/影響を受ける」「能動的/受動的」などの図式の中に単純化してしまう危険を有しているのだ（Dietler 1998; Schreiber 2005）[1]。

一方で、ある文明社会からほかの社会への影響というものを考えるときにこの枠組みを完全に捨て去ることは非常に難しい。重要なのは、両者の関係を二項対立的に単純化するのではなく、時とともに変化し続ける相互作用の動態として考えることであり、そのための枠組みとして「中央と周縁」を用いることであろう。つまり、「中央と周縁」という枠組みを、異なる社会間の関係を固定化された図式に押し込むために用いるのではなく、その関係の動態を探るための出発点とすることが必要である。

このような視点から、本論ではアンデス形成期においてこれまで、「周縁」ととらえられてきたペルー南部高地に焦点をあてる。この地域は、本書で取り上げられた北部高地や中央高地の大神殿の出現とそれにともなう権力生成から影響を受けて比較的規模の小さな神殿社会が生まれた、と単純に解釈されてきた（Burger 1992）。しかしその実態に関しては不明な部分が多く、筆者たちがおこなった近年の調査によってこのようなイメージは再考を迫られているといってよい（松本 2009; Matsumoto 2010; Matsumoto and Cavero 2010a, 2010b）。

15-2 ｜ 形成期社会における遠隔地交流の発達

具体的な南部高地のデータに触れる前に、ここで一度なぜ南部高地がアンデス形成期の地域間交流において重要であるのかを考えてみたい。一般に形成期後期には、中央アンデスの広い地理的範囲において遠隔地間の交流が活

発化していたと考えられている。その有力な根拠として、ある特定の地域でしかえることのできないはずの物資が遠く離れた神殿、とくに北部高地、中央高地の大神殿で発見されていることがあげられよう。たとえば、エクアドル産のウミギクガイは、ペルー北部高地のクントゥル・ワシのエリート層の埋葬だけでなく、その産地から1000km以上離れた中央高地のチャビン・デ・ワンタルでも発見されている（Burger 1984; Onuki 1997）。このような遠隔地交流を示す証拠に関しては、希少財交易のコントロールが大神殿のエリート層が権力資源となったという脈絡で解釈されることが多かったといえる。ただ一方で、当然ながらこの解釈は「周縁」の側を考えるためには十分とはいえない。「中央」のエリート層の視点からのトップダウン的な解釈であり、「周縁」は単なる「中央」の側からの需要を受動的に満たす存在であると位置づけられてしまっている。つまり遠隔地間で交易されたものの生産者の側からの視点がまったく欠けてしまっているのだ。そもそもこのような遠隔地間で交易されたモノを希少財と考える視点それ自体がトップダウン的な解釈を色濃く示す視点なのである。当然のことだがモノの価値はそれが置かれた状況によって異なる。中央のエリート層にとって希少財であったモノでも、その原産地にあってはその価値は大きく異なっていたとして不思議ではない。また、地域間交流における重要性が高まるにつれて、その価値は原産地でも変動したのではないだろうか。「中央」としての大神殿との間の交易はこのような「周縁」としての原産地の側の社会をどのように変化させたのか、さらに原産地の側からの能動的な対応はどのようなものだったのかを考える必要があるだろう。

　このように考えたときに、遠隔地交流で広く中央アンデスに流通したものを、エリート層からみた「希少財」などの言葉で一般化することは本来適切ではない。しかし、現状ではほかに用いることのできる言葉も見当たらないので、その不十分さを認識した上で暫定的に本論ではこの語を用いておくことにしよう。先に述べたウミギクガイのほかにも遠隔地交流の証拠とされる希少財の代表例として、赤い顔料である水銀朱、そして黒曜石があげられる。この二つに関しては、近年の理化学的手法の発達により、その産地が本

第 3 部　比較の視座

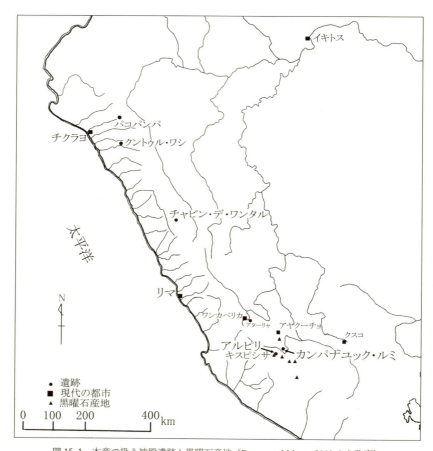

図 15-1　本章で扱う神殿遺跡と黒曜石産地（Burger and Matos 2002 より改変）

論で扱うペルー南部高地に集中していることが明らかとなっている（Burger and Asaro 1977; Burger and Glascock 2000; 2002; Burger et al. 2016; Cooke et al. 2013）。チャビン・デ・ワンタル、クントゥル・ワシ、パコパンパなど、社会の階層化が進みつつあった形成期後期の大神殿において 500〜1000km 離れた南部高地産の水銀朱や黒曜石が確認されているのだ（図 15-1）。

406

このようなデータを前にしたときに従来の「中央と周縁」の考え方に従うならば、「社会の階層化が進んでいない後進地域としての周縁から、中央の大神殿において台頭しつつあったエリート層の需要を満たすために希少財が運ばれ、さらに、大規模な神殿が存在せず、階層化などが起こらない周縁である南部高地では、この北の大神殿群との接触を通じて影響を受け、それほど規模の大きくない神殿が成立した」、ということになる。しかし、地域間交流というものを考えたときにこの解釈には、二つの大きな欠点が存在している。一つは、先にも述べた通り希少財を求める側にのみ焦点があてられ、その原産地の側の視点が欠けていること、もう一つは調査が進んでいる地域とあまり進んでいない地域のデータの密度差を考慮していない点である。後者の点に関してもわれわれ考古学者の持つ「中央」こそが重要な解明すべき対象であり、「周縁」地域は考古学上の問題としても周縁に過ぎないという固定観念が反映されている、といったら言い過ぎであろうか。

15–3 カンパナユック・ルミ遺跡

　筆者が2007年から調査を継続しているカンパナユック・ルミ遺跡のデータは、ここまで述べてきた南部高地のイメージとはだいぶ趣を異にしている。先に述べた通り、形成期において地域間交流が活発化し、黒曜石や水銀朱が中央アンデスの広い範囲に見られるのは前800年頃、つまり形成期後期に対応している。ところが、カンパナユック・ルミが南部高地で最大級の神殿として機能し始めたのは前1000年とそれより200年以上遡り、形成期中期に対応するのである。これは先に示した、「アンデス全域で希少財交易が活発化した形成期後期に、「中央」の大神殿との接触によって「周縁」地域が影響を受けて、小規模な神殿が生まれた」というシナリオとは矛盾したデータである。その一方でこの遺跡からは、形成期中期・後期を通じて大量の黒曜石が出土しており、アンデス南部高地に分布する黒曜石産地から比較的近くに位置していることから（図15-1)、形成期後期にチャビン・デ・ワン

第 3 部　比較の視座

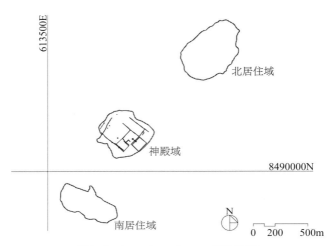

図 15-2　カンパナユック・ルミ遺跡平面図

タルをはじめとする「中央」の大神殿群への黒曜石の供給において重要な役割を果たした可能性が想定されるのだ。

　ここで、カンパナユック・ルミ遺跡に関して若干詳しく述べておくことにしよう。同遺跡は、ペルー南部高地アヤクーチョ州ビルカスワマン郡、海抜3600m の高地に位置する形成期の神殿遺跡である（図 15-1）。遺跡は、基壇と広場などモニュメントとしての神殿建築が集中する約 4ha の神殿域と、神殿での儀礼を担ったり、神殿を訪れたりした人々が住んだと考えられる12ha の居住域に分かれている（図 15-2）（Matsumoto 2010; Matsumoto et al. 2013）。まずは神殿域から見てみよう。中央に少なくとも 25m 四方の広がりを持つ方形半地下式広場が位置し、その周囲を方形の石造基壇建築が囲んでいる（図 15-3）。カンパナユック・ルミに見られるような、方形半地下式広場の三方を基壇が取り巻く構造は形成期の神殿建築としては典型的なものであり、U 字型建築と呼ばれている。U 字の頂点に位置する中央基壇の規模がもっとも大きく、65m × 50m の広がりをもち（図 15-4）、高さは 6m から 7m と推定される。U の字を構成するほかの二つの基壇（北基壇、南基壇）もほぼ

第 15 章　ペルー南高地の神殿と権力形成

図 15-3　カンパナユック・ルミ神殿域平面図（松本 2015 より）

同じ広さを有するが、高さは 2m から 3m ほど低い。

　さらに特筆すべきことに、カンパナユック・ルミからはチャビン・デ・ワンタルとの直接的な関係を示す建築要素が見つかった。チャビン・デ・ワンタルでは基壇内に迷路の

図 15-4　カンパナユック・ルミ神殿中央基壇

409

第 3 部　比較の視座

ように張り巡らされた回廊と呼ばれる内部構造が有名であり、類似した建築がほかの遺跡で見つかった例はほとんどなかったといってよい。ところが、非常に良く似た回廊がカンパナユック・ルミの南基壇において発見されたのだ。回廊という空間はアクセスが限定された空間であり、チャビン・デ・ワンタルの事例からは、特殊な儀礼をおこない、特別な儀礼具を収めておく場所であったことがわかっている（Rick 2006; Kembel 2001; 2008）。つまり、内部に入れたのは選ばれた人間だけであり、誰でも入ることができたとは考えがたい。このような構造は外から見ただけではわからないため、カンパナユック・ルミを設計した人間はチャビン・デ・ワンタルの建築を熟知していた、少なくともその内部でおこなわれた儀礼に参加していたと想定されるのだ。

　居住域は、神殿域の北側と南側に一つずつ位置しておりそれぞれ 7.5ha と 4.5ha ほどの広がりを有している。2007〜2008 年の発掘調査では、住居址と見られる直径 3〜4m ほどの円形の建築と、炉や石器を製作した痕跡などが確認された（Matsumoto et al. 2013）。2013 年の調査では、簡素な直径 5〜7m ほどの円形の建築が北と南の居住域からひとつずつ発見され、それぞれから人間の頭骨や神殿建築を模した建築模型などが奉納物として発見され、神殿域とは異なる空間でも儀礼行為がおこなわれていたことが明らかとなった。建築の分布から、おそらく 500〜600 人ほどの人々が恒常的に住んでいたと推測される。

　カンパナユック・ルミ遺跡が神殿として機能していた時期は前 1000 年から前 500 年にかけての約 500 年間であり、形成期中期から後期に対応している。筆者達の発掘調査によって、神殿の歴史は建築と遺物の変化から 2 時期に分けられることが明らかとなった。最初の時期にあたるカンパナユック I 期は前 1000 年〜前 700 年で形成期中期に対応し、この時期に基本的な U 字型の建築レイアウトを持つチャビン・デ・ワンタルと類似した祭祀建築が建造されたと考えられる。また、この時期からすでに居住域での生活の痕跡が確認されており、神殿が建造される以前から小規模な村落のような社会が存在していたことをうかがわせる。ただ奇妙なことに、建築に明らかなチャビ

ン・デ・ワンタルの影響が見られるのにも関わらず、カンパナユックⅠ期の物質文化は類似性がほとんど見られない。とくに土器に関しては複数の土器様式が並存し、南部高地と南部海岸の広い範囲の土器に類例が見られるのである。また、この時期にすでに周囲の 50～200km 離れた三つの産地から黒曜石がもたらされていたことが明らかとなった。これらのデータを総合すると、アンデス全域で地域間交流が活発化する以前に、南部高地と南部海岸の間には別個の地域間交流のネットワークが存在したことになる。そしておそらくカンパナユック・ルミはその中で重要な結節点であったのだろう。

次のカンパナユックⅡ期は前 700 年～前 500 年で形成期後期に対応しており、パコパンパ、クントゥル・ワシ、チャビン・デ・ワンタルのいずれの神殿においても建築が拡大し、社会階層が明確化して神官などのエリート層が台頭した時期と同時期である。先にも述べた通り、アンデス全域で地域間交流が活発化し黒曜石、水銀朱、ウミギクガイをはじめとする希少財が広い範囲で出土するのはこの時期である。この時期のカンパナユック・ルミのデータもこのようなアンデス全域で見られる変化と連動しているといえる。まさに、この時期にカンパナユック・ルミにおいても金製品を始めとする装飾品、豊かな副葬品をともなう埋葬など階層化の萌芽を示すデータが現れる（Matsumoto and Cavero 2012）。建築では同時期のチャビン・デ・ワンタルとの類似がさらに強まり、物質文化にもその強い影響が見られるようになる。その一方で、黒曜石は南部高地に存在する六つの産地からもたらされており南部高地内でのネットワークも依然として維持されていたことがわかる。

ここまでの地域間交流に関するデータを一度まとめておこう。カンパナユックⅠ期（形成期中期）のデータは、北部の大神殿において黒曜石が流通する以前から南部高地で黒曜石流通の地域的なネットワークがすでに確立していたこと、そしてカンパナユック・ルミがその中心となる結節点であったことを示唆している。これが、カンパナユックⅡ期（形成期後期）になると、同神殿は、チャビン・デ・ワンタルをはじめとした北部の大神殿との地域間交流のネットワークにも組み込まれることとなったと考えられる。

15 – 4 　形成期における黒曜石の流通

　さて、先にも触れた通り、形成期に中央アンデスで用いられた黒曜石の産地はそのほとんどすべてがペルー南部高地に集中していることが、機器中性子放射化分析（INAA）、蛍光 X 線分析（XRF）などの理化学的手法によって明らかになっている（Burger and Asaro 1977; Burger and Glascock 2009）。そしてこれらの黒曜石産地の中でもっとも重要なものが、カンパナユック・ルミから約 60km 南西に位置するキスピシサ鉱山であり、現時点で原産地分析がおこなわれたチャビン・デ・ワンタル、クントゥル・ワシ、パコパンパなど北の大神殿群で出土した黒曜石の 90％以上がキスピシサ産である（Burger and Glascock 2000; 2002; 2009）。近年おこなわれたキスピシサ鉱山の調査からは、同鉱山の黒曜石が先スペイン期を通じきわめて長期間にわたって大規模に採掘されていたことが想定可能である（Contreras et al. 2012; Tripcevich and Contreras 2011; 2013）。

　筆者達がおこなったカンパナユック・ルミ出土の黒曜石の蛍光 X 線分析の結果、カンパナユック I 期と II 期の両方でキスピシサ産黒曜石が打製石器および剥片の 90％以上を占めることが判明し、その重要性が裏づけられる結果となった（Glascock 2015）（図 15-5）。チャビン・デ・ワンタル遺跡において神殿周囲を調査したリチャード・バーガーは、形成期中期のウラバリウ相において出土数がきわめて少なかった黒曜石が、形成期後期のハナバリウ相において打製石器および剥片の 90％以上を占めるようになると報告している（Burger et al. 1984; Burger 1992）。バーガーは、このハナバリウ相に対応する時期に中央アンデスの広い範囲で一つの土器様式が広まり、祭祀建築が大型化したと論じ、汎地域的なレベルで社会変化が起きたと想定している（Burger 1988; 1992; 2008）。ここで簡単にバーガーの考える社会変化のメカニズムに関して触れておこう。彼によれば、このような土器様式の拡散や神殿の大型化などの現象は、冶金、石材加工、土木、織物等のさまざまな技術革新をともなっており、それらが宗教的な図像などを運ぶメディアとなった。

さらに時期を同じくしてチャビン・デ・ワンタルを中心とした巡礼システムが確立し、それによって地域間交流が加速したとする。バーガーは、これらの要因が複合的に結びつくことによりチャビン・デ・ワンタルの宗教的信仰（チャビン・カルト）が各地に広ま

図 15-5　カンパナユック・ルミ遺跡出土尖頭器。キスピシサ産の黒曜石で作られている。

り、広い地域的範囲で階層化という大きな社会変化が対応して起こったと考えるのである。チャビン・デ・ワンタルの影響が中央アンデスのどの範囲に及んだかという点には議論の余地が多く残されているが、その一方でパコパンパやクントゥル・ワシでもおよそ同じ時期に、神殿建築の改変と遠隔地からの希少財を含む豊かな副葬品を持つ埋葬の出現という大きな変化が確認されている点は注目すべきであろう（Inokuchi 2010; Onuki 1997; Seki et al. 2010）。チャビン・デ・ワンタルの影響という点はおいておくとしても、形成期後期に北はパコパンパから南はカンパナユック・ルミに至るまで、遠隔地間の交流が活発化し、エリート層が出現するという良く似た変化が起きたということまでは認めてよい。この点に関して特筆すべきは、キスピシサ産の黒曜石が、チャビン・デ・ワンタルのみならず、この時期のパコパンパやクントゥル・ワシでも確認されていることであろう（Burger and Glascock 2009）。

　これまで調査がおこなわれた遺跡の中では、カンパナユック・ルミはもっともキスピシサの近くに位置している。さらに建築が同時期の他遺跡に比べ例外的といってよいほどチャビン・デ・ワンタルと類似していること、そしてカンパナユック II 期には物質文化までもがその影響を強く受けたものに

第 3 部　比較の視座

変化することを先述の原産地同定の結果と考えあわせると、形成期後期におけるチャビン・デ・ワンタルへのキスピシサ産黒曜石の供給に関してカンパナユック・ルミが大きな役割を果たしたことは確実といってよい。しかし、カンパナユック・ルミとキスピシサ鉱山の間には深い谷が入り組んだ地形が広がっておりその直線距離から想像するよりも行き来は困難であったと予想される。さらに、チャビン・デ・ワンタルとキスピシサ鉱山の間のルートを地理情報システム（GIS）によって分析したダニエル・コントレラスによれば、カンパナユック・ルミはチャビン・デ・ワンタルとの行き来の上でもっとも効率の良いルートつまり、最小コストルートから 60km ほど西にずれているという（Contreras 2011: 391）。つまり、キスピシサ鉱山との関係のみを考えるのであれば、カンパナユック・ルミはチャビン・デ・ワンタルとの交易に最適な位置とはいえないのだ。やはり形成期における黒曜石の流通を考えるためには南部高地のさらなるデータが必要である。

15–5　キスピシサへ、アルピリ遺跡との遭遇

　このような問題意識から、筆者たちは、2015 年 8 月にキスピシサ鉱山を訪れた（図 15-1）。もっとも近くにあるワンカサンコスという町から直線距離で 20km ほどではあるが、まともな道があるわけでもなく、岩がむき出しになった草原を 2 時間トラックに揺られ、最終的には車も入れない川の浅瀬を歩いて渡って 1 時間ほど丘を登りようやくたどり着ける場所であった。同鉱山は標高約 4200m のプーナと呼ばれる環境帯に属しており、周囲の草原では牧畜は可能であっても農耕はほとんど不可能である。路頭に近づくと地面が黒っぽく見えるほど黒曜石で埋め尽くされており、至るところに存在するくぼみの中には人の手で割られた黒曜石がうずたかく積み上げられている（図 15-6）。原石の中にはラグビーボール大の物も数多く存在しており、キスピシサ産の黒曜石が質量ともにさまざまな形での加工に耐えうるものであったことをうかがわせる（図 15-7）。

第 15 章　ペルー南高地の神殿と権力形成

先に述べた通り、形成期後期には 1000km 以上はなれたパコパンパをはじめとする北の神殿でこの産地の黒曜石が数多く確認されている（Burger and Glascock 2009）。このことに加えて直線距離で最短に位置するカンパナユック・ルミであっても移動にはある程度の日数が必要であったことを考慮し、鉱山近くにより採掘に特化した遺跡が存在する可能性が高いと筆者は想定していた。このとき筆者の頭の中にあったイメージはカンパナユック・ルミへと黒曜石を供給する小規模な村落であり、カンパナユック・ルミから採掘に訪れた

図 15-6　キスピシサ鉱山。考古学者ユリ・カベロの足元に採掘され、割られた黒曜石が集積しているのが見える。

図 15-7　キスピシサ産黒曜石の原石

人々もそのような場所に一時的に滞在したのではないかと考えていた。しかし、筆者が想定するような小規模な集落はその痕跡が考古学的なデータとして残りにくい。キスピシサ鉱山ではこれまでの調査で報告されている建築（Tripcevich and Contreras 2011; 2013）を見ることができたが、いずれも簡素なものであり、黒曜石以外の遺物がまったくといってよいほど見当たらないた

415

めその時期を特定することは不可能であった。

　ここで、キスピシサを訪れる際の拠点となるワンカサンコスという町に目を向けてみよう。この町は、キスピシサ鉱山よりも標高が700m低く、海抜3500mのケチュアと呼ばれるより温暖な気候帯に位置している。河川の合流点を中心として周囲を山に囲まれた盆地であり、周囲の山の斜面にはアンデネスと呼ばれる先スペイン期の見事な段々畑が広がっている。盆地内には自然の沼地が点在しており、河川の段丘上は現在でも農耕に用いられている。キスピシサ鉱山が位置する草原とは異なり、ジャガイモの栽培など農業生産力が高い場所であったと想定できる。

　この町には先スペイン期の遺跡がいくつか存在しているという情報を得ていたため、キスピシサ鉱山からの帰り道に訪れようとしたのだが、その途中で偶然巨大な形成期の神殿建築と遭遇することとなった。同行していたペルー国立サン・マルコス大学のユリ・カベロが以前訪れた際に形成期らしき土器片が散乱し、石壁のある小さな丘を見たというのでその場所を訪れると、たしかに盆地を見下ろす突き出た丘の上に簡素な石壁が走っている。表面に落ちている土器も形成期後期のものと考えて間違いない。現地でパスパタと呼ばれるこの小さな丘こそが、当初われわれが探していた小規模な遺跡かと納得して盆地を見下ろすと、すぐそばにいくつもの丘が連なった場所が見えた。そしてそのうちの少なくとも一つに規模の大きなテラスのような建築と石壁が見えたのである。

　実際にその場所に降りてみると、自然の丘が約20〜30haの範囲に10丘以上分布していた。そしてそのうち少なくとも三つの丘では、その斜面が人工的にテラス状に整形され、大きな石壁に囲まれていた。さらに、黒曜石や土器の破片など人間活動の痕跡がそのほとんどの丘で確認された。とくに表面に落ちている土器は、この遺跡がカンパナユック・ルミと同じ形成期中・後期に属するものである可能性を示唆している。河川の合流点近くの段丘上に位置していることに加え、そのすぐ西側には一年を通して水が湧き出る泉が存在する。盆地の中でも水利の点ではとくに恵まれた場所であるといえよう。また、川沿いの交易ルートを想定するのであれば、河川の合流点近くの

第 15 章　ペルー南高地の神殿と権力形成

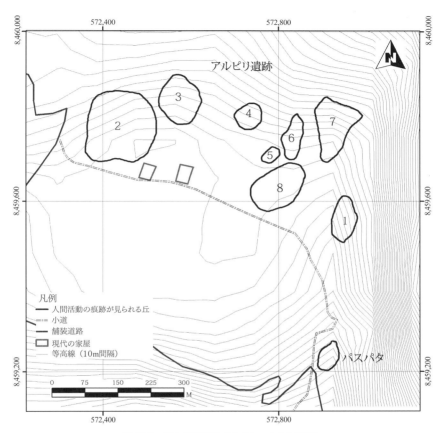

図 15-8　アルピリ遺跡（バベル・イバラ作成）

立地にも意味があると考えられる。

　報告が存在しない遺跡であるため、近隣で聞き込みをおこなった結果、周囲一帯がアルピリという名で呼ばれていることがわかった。あたりに分布する 10 以上の丘のうち、八つで人間の活動の痕跡を確認することができたため、それぞれの丘に 1 から 8 の番号をつけてそれぞれの表面観察をおこなった（図 15-8）。結果として、アルピリ 6、アルピリ 7、アルピリ 8 と仮の番号

第 3 部　比較の視座

図 15-9　アルピリ 7。大きな石壁とともに丘がテラス状に整形されていることがわかる。

図 15-10　アルピリ 7 の石壁。上部には自然の地形が露出している。

をつけた丘にはとくに多くの石壁やテラス状の構造物、そして広場が集中しており、公共祭祀建造物、あるいは神殿といって差し支えのないものであることが判明した（図 15-9、15-10）。単純に建築が分布する範囲を比べるだけであれば、カンパナユック・ルミの神殿域に匹敵する規模の建築である。本論では暫定的にプスパトを含むこれらの丘全体をアルピリ遺跡という名で呼んでおくことにしよう。

　さて、神殿の建築という行為を考えるときには、その規模だけでなく建築活動に投入された労働力というものを考える必要がある。この点で考えるとこのアルピリ遺跡の建築はその見かけ上の規模ほどには労働力がつぎ込まれていないと思われる。アルピリの神殿建築は、自然の丘の周囲を部分的にテラス状に整形し、石壁をめぐらすという形で成り立っており、自然の地形が大部分露出している。自然の丘を大規模に掘削、改変した事例はクントゥル・ワシをはじめとして同時代の神殿にいくつかの例が存在しているが、アルピリ遺跡の場

合それらほど自然の地形を改変しておらず、かなりの部分が未加工のまま露出しているのである。また、周囲には黒曜石や土器の破片など人間活動の痕跡が見られる丘でもまったく建築の痕跡が見当たらないものも存在している。同時代のほかの遺跡が自然の丘を大規模に改変する際に採用された技法は、地形を利用することでより効率よく建築の威容を高めるという目的があったように思われる。つまり、自然の丘の頂上部に基壇建築をかぶせるような形で神殿を建造することは、平地において一から同じ規模の基壇を作り上げるよりもはるかに効率の良い手法なのである。アルピリの場合は明らかにこれとは事情が異なる。どちらかといえば自然の丘を石壁で囲むことでほかの丘と区別したものであるというような印象を受けるのだ。時代は大きく異なるがインカ帝国期の事例が解釈の参考になるだろう。自然の巨石、あるいは露頭の中には、インカ帝国に特有の美しい切石の壁で囲まれほかと明確に区別されたものが数多く存在する。美術史家、キャロライン・ディーンはこのような自然石とそれを囲む壁の組み合わせをフレーミング（framing）と呼び、聖なる、あるいは特別な自然石をほかと区別するために囲いのような壁を作るものであると定義している（Dean 2010: 27–28）。インカ帝国の事例は、独立した一つの露頭あるいは巨石に対しておこなわれることが多いわけだが、アルピリの場合はこの規模をはるかに拡大して一つが 1ha 以上の大きさを持つ丘でおこない、神殿部とほかの丘を区別したかのような印象を受ける。無論、はるかに時代が下ったインカ帝国の事例をそのまま形成期の神殿に適用することには慎重であらねばならないし、筆者達の観察は将来的な発掘調査によって検証されるべきであろう。しかし神殿と自然の地形の関係が同時期に北部で栄えた神殿とは大きく異なるという可能性は指摘しておきたい。

　もう一度規模の話に戻ることにしよう。たしかにアルピリ遺跡はその見かけの大きさに比して投入された労働力は少なかったかもしれない。ただ一方で、その建築は家族や拡大家族などの小規模な集団の手におえるものではなかったように思われる。大まかに使われている石の平均的な大きさは縦横 1m、高さが 50cm ほどであり周囲の露頭から運ばれたものと推測されるが、

この大きさの石を積み上げて高さ1〜2m、長さ10mから50mに及ぶ壁を建造して（図15-9、15-10）1haの丘の周囲を2重3重に囲むように配置し、三つの丘を一つの神殿とするためには世帯を超えた集団の協力が必要だったはずだ。建築計画を立案・実行するリーダーの存在を想定する必要があるだろう。

いずれにせよ、南部高地においてカンパナユック・ルミに次ぐ規模の形成期神殿がキスピシサから18kmという近距離に存在することが明らかになったのである。このアルピリ神殿は、キスピシサ産黒曜石を通じた遠隔地間の交流の中でどのような役割を果たしたのだろうか。この問題点を考察する前に、現在使用可能なデータに基づいてアルピリとカンパナユック・ルミの神殿建築に関する比較をおこなっておこう。

15–6 カンパナユック・ルミとアルピリの建築の比較

さて、図15-8で見るとアルピリ遺跡は一見建築のレイアウトが不規則であり、カンパナユック・ルミをはじめとする同時代の遺跡の整然とした基壇建築（図15-3、15-4）とは大きく異なる印象を受ける。しかし筆者には、アルピリ遺跡の奇妙な神殿建築がカンパナユック・ルミといくつもの共通点を有しているように思われるのだ。以下で詳しく見てみよう。まずは、アルピリ遺跡の表面観察からは三つの周囲に壁がめぐらされた丘、すなわちアルピリ6、7、8の間の空間におそらくは二つの半地下式広場があると考えられる。チャビン・デ・ワンタルなど、同時期の神殿に見られる整然とした基壇配置比べるとゆがんだ形ではあるが、基壇建築が広場を囲むという配置であり、形成期の神殿に多くの事例を有し、カンパナユック・ルミに一つの典型例が見られる「U字型」の建築レイアウトが意図されていた可能性がある。つまり、この場合U字型の建築レイアウトは基壇と広場の組み合わせを一から作りあげることによって達成されたものではなく、はじめから自然の地形でU字型に見立てられる場所が選択されたのだという可能性が指摘でき

よう。
　そして、じつはこのような建築技法とアイデアは、一見大きく異なるカンパナユック・ルミにも見られるのだ。先に述べた通り、カンパナユック・ルミの神殿建築はその石積みの様式や建築レイアウトに600km北の大神殿チャビン・デ・ワンタルの影響が色濃くうかがえる。しかし、両者の建築プロセスが大きく異なることが、カンパナユック・ルミ遺跡の中央基壇の発掘によって明らかになった。平地に基壇を積み上げ、人工的に半地下式広場を掘り込んで建築が進められたチャビン・デ・ワンタルと異なり、カンパナユック・ルミの神殿の中央基壇と半地下式広場ははじめから自然の地形が丘のようになっていた部分とそのすぐ近くに存在するくぼんだ部分を利用して作られていたのだ。2008年の発掘では中央基壇の上部を発掘したところまもなく地山につき当たってしまった。つまり、現在カンパナユック・ルミで見ることができる中央基壇は、自然の丘に壁をかぶせるような形で成立しているのである。
　ここまでであれば、同時代のクントゥル・ワシ遺跡に見られるように自然の丘を大規模に改変しその上部を完全に覆う形で基壇が作られていたということになる。しかし、この中央基壇は形成期後期に現在見られる形状に至るまでに5回の改変を経ており（Matsumoto 2010: 77-79）、その少なくとも前半においては、自然の丘が石壁で囲まれた基壇から露出していた可能性がある。つまり、少なくとも形成期中期にカンパナユック・ルミが神殿として成立した際に、中央基壇は自然の丘を壁が囲むような形状であったと考えられるのだ。地面がくぼんでいる部分が半地下式広場の建造ために選ばれていることを考え合わせると、カンパナユック・ルミにおいても基壇と広場、そしておそらくはU字型の基壇配置に適した地形があらかじめ選ばれていたのであろう。
　自然の丘が、形成期的な大きな石で造られた壁で囲まれているという事例はじつはカンパナユック・ルミの近くに存在している。カンパナユック・ルミの調査にも参加したエディソン・メンドーサは、同遺跡から3kmほど南西に離れた場所に存在するチャニンパタという遺跡を報告しているが（Men-

doza 2010: 149)、この遺跡の表面にはカンパナユック II 期と類似した土器が散乱しており、形成期後期に対応していると考えられる。建築は U 字型とはいえないが、いくつかの基壇建築と広場が組み合わせられており基壇建築のうち少なくとも一つは自然の露頭を石壁で囲むように作られているように見える。

これらのデータから、一つの仮説が導き出される。カンパナユック・ルミ、アルピリ、チャニンパタに見られるような「自然の丘の周囲を巨石を用いた石壁で囲む」という建築はこの地域のローカルな建築技法を示しているのではないだろうか。これが正しいのであれば、カンパナユック・ルミは、このようなローカルな建築技法を残しながらもチャビン・デ・ワンタルという遠く離れた神殿のコピーともいえるような神殿を作り上げたことになる。また、アルピリに関しては、U 字型の建築レイアウトという外来の要素を、ローカルな建築技法によって表現しようとしたといえるかもしれない。

15–7 黒曜石の流通ルート

さて、ここで黒曜石の流通に関してもう一度考えて見よう。アルピリは形成期においてもっとも重要な黒曜石産地であるキスピシサから 18km というきわめて近い距離に位置しており、遺跡表面にも数多くの黒曜石の剥片が散乱している。同遺跡がキスピシサ産黒曜石の流通に大きな役割を果たしていたと想定するのはある意味自然であろう。一方でこれまで筆者は、カンパナユック・ルミがキスピシサにもっとも近い神殿であり、同産地からの黒曜石の流通に重要な役割を果たしてきたと論じてきた。アルピリ遺跡の存在が確認された今、カンパナユック・ルミが「キスピシサ鉱山にもっとも近い神殿」というのは完全な誤りである。しかし先にも触れたカンパナユック・ルミ出土黒曜石の蛍光 X 線分析による原産地同定の結果を見るならば、キスピシサをはじめとするペルー南部高地の黒曜石のアンデス全域における流通にカンパナユック・ルミが果たした役割が大きかったという想定はいまだに

有効であると思われる。イェール大学、ミズーリ大学、ペルー国立サン・アントニオ・アバド大学の協力のもとで2015年におこなったカンパナユック・ルミ出土黒曜石（打製石器および剥片）374点の分析からは、その約90％がキスピシサ産であり、残りの10％はその他の六つの黒曜石産地から運ばれて来たことが明らかとなった。つまり、カンパナユック・ルミに運ばれてきた黒曜石の大部分はキスピシサ鉱山産であり、その物質文化から見た北の大神殿との交流から考えて、黒曜石の遠隔地への流通に関わっていたことは疑いがないことのように思われる。

この問題を考えるため、黒曜石が運ばれたと考えられるルートをもう少し詳しく見てみよう。バベル・イバラ、ジェイソン・ネスビットの協力により、ペルー南部高地に分布する、キスピシサを含むすべての黒曜石産地からカンパナユック・ルミに黒曜石が運ばれて来たルートを分析したところ、アルピリ遺跡がキスピシサからカンパナユック・ルミへの川沿いのルートのすぐそばに位置することが判明した（Nesbitt 私信）。

このような両者の位置関係から、一つの仮説を導くことができる。それは、アルピリ遺跡がキスピシサ鉱山産の黒曜石の採掘との関わりで特化した重要性を有していたのに対し、カンパナユック・ルミにはほかの産地からも人々が訪れていた、というものである。つまり、アルピリはよりローカルなセンターであり、カンパナユック・ルミに黒曜石を供給する役割を担っていたのではないだろうか。このことは、その建築当初こそアルピリ複合の神殿と類似していたカンパナユック・ルミが、最終段階においてよりチャビン・デ・ワンタルと類似した建築へと変貌したこととも関係があるのかもしれない。U字型の基壇配置に表されるように、両者は外来の宗教的信仰を共有している。しかし、形成期後期に建築を改変しパラカス文化やチャビン・デ・ワンタルなどより遠隔地との交流に乗り出したカンパナユック・ルミに対し、同時期のアルピリはキスピシサ鉱山の採掘に特化し、カンパナユック・ルミとの関係を重視したローカルな神殿であったのかもしれない。

アルピリの役割をめぐるここまでの議論は非常に仮説的なものであり、検証のためにはアルピリ遺跡を体系的に発掘する必要がある。もし、アルピリ

複合がカンパナユック・ルミと同時期の神殿であり、そこから出土する黒曜石がキスピシサに特化していることが示されれば、ここまで述べてきた仮説を支持するデータと考えてよいだろう。

15–8 南高地における形成期神殿の繁栄と形成期後期における権力形成

　さて、先ほども述べたが、カンパナユック・ルミから出土した黒曜石の産地同定の成果は、中央アンデスの広い範囲で黒曜石が流通する形成期後期の数百年も前から独自の地域的な交易ネットワークが南高地で確立していたことを示している。このようなデータは、それまで考えられてきたような「形成期後期」に焦点をあてて「中央と周縁」の関係を強調した解釈を再検討する必要性を示唆している。つまり形成期後期に「チャビン・デ・ワンタルをはじめとする北部の大神殿で、エリート層が出現し、そのエリート層は黒曜石のような希少財を必要とし、社会階層の分化が起こっていないいわば後進地域の集団と接触した」、そして「後進地域の集団はより進んだ社会との接触を通じて社会変化を経験し神殿などのモニュメントを作り上げることが可能となった」という解釈の少なくとも前半部は支持できなくなったのだ。

　その一方で、「中央と周縁」という視点に関していうならば、その後半部自体はいまだに有効であると認めざるをえない。カンパナユック・ルミにおいて大規模な神殿が成立したのは形成期中期にあたる前1000年頃であり、その建築様式は同時期に神殿の規模を増大させたチャビン・デ・ワンタルと非常に良く似ている。一方で、建築の規模とその洗練の度合いからいってもチャビン・デ・ワンタルが短期間とはいえ先行して神殿を建造し、その影響下においてカンパナユック・ルミが成立したと見るのが妥当であろう。ただし、先にも述べたようにこの時期には、チャビン・デ・ワンタルをはじめとする北の大センターとの間の黒曜石の遠隔地交易はいまだ本格化してはおらず、カンパナユック・ルミはペルー南部高地と南部海岸という地域内におけ

る交流の結節点として機能したのである。この時期のチャビン・デ・ワンタルとカンパナユック・ルミに見ることのできる「中央と周縁」の関係は、「チャビン・デ・ワンタルのエリート層の側から希少財としての黒曜石の需要が存在した」というものではない。つまり黒曜石をめぐる経済的な関係ではなかったと考えられる。カンパナユック・ルミで大量に出土するキスピシサ産の黒曜石は、それが大きな経済的価値を持たずに、日常的に使用・消費されていたことを示しているのだろう。一方で、カンパナユック・ルミに見られる基壇の配置、広場の存在、基壇内部の回廊の存在は、神殿という空間でおこなわれる儀礼、そしてその背後に存在する宗教的信仰がチャビン・デ・ワンタルのそれと共通していたことを示す。つまり、チャビン・デ・ワンタルとカンパナユック・ルミの関係はこの段階では経済ではなく宗教を軸としたものであったと考えられよう。

　形成期後期に入ってカンパナユックII期になると、カンパナユック・ルミにおいては金製品や個人の装飾品が出土し始め、階層化の萌芽が見られる。建築が拡大し、物質文化がよりチャビン・デ・ワンタルのものに近くなるこの時期の変化と対応して、エリートあるいは権力者ともいうべき社会階層の存在を示すデータが増えるのである。カンパナユック・ルミで大きな社会変化が想定されるまさにこの時期に、黒曜石の流通が汎アンデス的な広い地理的範囲におよび、それまでになかった規模で遠隔地間の交流が活発化し、チャビン・デ・ワンタル、パコパンパ、クントゥル・ワシなどの、北に位置する大神殿においてエリート層の出現という明確な社会組織の変化が起きるのである。このような変化は、ペルー北部高地から南部高地に至るまでのアンデスの広い範囲で、前800年～前700年頃に起こっている。広い地理的範囲で社会変化が連動して起こったと考えるべきであろう。この時期になると、ペルー南部高地と北に位置する大神殿群、とくにチャビン・デ・ワンタルとカンパナユック・ルミとの「中央と周縁」の関係は、宗教に重きをおいたものから黒曜石という経済的要素が組み込まれたものへと変化した。チャビン・デ・ワンタルでの黒曜石の出土は、この時期に大幅に増加し、身分の低い人々が住んでいたと考えられる場所からもかなりの数が出土してい

る（Burger et al. 1984）。同遺跡を調査したバーガーは、このようなデータはチャビン・デ・ワンタルにおいて黒曜石が希少財としてのみならず、日用品としても使われていたことを示唆すると考えている（Burger 私信）。つまり、チャビン・デ・ワンタルとカンパナユック・ルミとの間で、黒曜石は実用的な物資として交易された可能性があるのだ。一方で、パコパンパ、クントゥル・ワシなどより北の大神殿で出土する少量の黒曜石は、ある種の希少財とみなすことが適切であろうと考えられる。

　いずれにせよ、北の大神殿群のエリート層が黒曜石を必要とし、社会変化を経験していたこれらのセンターとの接触でカンパナユック・ルミにおいてもエリート層が出現したという解釈が導き出せるだろう。ここで重要なのが、形成期中期にすでに成立していた両者の宗教的な関係である。すでに宗教的な側面で影響を受けていたことが、カンパナユック・ルミにおいて北の大神殿群と同様の、外来の新たな社会組織が選択されることを容易にしたのではないかと考えられる。

　では、今度はこのような視点から、南部高地のほかの神殿を考えてみるとどうなるだろうか。カンパナユック・ルミ以外の遺跡において体系的な発掘調査のデータが存在しない現状においては、その編年的位置づけもはっきりとはしないため議論は仮説的なものにとどまらざるをえないが、現在利用可能なデータを再検討してみよう。リチャード・バーガーとラミロ・マトスは、ペルー南部高地のワンカベリカに位置するアターリャ遺跡の表面観察から、やはり「中央と周縁」の視点をもとにアターリャと北の大神殿群との関係を考察している（Burger and Matos 2002）。彼らはアターリャが南アメリカ最大の水銀朱の鉱山から近く、その流通において重要と考えられる地理的な位置を占めていることに、さらに同遺跡から出土した土器がチャビン・デ・ワンタルと類似していることに注目した。彼らの議論はきわめてオーソドックスな「中央と周縁」の視点から導き出されたものである。まずチャビン・デ・ワンタルをはじめとした形成期後期においてすでに階層化が現れていた社会において、水銀朱が希少財または儀礼上重要な物資としてエリート層にとって重要な価値を持つようになった。その結果、水銀朱の採掘と流通のた

第 15 章　ペルー南高地の神殿と権力形成

めの戦略的な位置に同じ宗教的信仰を受け入れた祭祀センターが出現し、現地でのエリート層の出現を導く刺激となったという考え方である（Burger and Matos 2002：173）。カンパナユック・ルミの事例にこの考え方が必ずしも当てはまらないのはここまで述べてきた通りである。また、アターリャ遺跡の編年的位置づけが確定されていない現状においてはこのシナリオも発掘による検証が必要であり、アターリャがカンパナユック・ルミと同様に形成期中期に成立していた場合には大幅な見直しが必要である。

　この文脈においてアルピリ遺跡の存在はきわめて興味深い。アルピリ遺跡は規模の点でアターリャと同等かそれ以上のものと思われる。また、さまざまの点で両者の間には共通点が存在する。たとえば、同じ南部高地でほぼ同じ気候帯に位置していること、同じ時期に中央アンデスの広い範囲で重要性が高まった資源の獲得と流通のために重要な地理上の位置に出現したこと、などである。アターリャとアルピリの大きな違いは、アターリャが近隣で唯一の神殿であるのに対し、アルピリはその建築様式、黒曜石の流通の双方の点でカンパナユック・ルミとの関係を抜きにしては考察することができないという点にある。アルピリに関してはその表面に形成期後期の土器が確認されるその一方で、カンパナユック・ルミの場合と同様形成期中期に神殿が成立した可能性も無視できない。たしかなことは将来的な発掘調査を待つ以外にないが、ここではその両方の場合について考えうるシナリオを提示しておこう。

　アルピリがカンパナユック・ルミと同様に、形成期中期に建造され、形成期後期にかけて神殿として機能したのであれば、南部高地には早い時期から大規模なモニュメントを作り出すことのできる社会が複数存在したことになる。この場合、カンパナユック・ルミとアルピリの双方に見られるU字型の建築レイアウトは、北の大神殿群からの宗教的な影響を表していると解釈できる。遠隔地交流における黒曜石の需要がそれほど大きくなかったこの時期にあっては、北との交流はある程度散発的なものであり、その宗教的信仰は南部高地において集団ごとに再解釈された。その結果、神殿は在地の建築技法を用いて建造され、必ずしも物質文化の模倣は起こらなかった。この時

427

期に、神殿の建築と儀礼を指揮するリーダーともいうべき人々が出現したのかもしれないが、それは宗教的権威であり、経済的な差異とは必ずしも結びついていなかったのかもしれない。この場合、カンパナユック・ルミとアルピリの間の関係性がある種の上下関係にあったとは考えにくい。双方に見られる建築上の差異は、外来の宗教的な信仰を独立した集団がどのように解釈したのかという差異なのではないだろうか。そして両者は、形成期中期において、北の大神殿群とは異なる地域のネットワークの中で栄えていたことになる。

　もしアルピリ神殿が形成期中期ではなく、後期に出現したのであれば、少なくともアルピリに関しては、バーガーとマトスがアターリャの場合に想定したシナリオが有効となる。すなわちこの時期に北の大神殿のエリート層からの黒曜石需要が刺激となって、キスピシサ鉱山近くに、神殿を中心とする社会が新たに出現したということになる。この場合は、アルピリの出現に際しては宗教だけでなく、黒曜石という経済的な要因、そしてそれを媒介とする遠隔地間の交流ネットワークの活発化が必要だったということになる。さらには、アルピリは北の大神殿群の直接的な影響というよりは、黒曜石需要の高まりを受けたカンパナユック・ルミの影響下に出現した可能性すら存在する。つまり、カンパナユック・ルミとアルピリの出現のメカニズム、そして両遺跡における権力形成のプロセスはそれぞれまったく異なっていたという可能性を想定する必要がある。

　いずれの場合にあっても、両者は形成期後期においては中央アンデス全域の地域間交流のネットワークの中に位置づけられ、とくにキスピシサ産黒曜石の流通に大きな役割を果たした。その中で、チャビン・デ・ワンタルなどより遠隔地との交易を担ったカンパナユック・ルミと、キスピシサ鉱山の採掘に特化したアルピリという差異が存在したのかもしれない。この違いが、チャビン・デ・ワンタルときわめてよく似た建築を有し、権力者の存在が想定されるカンパナユック・ルミとよりローカルな建築を持つアルピリの違いに現れているのではないだろうか。その一方で、両神殿の変化の要因として、キスピシサ産黒曜石の価値が大きく変化したことが上げられるだろう。

南部高地の社会においてそれまで日常的な脈絡で用いられてきた、つまり経済的価値がそれほど高くなかった黒曜石は、その採掘と流通をコントロールすることで権力の基盤となるモノへと変化を遂げたのである。

アルピリをはじめとするローカルな特徴を持つ南部高地の神殿が、よりチャビン・デ・ワンタルの影響を色濃く示すカンパナユック・ルミとどのような関係にあったのか、また両者の関係がどのように変化したのかは、ペルー南部高地における権力の形成過程を考える際の重要なテーマである。

15-9 おわりに

ここまで述べてきたように、アンデス南部高地の形成期はこれまでの、「周縁」あるいは「北の大神殿の出現と発展から取り残された後進地帯」という言葉が持つイメージとは大きく異なるものであった。北部の大神殿群とは異なる地域性を有した神殿社会が展開する一方で、形成期後期における階層化の萌芽をはじめとする社会変化は、パコパンパをはじめとする大神殿の動きと時期的に連動しており、よりマクロな地域間交流のネットワークの中に位置づけて、一つの汎アンデス的な現象としてとらえなおす必要があるだろう。

注
1）考古学における「中央と周縁」の概念は、社会学者イマニュエル・ウォーラーステインによる世界システム論（Wallerstein 1974）の考古学への援用をめぐる論争と深く関わっており、1970年代から現在に至るまで考古学者によって修正、援用のプロセスが繰り返されている。本論では紙幅の都合から詳細は割愛するが、近年の動向のまとめとして、Hall et al. 2011 と Kardulias and Hall 2008 があげられる。

引用文献
Burger, R. L. 1984 *The Prehistoric Occupation of Chavín de Huántar, Peru*（University of California Publications in Anthropology 14）. Berkeley: University of California Press.
——— 1988 Unity and Heterogeneity within the Chavín Horizon. In R. W, Keating

(ed.), *Peruvian Prehistory*, pp. 99-144. Cambridge: Cambridge University Press.

―――― 1992 *Chavín and the Origins of Andean Civilization*. Thames and Hudson, New York.

―――― 2008 Chavín de Huántar and its Sphere of Influence. In H. Silverman and W. Isbell (eds.), *Handbook of South American Archaeology*, pp. 681-703. New York: Springer.

Burger, R. L. and F. Asaro 1977 *Trace Element Analysis of Obsidian Artifacts from the Andes: New Perspectives on Pre-Hispanic Economic Interaction in Peru and Bolivia*. Berkeley: Lawrence Berkeley Laboratory.

Burger, R. L., F. Asaro, and H. V. Michel 1984 Appendix E. In The Source of Obsidian Artifacts at Chavín de Huántar, Peru. In *The Prehistoric Occupation of Chavín de Huántar, Peru* (University of California Publications in Anthropology 14), pp. 263-270. Berkeley: University of California Press.

Burger, R. L., L. E. Kris, and C. A. Cooke 2016 Ecuadorian Cinnabar and the Prehispanic Trade in Vermilion Pigment: Viable Hypothesis or Red Herring? *Latin American Antiquity* 27(1): 22-35.

Burger, R. L. and M. D. Glascock 2000 Locating the Quispisisa Obsidian Source in the Department of Ayacucho, Peru. *Latin American Antiquity* 11(3): 258-268.

―――― 2002 Tracking the Source of Quispisisa Type Obsidian from Huancavelica to Ayacucho. In W. Isbell and H. Silverman (eds.), *Andean Archaeology I. Variations in Sociopolitical Organization*, pp. 341-368. New York: Kluwer Academic/Plenum Publishers.

―――― 2009 Intercambio prehistórico de obsidiana a larga distancia en el norte peruano. *Revista del Museo Arqueología, Antropología, y Historia* 11: 17-50.

Burger, R. L. and R. Matos Mendieta 2002 Atalla: A Center on the Periphery of the Chavín Horizon. *Latin American Antiquity* 13(2): 153-177.

Contreras, D. A. 2011 How far to Conchucos? A GIS Approach to Assessing the Implications of Exotic Materials at Chavín de Huántar. *World Archaeology* 43(3): 380-39

Contreras, D. A., N. Tripcevich, and Y. Cavero Palomino 2012 Investigaciones en la fuente de la obsidiana tipo Quispisisa, Huancasancos-Ayacucho. *Investigaciones Sociales* 28: 185-195.

Cooke, C. A., H. Hintelmann, J. J. Ague, R. L. Burger, H. Biester, J. P. Sachs, and D. R. Engstrom 2013 Use and Legacy of Mercury in the Andes. *Environmental Science and Technology* 47: 4181-4188.

Dean, C. 2010 *A Culture of Stone; Inka Perspectives on Rock*. Durham, Londres: Duke University Press.

Dietler, M. 1998 Consumption, Agency, and Cultural Entanglement: Theoretical Implications of a Mediterranean Colonial Encounter. In J.G. Cusick (ed.), *Studies in Culture Contact:*

Interaction, Culture Change and Archaeology (Center for Archaeological Investigations, Occasional Papers No. 25), pp. 288-315. Carbondale: Southern Illinois University Press.

Glascock, M. D. 2015 The Provenance of Obsidian Artifacts from Campanyuq by X-ray Fluorescence. Report prepared for Campanayuq Rumi Archaeological Project. Columbia: University of Missouri Archaeometry Laboratory Research Reactor Center.

Hall, T. D., N. P. Kardulias, and C. Chase-Dunn 2011 World-Systems Analysis and Archaeology: Continuing the Dialogue. *Journal of Archaeological Research* 3: 233-279.

Inokuchi, K. 2010 La arquitectura de Kuntur Wasi : Secuencia constructiva y cronología de un centro ceremonial del Período Formativo. *Boletín de Arqueología PUCP* 12: 219-247.

Kardulias, N. P. and T. D. Hall 2008 Archaeology and World-systems Analysis. *World Archaeology* 40(4): 572-583.

Kembel, S. R. 2001 Architectural Sequence and Chronology at Chavín de Huántar, Peru. Ph.D Dissertation, Stanford University, University Microfilms, Ann Arbor.

――― 2008 The Architecture at the Monumental Center of Chavín de Huántar: Sequence, Transformations, and Chronology. In W. Conklin and J. Quilter (ed.), *Chavín: Art, Architecture and Culture* (Cotsen Institute of Archaeology Monographs Contributions in Field Research and Current Issues in Archaeological Method and Theory 61), pp. 35-81. Los Angeles: Cotsen Institute of Archaeology at UCLA.

Matsumoto, Y. 2010 The Prehistoric Ceremonial Center of Campanayuq Rumi: Interregional Interactions in the Peruvian South-central Highlands. Ph.D Dissertation, Department of Anthropology, Yale University.

Matsumoto, Y. and Y. Cavero P. 2010a Investigaciones arqueológicas en Campanayuq Rumi, Vilcashuaman, Ayacucho. *Revista Pacha Runa* 1: 25-46.

――― 2010b Una aproximación cronológica del centro ceremonial de Campanayuq Rumi, Ayacucho. *Boletín de Arqueología PUCP* 13: 323-346.

――― 2012 Early Horizon Gold Metallurgy from Campanayuq Rumi in the Peruvian South-central Highlands. *Ñawpa Pacha: A Journal of Andean Archaeology* 32(1): 115-129.

Matsumoto, Y., Y. Cavero P. and R. Gutiérrez S. 2013 The Domestic Occupation of Campanayuq Rumi: Implications for Understanding the Initial Period and Early Horizon of The South-Central Andes of Peru. *Andean Past* 11: 169-213

Mendoza, E. M. 2010 Investigaciones arqueológicas en la margen izquierda de los ríos Yanamayu y Pampas, Vilcashuaman- Ayacucho 2008. *Revista Pacha Runa* 1: 123-162.

Onuki, Y. 1997 Ocho tumbas especiales de Kuntur Wasi. *Boletín de Arqueología PUCP* 1:79-114.

Peregrine, P. N. and G. M. Feinman (eds.) 1996 *Pre-Columbian World Systems*. Madison: Prehistory Press.

Rick, J. W. 2006 Chavín de Huántar: Evidence for an Evolved Shamanism. In D. Sharon (ed.), *Mesas and Cosmologies in the Central Andes* (San Diego Museum Papers 44), pp. 101–112. San Diego: San Diego Museum of Man.

Schreiber, K. 2005 Imperial Agendas and Local Agency: Wari Colonial Strategies. In G.J. Stein (ed.), *Archaeology of Colonial Encounters*, pp. 237–261. Santa Fe: School of American Research Press.

Seki, Y., J. P. Villanueva, M. Sakai, D. Alemán, M. Ordóñez, W. Tosso, A. Espinoza, K. Inokuchi and D. Morales. 2010 Nuevas evidencials del sitio arqueológico de Pacopampa, en la sierra norte del Perú. *Boletín de Arqueología PUCP* 12: 69–95.

Tripcevich, N. and D. A. Contreras 2011 Quarrying Evidence at the Quispisisa Obsidian Source, Ayacucho, Peru. *Latin American Antiquity* 22: 121–136.

――― 2013 Archaeological Approaches to Obsidian Quarries: Investigations at the Quispisisa Source. In N. Tripcevich and K. Vaughn (eds.), *Mining and Quarrying in the Ancient Andes*, pp. 23–44. New York: Springer.

Wallerstein, I. 1974 *The Modern World System I. Capitalist Agriculture and the Origins of the European World-Economy in the Sixteenth Century*. New York: Academic Press.

松本雄一 2009 「カンパナユック・ルミとチャビン問題―チャビン相互作用圏の周縁からの視点」『古代アメリカ』12: 65–94。

――― 2015 「神殿・儀礼・廃棄―聖なるモノとゴミとの間」関雄二編『古代文明アンデスと西アジア―神殿と権力の生成』pp. 167–208、東京：朝日新聞出版。

終章　アンデス文明における権力生成

関　雄二

　本章では、各章で提示されたデータをもとに、アンデス文明における権力生成の総括をおこなうことにする。

1　権力生成の時期

　本書で取り扱ったのは、アンデス文明初期にあたる形成期と呼ばれる時代である。形成期内部の編年については、序章で説明したように、日本調査団が独自の体系を提言してきた。公共建造物、いわゆる神殿の建設と更新が持つ社会的意味を重視し、その登場をもって形成期の開始とすべきであるという立場である。

（1）チャビン論争

　形成期を代表とする遺跡としては、まずチャビン・デ・ワンタル遺跡があげられる。ペルー考古学の父と呼ばれたフーリオ・C・テーヨが発掘し、その弟子たちとともにチャビン中心説を唱えたことでも有名な遺跡である（Tello 1960）。今日、ユネスコの世界文化遺産にも指定されているチャビン・デ・ワンタル遺跡は、ペルー中央高地アンカシュ州東部、アンデス山脈東斜面の海抜3200mの小さな谷間に位置する神殿である。切石を積み上げた基壇とそれに囲まれた広場が100m四方に展開し、基壇内部には、回廊、通気坑が縦横に走る。年代的には、形成期中期から後期にあたる。建物の内部には回廊が縦横に走り、外には、円形や方形の半地下式広場が築かれた。回廊の内部や広場を縁取る壁には、ネコ科動物、ヘビ、猛禽類、あるいは人間の

属性を複雑に組み合わせた像が彫り込まれ、また原位置をとどめていないものの、カイマンワニ（*Caiman crocodilus*）や栽培植物が彫り込まれた石彫も発見されている。

　テーヨは、チャビン・デ・ワンタル遺跡の調査ばかりでなく、海岸や山岳地帯においてチャビン・デ・ワンタルに類似した図像を壁画、レリーフ、あるいは土器に表現した遺跡を数多く発見し、チャビン・デ・ワンタルが中心地として機能し、各地に影響を与えたというシナリオを描き、チャビン・ホライズンという概念を提唱した。

　ホライズンとは、ある一定の様式が広範に、かつ時間的厚みを持って広がっている場合を指し、欧米の研究者は、現在でも形成期ではなく、ホライズンを使用することが多い（序表-1参照）。彼らによれば、ホライズンは三つ存在し、もっとも早いものがこのチャビン・デ・ワンタルの影響が広がった時期である。一般に前期ホライズンと呼ばれ、テーヨのいうチャビン・ホライズンはこれにあたる。残りの二つは、ワリとインカである。三つのホライズンの間には、あまり広がりを持たず、地域ごとの文化が成立したとのことで、中間期と呼ばれる。早い方を前期中間期（チャビンとワリの間）、遅い方を後期中間期（ワリとインカの間）と呼ぶ。

　いずれにしても、テーヨは、チャビン・ホライズンにおける芸術的完成度は比類なきものに達し、またこの時期に民族や宗教が統合されたと論じた。その後、彼の弟子であったレベッカ・カリオン・カチョなどは、宗教的帝国の成立を唱え、チャビン・デ・ワンタルはその首都であるとまで主張した（Carrión Cachot 1948）。テーヨは明確な意見表明はしていないものの、彼の弟子たちの頭には少なくとも社会的リーダーの出現は前提としてあったように思われる。

　その後テーヨがチャビン・ホライズンの証として取り上げた各地の遺跡の調査が開始されると、それらがチャビン以前、すなわち先チャビン期の遺跡であることが次々と判明し、チャビン・ホライズン説はいったん崩壊する。そして社会的統合性よりも地域的多様性に注目が集まり、社会階層などの特徴を論じるのがはばかられるような状況が続いた。

終章　アンデス文明における権力生成

（２）リーダーの痕跡の発見

　こうした研究の流れの中で、実証的なデータをもとに再びリーダーの存在に注目が集まるきっかけを作ったのが、日本調査団によるクントゥル・ワシ遺跡の墓の発見であった（第12章参照）。特異な形態を持ち、豪華な副葬品を納めた墓の存在は、被葬者の高い地位をうかがわせるのに十分であった。しかも長年形成期の遺跡を対象とし、遺跡毎の緻密な編年を確立してきた日本調査団であったからこそ、墓の編年的位置づけにも信頼性があった。墓は、前800年頃の形成期後期とされた。これが画期的な発見であったのは、形成期における社会的リーダーの存在を世界で初めて直接的に示しただけではなかった。欧米の研究者に、クントゥル・ワシの年代を基準に、自らの調査対象の編年の再考を促す契機となったのである。今やチャビン・デ・ワンタルの隆盛期はクントゥル・ワシ遺跡のクントゥル・ワシ期（前800年～前550年）と並行していたという解釈が一般的である。

　これに引き続き、本書で繰り返し登場してきたパコパンパ遺跡でも、ほぼ同じ頃に「貴婦人の墓」が作られ、クントゥル・ワシ同様に金製品を含む豪華な副葬品が納められたことが判明したのである。その意味で、本書の結論としては、少なくとも北部高地における形成期の権力生成は前800年頃の形成期後期としておきたいところである。

　ところが、事態はもう少し複雑である。パコパンパ遺跡の場合、第1章で筆者が指摘したように、Ⅰ期（形成期中期）の後半には特定の人物を、建築の中心軸上、しかも重要な機能を担っていたと考えられる中央基壇内部に埋め込むことがおこなわれていた可能性が高い。「貴婦人の墓」とほぼ同じ場所ではあったが、年代的には少し古いこともわかっている。共伴する土器は、明らかに形成期中期である。こうした事態は、形成期後期に社会変化が生じ、リーダーが登場し、物質文化も含めてすべて新たなものに代わっていくというイメージの変更を迫るものであろう。

　たしかに前800年前後に社会変動は起きたが、その開始時期は場所によって微妙に異なり、またリーダーの誕生も新たな社会の登場とともにという

435

ケースもあれば、既存の社会体制の中で生まれていったケースもあるということになろうか。ある意味で社会変化はつねに短期間で広範囲にわたって同じように起こることはないという、いわば常識的なことを実証したに過ぎないのかもしれない。地域的多様性は無視できないのである。

さらにそこには大きな問題が立ちふさがる。クントゥル・ワシ遺跡にせよ、パコパンパ遺跡にせよ同じ北部高地の遺跡である。そこですら微妙な違いがあるのならば、中央高地、南部高地、あるいは北部海岸、中央海岸の状況が気になる。

先にあげた中央高地のチャビン・デ・ワンタル遺跡では、クントゥル・ワシやパコパンパのような社会的差異を示す墓の存在は報告されていない。その代わりに、遺跡周辺の発掘調査が近年進み、エリートと非エリートの居住空間が確認されるようになってきた（Rick 2005）。そこでは、クントゥル・ワシ遺跡のことを意識してのことかもしれないが、前700年頃にはエリートの存在が確実視されることが報告されている。また、南部高地のカンパナユック・ルミでも前700年頃にエリートの住居や埋葬が発見されている（第15章参照）。100年程度の開きはあるが、形成期後期である点では似たような現象と考えられ、年代の差も地域的多様性の範囲内で解釈できそうだ。

一方で、海岸となると少し状況が変わる。芝田が第14章で述べるように、墓の存在こそ報告されていないものの、前1100年〜前800年頃にあたる神殿の壁画には、人間が超自然的存在として動物の属性と一体化した姿が登場するという。社会的差異の出現は、海岸地帯で早かったのであろうか。筆者はその可能性は高いと考えている。

考えてみれば、クントゥル・ワシの場合、特殊な墓は、神殿の建設途上で、いくつも同時に設けられている。しかも被葬者の人骨分析では殺傷痕は見当たらなかった。年齢の異なる4人の人物が同時に自然死を迎えたと考えるよりも、すでに別の場所で死亡していた人物の身体をクントゥル・ワシまで運んで埋め込んだと考えた方が理解しやすい。そして、その場所とは、副葬品の内容からすれば海岸が想定される。実際に、一体の被葬者には素潜りなど水圧を受ける活動でできる外耳道骨腫という病変が認められている。す

なわち埋葬から社会的差異を読み取るというのであるならば、それはクントゥル・ワシ遺跡が位置する高地の社会でのできごとというよりも、被葬者がもともと暮らしていたであろう海岸の社会における様態と考えるべきなのである。海岸地帯の先進性は今一度考えてみるべき点である。

　もっとも、クントゥル・ワシにせよパコパンパにせよ、あるいはカンパナユック・ルミにせよ、形成期後期にリーダーの存在を示す明確な証拠が登場するといっても、それ以前の形成期中期のリーダーの存在を否定しているわけではない。すでに述べたようにパコパンパではそれが考古学的に検証されているし、ほかの遺跡でも大型の神殿の建設を司るリーダーの存在が想定されている。

　鶴見は、クントゥル・ワシ遺跡に近いへテテペケ川中流域を対象に継続的に発掘調査をおこない、そのデータをもとに形成期中期における権力の発生を明らかにしている（第13章）。形成期前期にあたる公共建造物周辺には人々が暮らし、すでに血縁関係を基盤にした神官がリーダーシップを発揮していたという。とくに神殿建築はつねに標識となる最古の神殿建築を見通せる場所に移転しながら築かれた。鶴見はこれを祖先崇拝建築と名づけ、それらが移転していくパターンを移転型神殿更新と呼んだ。やがて形成期中期になると、祖先崇拝建築が規模を拡大し、居住空間も神官と庶民の間で区別されるようになったという。ある意味で神殿更新の結果、社会的分化が発生していった過程をコトシュやワカロマ以上に明確にとらえたといえる。祖先崇拝や血縁と関連したリーダーの誕生が形成期中期には顕在化しているということである。

　いいかえれば、日本調査団が提言している「神殿更新」説に依拠し、比較的平等な社会における自主的な協同労働が基礎にあったとしても、リーダーが不在であったとは限らないことになる。形成期後期に比して力は脆弱であったことは否めないが、形成期中期でもリーダーは存在したと考えた方がよかろう。その場合でも、海岸の証拠は高地よりははっきりとしている。

　これは芝田が多少触れている近年の海岸地帯の研究動向にも関係しているのかもしれない。中央海岸で発掘調査の進むスーペ川やその北側に位置する

パティビルカ川、フォルタレサ川の一帯はノルテ・チコ（小さな北部）の愛称で呼ばれる。2009年にユネスコの世界文化遺産に登録されたカラル遺跡もこれに含まれる。形成期早期というパコパンパよりかなり古い遺跡である。カラルはスーペ川の河口より内陸に25kmほど入った海抜350mの河川沿いにある遺跡である（Shady and Leyva 2003）。全体で66haの範囲に、30以上の公共建造物が立ち並び、周囲に住居も築かれた。遺跡の南西部には、円形劇場と呼ばれる建造物が見られ、ペリカンやコンドルの骨に彫刻を施した22本の笛が出土している。儀礼空間と見て間違いない。また北東側にある中央神殿は、自然の丘を利用し、高さは20mに達する。その基部には直径36.5mの円形広場が隣接する。

　カラルからはヒョウタン、パカエ、インゲンマメ、ライマメ（*Phaseolus lunatus*）や、ワタ、サツマイモ、トウガラシ、ピーナッツ、アボカド、食用カンナ（*Canna edulis*）、果実のルクマなどが出土しているので、農業に従事していたことはたしかだが、大量の魚介類が出土するので、海産物に大きく依存していた社会であったと調査者ルトゥ・シャディは考えている。実際にスーペ谷の河口近くには、アスペロという公共建造物をともなう遺跡が以前から知られており、漁労に従事していた人々がいたこともわかっている。シャディはアスペロからの海産物の入手を想定している。

　またカラルでは、コンゴウインコの羽根や暖流産の貝などアマゾンやエクアドル地域からの搬入品も発見され、長距離交易がおこなわれていた可能性も指摘されている。西に海岸、東に山、それを超えてアマゾンという立地が有利に働き、交易はリーダーの権力を支えたと考えられている。年代は形成期早期にあたる前3000年〜前2000年頃のことである。さらに驚くべきことに、スーペ谷ではカラルばかりか、同時代にあたる多数の遺跡が発見され、相当な人口規模を抱えていたことがわかってきた。

　一方で、パティビルカ川、フォルタレサ川の谷間を調査するジョナサン・ハースらは、似たような状況をつかみながらもシャディとは異なる見解を表明している。一般調査において、スーペと同じように巨大な公共建造物が集中していることを突き止めている（Haas and Ruiz 2005）。盗掘跡などを利用し

て得られた試料の年代測定によれば、スーペ谷の遺跡とほぼ同時代の遺跡であることは間違いない。さらに、建造物に近い居住空間を同定し、小規模発掘を繰り返し、考古遺物や動植物の遺存体を採取している。とくにハースが注目するのがトウモロコシである（Haas et al. 2013）。穀粒や果穂、茎部といった遺存体そのものの出土はきわめて少なかったが、土壌の花粉分析、石器に付着したデンプン粒分析、人間や動物の糞の解析などから、当時の人々がトウモロコシをかなり摂取していたと結論づけている。さらに内陸の遺跡数に比べて海辺の遺跡が少ない点は、海産物の供給量がさほど大きくはなかったと判断されるという。

シャディのいうように海産物を基盤にしたにせよ、ハースがいうように農産物を基盤にしたにせよ、形成期早期の中央海岸ではかなり複雑化した社会が想定できるのである。海岸地帯の先進性はあったと考えたい。しかしカラルの調査責任者であるシャディが唱える「アンデス文明最初の都市」というスローガンや社会階層の存在については、詳細なデータが提示されていない以上、簡単に受け入れるわけにはいかない。

こうしてみると、中央アンデス地帯において権力の生成時期を一言でいうことが難しいことがわかる。海岸と高地でも異なるし、また高地内部にも地域差はある。その意味で、引き続きそれぞれの場所で精査と緻密な分析を継続的におこなっていく必要がある。

次にパコパンパ遺跡における権力生成基盤を、序章で紹介した権力の源ごとにまとめてみたい。ここではこれまでの論で収めきれなかったデータを補足しながら考察を進めることにする。

2 │ 権力生成の基盤

（1）経済的側面

主生産物財政　　パコパンパ遺跡が祭祀遺跡であることを考えると、出土

表 終-1　パコパンパ遺跡より出土した土器片の焦げ目および人骨の歯に付着したデンプン粒分析
（Vásquez and Tham 2007, 2009, 2013 より）

時期＼栽培植物	ジャガイモ *Solanum tuberosum*	ラカチャ *Arracacia xanthorrhiza*	トウモロコシ *Zea mays*	マニオク *Manihot esculenta*
パンダンチェ				○
パコパンパⅠ期	○		○	○
パコパンパⅡ期	○	○	○	

遺物が純粋に経済関係を示したものであるとみなすことは難しい。その点を考慮に入れながら、経済関係に迫ってみたい。まずはパコパンパⅠ期の動植物の利用を見てみよう。本書ではほとんど扱わなかったが、土器内面や人間の歯に付着したデンプン粒の分析、そして魚や貝の遺存体の同定をペルー人研究者がおこなっている。それによれば、Ⅰ期より前のパンダンチェ期では、今日のパコパンパでは栽培されないマニオク、Ⅰ期では、トウモロコシ、ジャガイモに加え、マニオクが同定されている（表 終-1）。マニオクは高度の低い温暖な場所で栽培されるのが通常であり、現在でも徒歩で一時間とかからずに、マニオクや果樹を栽培している畑にたどり着くことができる。山本が第2章で指摘するように、Ⅰ期にチョターノ川支流に降りていく斜面沿いに遺跡が分布し始めることを思えば、低い土地の環境を利用していた集団からマニオクを入手したか、その集団がパコパンパに持ち込んだと考えたいところである。

また動物骨の分析（第8章）を担当した鵜澤は、もっとも出土量の多いシカ科とラクダ科の骨に注目した。それによれば、Ⅰ期において消費された最大の動物は野生のオジロジカであることがわかっている。まだ動物飼育には手を染めていなかったように見えるが、テンジクネズミについて一定の出土が認められているので、動物性たんぱく質は、この飼育種からも摂取していたことが浮かび上がって来る。さらに海水性や陸生の貝（表 終-2）、それにわずかな魚が出土しているが、人骨に残存したコラーゲンの酸素と窒素の同位体分析によれば、海産物の摂取はわずかであり、食生活での依存度はきわ

終章　アンデス文明における権力生成

表 終-2　パコパンパ遺跡より出土した貝類　（Vásquez and Tham 2010 より）

時期＼貝類	ニシキウズガイ科 Trochidae	ウミギクガイ Spondylus priceps	カシュウイタヤガイ Agopecten circularis	チリイガイ Choromytilus Choros	フジノハナガイ Donax obesulus	ウグイスガイ科 Pteriidae	イナズマクラ Oliva peruviana	トウガタマイマイ超科 Bulimulidae
パコパンパ I 期	○	○	○	○	○			
パコパンパ II 期	○	○		○		○	○	○

めて低いものであったと考えられる（第11章）。

　続くII期になるとデータ量が増える。これは埋葬人骨の出土が増えたためであり、さまざまな分析が可能になったからともいえる。土器や歯に付着したデンプン粒の分析によれば、II期になると、マニオクは発見されず、トウモロコシやジャガイモ、そして現在でもパコパンパ周辺で栽培されるセリ科のラカチャが析出されている。山本の遺跡分布調査では、相変わらず高度の低い温暖な斜面における遺跡の分布が確認されているため、温暖な地域の食糧資源を利用しなかったとは言い切れないものの、パコパンパ周辺の高度の高い場所の開発が進められたことが読み取れる。トウモロコシやジャガイモ、あるいはラカチャの出土は、こうしたパコパンパ周辺の環境の利用が高まったことを反映しているのかもしれない。

　農耕への依存はほかの資料からも読み取れる。人骨コラーゲンの同位体比分析によれば、II期になると、トウモロコシの摂取が増えたことが推測できるという（第11章）。またII期に出土する貝類の種類が若干増えることが報告されているが（表終-2）、同位体比分析は海産物の摂取は相変わらず少なかったことを示している。実際に、パコパンパII期の埋葬人骨の歯を分析した長岡と森田は、齲歯率の高さから、人々は農耕に依存していたと推測している（第9章）。

　農耕以上に変化が大きかったのは動物利用においてである。II期になってもオジロジカの狩猟は継続されたが、むしろ出土する獣骨の大半はラクダ科動物のリャマになる。このラクダ科動物については、酸素やストロンチウムの同位体比分析によって、一部の個体を除けば、多くの個体が遺跡周辺で飼

441

育されていたことが判明している（第11章）。この肉の消費は神殿から出土した遺存体であることを考えると儀礼的消費とも考えられるが、アンデスのどの地域でも時代差こそあれ、シカ科からラクダ科への転換は起きている。一般の食生活でも同様の傾向を推測することは誤りとはいえない。さらに鵜澤は、オジロジカの生息数の減少の証拠が見当たらないところから、織物用の獣毛利用が飼育化を促した要因として考えている。なおテンジクネズミの利用については特段変化は報告されていない。

　以上の点から、I期では、遺跡周辺の生態環境に適応した農耕をおこないつつ、温暖な低地との関係を持っていた。またシカの狩猟やテンジクネズミの飼育によって動物の肉を手に入れていた。これがII期になると、農作物はむしろ周辺の環境に適したものを集中的に入手し、シカ猟はやめなかったものの、遺跡周辺で飼育するリャマや住居で飼うテンジクネズミを動物性タンパク質として摂取していたということになろうか。海産物の利用は、遺存体の少なさ、また窒素の同位体比分析からもきわめて少なかったといえる。

　たしかに神殿で発見された動植物遺存体をそのまま生業の証と断定することは避けなければならないが、長期間の食料摂取によって蓄積されるコラーゲンを対象とした分析結果は、大局的に見て、出土する遺存体の分析結果と矛盾しない。したがってある程度生業関係を反映したデータとしてとらえることは容認できよう。

　ではこうした食生活、あるいは生業の変化は権力とどのように関係したのであろうか。純粋に経済的側面を考察するには、食料の備蓄、すなわち余剰生産物の統御に注目することが常道であろう。たしかに先にあげたカラル遺跡と同時代のスーペ谷の遺跡やノルテ・チコの遺跡からは倉庫が報告されている。また、ヘケテペケ中流域を調査した鶴見は、形成期中期における貯蔵施設の存在の可能性を述べている。筆者自身、形成期中期から後期にかけての巨大な神殿を築く頃には、倉庫はあってもよさそうだと感じているが、パコパンパにおいてはいまだに考古学的証拠が発見されていない。同時代の北部高地の遺跡からもやはり見つかっていないことを考えると、仮に倉庫はあったとしても、そこに蓄えた余剰食料の統御は、食料の再分配など純粋に

経済的なものであったとは考えにくい。ともかくもパコパンパにおいては、巨大な神殿での活動を支えるのに十分なほど農耕と動物飼育が確立していたのである。

奢侈品財政　もう一つ考察すべき経済的側面とは希少価値のある資源、奢侈品などの生産、流通、消費についてである。序章でとりあげたマイケル・マンやティモシー・アールが注目する奢侈品財政である。資源自体にイデオロギーが付与されている、というかそのイデオロギー的価値と一体となっているからこそ交換や流通の対象となり、そのアクセスの統御が権力と結びつくとされている。かつて筆者は、こうした奢侈品財政を重視したクントゥル・ワシ期の社会とそれを求めなかったワカロマの社会を比較し、社会的複雑化の度合いが前者で高い点を指摘したことがある（関 2006）。その考察の結果がパコパンパ遺跡にもあてはまるかどうか確かめてみたい。

遺跡の奢侈品財政を考える上で重要なのは、リーダーと思われる人物の墓の副葬品である。パコパンパI期においては、見つかった墓自体の数が少なく、副葬品も乳児の墓で出土したビーズ玉にとどまる。この玉の原材料である孔雀石は、荒田らが第6章で指摘するようにパコパンパ近くに採取地があることが確認されており、長距離交易などで入手した希少品とは考えにくい。また製作についても、荒田が指摘するようにパコパンパ自体でおこなわれた可能性が高い。

一方で、中央基壇の部屋状構造物の床面の張り替えに際し、掘られた小穴から黒曜石の尖頭器破片が出土している点は興味深い。アンデス地帯において黒曜石の産地は、エクアドルもしくはペルー中部から南部に限られているため、遠隔地よりもたらされたものであることは間違いない。科学的分析の途中ではあるが、松本が研究対象とするアヤクーチョ州のキスピシサは有力な候補地の一つである。というのも、パコパンパ以外の北部高地の遺跡から出土した黒曜石の場合、ほとんどがキスピシサ産であることが確認されているからである（Burger and Glascock 2009）。

さらにその黒曜石が出土した中央基壇の部屋状構造物の中央で発見された大型の土坑が墓である可能性についても第1章で述べた。IB期にあたるこ

の土坑の覆土からは、無煙炭製の鉢片が出土している。無煙炭自体は、パコパンパ周辺には産地はなく、これもまた遠隔地から運ばれてきた可能性は否定できない。それ以上に、鏡や装飾品としての報告が多い無煙炭が、鉢という珍しい形で出土している点も見過ごせない。形成期の神殿では、複雑な図像が線刻された石鉢の出土が知られるが（カウリケ 2012）、無煙炭製の報告は筆者が知る限りない。

　貝類にも注目したい。表 終-2 にあるように、I 期では海水性巻き貝、二枚貝、陸生の巻き貝が出土している。海水性の貝の存在自体が、遠隔地からの搬入品であることを示すものには違いないが、チリイガイやウミギクガイが出土している点は注目すべきである。チリイガイは、今日でもペルー海岸で容易に採取できる食用の貝であるが、儀礼用具としての利用も考古学的に想定されてきた（Elera 1994; Seki 1997）。パコパンパ遺跡における出土量の少なさも、食用以外の利用を示唆している。

　もう一つのウミギクガイは、アンデス文明では大変有名な貝であり、装身具、儀礼用具として利用されてきた。エクアドル沖などの暖流域で採取することが知られ、遠隔地からの搬入品であることは間違いない。ただし、チリイガイ同様に出土量がきわめて少ない。

　奢侈品財政の証拠は II 期になると俄然増える。「貴婦人の墓」には、海水性のウグイスガイを加工した大量の微小ビーズ玉が副葬されていた。II 期で初めて登場する貝であり、「貴婦人の墓」以外でも、ビーズ玉の出土例は多い。ウグイスガイはペルー北海岸で採取可能な貝であり、パコパンパへ搬入されたことは間違いない。先述したチリイガイやウミギクガイも II 期で出土する。こうした海岸との関係の強化は、山本が第 2 章で示しているように、遺跡の分布にも反映している。II 期になると、海岸に向かうルート沿いの遺跡が増えていくのである。

　しかしなんといっても II 期のパコパンパを特徴づけるのは金属製品である。「貴婦人の墓」からは、パコパンパ遺跡で初めての金製品が登場する。耳輪と耳飾りである。第 6 章、第 7 章で考察したように、原材料は砂金と考えられる。砂金の採取地の同定は困難であるが、今日、カハマルカ州の山が

ペルーの代表的金鉱山、しかも露天掘り鉱山として名をはせていることを考えると、土砂が流れ込む河川沿いで採取できた可能性は否定できない。また第6章で荒田らが指摘するように、金製品はパコパンパで製作した可能性が高い。墓の副葬品として報告されている銀製針も同じように位置づけられる。

そして金製品よりもパコパンパ遺跡で出土例が多いのが銅製品である。第6章で考察したように、銅製品に関しては近隣の鉱山からの原材料の入手、製作過程がある程度復元できるほどの証拠が揃っており、これまたパコパンパで製作されたことが推定される。しかも荒田が第5章で考察するように、その製作そのものにリーダーらが従事した可能性もある。

銅製品の出土量がほかの形成期遺跡に比べて格段に多い点は、パコパンパが生産拠点であったことを示唆するものであるが、ここから各地の形成期神殿に搬出されたかどうかはまだわかっていない。しかし、仮に流通を目的とした生産であったならば、その流通の様態には二つの可能性があると考える。一つは儀礼的役割を担った奢侈品としての流通であり、もう一つは実用品としての流通である。後者となれば奢侈品財政ではない経済活動となろう。検証は難しいが、大量の黒曜石は生産地側の論理としては奢侈品財政ではなく、経済行為としてとらえられる可能性を説く松本の論は傾聴に値する（第15章）。

いずれにしても、パコパンパにおける奢侈品財政はII期でより顕在化し、そのことと「貴婦人の墓」などリーダーの存在を示す確実な証拠の登場と時期とが一致している。連動しているといってもよい。後段で比較するが、この傾向自体はクントゥル・ワシ遺跡での分析とも合致する。ただし、パコパンパがやや特異であるのは、銅製品の生産、そしておそらくは流通がリーダーの権力を支える重要な資源であった点である。奢侈品なのか経済的物資なのかの判断は留保するが、パコパンパのリーダーが顕在化する時期よりやや遅れて（IIB期）銅製品の生産に力が注がれることは、リーダーの誕生よりも変貌と関連させて解釈すべきかもしれない。

（2）戦いと権力

　マンやアールが唱える戦争と権力の相関関係については、結論からいえば、明確な証拠は存在しない。戦いの存在は、通常、人骨の殺傷痕、武具の出土、人工物に描かれた戦闘の図像、防御をともなう施設の建設、また防御的な立地などを考古学的に検出してある程度語ることができる（Lambert 2002）。このうち、遺跡の分布からは防御性や戦略性を読み取ることはできず（第2章）、また土器や壁画でもその種の図像は確認されていない。ペーター・カウリケ（2012）は戦勝首級を描いた石彫や土器が多いことを根拠に、集団の襲撃や首狩りが存在したことを主張しているが、実際の考古学的証拠は乏しい。

　パコパンパ遺跡の場合、人骨の自然人類学的分析（第9章）で報告された暴力行為の痕跡は、唯一戦いの存在を検討するための素材となりうる。長岡らは、こうした暴力行為の痕跡を残す被葬者は、同時に高い確率でクリブラ・オルビタリアという眼窩上壁の疾患を発症しており、その原因として巨赤芽球性貧血の可能性を提示している。この貧血は、うつやせん妄、錯乱などの神経症状を引き起こすことがあり、暴力的行為との関係がうかがわれるとしている。しかし神経症状はその人物の超自然的能力の一部とみなす社会も世界にあることを考えれば、シャーマン的な宗教的職能者が暴力を受けた可能性すらある。結論からいえば、戦争や戦闘そのものが、リーダーの権力の基盤を形成したという明確な証拠はなく、仮に暴力行為が存在したとしても、イデオロギーの脈絡で考えるべきであろう。

（3）イデオロギー

　イデオロギーとは、通常信仰、行為、儀礼、物質文化の特定のパターンを通じて、どのように社会や政治組織が成立しているのか、権利や義務がなぜ存在するのかといった社会秩序のコードを示すものであり、権力構造を確立し、規則の行使を制度化する基盤となるといってよい。しかしイデオロギー

自体は思考として構築されるため、権力基盤としては脆弱性が目立つ。したがって、古今東西、その固定化には繰り返し可視化していく努力が注がれてきた。具体的には公共的記念物、象徴財、儀礼、文字などを利用するのだが、アンデス文明では文字は使用されなかったため、前3者に注目せざるをえない。

ここではパコパンパの権力基盤としてのイデオロギーを解き明かすために、可視化する媒体ごとに語るが、それぞれの媒体におけるⅠ期からⅡ期への変化に沿って考察を進めていきたい。

建築を媒介にした社会的記憶の生成　筆者が第1章で示したように、公共的記念物、すなわちパコパンパ遺跡全体の構造に目を向けると、パコパンパⅠB よりアクセスの統御が始まり、ⅡA でより強化されている。祭祀空間を訪問する人々にとって、接近できる場所と接近できない場所との区別を繰り返し体感していくことこそ、権力者の位置づけを固定化する手段となった。そして、ⅡA 期のリーダーは、在地の集団との良好な関係を保つために、ⅠB 期のイデオロギーを否定するのではなく、踏襲する道を選んだ。それが建造物の基本的配置やアクセスの踏襲であり、中心となる建築軸の踏襲であった。

軸の踏襲については、坂井による景観考古学的考察が視点を広げてくれる（第3章）。パコパンパ IA 期で、形状の特異な山とプレアディス星団の出現位置をもとに決定された建築の軸は、IB 期においてずれが顕在化するにあたり、建築の配置としてはいったん放棄される。代わって近くのラ・カピーヤを見通す軸を基準に神殿は全面的に建て替えられた。これこそが、IB 期に生まれ始めたリーダーのイデオロギーの変革であり、ⅡA 期まで継承された論理であった。ラ・カピーヤに軸を向けた具体的な理由は不明にしても、天体観測に依存しない別の景観的イデオロギーを持ち込むことで、リーダーは権力生成とその強化を図ろうとした点は間違いない。やがて ⅡB 期には、かつて観測していたプレアディス星団の出現位置が、はからずも外したはずの建築軸に合致するようになり、軸の意味づけが崩れていく。この論に従えば、ⅡB 期で神殿のおもだった建物が機能停止、あるいは変化が生じている

点も理解しやすい。

　このようにアクセスや建築軸の踏襲を意図的に指揮したⅡ期のリーダーらが、同じことを建材の利用で実行した点は第1章で述べた。Ⅰ期の石材を再利用したのは、材料の枯渇というよりも、建築の継続、継承を可視化する手段であったと考えられる。Ⅰ期からⅡ期への移行は、集団の交替ではなかった。リーダーは外来者であった可能性は否定できないが、在地の集団は相変わらず同じ場所で暮らしていたと考えることができる。そうした中で新たな権力者が力の基盤を確保するために選んだ方法とは、過去の隠蔽ではなく、過去の利用であった。この方法により、在地の集団を新たな体制内に取り込むことに成功したのだといえよう。しかし権力の生成は継続性や連続性ばかりでなく、むしろ変化に力点を置いて達せられた面もうかがえる。

　象徴財の統御と社会的記憶　その点を象徴財に描かれた図像から考察してみると興味深い。土器の図像ではⅠ期には動物や人間が単体で描かれるケースが多い。やがてⅡ期になると、ジャガーなど猫科動物の斑点だけを取り出して当該の動物を表現するような抽象性、あるいは象徴性が高まる。可視化という点では、一歩後退している感があるが、それまでの具象的な図像のイメージが定着したからこそ、イメージを喚起する一部の属性の選択だけですむようになったとも考えられる。と同時に、動物と動物、そして人間と動物とを合体させたより複雑な図像が登場する。しかも土器ではなく、石彫という新たな媒体が選ばれるようになる。第1章で述べたように、男女一対のジャガー人間石彫の存在は、チャビン・デ・ワンタル遺跡の石彫の解釈同様に、超自然的能力により動物と交信、あるいは動物と一体化できる神官、リーダーの登場を示したものといえよう。あるいはそのように描くことで、人々にそのような存在であることを繰り返し植えつけることになった、とも考えられる。この点は、ラクダ科動物単体の埋葬がⅡA期以降に現れることを、動物の所有と統御の意識の目覚めとしてとらえ、リーダーの統御であると語る鵜澤の論とも呼応する（第8章）。

　しかも媒体が石であることは、図像の変更を許さないばかりか、壁画や土器など壊れやすい媒体に比べて継続性、永続性の点でも優れていた（加藤

終章　アンデス文明における権力生成

2010)。もちろん、芝田が海岸の神殿の壁画で述べているように、いつでも変更が可能である壁画の利点も忘れてはならない（第14章）。社会の変動に柔軟に対応していく点では石彫の頑なさは逆効果を生み出した可能性もある。しかし、筆者としては継続性に力点を置きたい。その理由を「貴婦人の墓」の副葬品で示そう。

「貴婦人の墓」には、三角状の耳飾りが副葬されていたことは第1章で述べた。この耳飾りにはやや抽象的な図像が表されていた。鳥の羽根のような文様である。打ち出し技法によって隅丸方形の二重線が繰り返され、鳥の羽根の重なりを表現したように見える。これを鳥の羽根と考える根拠は、別の図像の存在にある。

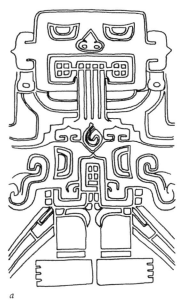

図 終-1　パコパンパ遺跡出土の石彫よりおこした図（Roe 1974)

　パコパンパ遺跡からは、先の男女一体の石像のほかにも、何体かの石彫の存在が古くから知られ、その一体に注目すべき図が描かれているのである。リマ市にあるラルコ・エレーラ博物館に収蔵されている2体の石彫のうちの1体がそれにあたり、胴体が人間で、顔がネコ科動物的な図像が描かれている（図 終-1）。この胴体の両脇には、三角状の突起が認められ、翼と考えられる。しかも、この立像の性器部分は、牙をむき出しにした口のように開かれており、鋸歯状ヴァギナの代表例として考古学者も注目してきた（Lyon 1978）。すなわち石彫は女性性を表現しているのである。この点は、パコパンパの墓の被葬者の性別とも一致する。たしかにこの石彫の原位置は、発掘者ラルコ・オイレの報告がないために確定することはできないが、現在までのところ石彫の出土がII期に限られることから考えるならば、ラルコ博物館

449

の石彫もII期と考えてよさそうだ。図像の女性性だけで推測する危険性はあるものの、この石彫が唯一無二の墓である「貴婦人の墓」を記念、もしくは記憶するために掘られ、墓の近くに据えられた可能性はある。

　さらに興味深いのは、第1章で述べたように、IIB期になり、「貴婦人の墓」が存在する中央基壇や周辺の遺構が改修もしくは放棄されても、その付近でさまざまな儀礼が継続されていた点である。浅い土坑が掘られ、火が焚かれた。そこからは獣骨、銅製のピンや針のほか、スナッフィング関連の骨製品が出土している（第5章参照）。織物加工と関連する針、マントをとめるピンなどは女性性を示す奉納品であることから、過去に埋葬された「貴婦人」の記憶が儀礼を通じて長く刻まれたことが想像される。

　このように人々が集団として繰り返し儀礼をおこなうことで保持していく記憶、いわゆる社会的記憶の生成こそが、リーダーの権力基盤となっているのである。ラルコ博物館の石彫は、石材という永続性、耐久性の面で、こうした社会的記憶をつねに想起させ続けるために効果的であったといえよう。

　埋葬の持つ意味　議論が象徴財から儀礼に移りつつあるが、このまま考察を続けたい。もう一つ、考えておかねばならないのは、「貴婦人の墓」のように神殿の中核部に人を埋葬するという行為の意味である。その空間が、建築の完成後には重要な祭祀を執りおこなう場所であることを考えれば、単なる墓やそれに関する葬送儀礼として解釈するだけでは不十分である。むしろ建築物に宗教的力を与え、象徴性を与えることこそが目的であったと考えられる。その意味で、アールや鶴見が述べているように、初期の権力生成においては、血縁に基づく社会的紐帯が重要であったという論は十分に説得力を持つ。すなわち「貴婦人の墓」は、パコパンパ外の世界から権力者の遺体を持ち込み、埋め、その血縁関係にある人物が自らの権力の正当性を示すために利用したと考えられるのである。時代が新しいが、南アンデス（チリ）のマプーチェ族の祖先崇拝を扱った歴史考古学的報告でも同様の指摘がある（Dillehay 1990）。

　いいかえれば、個人の祖先崇拝を神殿内に持ち込み儀礼を繰り返しおこなうことで、集団における祖先崇拝を固定化、強化していく過程をパコパンパ

で見ていることになる。その意味で、「貴婦人の墓」以後も神殿内に埋葬していくことが続くのは、埋葬を指揮したリーダーが、新たな被葬者を、以前に埋葬した先祖と関係した人物であることを示そうとした証と考えるべきである。さらにこうした神殿内の埋葬がIB期の数例を除いて、II期になって一気に増加するという事実は、血縁に基づく権力生成が確立したのがII期であったことを示すものである。その意味で、血縁も権力生成に寄与したイデオロギーの一種と位置づけられるのである（第10章、第13章参照）。

饗宴儀礼の多面性　さらに社会的記憶の生成を促した儀礼をもう一つ筆者らはつかんでいる。第4章、第8章で触れられている饗宴の痕跡である。今日、饗宴ははやりのテーマである一方で、何か人工物が大量に廃棄されているとすぐに饗宴としてまとめられてしまい、実態を覆い隠してしまう傾向にある。その警告を戒めにしながら、ここではとりあえず饗宴という名を冠しておこう（第4章）。いずれにしても、パコパンパの事例を見るとじつに興味深い儀礼の転換を読み取ることができる。

　北基壇上のパティオ内で出土した大量の遺物、動物や人間の骨は、ここで一過的な消費行動が展開したことを示している。しかし時間軸を追って儀礼を復元してみるとおもしろい。まず、このパティオ自体はIIA期の初めに築かれたと考えている。中央基壇の東側、すなわち正面には一辺が30mほどの半地下式広場があり、その左右、すなわち南北にはそれぞれ基壇が築かれた。少なくとも北の基壇上には窪んだ半地下式パティオが設けられた。その時点では饗宴儀礼の証拠は確認されていない。すなわちパティオは、もともと饗宴儀礼のために造られたとは考えにくいのである。パティオ周辺の建物が改修しているうちに、IIA期の最後を迎える。ここで初めて饗宴というか大量の消費儀礼がおこなわれる。その儀礼の中には共食ばかりでなく、荒田が指摘するような幻覚剤の吸引行為も含まれていたと考える。そしてなにより層位的に前後関係を把握するのは難しいが、ほぼ同時に「ヘビ・ジャガー神官の墓」がパティオの西側の縁近くに設けられた。その意味で、神官の墓と饗宴とは直接的関係があったと考えられる。

　パティオが本来の機能を失い、饗宴の場所になったときに、権力者の墓が

設けられるというのは、パティオでの本来の儀礼に関与した人物の死を記念した儀礼が饗宴であった可能性を示唆している。しかもこの饗宴がその後、2回にわたって繰り返されるというのは、本章で繰り返し述べてきた儀礼行為を通じた社会的記憶の生成とも解釈できよう。

そしてもう一つ重要なのは、この「ヘビ・ジャガー神官の墓」の形態が「貴婦人の墓」ときわめて似ていることである（第10章）。双方とも深い土坑に板石を斜めに立てかけていることは、葬送の方法に同一性を求めていた証拠である。層位的に「ヘビ・ジャガー神官の墓」が「貴婦人の墓」よりかなり後の時代であることを想起すれば、集団の中で、権力者はこのように埋葬されるべきであるという考えが継承されていたことになろうか。やはりここでも社会的記憶が権力の継承と結びついている。

さらにこの饗宴は、鵜澤が獣骨分析から指摘するように（第8章）、事前に準備されたことが想定される。この点も規則的、反復的な儀礼行為が社会的記憶を生成させるという論につながってくる。ただし、中川の土器分析によると、一見して饗宴とは関係のなさそうな土製の仮面のような遺物が時間とともに増加することが報告されている（第4章）。飲み食いだけの場のようなイメージを持ちやすい饗宴において、さまざまな儀礼がくり広げられていた可能性を示唆するのと同時に、反復的な儀礼においても、時間が経つにつれ変化が生じていくことを示す貴重なデータである。この点は、むしろ社会変化と結びつけて論じる必要があろう。

3 パコパンパにおける権力生成過程

以上の考察を総括してみよう。パコパンパの権力生成は IB 期に始まるが脆弱性が認められ、より顕在化するのは IIA 期を待たねばならない。IIA 期のリーダーの基本的な戦略は、主産物財政や戦争ではなく、イデオロギー面のコントロールであった。それは祭祀空間における継承性にみてとれる。旧建材の利用、アクセス・ルートの維持、血縁関係を可視化する埋葬などを組

み合わせ、反復的に社会的記憶を生成させていったことが検証された。一見すれば、その継承性は、社会の変化よりも安定を促すようにみえるが、実際には社会は変化し、権力も強化されていった。それは、経済にせよ、イデオロギーにせよ、リーダーや社会成員の間に流通する資源の変容と関連していた。特定の環境の開発が促進される中で、トウモロコシ農耕が開始され、おそらくは儀礼用の酒の利用が始まり、またラクダ科動物の飼育が導入され、動物の支配や統御の観念が芽生えてくる。もちろん新たな食料や衣料が日常生活に影響を及ぼしたことは間違いないが、それ以上に神殿における祭祀活動の変貌をもたらしたことは間違いない。可塑性の高い土器は、そうした変化にいち早く対応し、新たな図像や形態を生み出し、イデオロギー形成の一翼を担った。そしてなにより高度な技術を必要とする金属製作は、実用的知識以上に、物質の化学変化を人々の世界観、すなわちイデオロギーの中に位置づけることを強いたものと考えられる。しかも完成品の使用ばかりでなく、製作そのものに従事し、統御した点こそが権力の基盤であったと考えられる。

　こうして同じような祭祀空間を利用していても、リーダーが統御する資源は変化し、それぞれの資源の特徴に応じて統御の方法を変えていく必要も生まれる。さらに、社会変化を生み出した要因としてあげなくてはならないのは奢侈品財政である。遠隔地からの資源を入手、あるいは統御することで、それらの資源を持てるものと持てないものとの差を生み出していった。たしかに、こうした遠隔地からの交易の、パコパンパのリーダーの自律的選択だけにその要因を求めることはできない。後段で述べるように、形成期後期における地域間の交流の増大は一般的傾向として把握されてきた。パコパンパはその流れに乗り、その流れを生み出した一つのセンターであった可能性がある。

　このようにパコパンパでは、継続性と革新性の両ベクトルのバランスの上に権力が生成されていったことがわかる。その際、社会的記憶の生成は継続性に特化しているかに見えるが、じつはそうばかりとはいえない。新規の資源を組み込みながら新たな社会的記憶を生成し続けているのである。「貴婦

人の墓」や「ヘビ・ジャガー神官の墓」に関連する儀礼の反復性は、この点を如実に示すものであろう。たとえIB期からの反復的な方法を踏襲したとしても、そこに金属製品が埋め込まれ、鉱物との関係が示唆されるなど、新たな要素が組み込まれ、長い年月の間で、反復行為そのものに変化が生じてくる。この変化には、リーダーが意図しなかったものも含まれ、やがてはその変化にリーダーが翻弄されることもあった。IIB期の建築軸の否定もその一つとして考えられる（第3章）。じつに複雑な権力形成過程を経ているといわざるをえない。

ではこうしたパコパンパの姿は、形成期全体から見ればどの程度普遍性があり、あるいは特異性があるのだろうか。

4 ｜ 形成期におけるパコパンパの位置づけ

すでに述べてきたように、鶴見が提示した北部海岸（厳密には内陸に入った河川中流域）や芝田が紹介した中央海岸北部の事例は、形成期中期社会で社会の差異化、すなわち権力の生成があったことを示している。パコパンパとてIB期に萌芽が認められないこともないが、海岸地帯の社会がより複雑化していた可能性はある。

これに対して、高地に位置する同時代の遺跡からのデータは、パコパンパにおける社会変化と呼応しているかに見える。南部高地のカンパナユック・ルミでも、形成期後期にあたるII期に建築が拡大し、金製品を始めとする装飾品、豊かな副葬品をともなう埋葬など階層化の萌芽を示すデータが現れるという（第16章）。松本は、これがチャビン・デ・ワンタルにおいても起きたと考えている。形成期後期では、パコパンパ、そしてクントゥル・ワシで確認されているように地域間交流が活発化し、黒曜石、水銀朱、ウミギクガイをはじめとする奢侈品、希少な資源が広範囲で出土する。クントゥル・ワシの場合、それがもっとも顕著に見てとれる。第13章で井口が詳述しているように、クントゥル・ワシでは数多くの地下式墓が発掘され、おびただ

しい量の金銀製品や貝製品、石製品など副葬品が発見されている。その内容は、遠隔地からもたらされた奢侈品が多く、権力の基盤がそこにあったことがうかがわれる。

この点で、中央アンデスの高地では、北でも中央、あるいは南でも大きな社会変動に見舞われていたことは間違いない。ただし、本書でも繰り返し指摘してきたように、場所によってかなりの多様性が見られたことも事実なのである。クントゥル・ワシと比べれば、パコパンパで出土する希少な資源はわずかである。一方で、パコパンパからは銅製品が数多く出土している。

しかもクントゥル・ワシの場合、中央基壇内に埋め込まれた四つの墓から出土した金製品の金と銀の相対比が異なることが日高らの分析でわかっている（第7章）。意図的に金の含有量に差をつけたと考えざるをえない。リーダーの中でもランクの差が存在したことが示唆される。たしかにパコパンパの場合、金製品による序列は確認できないが、墓の形態・構造、副葬品、頭蓋変形、朱といった要素の分析からは少なくとも三つの社会階層、もしくは地位が存在したことが示されている（第10章）。このようにクントゥル・ワシとパコパンパでは、社会的差異の表現方法に違いがあったと考えられる。

むしろクントゥル・ワシの場合、形成期後期後葉（前500年～前250年？）にあたるコパ期において、このリーダー集団が増殖した可能性が指摘されている。祭祀をつかさどる小パティオと部屋という単位がいくつも出現すること、特定の地下式墓の被葬者だけに施されてきた頭蓋変形が、単純な土坑墓の被葬者でも見られるようになったことから推測されている。逆にこうした漸次的な変化をパコパンパでは観察することはできない。あるのは副葬品をともなわない単純な構造の土坑墓の増加であり、クントゥル・ワシのようなエリートの台頭というよりもエリートの権力の衰退による非エリートの神殿の利用がうかがわれる（第10章）。この点もまた権力生成とその後の変貌はかなり地域差が存在するということを物語っている。

そしてそれ以上に興味深いのは、社会的記憶の利用方法である。パコパンパにおいては、これまで繰り返し指摘してきたように、建築や儀礼空間の利用方法において継続性や連続性が確認され、社会的リーダーが、過去のイデ

オロギーを再利用しながら在地集団の中に食い込む方法が採用されている。一方でクントゥル・ワシにおいては、井口が第12章で述べるように、権力生成期においては、過去の建造物を完全に埋めてしまう方法を採用している。記憶していくことよりも忘却が重要であったのであろう。すなわち、権力生成においては、社会的記憶をうまく利用する場合もあれば、意図的に隠蔽していく場合もあったことになる。

　このように社会的記憶という新しい観点を導入すれば、奢侈品財政の重要度に差が認められる、あるいは銅製品の生産に違いが見られるといった経済的側面のみならず、イデオロギー面での権力生成のあり方をより具体的に掌握することができるのである。

　　　形成期後期の社会変動と気候変動　　こうした形成期中期から後期にかけて認められる高地における社会変動は、海岸社会とどのように関連しているのであろうか。これについては大貫良夫が、大規模な気候変動に起因する海岸社会、とくに神殿の崩壊こそが高地社会の勃興を促したという「海岸空白」説を提示している（Onuki 1993）。たしかに形成期後期の北海岸では、形成期中期に見られたような公共建造物の建設ラッシュが停止している。また近年、形成期後期にエル・ニーニョ現象が増加したというデータも示されるようになり、「海岸空白」説の蓋然性は高まりつつある（Sandweiss 2001）。しかしながら、だからといって海岸社会が一様に没落していったとは考えにくい。芝田が述べるように、一部の谷間では、形成期後期でも神殿は建設され、維持されていたことが次第に明らかになっているからである。今後とも、気候変動のデータには注目していく必要があるが、それ以上に、各地域、各遺跡からのデータの提示と詳細な分析報告こそが大切になっていくことはいうまでもない。

　そして松本が指摘するように、中心となるセンターからの視点ばかりでなく、地方センターからの視点を組み込む姿勢も今後は必要になってくる。さらに、その地方センターを相対化するために、地方センターに関連したさらに小規模のセンターの自律性に光をあて、センター間の相互関係、連関関係、権力関係を紐解くことも重要な作業となろう。いわば相関関係の総体こ

そが形成期社会であるという姿勢を崩さないことが求められているのである。もはや形成期研究は、かつてのようにチャビン・デ・ワンタル遺跡が理解されれば十分であるという時代は過ぎた。パコパンパ遺跡の研究はこうした新たな時代における一つの研究の到達点を示すものだと自負している。

引用文献

Burger, R. L. and M. D. Glascock 2009 Intercambio prehistórico de obsidiana a larga distancia en el norte peruano. *Revista del Museo Arqueología, Antropología, y Historia* 11: 17–50.

Carrión Cachot 1948 La cultura Chavín: Dos nuevas colonias: Kuntur Wasi y Ancón. *Revisita del Museo Nacional de Antropología y Arqueología* 2(1):99–172.

Dillehay T. D. 1990 Mapuche Ceremonial Landscape, Social Recruitment and Resource Rights. *World Archaeology* 22(2):223–241.

Elera, C., 1994 El shamán del Morro de Eten: Antecedents arqueológicos del shamnismo en la costa y sierra norte del Perú. In L.Millones y M.Lemlij (eds.), *En el Nombre del Señor*, pp. 22–51. Lima: Biblioteca Peruana de Psicoanálisis.

Haas J., W. Creamer and A. Ruiz 2005 Power and the Emergence of Complex Polities in the Peruvian Preceramic. In K.J. Vaughn et al. (eds.), *Foundation of Power in the Prehispanic Andes* (Archaeological Papers of the American Anthropological Association Number 14), pp. 37–52.

Haas J., W. Creamer, L. H. Mesía, D. Gldstein and C. V. Rodríguez 2013 Evidence for Maize (Zea mays) in the Late Archaic (3000–1800 B.C.) in the Norte Chico Region of Peru. *PNAS* 110(13):4945–4949.

Lambert, Patricia M. 2002 The Archaeology of War: A North American Perspective. *Journal of Archaeological Research* 10(3):207–241.

Lyon, Patricia 1978 Female Supernaturals in Ancient Peru. *Ñawpa Pacha* 16:95–144.

Onuki, Y. 1993 Las actividades ceremonials tempranas en la cuenca del Alto Huallaga y algunos problemas generales. *Senri Ethnological Studies* 37:69–96.

Rick, J. 2005 The Evolution of Authority and Power at Chavín de Huántar, Peru. In K.J. Vaughn et al. (eds.), *Foundation of Power in the Prehispanic Andes* (Archaeological Papers of the American Anthropological Association Number 14), pp. 71–89.

Roe, Peter 1974 *A Further Exploration of the Rowe Chavín Seriation and its Implications for North Central Coast Chronology* (Studies in Pre-Columbian Art and Archaeology Number 13). Washington D.C.: Dumbarton Oaks.

Sandweiss, D. H., K.A. Maasch, R.L. Burger, J. B. Richardson III, H. B. Rollins y A. Clement
　　2001　Variation in Holocene El Niño Frequencies: Climate Records and Cultural Consequences in Ancient Peru. *Geology* 29(7): 603-606.
Seki, Y. 1998　Excavaciones en el sitio La Bomba, valle medio de Jequetepeque, dpto. Cajamarca. *Boletín de Arqueología PUCP* 1: 115-136.
Shady, R. and C. Leyva 2003　*La Ciudad sagrada de Caral-Supe: Los orígenes de la civilización andina y la formación del estado prístiono en el antiguo Perú*. Lima: Instituto Nacional de Cultura, Proyecto Especial Arqueológico Caral-Supe.
Tello, J. C. 1960　*Chavín: Cultura matriz de la civilización andina, primera parte*. Lima: Publicación antropología del archivo "Julio C. Tello" de la Universidad Nacional Mayor de San Marcos.
Vásquez, V. and T. R. Tham 2007　Análisis microscópios de granos de almidón antiguos en fragmentos de cerámica de Pacopampa. Report prepared for the Pacopampa Archaeological Project. Trujillo: Arqueobios: Centro de Investigaciones Arqueobiológicas y Paleoecológicas Andinas.
────── 2009　Análisis microscópios de granos de almidón antiguos en fragmentos de cerámica de Pacopampa, temporada 2008. Report prepared for the Pacopampa Archaeological Project. Trujillo: Arqueobios: Centro de Investigaciones Arqueobiológicas y Paleoecológicas Andinas.
────── 2010　Análisis e identificación taxonómica de muestras de moluscos de Pacopampa. Report prepared for the Pacopampa Archaeological Project. Trujillo: Arqueobios: Centro de Investigaciones Arqueobiológicas y Paleoecológicas Andinas.
────── 2013　Análisis microscópio de almidones antiguos del calculo dental de entierros humanos del sitio Pacoapmpa. Report prepared for the Pacopampa Archaeological Project. Trujillo: Arqueobios: Centro de Investigaciones Arqueobiológicas y Paleoecológicas
カウリケ、ペーター　2012　「形成期に組織的な暴力行為は存在したか─ 図像表現を政治的言説として再考する」（土井正樹 訳）染田秀藤・関雄二（編）『アンデス世界 ─ 交渉と創造の力学』、pp. 300-327、京都：世界思想社。
加藤泰建　2010　「大神殿の出現と変容するアンデス社会─形成期後期のクントゥル・ワシ神殿」大貫良夫・加藤泰建・関雄二（編著）『古代アンデス　神殿から始まる文明』pp. 105-152、東京：朝日新聞出版。
関雄二　2006　『古代アンデス　権力の考古学』京都：京都大学学術出版会。

おわりに

関　雄二

　2006年に『古代アンデス　権力の考古学』を上梓してからこれまで、ことあるごとに権力という言葉を口にしてきた。自分でも少々へきえきしているところはあるのだが、社会階層だとか社会の複雑化という言葉より、個人の戦略とは何かという筆者の関心が前面にでている点ではほかの言葉では代用できないとも感じている。社会を冠した言葉を使えばなんとなく理解したつもりになる一方で、そこで生きていた個人の姿が覆い隠されてしまうからである。

　たしかに考古学的に権力を定義することは難しい。ただ、そのリスクを負っても、これを前面に出すことで、研究の視点が定まってくると信じている。筆者の場合、人が人を強制する力を指し、それが社会の中でどのように認められるのかという社会的権力、あるいは権力の社会的側面に注目してきた。その際に、使用される物質文化にも光をあててきた。さらに近年では、こうした権力の生成自体が、すべて個人の意思の結果であるととらえることへの疑義も持つようになってきた。人間中心主義の傲慢さに疑いを持っているといい換えてもよかろう。成り行きといってしまっては学術的ではないが、意図せざる結果が権力の生成につながったと考えた方が考古学的データにも符合することに気づき始めたのである（関編『古代文明アンデスと西アジア　神殿と権力の生成』参照）。現在は、そのことを頭の片隅に置きながら、真摯にデータと向き合っているところである。

　いずれにせよ、本書に寄せられた各章の内容は、こうした権力の生成に焦点をあてたものばかりである。タイトルがそうなのだから当たり前といえば当たり前なのだが、昨今の編書ではただ独立した論文が並べられているだけで、一つの本としての統合が無視されているケースが散見される。編者の筋書きが示されていないものはともかく、忙しい合間に書いていただく執筆者

に対して、編者から修正や追加を依頼することへの遠慮が働いているような気がしてならない。

　その点、本書では筆者が相当わがままをいい、執筆者にはテーマの共有を強く求めた。とはいうものの、一方的強要というよりも執筆者との対話を心がけてきたことも事実である。実際に本書の執筆者らは、2005年以来、ペルーにおける現地調査をともにおこない、また日本、ペルー、オーストリア、エル・サルバドルなど、さまざまな場所での研究会や国際シンポジウムで共通のテーマを追究してきた。

　この点は重要である。昨今、文理融合という言葉が巷間を賑わせているが、実態としてはそう簡単に実現できることではない。筆者の経験からいうならば、まったく独立した研究を束ねることは無謀であり、できるとしたらどちらかの分野がシナリオを提示して、残りの分野がそれに従って研究を推進する方法しかないと思っている。それには互いのコミュニケーションを密にし、研究集会を持ちながらつねに討議していく姿勢が必要なのである。とはいうものの、それにより本書でどこまで研究の統合が可能になったのかについてはほかの研究者の評価を待つことにしたい。ともかく個人の発想や関心でありながらも集団で考えていく研究体制、これが今人文科学では求められていることを強調しておくことにする。

　パコパンパ・プロジェクトはこのように人文科学を軸に置きながら分野横断的に推進してきた。と同時に、社会開発的側面も持つ。筆者は、考古学調査は否が応でも発見をともない、それにより人々の生活が激変する可能性を秘めているがゆえに、調査者は結果に責任を持つべきだという信念に近い考えを持っている。しかもそうした変容に対してもっとも脆弱なのが遺跡周辺で暮らす人々であることも、これまでの経験から学んできている。

　そこで現在、パコパンパ遺跡の保存とそれを核とした持続可能な、そして地域住民が参加できるような観光開発をカハマルカ州政府、チョタ郡役所と推進している。すでに遺跡の主要な建造物の保存は終了している。目標の実現にはまだまだ問題が山積しているが、いつの日か、パコパンパ遺跡を訪れた観光客にマチュ・ピチュに劣ることのない魅力のある遺跡とそれを守る住

民たちの姿に感動してもらえるように努力していくつもりである。

　最後に、この出版成果の基盤となった現地調査と分析に関して支援をいただいた方々や団体に謝辞を述べておきたい。パコパンパ・プロジェクトは、これまで JSPS 科研費 JP14101003、JP19202028、JP19251013、JP23222003、16H05639、16H02729、三菱財団人文科学研究助成「古代アンデス文明における権力の発生と社会発展に関する研究」（2006 年度　代表：關雄二）、平和中島財団　国際学術共同研究助成「先史アンデス社会における権力の発生：パコパンパ遺跡貴人墓の分析」（2010 年度　代表：關雄二）の支援を得てきた。関係者に深く感謝する。

　また現地ペルーにおいては、旧文化庁、現文化省、カハマルカ州政府、ケロコト市、国立サン・マルコス大学から多大な支援をいただいた。またリオ・ティント鉱山からは、社会開発の側面を持つわれわれのプロジェクトに対して支援を受けた。さらに国立サン・マルコス大学は、筆者が所属する国立民族学博物館と学術協定を締結し、研究者および学生の派遣に協力してくれた。なかでも共同研究者 Daniel Morales、遺跡の各地区での発掘責任者を務めてくれた Juan Pablo Vilanueva、Diana Alemán、Mauro Ordoñez、Percy Santiago Andía、José Samuel Querevalú に礼を述べたい。一部の人は本書の第 1 章の執筆者として名を連ねており、謝辞の対象とするのはふさわしいとはいえないが、彼らの協力なしでは、本書で考察対象となったデータは得られなかったであろう。さらにパコパンパの村民にも謝意を表したい。遺跡の調査や保存に惜しげも無く力を貸してくれたばかりでなく、チクラーヨ市で暮らす出身者とともにパコパンパ文化協会を立ち上げ広報普及活動を展開してくれた。遺跡の保存と活用において誰よりも積極的に発言し、国や州政府に精力的に働きかけをおこなう彼ら／彼女らの姿には頭が下がる。

　最後になるが、いつも筆者の出版に忍耐強くつきあってくださるアシスタントの藤田京子さん、そしてこうした学術書の刊行は年々厳しくなってきている中で、快く出版を引き受けてくださった臨川書店、そして編集を担当された藤井彩乃さんに深謝する次第である。

編者・執筆者紹介（五十音順）

[編者]
関　雄二（せき　ゆうじ）　序章、第1章、第10章、終章
国立民族学博物館教授。専門分野はアンデス考古学、文化人類学。主な業績として『古代アンデス　権力の考古学』（京都大学学術出版会 2006）、『アンデスの考古学　改訂版』（同成社 2010）、『アンデスの文化遺産を活かす―考古学者と盗掘者の対話』（臨川書店 2014）、『古代文明アンデスと西アジア　神殿と権力の生成』（編著　朝日新聞出版 2015）などがある。

[執筆者]
荒田　恵（あらた　めぐみ）　第5章、第6章
関西大学非常勤講師。専門分野はアンデス考古学。主な業績として「クントゥル・ワシ遺跡と道具・工芸品―第一テラスおよび南西テラス出土遺物の分析―」『先史アンデス社会の文明形成プロセス　平成14‐18年度科学研究費補助金〔基盤研究（S）〕研究成果報告書』pp. 125-157（共著 2007）、「ペルー北部、パコパンパ遺跡出土遺物分析概報（2007-2010）―神殿における製作活動及び儀礼活動についての一考察」『古代アメリカ』13: 73-94（共著 2010）などがある。

井口　欣也（いのくち　きんや）　第12章
埼玉大学教授。専門分野はアンデス考古学、文化人類学。主な業績として「コンドルの館」加藤泰建、関雄二編著『文明の創造力：古代アンデスの神殿と社会』（共著　角川書店 1998）、La arquitectura de Kuntur Wasi: secuencia constructiva y cronología de un centro ceremonial del Periodo Formativo. Boletín de Arqueología PUCP 12: 219-247 (2010)、Gemelos pístinos: El tesoro del templo de Kuntur Wasi（共著 Fondo editorial del congreso del Perú 2011）などがある。

鵜澤　和宏（うざわ　かずひろ）　第 8 章
東亜大学教授。専門分野は先史人類学、動物考古学。主な業績として「先史アンデスにおけるラクダ科家畜の拡散」印東道子編『生態資源と象徴化』pp. 99-128（弘文堂 2007）、La diffusión de los camélidos domesticados en el norte del Perú durante el Periodo Formativo. *Boletín de Arqueología PUCP* 12: 249-259（2010）などがある。

坂井　正人（さかい　まさと）　第 2 章
山形大学教授。専門分野は文化人類学、アンデス考古学。主な業績として『ナスカ地上絵の新展開』（編著　山形大学出版会 2008）、*Reyes, estrellas y cerros en Chimor* (Editorial Horizonte 1998)、*Centros de líneas y cerámica en las Pampas de Nasca, Perú*, 2010（共著 Yamagata University Press 2014）などがある。

芝田　幸一郎（しばた　こういちろう）　第 14 章
法政大学准教授。専門分野はペルー考古学、ラテンアメリカ研究。主な業績として Nueva cronología tentativa del Período Formativo—aproximación a la arquitectura ceremonial. In L. Valle (ed.), *Desarrollo Arqueológico Costa Norte del Perú*, tomo I, pp. 79-98（SIAN 2004）、Cronología, relaciones interregionales y organización social en el Formativo: Esencia y perspectiva del valle bajo de Nepeña. In M. Giersz and I. Ghezzi (eds.), *Arqueología de la Costa de Ancash*, pp. 113-134（IFEA 2011）、「アンデス文明における神殿と社会の複雑化—ワカ・パルティーダ壁画群の分析から」関雄二編『古代文明アンデスと西アジア　神殿と権力の生成』pp. 209-238（朝日新聞出版 2015）などがある。

清水　正明（しみず　まさあき）　第 6 章
富山大学教授。専門分野は岩石学、鉱物学、鉱床学。主な業績として Sulfosalt Systematics: A Review. Report of the Sulfosalt Sub-committee of the IMA Commission on Ore Mineralogy. *European Journal of Mineralogy* 20（1）: 7-46（共著 2008）、Trace and Minor Elements in Sphalerite: A LA-ICPMS Study. *Geochimica et Cosmochimica Acta* 73（16）: 4761-4791（共著 2009）、'Invisible Gold' in Bismuth Chalcogenides. *Geochimica et Cosmochimica Acta* 73（7）: 1970-1999（共著 2009）などがある。

編者・執筆者紹介（五十音順）

清水　マリナ（しみず　まりな）　第6章

地質、鉱物学者。専門分野は岩石学、鉱物学、鉱床学。主な業績として「ルーマニアの地質と鉱床」『資源地質』49（1）: 63-70（共著 1999）、Hutschisonite, TlPb (As,Sb)$_5$S$_9$, Chabourneite, Tl$_2$Pb (Sb,As)$_{10}$S$_{17}$, and Unnamed (Tl,Ag)$_2$Pb$_6$ (As,Sb)$_{16}$S$_{31}$ from the Toya-Takarada Mine, Hokkaido, Japan - Tl Mineralization in the Kuroko Deposits. N. Shikazono (ed.) *The Japanese Island arc : its Hydrothermal and Igneous Activities* (*Resource Geology Special Issue 20*) pp. 31-37（共著　Society of Resource Geology 1999）、Ingodite, (Bi,Pb)$_2$TeS, Joseite-A, Bi$_4$TeS$_2$, Galenobismutite, PbBi$_2$S$_4$, and Lillianite-gustavite Solid Solution, Ag$_{0.67}$Pb$_{1.67}$Bi$_{2.67}$S$_6$, from Mesothermal Cu-Zn-Pb-Bi-Mo-W Veins of the Oizawa Mine, Tochigi Prefecture, Japan and its Ore Genesis.『栃木県立博物館紀要（自然系）』16: 89-101（共著 1999）などがある。

瀧上　舞（たきがみ　まい）　第11章

山形大学学術研究員。専門分野は同位体生態学。主な業績として「古人骨の直接年代測定の意義と問題点」『考古学ジャーナル』630: 17-21（共著 2012）、「ナスカ砂漠に生きた人々と食性の変化」『文明の盛衰と環境変動―マヤ・アステカ・ナスカ・琉球の新しい歴史像―』pp. 157-171（共著　岩波書店 2014）、Assessing the Chronology and Rewrapping of Funerary Bundles at the Pre-Hispanic Religious Center of Pachacamac, Peru. *Latin American Antiquity* 25（3）: 322-343（共著 2014）などがある。

鶴見　英成（つるみ　えいせい）　第13章

東京大学総合研究博物館助教。専門分野はアンデス考古学。主な業績として『黄金郷を彷徨う―アンデス考古学の半世紀』（共編　東京大学出版会 2015）、「アンデス文明の黄金・織物・土器・建築」矢野興人編『見る目が変わる博物館の楽しみ方：地球・生物・人類を知る』pp. 376-398（ベレ出版 2016）、「コトシュ遺跡の測量と形成期早期の神殿研究の展望」『古代アメリカ』19: 35-46（共著 2016）などがある。

長岡　朋人（ながおか　ともひと）　第9章
聖マリアンナ医科大学准教授。専門分野は形質人類学、解剖学。主な業績として「ペルー、パコパンパ遺跡から出土した人骨の生物考古学的研究」『古代アメリカ』14: 1-27（共著 2011）、A Case Study of a High-status Human Skeleton from Pacopampa in Formative-Period Peru. *Anatomical Science International*, 87: 234-237（2012）などがある。

中川　渚（なかがわ　なぎさ）　第4章
総合研究大学院大学博士課程。専門分野はアンデス考古学。主な業績として、パコパンパ遺跡出土土器3Dデータベースの作成、Construcción de bases de datos: Análisis 3D de la cerámica de Pacopampa. *Arkeos 8*（15）: 1-11（共著 2016）、「補修される土器／補修されない土器―アンデス形成期パコパンパ遺跡、カピーヤ遺跡の事例―」『古代アメリカ』19: 63-75（共著 2016）などがある。

橋本　沙知（はしもと　さち）　第7章
橋本文化財企画代表。専門分野は保存科学。主な業績として「博物館職員による民族資料を対象とした殺虫処理法―業務用フリーザーを用いた低温処理―」『文化資源の高度活用有形文化資源の共同利用を推進するための資料管理基盤形成』pp. 71-76（大学共同利用機関法人人間文化研究機構 2008）、「博物館職員による民族資料を対象とした殺虫処理法―使い捨てカイロを用いた小型資料用高温処理―」『文化資源の高度活用有形文化資源の共同利用を推進するための資料管理基盤形成』pp. 83-88（大学共同利用機関法人人間文化研究機構 2008）、「みんぱくにおける収蔵方法改善の取り組み」『博物館への挑戦―何がどこまでできたのか』pp. 146-154（三好企画 2008）などがある。

日髙　真吾（ひだか　しんご）　第7章
国立民族学博物館准教授。専門分野は保存科学。主な業績として『女乗物―その発生経緯と装飾性』（東海大学出版会 2008）、『記憶をつなぐ―津波災害と文化遺産』（編著　千里文化財団 2012）、『災害と文化財―ある文化財科学者の視点から』（千里文化財団 2015）などがある。

編者・執筆者紹介（五十音順）

松本　雄一（まつもと　ゆういち）　第 15 章
山形大学准教授。専門分野はアンデス考古学。主な業績として Recognizing Ritual: The Case of Campanayuq Rumi. *Antiquity* 86: 746-759（2012）、Early Horizon Gold Metallurgy from Campanayuq Rumi in the Peruvian South-central Highlands. *Ñawpa Pacha* 32（1）: 115-129（共著 2012）、「神殿・儀礼・廃棄　聖なるモノとゴミとの間」関雄二編『古代文明アンデスと西アジア　神殿と権力の生成』pp.167-208（朝日新聞出版 2015）などがある。

森田　航（もりた　わたる）　第 9 章
北海道大学助教。専門分野は自然人類学。主な業績として Exploring Metameric Variation in Human Molars: A Morphological Study Using Morphometric Mapping. *Journal of Anatomy*, 229: 343-355（共著 2016）などがある。

山本　睦（やまもと　あつし）　第 3 章
山形大学助教。専門分野はアンデス先史学、文化人類学。主な業績として Las rutas interregionales en el periodo Formativo para el norte del Perú y el sur de Ecuador: Una perspectiva desde el sitio Ingatambo, valle de Huancabamba. *Arqueología y Sociedad* 25: 9-34（2013）、「先史アンデス形成期社会における人々の活動と戦略—ペルー北部ワンカバンバ川流域のセトルメント・パターンと景観—」『年報人類学研究』4: 1-32（2014）、「先史アンデスにおけるペルー北部チョターノ川流域社会の形成と変遷」(『国立民族学博物館研究報告』39（4）: 511-574（2015）などがある。

米田　穣（よねだ　みのる）　第 11 章
東京大学総合研究博物館教授。専門分野は先史人類学、年代学。主な業績として「同位体からみた日本列島の食生態の変遷」湯本貴和他編『環境史をとらえる技法』pp. 85-103（文一総合出版 2011）、「炭素・窒素同位体でみた縄文時代の食資源利用：京葉地区における中期から後期への変遷」『縄文時代の資源利用と社会（季刊考古学別冊 21）』pp. 162-160（雄山閣 2014）、「同位体分析からみた家畜化と日本人の食—自己家畜化の視点から」松井章編『野生から家畜へ』pp. 64-86（ドメス出版 2015）などがある。

[外国人執筆者]
ディアナ・アレマン（Diana Alemán）　第1章
ペルー国立サン・マルコス大学研究員。専門分野はアンデス考古学。主な業績として *Nuevas evidencials del sitio arqueológico de Pacopampa, en la sierra norte del Perú*. *Boletín de Arqueología PUCP* 12: 69-95（共著 2010）がある。

マウロ・オルドーニェス（Mauro Ordoñez）　第1章
ペルー国立サン・マルコス大学研究員。専門分野はアンデス考古学。主な業績として *Nuevas evidencials del sitio arqueológico de Pacopampa, en la sierra norte del Perú*. *Boletín de Arqueología PUCP* 12: 69-95（共著 2010）がある。

フアン・パブロ・ビジャヌエバ（Juan Pablo Villanueva）　第1章
ペルー国立サン・マルコス大学研究員。専門分野はアンデス考古学。主な業績として *Organización del paisaje en el centro ceremonial formativo de Pacopampa*. *Arqueología y Sociedad* 18:57-68（共著 2008）、*Nuevas evidencials del sitio arqueológico de Pacopampa, en la sierra norte del Perú*. *Boletín de Arqueología PUCP* 12: 69-95（共著 2010）がある。

ダニエル・モラーレス（Daniel Morales）　第1章
ペルー国立サン・マルコス大学教授。専門分野はアンデス考古学。おもな業績として *El dios felino en Pacopampa*. Lima: Seminario de Historia Rural Andina, Universidad Nacional Mayor de San Marcos（1980）、*Investigaciones arqueológicas en Pacopampa, departamento de Cajamarca*. *Boletín de Arqueología PUCP* 2: 113-126（1998）がある。

地名・遺跡名・文化名・時期名索引

ア行

アグア・ブランカ　46, 85, 87, 90–92, 94–95, 97
アスペロ　438
アターリャ　426–428
アタウデス　366–367, 372–373, 375, 377, 382
アマカス期　364, 366–368, 372, 374–377, 380
アマカス平原　159, 359–365, 370–373, 375–378, 380, 382
アマゾン　2, 5, 225, 227, 242, 345–346, 438
アルピリ　11, 406, 414, 417–420, 422–423, 427–429
イドロ期　16, 42–44, 51, 128, 192, 252, 323, 325–328, 330–333, 335–338, 345–346, 348, 350, 374
インカ　1, 7–8, 16–17, 122, 191, 219–220, 234–236, 254, 324, 380, 382, 419, 434
インガタンボ　102
ウッドランド　252, 258
エル・ミラドール　15, 46, 59, 60–61, 74, 94
オンドン　366–367, 372–373, 382

カ行

カイラン　398
カスマ川　389, 391, 399
ガト・デ・モンテ　356, 374
カハマルカ期　16, 104, 136, 177–178, 187, 252–253, 271, 278
カハマルカ州　43, 86, 248, 321, 444, 460–461
カハマルカ晩期　17
カハマルカ文化　382
カラル　7, 379, 386, 438–439, 442
カルダル　41, 129, 390
カンパナユック・ルミ　11, 127, 129, 152, 185, 240, 406–416, 418, 420–429, 436–437, 454
カンパナユックⅠ期　410–412
カンパナユックⅡ期　411, 413, 422, 425
キスピシサ　346, 412–416, 420, 422–425, 428, 443
クピスニケ　7, 49, 324, 337, 381
クントゥル・ワシ　7, 11–14, 16, 41–44, 49–51, 73–74, 102, 127–129, 191–198, 203, 210–211, 215, 217–219, 229, 232–234, 252–253, 255–256, 263, 272–273, 275–276, 286, 313, 321–324, 326–331, 333, 335, 337–339, 345–352, 354, 356, 358, 360, 362–363, 372, 374, 381, 385, 390–391, 405–406, 411–413, 418, 421, 425–426, 435–437, 445, 454–456, 458
クントゥル・ワシ期　42–43, 49, 51, 74, 192, 253, 273, 313, 323–324, 326–330, 335–341, 344–349, 372, 435, 443
後期ワカロマ期　43–44, 74, 324–326, 357, 390
コトシュ　7, 229, 357–359, 380, 382, 437
コトシュ・チャビン期　357
コトシュ・ミト期　357, 373, 382
コパ期　16, 42, 192, 253, 323–324, 326, 336, 338–352, 372, 455

サ行

サマンコ　398
シカン　7, 173, 188
スーペ川（谷）　386, 437–439, 442
セチン・アルト　387
セロ・サポ　345
セロ・ネグロ　85, 88, 90
セロ・ブランコ（中央海岸）　11, 127, 129, 388, 395–399
セロ・ブランコ（北部高地）　322, 326–327, 356, 374
ソテーラ期　16, 42, 128, 192, 253, 323–324, 326, 351

タ行

チムー　7–8, 173
チャニンパタ　421–422
チャビン・デ・ワンタル　11, 14, 20, 69, 73, 127, 151–152, 229, 321, 324, 329, 355, 378, 405–406, 409–414, 420–426, 428–429, 433–436, 448, 454, 457
チャン・チャン　8
チョターノ川　19, 83–86, 88–91, 93–94, 96, 98, 100, 102–103, 104, 440
チンチャ　251, 256
ティワナク　7–8, 20
デサパレシード　366–367, 373, 375, 382
テラルマチャイ　231
テンブラデーラ　356, 360, 364–366, 368–373, 375–377, 380–382

ナ行

ナスカ　6-7, 20, 251, 256
ネペーニャ（川）　385, 387-388, 392, 395, 398-399
ノルテ・チコ　386-387, 389, 399, 438, 442

ハ行

バグア　93, 96, 98
パティビルカ川　386, 438
ハナバリウ相　412
パンダンチェ　16, 87, 91, 93, 100
パンダンチェ期　16, 79, 87, 91-94, 96-97, 100, 324, 440
パンテオン　366, 370-371, 376
パンパ・グランデ　175
ヒスカイルモコ　11, 184
プエブロ・ビエッホ　251, 256
フォルタレサ川　386, 438
ヘケテペケ川（谷）　152, 272, 321-322, 355-356, 358-361, 365-366, 370-371, 374, 377, 390
ペンディエンテ　365-366, 373, 375
ポソ・ネグロ山　59-60

マ行

マヤ文明　47
マル・パッソ　366, 370, 377, 382
ミナ・ペルディーダ　11, 183, 188, 390
メガリト　366, 370, 376
モチェ　6-7, 10, 173, 175, 220, 241, 353
モンテ・ベルデ　22

モ（続き）

モンティクロ・ラグーナ　15, 32, 59-61, 64
モンテグランデ　359-368, 370-373, 375-377, 379-380, 382

ラ行

ラ・カピーヤ　15, 17, 33, 59-61, 64-66, 71-74, 77-78, 447
ラ・ボンバ　356, 374
ライソン　7, 16, 321-322, 324, 356, 379
ラス・ワカス　11, 152, 322, 356, 363-371, 373, 375-378, 380, 382
ラウラン　84-85, 90, 92, 95, 99, 101, 134, 168-170
ランバイェケ　98, 385
ルリン　40, 183
レチェ川　59, 188, 385
レチューサス　322, 371
レッケ川　59
レンブラデーラ期

ワ行

ワイワカ　11, 183
ワカ・パルティーダ　11, 387-389, 392-396, 398-399
ワカ・プリエッタ　152
ワカロマ　7, 11-14, 16, 41, 43-44, 74, 100, 102, 127-129, 152, 229, 256, 321-322, 324-327, 335, 356-357, 373, 437, 443
ワリ　6-8, 20, 251, 256, 261, 434
ワンカベリカ　272, 426
ワンバッチョ　127, 388, 398

人名索引

ア行

アール，ティモシー（Earle, Timothy K.） 10, 287, 443, 446, 450
アルデンダーファー，マーク（Aldenderfer, Mark） 184, 188
イバラ，バベル（Ibarra, Babel） 423
インゴールド，ティム（Ingold, Tim） 236
ウィリー，ゴードン（Willey, Gordon R.） 174
ウォーレス，ドワイト（Wallace, Dwight） 185
エスパルサ，ホルヘ（Esparza, Jorge） 185
大貫良夫 8, 321, 326, 387, 456
オドリクール，アンドレ（Haudricourt, André. G.） 236
オルロブ，ベン（Orlove, Ben） 67-68

カ行

カウリケ，ペーター（Kaulicke, Peter） 446
カベロ，ユリ（Cabero, Yuri） 415-416
カリオン カチョ，レベッカ（Carrión Cachot, Rebeca） 434
川田順造 12-13
キーティング，リチャード（Keatinge, Richard W.） 360, 363
グロスマン，ジョエル（Grossman, Joel W.） 183

サ行

サラサール，ルーシー（Salazar, Lucy C.） 20
シャディ，ルトゥ（Shady, Ruth） 141, 438-439
ジョイス，ローズマリー（Joyce, Rosemary A.） 47-48

タ行

ダーウィン，チャールズ（Darwin, Charles） 230
ディーン，キャロライン（Dean, Carolyn） 419
テーヨ，フーリオ・C（Tello, Julio C.） 321, 355, 433-434
テーレンバッハ，ミヒャエル（Tellenbach, Michael） 360
ドルック，イサベル（Druc, Isabelle） 346

ナ行

ネスビット，ジェイソン（Nesbitt, Jason） 423

ハ行

バーガー，リチャード（Burger, Richard L.） 20, 151, 183, 186, 272, 412-413, 426, 428
ハース，ジョナサン（Haas Jonathan） 438-439
プルガル・ビダル，ハビエル（Pulgar Vidal, Javier） 86
平尾良光 198-199, 203, 208, 212-214, 218
ファビアン，フリオ（Fabián, Julio） 163
フィーラー，ジェイン（Wheeler, Jane C.） 231
ブラザーストン，ゴードン（Brotherstone, Gordon） 236
ベレンスマイヤー，アナ（Behrensmeyer, Anna K.） 240
ベンゾニ，ジローラモ（Benzoni, Girolamo） 175
ポコタット，ティモシー（Pauketat, Timothy R.） 53
ホダー，イアン（Hodder, Ian） 236

マ行

マッセーラ，パブロ（Macera, Pablo） 13
マトス，ラミロ（Matos, Ramiro） 426, 428
マン，マイケル（Mann, Michael） 10, 443, 446
メンドーサ，エディソン（Mendoza, Edison M.） 421

ラ行

ラーセン，クラーク（Larsen, Clark. S.） 247, 249, 252, 258
ラビーネス，ロッヘル（Ravines, Rogger） 363
ロサス，エルミリオ（Rosas, Hermilio） 141

事項索引

ア行

赤鉄鉱　37
アグーチ　226, 238
アクセス　18, 29, 35, 39–42, 44, 48, 66, 70, 72, 75, 77, 90–91, 93, 96–97, 101, 103, 179, 181, 183, 291, 311, 386, 410, 443, 447–448, 452
鐙形壺　37, 110, 112, 119, 325, 333, 338
鐙形ボトル（→鐙形壺へ）
アボカド　4, 291, 438
アマランサス　294–295, 298
アルパカ　5, 230–232, 234, 291, 303–304
安山岩　35, 85, 88, 90, 92, 95–96, 98–99, 175, 278
威信財　18, 161, 403
イデオロギー　10, 12, 18–19, 51, 103, 116, 151, 186, 272, 284, 443, 446–447, 451–453, 456
イヌ　223, 226, 238–239, 257, 291
ウグイスガイ　37, 441, 444
ウサギ　223
ウミギクガイ　332, 334, 338, 343, 345–346, 351, 405, 411, 441, 444, 454
エリート　72–74, 76–79, 133, 147, 149–150, 156–157, 161, 179, 183, 220, 258, 276, 284, 302–303, 311–314, 349, 363, 390, 405, 407, 411, 413, 424–428, 436, 455
エル・ニーニョ現象　3, 68, 362, 367, 387, 456
円形構造物　15, 28–30, 34–35, 38, 40, 44, 57, 61, 64–66, 71, 73, 77–78, 100, 371
円形半地下式広場　329, 386
円形広場　329, 336, 339, 346, 438
エンドウマメ　14
オカ　4
オジロジカ　226–228, 232, 234–235, 238–239, 243, 440–442
オポッサム　223, 226, 238, 242
オマキザル　226
オユコ　4

カ行

海岸空白　387, 389, 398, 456
階層性　101–103, 236, 390, 399
カプトソデガイ　332
カボチャ　4, 291–292

カンナ　438
犠牲　193, 223, 234–237, 333
キヌア　5, 291–292, 295
貴婦人の墓（→パコパンパ貴婦人の墓へ）
饗宴　19, 38, 120–121, 129–130, 155, 157, 223, 228, 237–243, 380, 395–399, 451–452
饗宴儀礼　155, 157, 181, 183, 288, 451
グアナコ　230–232, 304
グァバ　3
クイ　291, 298–299, 300–301, 311–312
孔雀石　31, 37, 88, 134, 147, 150, 163–170, 172, 183, 187, 275, 443
クジラ　152, 298
屈葬　36, 269, 278
クモ　240
クリブラ・オルビタリア　262–265, 446
軍事　10, 18–19, 243, 257
景観　5, 19, 33, 39, 53–54, 57, 72–75, 77–79, 96, 98, 225, 284, 377, 447
珪孔雀石　134, 147–148, 276, 334, 345
蛍光X線　18, 163, 188, 194–196, 198–199, 201–204, 208, 213, 215, 217–220, 412, 422
経済　10, 18–19, 21, 109, 292, 304, 375, 381, 425, 428–429, 439–440, 442–443, 445, 453, 456
権威　12, 48, 70, 73–74, 76, 78, 283, 334, 336–339, 346, 350, 352, 381, 387, 399, 428
幻覚剤　139, 143, 149–154, 156–158, 451
建築軸　32, 39, 44–45, 48, 72, 76, 96, 101, 277, 330, 340, 342, 447–448, 454
コカ　4–5
黒曜石　30, 101–102, 336, 338, 345–346, 405–408, 411–416, 419–420, 422–428, 443, 445, 454
コトシュ宗教伝統　380
コンゴウインコ　438
コンドル　438

サ行

殺傷痕　18, 249, 261, 265, 436, 446
サツマイモ　4, 438
シカ　223, 225–227, 229, 232–234, 242, 291, 298–300, 304, 307–310, 312, 440, 442
磁鉄鉱　37
ジャガー　38, 42–43, 141, 151, 182, 192, 197, 199–

x

201, 204–206, 209–213, 217–218, 240–242, 325, 327, 329, 331–332, 338, 341, 343, 348, 392–395, 448
社会階層　146, 150, 253, 255, 273, 348, 362, 403, 411, 424–425, 434, 439, 455, 459
社会的記憶　47–51, 240, 447–448, 450–453, 455–456
社会的差異　12, 41, 272, 277, 287, 348–349, 436–437, 455
ジャガイモ　4, 14, 68, 88, 122, 292–293, 295, 298, 312, 416, 440–441
奢侈品　10, 12, 18–19, 100, 102, 120, 313, 350, 352–353, 395, 443, 445, 454–455
奢侈品財政　10, 443–445, 453, 456
朱　36–37, 73, 77, 268, 271–274, 276, 278, 283–284, 287, 333–334, 338, 345, 405–407, 411, 426, 454–455
周縁　375, 379, 387, 389, 403, 404–405, 407, 424–426, 429
宗教的指導者　303, 387, 395, 398–399
重晶石　37
主産物財政　10, 452
象徴財　19, 447–448, 450
人工頭蓋変形　36, 41, 43, 77, 254–256, 268–276, 278, 283–284, 287, 302, 349, 455
人身供犠　49
神殿更新　8–10, 12, 62, 71, 240, 312, 325–327, 331, 335–336, 350, 358–359, 370, 372–374, 380, 390, 392, 395, 397–399, 437
神殿村落　378–382
水銀朱（→朱へ）
ストロンチウム　18, 304–306, 308–309, 314, 441
スナフ　151, 158
スナッフィング　140, 142–143, 146, 149, 151, 153–158, 161, 450
スナッフスプーン　152
スナッフトレイ　152
生存財　18–19
製錬　98, 101, 161–164, 166–168, 170–173, 177–178, 181–182, 185, 187
石彫　33–34, 42, 186, 192–193, 241, 321, 329–331, 334–335, 337–338, 341, 351, 357, 394, 434, 446, 448–450
石灰岩　29, 32–33, 45–46, 85, 88, 90, 92, 95–96, 98–99, 278
セトルメント　83, 90–95, 97–100, 102
セトルメント・パターン　19, 257
専業集団　117

祖先崇拝　48, 285, 287–288, 372–377, 380–381, 437, 450

タ行

タルカジカ　227
チェリモヤ　4
地下式墓　35, 37, 43, 193, 273–276, 278, 285–286, 454–455
チチャ　122, 293, 303, 343
チャビン・カルト　151, 186, 413
チャビン・ホライズン　434
中央基壇　15, 30–32, 35, 37–46, 49–50, 64–66, 70–72, 154–157, 179, 181, 192–194, 209–211, 267, 286, 329, 331–334, 337–338, 342, 348, 408–409, 421, 435, 443, 450–451, 455
長距離交易　12, 345, 397, 438, 443
チリイガイ　441, 444
チンチラ　226, 238
テンジクネズミ　223, 226, 238, 291, 440, 442
デンプン粒　18, 293–294, 298, 396, 439, 440–441
天文考古学　53–57, 62
土坑（墓）　41, 43–44, 193, 269–271, 273, 275–276, 278, 285, 287–288, 348–349, 455
同位体分析　18, 267, 272, 294, 298, 303–304, 306, 440
頭蓋変形（→人工頭蓋変形へ）
トウガラシ　4, 291–292, 438
銅製品　39, 101, 173, 179, 181, 193, 283, 445, 455–456
トウモロコシ　4, 14, 88, 97, 101, 122, 249, 252, 262–265, 291–295, 298, 300–301, 303, 311–313, 439–441, 453

ナ行

西基壇　28, 153–154, 157, 179, 181
ネコ科動物　6, 33, 110, 112, 241, 345, 433, 449
ネズミ　226, 239, 257
年代測定　16, 22, 55, 193, 327, 333, 439

ハ行

廃棄　38, 122, 129, 133, 150–151, 153, 155–157, 181, 183, 228, 234, 237–240, 242, 336, 395–396, 398, 451
パカイ　3
パカラナ　226
パコパンパ貴婦人の墓　31, 35–38, 41, 65, 194, 197, 203, 216, 217, 267, 272–275, 283, 285–287, 435, 444–445, 449–452

xi

パティオ　28, 35, 37-39, 118, 120, 123-125, 130, 141, 147-150, 154-157, 181-183, 237-238, 280-282, 288, 451-452, 455
パパイヤ　3
半地下式広場　15-17, 29-30, 32, 35, 37-39, 42, 44, 50, 57, 61, 64-67, 70-73, 76-79, 136, 156, 192, 194, 281-282, 329, 331, 356, 364, 368, 382, 408, 420-421, 433, 451
ピーナッツ　4, 291-292, 438
ビクーニャ　230-232, 304
ピューマ　241
ヒョウタン　4, 438
複雑社会　10
副葬品　19, 41, 44, 49, 101, 110, 116, 118-120, 124-125, 146-149, 157, 183, 193, 211, 254-255, 267-272, 275, 278, 283-285, 287-288, 314, 323-324, 332-333, 338-339, 346, 348-351, 391, 398-399, 411, 413, 435-436, 443, 445, 449, 454-455
プレアデス　57-59, 62-64, 67-76, 78-79
ヘビ（蛇）　6, 37, 43, 110, 182, 185, 193, 197, 199-200, 204-205, 208-209, 210-213, 216-218, 240, 291, 329, 331-332, 341, 348, 351, 393, 433
ヘビ・ジャガー神官の墓　37-38, 41, 157, 274-275, 285-288, 350-351, 451-452, 454
部屋状構造物群　35, 179-181, 357
ペリカン　438
ベンチ状構造物　28, 30, 34, 40, 44, 64, 77
ボア　37
紡錘車　133, 144-145, 147, 150, 233, 275
方ソーダ石　147-148, 333, 345
暴力　257-258, 261-264, 446

マ行

マスカラ土器　122-125
マニオク　4-5, 291-292, 298, 312, 367, 440-441

ミイラ　49, 372
耳飾り　36, 193, 197, 199-200, 202-205, 207-213, 216-218, 254, 444, 449
耳輪　36, 254, 283, 444
無煙炭　31, 133, 444
メガネグマ　345
メノウ　96, 343
猛禽類　6, 43, 392-393, 395, 433
モリウサギ　226, 238-239

ラ行

ライマメ　438
ラカチャ　14, 291, 298, 440-441
ラクダ科動物　5, 97, 101-102, 152, 229, 231-232, 291-292, 298-301, 304-305, 307-313, 441, 448, 453
ラルコ・エレーラ博物館　449
藍銅鉱　36-37, 88, 164-170, 172, 183, 187, 254
リーダー　10, 12, 41, 44, 48-51, 83, 98, 102-103, 148, 276, 284-288, 325, 335, 337-338, 346-347, 349-352, 380-381, 397, 420, 428, 434-435, 437-438, 443, 445-448, 450-456
リャマ　5, 223, 226, 230-236, 238, 243, 291, 303-304, 308, 355, 441-442
ルート　48, 83, 85, 88-89, 91-93, 95-96, 99-104, 414, 416, 422-423
ルクマ　3, 291, 438
炉　28, 30-31, 55, 172, 187-188, 342, 357, 361, 371, 380, 410

ワ行

ワタ　4, 438
ワタオウサギ　226
ワニ　240, 393, 434

アンデス文明　神殿から読み取る権力の世界
2017 年 3 月 10 日　初版発行

編　　者　関　雄二
発 行 者　片岡　敦
印刷・製本　亜細亜印刷株式会社
発 行 所　㈱臨川書店

〒606-8204
京都市左京区田中下柳町八番地
電話(075)721-7111
郵便振替 01070-2-800

落丁本・乱丁本はお取替えいたします　　　ISBN 978-4-653-04319-5 C3020
定価はカバーに表示してあります　　　　　Ⓒ関雄二 2017

・JCOPY　〈(社)出版者著作権管理機構　委託出版物〉
本書の無断複写は著作権法上での例外を除き禁じられています。複写される場合は、
そのつど事前に、(社)出版者著作権管理機構（電話 03-3513-6969、FAX 03-3513-6979、
e-mail: info@jcopy.or.jp）の許諾を得てください。

本書を代行業者等の第三者に依頼してスキャンやデジタル化することは著作権法違反です。

フィールドワーク選書　全20巻

印東道子・白川千尋・関　雄二 編

■四六判・並製・平均220頁・各巻本体2,000円／揃20冊 本体40,000円

世界各地に人類学者たちが飛びこみ、現地の人びととの対話や交流を通して思いもよらなかった真実にたどりつく「フィールドワーク」。その苦労と感動にみちた一部始終を豊富な写真とともに紹介する好評シリーズがついに完結！

〈詳細は内容見本をご請求ください〉

《各巻詳細》

1. ドリアン王国探訪記　マレーシア先住民の生きる世界　　信田敏宏 著
2. 微笑みの国の工場　タイで働くということ　　平井京之介 著
3. クジラとともに生きる　アラスカ先住民の現在　　岸上伸啓 著
4. 南太平洋のサンゴ島を掘る　女性考古学者の謎解き　　印東道子 著
5. 人間にとってスイカとは何か　カラハリ狩猟民と考える　　池谷和信 著
6. アンデスの文化遺産を活かす　考古学者と盗掘者の対話　　関　雄二 著
7. タイワンイノシシを追う　民族学と考古学の出会い　　野林厚志 著
8. 身をもって知る技法　マダガスカルの漁師に学ぶ　　飯田　卓 著
9. 人類学者は草原に育つ　変貌するモンゴルとともに　　小長谷有紀 著
10. 西アフリカの王国を掘る　文化人類学から考古学へ　　竹沢尚一郎 著
11. 音楽からインド社会を知る　弟子と調査者のはざま　　寺田吉孝 著
12. インド染織の現場　つくり手たちに学ぶ　　上羽陽子 著
13. シベリアで生命の暖かさを感じる　　佐々木史郎 著
14. スリランカで運命論者になる　仏教とカーストが生きる島　　杉本良男 著
15. 言葉から文化を読む　アラビアンナイトの言語世界　　西尾哲夫 著
16. 城壁内からみるイタリア　ジェンダーを問い直す　　宇田川妙子 著
17. コリアン社会の変貌と越境　　朝倉敏夫 著
18. 大地の民に学ぶ　激動する故郷、中国　　韓　敏 著
19. 仮面の世界をさぐる　アフリカとミュージアムの往還　　吉田憲司 著
20. 南太平洋の伝統医療とむきあう　マラリア対策の現場から　　白川千尋 著

ISBN978-4-653-04230-3〔13/11〜16/2〕

三浦しをん 氏
（朝日新聞書評　2014年11月16日付）
濱田武士 氏
（読売新聞書評　2015年1月18日付）
など多数の新聞やメディアで紹介されました！

アンデスの文化遺産を活かす
考古学者と盗掘者の対話
関 雄二 著　　　　　　　　　　　〔フィールドワーク選書6〕

現地の人びとの多様な価値観や歴史観に触れながら、文化遺産を継承する意味を考え、実践する。

■ 四六判・並製・216頁・本体2,000円（+税）

人間にとってスイカとは何か
カラハリ狩猟民と考える
池谷和信 著　　　　　　　　　　〔フィールドワーク選書5〕

スイカ鍋、スイカ石鹸、スイカダンス…　人類とスイカのきた道に思いをはせる。第7回日本タイトルだけ大賞受賞！

■ 四六判・並製・208頁・本体2,000円（+税）

南太平洋のサンゴ島を掘る
女性考古学者の謎解き
印東道子 著　　　　　　　　　　〔フィールドワーク選書4〕

小さな島になぜ人は住みはじめたのか？発掘によって明らかになった意外な歴史を紹介する。

■ 四六判・並製・224頁・本体2,000円（+税）

タイワンイノシシを追う
民族学と考古学の出会い
野林厚志 著　　　　　　　　　　〔フィールドワーク選書7〕

現地の狩猟者に密着し、遺された骨を分析する。そして明らかになった狩猟と社会の関係とは？

■ 四六判・並製・224頁・本体2,000円（+税）

西アフリカの王国を掘る
文化人類学から考古学へ
竹沢尚一郎 著　　　　　　　　　〔フィールドワーク選書10〕

サバンナの大地に眠る未知の歴史を掘り起こす。新たな発見に満ちた発掘の日々。

■ 四六判・並製・208頁・本体2,000円（+税）

仮面の世界をさぐる
アフリカとミュージアムの往還
吉田憲司 著　　　　　　　　　　〔フィールドワーク選書19〕

呪医への師事、秘密結社への加入を経て、仮面の森の深遠なる世界に分け入る。

■ 四六判・並製・256頁・本体2,000円（+税）

アンデスの聖人信仰
人の移動が織りなす文化のダイナミズム
八木百合子 著

テロリズムの台頭をきっかけにした変動のさなかにあって都市と農村のあいだに生きる人々が力強く独自の信仰を発展させてきた実態と背景に迫る。

■ A5判・上製・224頁・本体3,600円（+税）

トンブクトゥ
交界都市の歴史と現在
応地利明 著

アフリカの「黄金郷」として知られるトンブクトゥ。博覧強記で知られる著者がその実態を壮大なスケールで描き出す。

■ B5判・クロス上製・紙カバー装・464頁・本体17,000円（+税）

贈与論再考
人間はなぜ他者に与えるのか
岸上伸啓 編

多様な事例収集をもとに、モースの『贈与論』を出発点とする諸研究を検証しつつ、人間社会に見られる「与える」という行為について再検討する！

■ A5判・上製・324頁・本体4,500円（+税）

人類の移動誌
印東道子 編

幾十万年をかけて、人類はなぜ移動してきたのか？諸分野の第一人者たちが人類移動の壮大な謎に迫る！

■ A5判・上製・本文368頁・カラー口絵4頁・本体4,000円（+税）

ものとくらしの植物誌
東南アジア大陸部から
落合雪野・白川千尋 編

近代化が進む東南アジア大陸部において、植物と人との関係はどのような変容を遂げてきたのか。多様な民族のくらしを紹介する。

■ A5判・上製・344頁・本体4,300円（+税）

災害文化の継承と創造
橋本裕之・林 勲男 編

災害からの復興過程において、地域文化はどのような役割を果たしてきたのか。「防災文化」に特化しがちであった災害にかかわる従来の文化研究の視野を拡張し、「災害文化」に対する新しい視座を提供する。

■ A5判・上製・322頁・本体4,300円（+税）